驱动纽约发展的车轮
——纽约公共交通系统发展史

The Wheels That Drove New York:
A History of the New York City Transit System

[美] 罗格·P. 罗斯（Roger P. Roess）

吉恩·桑索内（Gene Sansone） 著

郭志刚 高跃文 邢燕 译

中国建筑工业出版社

著作权合同登记图字：01—2020—3241 号

图书在版编目（CIP）数据

驱动纽约发展的车轮：纽约公共交通系统发展史 /
（美）罗格·P. 罗斯（Roger P. Roess），（美）吉恩·桑
索内（Gene Sansone）著；郭志刚，高跃文，邢燕译
. —北京：中国建筑工业出版社，2021.10
书名原文：The Wheels That Drove New York：A
History of the New York City Transit System
ISBN 978-7-112-26603-6

Ⅰ . ①驱… Ⅱ . ①罗… ②吉… ③郭… ④高… ⑤邢
… Ⅲ . ①城市交通系统—公共交通系统—交通运输史—纽
约 Ⅳ . ① F517.129

中国版本图书馆 CIP 数据核字（2021）第 194982 号

First published in English under the title：

The Wheels That Drove New York：A History of the New York City Transit System by Roger P. Roess and Gene Sansone

Copyright © Springer-Verlag Berlin Heidelberg，2013

This edition has been translated and published under licence from Springer-Verlag GmbH，part of Springer Nature.

Chinese Translation Copyright ©2021 China Architecture & Building Press

All Rights Reserved

本书经Springer Nature 公司正式授权我社翻译、出版、发行

责任编辑：李玲洁　董苏华
责任校对：王　烨

驱动纽约发展的车轮——纽约公共交通系统发展史

The Wheels That Drove New York: A History of the New York City Transit System

[美] 罗格·P. 罗斯（Roger P. Roess） 吉恩·桑索内（Gene Sansone） 著

郭志刚　高跃文　邢　燕　译

*

中国建筑工业出版社出版、发行（北京海淀三里河路 9 号）
各地新华书店、建筑书店经销
北京雅盈中佳图文设计公司制版
北京中科印刷有限公司印刷

*

开本：787 毫米 ×1092 毫米　1/16　印张：23³/₄　字数：492 千字
2021 年 10 月第一版　2021 年 10 月第一次印刷
定价：118.00 元
ISBN 978-7-112-26603-6
　　　（37231）

序

1947年，我出生于纽约市。尽管职业生涯的大部分时间里我都专注于道路交通工程专业的研究，但对于公共交通领域却一直充满兴趣。1970年，我开始教职工作时的第一项任务便是组织两门公共交通规划专业的系列课程。当时，美国还没有类似的课程。我和马丁·胡斯（另一位年轻教师）花了整整一个学期的时间来恶补这门学科的知识。期间，我们参加了芝加哥公共交通局（CTA）组织的一项为期两周的培训，并疯狂收集所有关于该主题的书面材料。作为CTA培训课程的一部分，我们甚至在著名的芝加哥环线上驾驶了高架列车，并在训练场中试驾了公共汽车。两年之后，我的工作重心转回到了我最初的兴趣方向——道路交通工程，胡斯则独自完成该课程剩下的研究。但一直以来，我对公共交通的相关内容都保持着兴趣。

五年前，我有机会开设一门关于纽约市公共交通系统发展历史的新课程，于是开始着手整理这份书稿。大约在18个月前，我有幸邀请到吉恩·桑索内加入到这个项目。吉恩在纽约市公共交通管理局（NYCTA）工作多年，没有人比他更了解地铁车辆及其发展的历史。作为一名内部人士，不管是困扰NYCTA多年的技术问题，还是与之相伴的政治问题，吉恩都提出了非常宝贵及深刻的见解。他远比我想象的热爱这份工作。

我的父亲一直认为他生活在历史上最伟大的技术变革时代。在很多方面，他的想法是正确的。他的教父曾帮他制作过一台早期的晶体管收音机，尽管只能接收一个频道，但也令当时的父亲惊讶不已。我父亲在去世前已经见证了电视的时代变革：先是黑白电视，紧接着是彩色电视，一直到现在可以提供大量视频服务的有线电视。我父亲出生的时间比莱特兄弟的基蒂霍克飞行稍晚，但是他依然能记得林德伯格的单人飞行事件以及阿梅莉亚·埃尔哈特的神秘失踪事件，他还活着看到了尼尔·阿姆斯特朗在月球表面行走。父亲在下东城长大，他依稀记得当时马拉式消防车在晚上清理马粪，以及最早出现在街道上的汽车。他到86岁之前一直都在开车。

然而，科技正在以前所未有的速度发展着，与父亲相比，我们这代人能够见证更多令人惊叹的进步和变化。

我们生活的社会也在迅速地改变着。11岁时，我便获准独自与朋友一同出行，所以我年轻时曾在公共交通工具上度过了大段时光。1956年，祖母专程带我去乘坐了皇后区大桥的有轨电车，因为她想让我在这个交通工具消失前体验一次。她还曾带着我乘坐第三大街高架铁路去拜访她的朋友，当时曼哈顿上城的高架铁路还在运营。乘坐高架列车是一件相当刺激的事情，列车与周边住宅的距离近到可以与里面的人握手。每年圣诞节，祖母和母亲都会带我去无线电音乐城观看早上7点的圣诞演出。在20世纪50年代，只要花25美分就能看到第一场晨间秀。当然，我们必须要在凌晨5点出发，并换乘2趟公交和3条地铁线才能到达剧场，但能看到一部舞台剧、一部新发行的电影、一些新闻影片和动画片等，这一切还是值得的。

1960年，我看了人生中第一场棒球比赛，这可是一场世界职业棒球大赛。凌晨5点，我和朋友从法拉盛出发，换乘一趟公交和两条地铁前往洋基队球场。当我们坐着IRT的低压列车从布朗克斯区的隧道驶出时，呈现在眼前的是一片绿油油的草地，这幅景象在秋日阳光的映衬下显得极其壮观。我们排了3小时的队才买到看台票，因为是一场世界级的赛事，门票花了2美元。比赛开始前，我们在看台上坐了好几个小时。刚好边上是赛前投手练习区，我们便和热身中的洋基队投手聊天。瑞恩·杜伦从场地里抛热狗给我们吃，鲍比·山茨给我们讲了一些投球策略，比如没有投出快球时该怎么办？那天下午，洋基队在怀提·福特的带领下最终以10：0的比分大胜海盗队。之后我们参加了赛后狂欢，到家已经是晚上8点。奇怪的是，竟然没有一个人担心我们，毕竟球场或者地铁上有可能会发生任何事情。后来，洋基队又分别以12：0和16：3的分数赢得了另外两场比赛，创下了世界职业棒球大赛的每一项进攻记录。但在比尔·马泽罗斯基击出赛事历史上（当时）唯一的一次再见本垒打后，洋基队最终以3：4的总比分输掉了当年的世界职业棒球大赛。

当我成为布鲁克林理工学院的一名大学生后，我每天都要乘坐公交车从法拉盛前往缅街，并换乘7号线前往中央火车站，然后再乘坐下城的列克星敦大道线前往布鲁克林。尽管当时只是1964年，但新旧车辆的混编运营技术已经相当成熟。1965年北美大停电期间，我被困在列车上，幸运的是列车刚好停在了下城的一座车站内。我和车上的其他乘客一起走到上城并通过59街大桥。等走到皇后广场时，我感觉自己对这些人的熟悉程度已经要超越了我所有的亲戚朋友。最后，我换乘3趟公交，终于在凌晨4点时回到家中。母亲在门口等着我，说是给我留了热腾腾的饭菜，但当时的我并不关心这些。当时正值期末考试期间，等到火车再次恢复运营，我立马又花了几个小时返回布鲁克林。当我到达学校时，发现学校正在张贴爱迪生电力公司要求各单位关闭的通知。于是我又踏上了回家的旅程，一路上盼望着地铁运营没有中断。这是我此生经历中最糟糕的24h通勤体验，但还好我撑下来了。

20世纪70年代到80年代初期，像许多纽约人一样，我尽可能地避免乘坐地铁。一直以来，我都认为地铁车辆是非常美好的事物，但当时满布涂鸦的地铁实在是令人恼怒。多年来，我坚持开车往返于布鲁克林，直到地面交通的时间可靠性开始变得糟糕。最近，我开始乘坐长岛铁路（LIRR），如果天气太冷或者下雨天，我会乘坐地铁前往学校。

公共交通的发展对纽约市的城市规划和建设产生了巨大的影响。如果没有公共交通系统，纽约不会是现在的样子。公共交通系统在整座城市的动态发展中扮演了非常重要的角色。这本书将着重讲述纽约市公共交通系统的历史，并对其在纽约市建设中发挥的重要作用以及对市民、游客等的影响进行阐述。

桑索内先生和我都是工程师，并非历史学家。在撰写本书的过程中，我们引用了大量的参考文献以及互联网资料。尽管未能如历史学家般对各类资料的原始出处进行深究，但我们一直在努力确保所提供的信息准确无误。而且现在的电子档案数据也使得资料收集的工作比起五年前刚开始写这本书时要容易许多。

关于纽约市公共交通系统及其对城市以及市民的影响是一个非常有趣的故事，它展示了技术、政治和社会之间的重要联系。我们希望您会喜欢这趟旅程！

致谢

在这里要感谢许多朋友，没有你们，这本书不可能完成。你们为这本书提供许多宝贵的专业意见，还帮助我们收集到了一些在公开领域不易获取的资料。

特别感谢纽约交通博物馆的档案管理员凯里·斯特鲁姆和黛西·奥尔登。他们在协助笔者获取公共交通系统的稀有照片和相关材料方面提供了不可估量的帮助。还要感谢博物馆的执行主管加布里埃尔·舒伯特，他与我们会面并审阅了书稿，就如何深化主题提供了专业的建议。

特别感谢纽约大学理工学院图书馆的馆长加纳·里奇曼，他对如何搜索纽约市18世纪中叶及之后的报纸和期刊的电子档案提供了非常专业的指导和帮助。

感谢公交协会的艾力·贝尔和弗莱德·艾辛格，他们提供了有关纽约公交车队和服务的重要信息及照片。感谢威廉·卢克，他出版过几本关于公交历史的画册，为我们这本书提供了很棒的建议。感谢公交历史学家安东尼·鲁索给我们提出了很好的建议。

还有许多与大都会运输署（MTA）及纽约市公共交通管理局（NYCTA）相关的人士为我们提供了大量的帮助和支持，他们分别是 NYCTA 的布莱恩·科恩和罗纳德·库莫（培训部副主任）、MTA 内部沟通协作部门的高级主管保罗·弗莱纳格斯、联邦公共交通管理局雇员合规管理项目部门的副主任韦恩·加兰特，以及 NYCTA 的阿瑟·墨菲、查尔斯·西顿和肯尼思特。

向所有为此书提供帮助的人士表示真心的感谢！

目录

第1章
纽约公共交通系统综述

本章主要对当前纽约的公共交通系统进行简要介绍。

纽约拥有规模非常庞大的公共交通系统（图 1.1），它包括纽约地铁（含高架和地面线路）、斯塔滕岛捷运系统和一个巨型的巴士系统。通过下面的一些数据能够对这个复杂的系统窥探一二。

纽约地铁系统（2010）

运营里程 656 英里；

468 座车站；

未投入运营里程 186 英里；

6200 辆机车；

工作日日均乘客数为 520 万人次，2011 年为 530 万人次；

节假日日均乘客数为 540 万人次，2011 年为 540 万人次。

斯塔滕岛捷运系统（2010）

线路长度 14 英里；

22 座车站；

63 辆机车。

纽约巴士系统（2010）

191 条普线；

27 条快线；

12499 座车站；

超过 4400 辆巴士；

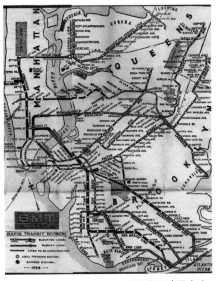

图 1.1　1924 年的 BMT 线路图（图中未显示当时已投入运营的 IRT 线路）

图片来源：*Courtesy of* Wikimedia Commons.

工作日日均乘客数为 220 万人次，2011 年为 210 万人次；

节假日日均乘客数为 240 万人次，2011 年为 220 万人次。

以上数据未将穿越城市的通勤铁路计算在内。长岛铁路和大都会北方铁路都属于服务纽约的通勤铁路，分别连接东部和北部的郊区郡县（例如拿骚郡、萨福克郡和威斯特彻斯特郡等）。

单从物理尺度而言，纽约地铁的规模是世界上最大的，超过伦敦、巴黎、东京和首尔。如果将线路轨道连接后平铺，能从纽约一直延伸到芝加哥。纽约地铁系统每年的旅客数量已超过 200 百亿人次（含地铁换乘巴士旅客），2011 年地铁旅客数量达到了1950 年以来的峰值。

1.1 纽约及其公共交通系统

如果没有公共交通系统的支撑，纽约可能不是我们现在看到的样子。每天有超过 400 万人涌入曼哈顿商务区（59 街以南），其中超过 90% 的人选择乘坐公共交通工具。而高速公路上看到的大量汽车和交通拥堵则是由占比不到 10% 的小汽车出行造成。

假设高速公路一条车道的通行能力大约为2000辆车／小时,每辆车平均载客数为1.5人，那么每条车道的承载能力大约为每小时 3000 人。在普通工作日，E/F 线路穿越皇后区的单条轨道运力能够达到 68000 人次／小时，相当于 29 条高速公路专用车道的通行能力。像纽约这样的开发强度，特别是曼哈顿岛，如果没有大容量的公共交通系统（包括地铁）来支撑将是无法想象的。

因此，纽约的日常运行和经济发展与其公共交通系统密不可分。公共交通系统就像城市的血管，像身体运送重要物质一样，将人员运送到他们被迫切需要的各个区域。它还为纽约市居民提供了前所未有的工作、文化、娱乐、教育、运动等各种机会。不管你是想在下午去看场棒球赛，还是想在晚上去看一场百老汇的秀，或者是在去工作、回家的路上购个物，抑或是晚上去大学上课，你都可以选择不开车。不管纽约的道路交通在白天或晚上的任何时段有多么拥堵，公共交通系统都能为市民们提供难以置信的机动性和可达性。

既然纽约的日常运行如此依赖公共交通系统，那公共交通自然也就成为这座城市不可分割的一部分。在交通运输学科领域，交通规划的常规做法是首先进行交通需求预测，然后再提供安全可靠的交通系统来满足其需求。换句话说，应对需求的专业做法是尽量提供充足的交通设施。

但是,纽约不是这样的。纽约公共交通系统的建设和发展并不是基于交通需求预测，它是为了给城市扩张创造条件，并引导其最终实现。城市发展本质上是一个经济问题，建设公共交通系统能够开辟新的土地以供发展，从而推动经济增长及其他社会需求的产生。因此，任何关于纽约历史的研究，如果不包括公共交通系统的发展和影响，那都是不完整的。

1.2　与纽约公共交通系统相关的知名人士

许多名人在纽约公共交通的开发建设方面扮演了非常重要的角色。正是由于公共交通对纽约市经济发展的巨大影响，许多知名人士都参与了公共交通系统的规划、融资和建设。

坦慕尼协会的威廉·玛西·特威德（特威德老板）是大运量轨道（重轨）系统最早期的反对者，他曾采取特许经营的方式从早期的公共交通运营商那里收受了数百万美元的赃款。艾尔弗雷德·比奇是《科学美国人》杂志的创始人和出版商，早期是一名公共交通技术的研发人员，他曾秘密修建了纽约的第一条地铁，当时许多人都不清楚他在做什么。杰伊·古尔德，被称作华尔街的"海岛大亨"，他在纽约高架铁路的发展中扮演了至关重要的角色。小奥古斯特·贝尔蒙特（因贝尔蒙特公园而出名）投资了第一条地铁线，而柏诚公司的威廉·巴克利·帕森斯则主持了该条线路的建设。在纽约公共交通系统的发展过程中，许多知名人士参与到其中，同时也造就了一批新的知名人士。

这本书主要讲述城市、居民以及公共交通系统三者之间独特的相互作用，重点在于公共交通系统如何在塑造城市的形态、社会和经济方面发挥巨大作用。

1.3　纽约公共交通系统发展年表

本书介绍了各类公共交通运输服务的历史，以及如何影响纽约市及其周边区域的发展。历史上，纽约共出现过 6 种相对明确的公共交通方式，其中 3 种至今还在运行。这 6 种方式分别是：

公共马车（Omnibuses）
公共马车是一种沿固定线路行驶的马车，最多可运载 12 名乘客，是纽约市最早的公共交通运输方式。1827 年，亚当·布劳尔在百老汇首次推出这项服务；1905 年，行驶在第五大街的最后一条公共马车线路停止服务。

有轨马车（Streetcars）
有轨马车是公共马车的进阶版，依然由马匹驱动，但车轮沿轨道行驶，通常设置于城市道路的路权范围内。1832 年，纽约—哈姆莱铁路公司开始运营第一条有轨马车线路。1917 年，纽约最后一条有轨马车线路在布里克街停止运营。

有轨电车（Trolleys）

随着电气化技术的引入，马力驱动的有轨马车进化成了电力驱动的有轨电车。第一条有轨电车线路沿着皇后区的牙买加大道布设，于 1887 年投入运营。纽约市最后一条有轨电车线路是跨越 59 街大桥的线路，一直到 1957 年才停止运营。

高架铁路系统（Elevated Rapid Transit，简称"Els"）

查尔斯·哈维于 1867 年开启了纽约市第一条高架铁路运输服务，即第九大街 El。这条高架线路由蒸汽机驱动的电缆提供动力，但运营几年后就破产了。1871 年，这条线路重新开放时，改由蒸汽发动机驱动。随后第六、第三、第二大道 Els 相继投入使用。1898 年，布鲁克林区 Els 开启电气化运营，1902 年曼哈顿区 Els 开启服务。第三大街高架铁路在曼哈顿的最后一段线路于 1955 年停止运营，但作为地铁系统的重要组成部分，许多高架线路段如今仍然能够在布鲁克林区、皇后区及布朗克斯区看到。

地铁（Subways）

纽约的第一条地铁（试验线）于 1870 年开通，它采用空气压力（大气压）驱动。这条地铁线并未获得法律授权的建设许可，它是由艾尔弗雷德·比奇在夜晚的掩护下建成，几乎没有人意识到它正在被建造。整条线路穿越了几个街区，但气动压力系统并不适合长距离、多条线路、多站停靠的地铁系统。1904 年，第一条正式投入运营的地铁——区间快速交通系统（IRT）建成。1919 年，双合约签订，此后 IRT 系统扩张工程和 BRT 系统（布鲁克林区快速交通系统）开始建设。1932 年，独立地铁系统（IND）开通了第八大道线路；1840 年，第 6 大道线路开通。显然，地铁已经成为当今纽约公共交通系统的核心，现在还有几条地铁的延伸项目正在进行中（第二大道地铁和 7 号线延长线）。

公共汽车（Buses）

1919 年，纽约市的第一辆公共汽车取代了麦迪逊大道上的电车服务。目前，纽约市所有的地面公共交通都由公共汽车提供。

各类公共交通方式服务纽约市的时间点存在明显的重叠。公共马车和有轨马车在历史上有着相当长的重叠期，在它们主导公共交通的时代，两者共同占据着纽约市的街道。蒸汽机驱动的高架铁路早于第一辆有轨电车出现，因为后者取决于电力牵引技术的发展。在与新的地铁系统共存之前，高架铁路主导了纽约市公共交通大约 30 年的时间。公共汽车则是一经发明就登上了历史舞台。

图 1.2 的时间线能够清晰显示各系统存在的历史时期。这些系统在时间上有部分是重叠的，而且它们最初都属于私人企业，彼此之间往往是竞争关系。这使得各系统之间的协调变得困难，并常常导致混乱的场景和低效的服务。只有在私人企业家很难在该行业赚钱的前提下，"公共"交通才有可能真正成为公共服务（由政府所有并运营）。这一点在 20 世纪 10 年代中期就很明显了，但纽约的公共交通系统直到 1940 年才实现

时间轴	公共马车	有轨马车	有轨电车	高架快速交通	地铁	公共汽车
1800						
1820						
1827	亚当·布劳尔在百老汇推出该服务					
1832	四轮马车法案	纽约：哈莱姆铁路开始运营				
1840						
1854		布鲁克林第一辆有轨马车				
1860						
1867				第九大道 El 测试，并投入运营		
1870					比奇的气动地铁开通	
1871				第九大道 El 采用蒸汽机		
1878				第六和第三大道 Els 开通		
1880				第二大道 El 开通		
1885				布鲁克林第一条 El 开通		
1887			牙买加大道线电气化			
1898				BRT 电气化运营		
1900						
1902/1904				曼哈顿 Els 电气化运营	IRT 开通	
1905	最后一条公共马车线路（第五大道）停运					
1913					双合同签订；BRT/IRT 扩展开始	
1917/1919		布里街的最后一条电车线路停运				第一辆公交车取代了麦迪逊大道上的有轨电车
1920						
1932					第八大道地铁（IND）开通	
1939			皇后区最后一条有轨电车			
1940					第六大道地铁（IND）开通	
1955				曼哈顿的最后一条 El		
1951/1952			布鲁克林最后一条有轨电车		从 LIRR 收购的洛克威线	
1957			最后一条穿越 59 街桥的有轨电车			
1960						
1972					第 63 街隧道竣工	
1980						
1988					阿切尔街线开通	
1989					63 号隧道启用	
2000						
????					第二大道地铁	
????					七号线延长	
					↓	

图 1.2　公共交通系统历史年表

了完全的政府运营。

　　公共马车、有轨马车、有轨电车和公共汽车都属于"地面交通"的范畴。它们在地面运行，主要使用公共街道作为载体。高架铁路和地铁则由于其平均运行速度较快，常被称作"快速交通系统"。

1.4　小结

　　现代纽约人将城市内的自由出行看作是一件理所当然的事情，然而过去的情况并非如此。由于无法实现长距离出行，纽约的发展受到了近两个世纪的限制。本书讲述了公共交通系统如何成为纽约在 19 世纪末和 20 世纪发展的推动者，以及它如何为纽约市居民和游客提供前所未有的流动性。

第2章
纽约历史概览

纽约的发展历史在很大程度上是得益于大量的发明创造，如果不了解这件事情，就不可能理解纽约市公共交通系统的历史及其重要性。1850年，纽约的发展进入瓶颈期。当时，居民和企业都扎堆在如今曼哈顿下城的一小片区域内，忍受着疾病肆虐的环境，而就业和住房短缺造成的激烈竞争又滋生了种族争议，并经常升级为暴力事件。当时的纽约已经走到崩塌的边缘，要么找到突破限制的方法，要么让这座城市以人们难以想象的方式崩塌。

本章对纽约从诞生到南北战争爆发这一时期内的历史进行介绍。等到南北战争结束时，纽约已经开始清除阻碍其城市扩张的障碍。从那一刻起，纽约的历史就开始与公共交通系统的历史纠缠在一起。不夸张地说，这座城市之后的历史变革都是由各种特别的公共交通方式促成的。

2.1 引言

纽约的历史可以追溯到1609年9月2日，即亨利·哈德逊抵达如今纽约港的日子。100多年前，克里斯托弗·哥伦布和阿梅里克斯·维斯普西（又名亚美利哥斯·维斯普西）正式"发现"了新大陆。两人在几次航行中都探索过南美海岸，但却都未曾踏足北美。直到去世时，哥伦布都以为自己发现的是日本，而且附近有一条通往印度的路，但维斯普西则坚信自己发现了一个"新世界"。

在之后的一个世纪里，无数的航海家向西航行，希望找寻一条通往东方的贸易之路。由于教皇庇护二世对土耳其人发起的十字军东征以失败告终，导致通往印度的大部分传统贸易航线被阻断。而香料作为腌制和保存肉类及其他食品的必需品，利润极其丰厚。因此，航海家们一直都在探寻与印度进行香料贸易的通道。

1524年，为法国国王效力的乔瓦尼·达·维拉萨诺，成为第一个进入纽约港并在哈德逊河航行的欧洲人。然而，恶劣的天气使他无法彻底探索这条河流及两岸的土地。

2.2 亨利·哈德逊的航程

哈德逊是一位英国人，他曾在英国国王的授权下两次开启探索西北航道的航行。他认为夏季的高温能够使极地冰帽融化，船舶可以沿着非常接近北极圈的路线航行，从而缩短航程。1607 年的首次航行中，哈德逊登上了扬马延岛（现在属于挪威）。哈德逊在 1607 年和 1608 年的两次航行最终都因为冰雪原因被迫返航，航线探索任务以失败告终。

人们对哈德逊的早年生活知之甚少，一幅经常用来描绘他的肖像也普遍被认为并非他本人。在争取英国资助失败后，哈德逊于 1609 年受荷兰东印度公司委托开启了第三次航行，再次尝试寻找经由北极地区通往东方的航线。

哈德逊第三次航行的船只被称为"半月号"（图 2.1）。这艘船体积小、重量大、吃水不足，且难以掌控，德逊最开始认为这艘船并不符合航海要求。但由于船员和补给超出预算，哈德逊最终只能使用"半月号"来

图 2.1　为 1909 年哈德逊·富尔顿庆典专门建造的"半月号"复制品

图片来源：*Courtesy of* Library of Congress, Prints & Photographs Division, Detroit Publishing Company Collection, LC–D418–22636.

执航这次旅程。此外，荷兰东印度公司也对哈德逊信心不足，并严格控制这次航行的预算。

哈德逊在这次航行中依旧遭遇了冰雪的阻碍，但他决定转向西南方向来寻找一条穿越北美的航道。

1609 年 9 月 2 日，哈德逊和他的"半月号"进入了现如今以他名字命名的河口，并发现了当时世界上规模最大的天然海港之一。他沿着哈德逊河逆流而上，来到如今奥尔巴尼的位置。在认定这条河流不能作为通往东方的通道后，哈德逊返回了港口。这座巨大的天然海港能够容纳 1000 艘帆船的停靠，且该地区拥有丰富的海狸和其他具备皮毛贸易价值的哺乳动物，这一切都成了殖民者在纽约建立定居点的初始动力。

哈德逊对纽约的最初探索，为这座城市及其在美国的角色开启了一段独特的历史。与许多受政府、国王和女王委托的探险者不同，哈德逊的航行是受当时世界上最大的公司——荷兰东印度公司委托。

各种各样的宗教信仰也随着最早一批的定居者来到了这片新大陆，包括新英格兰的朝圣者、马里兰的天主教徒和宾夕法尼亚的贵格会教徒。纽约第一批定居者来这里的目的就是赚钱，因此纽约的历史从一开始便与商业以及资本主义联系在一起。尽管纽约作为美国首都的时间只有短短几年，但纽约作为美国金融中心的地位从未受到过

挑战。在这之前，纽约没有任何的宗教基础，它的第一座教堂是在第一批定居者到达后 17 年才建成，这也使得纽约从最开始就呈现出对种族和宗教多样性的包容，也是它与其他殖民地的不同所在。

2.3 荷兰殖民时期

荷兰政府花了十多年的时间来吸引移民者前往其最新的殖民地，但并不太成功。1614 年，亨德里克·克里斯蒂安森带领一支小规模的移民队伍前往新阿姆斯特丹（纽约早期的名字），并开始在曼哈顿南端一片由几个木屋组成的商业区与土著印第安人进行毛皮交易。克里斯蒂安森在与印第安商人的一次争端中被杀，他的贸易活动也因此停止。

1624 年春天，荷兰西印度公司（荷兰东印度公司新成立的一家公司）赞助了第一批大规模的移民者到达新阿姆斯特丹。这些移民并非荷兰人，他们大多数是瓦隆人，属于讲法语的新教徒难民。这批移民最初定居在曼哈顿南端，并在那里进行毛皮贸易。

1626 年，荷兰西印度公司将该公司的一名董事——彼得·米纽特（图 2.2）任命为新荷兰地区的总督，该地区包括新阿姆斯特丹以及如今的新泽西州和长岛。在他之前，该职位曾有过两位相对不知名的前任，即科尼利乌斯·雅各布森·梅伊（1620~1625 年）和威廉·弗赫斯特（1625~1626 年）。1626 年 4 月，彼得·米纽特到达新阿姆斯特丹，并带来了新的移民和牲畜。

当年晚些时候，8 名从西班牙和葡萄牙船只上掠夺的非洲奴隶被带到了新阿姆斯特丹。在被奴役期间，这些奴隶拥有一定程度上的自由和权利，包括接受洗礼、结婚、获得土地、起诉或出庭作证，还可以在任务完成后做自己的事情。

图 2.2　彼得·米纽特画像
图片来源：*Courtesy of Wikimedia Commons.*

这批新移民者最早在曼哈顿下城定居，并建造房屋和小型农场。不久之后，一个印第安土著代表团前来拜访米纽特，并询问他是打算用武力夺取他们的土地，还是打算付一笔钱来买下土地。这就是"24 美元买下整座曼哈顿岛"这一著名交易的由来。事实上，德拉瓦人的部落首领曾与米纽特的前任签署过一份书面协议，约定以 1200 荷兰盾的价格将曼哈顿岛卖给荷兰人。但是米纽特并没有这么多钱，而印第安人也觉得这些银行券币毫无用处，于是双方重新就曼哈顿岛的出售价格进行商谈。最终，印第安人得到了一些西班牙金币、玻璃珍珠和布匹，而荷兰人得到了曼哈顿岛。历史上关于交易的细节并没有详细的记录，普遍的说法是这些物品的价值约为 60 荷兰盾，相当于 24 美元。但有一些历史学家认为实际的交换价值要高得多。

在米纽特的管理下，新荷兰地区的毛皮出口数量翻了 5 倍，新的移民者不断涌入，新阿姆斯特丹及其周边区域开始快速发展。

然而，随着新移民者的到来，新的问题也随之出现。一些规模较大的土地主开始挑战已有的毛皮贸易规则，他们不愿意所有的毛皮贸易都由荷兰西印度公司主导。这导致西印度公司在新阿姆斯特丹的生意损失惨重，其经营进入困难时期。很快，米纽特失去了公司董事会的支持，并于 1633 年被撤职。

1633~1638 年，沃特·范特维勒接替了米纽特的总督一职，但这一变化并未明显缓解该地区的困境。前来定居的荷兰移民者过少可能是导致该困境的主要因素之一。大多数荷兰移民认为毛皮贸易的社会地位较低，他们更倾向移居至新世界的其他岛屿。于是，新阿姆斯特丹很快就变成一座脏乱差的城市，街道肮脏、泥泞，再加上其糟糕的名声（据统计，新阿姆斯特丹平均每 20 个市民就拥有 1 座酒吧，估计该数据并未将妇女和儿童计算在内），这都在一定程度上抑制了潜在新移民的到来。

但是，范特维勒从印第安人那里获得了更多的土地，包括如今布鲁克林的大片区域，以及现在被称为沃兹、兰德尔、罗斯福和总督岛的地方。范特维勒在这些土地上种植了大量的烟草来获取私人利益。

1638~1647 年，威廉·基夫特代替范特维勒接任总督一职。如果说范特维勒的执政生涯平静的不值一提，那么基夫特的统治则彻头彻尾是一场灾难。1639 年 9 月，基夫特开始向居住在新荷兰地区（包括哈德逊河两岸）的印第安人征收"保护税"，于是荷兰人与印第安人的关系开始急速恶化。1641 年，印第安人在偏远地区向荷兰定居者发动了一些零星的攻击。作为回应，基夫特下令在帕沃尼亚向德拉瓦人发动攻击。据说，他曾命令士兵们放过妇女和儿童，但是士兵们并未执行。1643 年 2 月 25 日，荷兰士兵屠杀了 80 名德拉瓦人，包括妇女和儿童。这彻底激怒了印第安人，几个印第安部落联合起来对荷兰人展开报复，几乎摧毁了荷兰在帕沃尼亚地区的所有财产。一些幸运的荷兰移民逃到了新阿姆斯特丹，但其余的人或被杀害或被俘虏。因此，1643 年也被称为"流血之年"。直到 1645 年 8 月，双方签订停火协议，这场冲突才得以结束。

1647 年，彼得·斯特伊维桑特（图 2.3）抵达新阿姆斯特丹，他是新荷兰历史上最后一位、也是最成功的一位总督。公元 1644 年，他在与西班牙的一场战争中失去右腿，并装上那个为后世所熟知的木头假肢。斯特伊维桑特是一位牧师的儿子，他被派往新阿姆斯特丹有一个非常明确的使命，即改造这座日益破败的城市、改善居民的穷困、扩大移民规

图 2.3　彼得·斯特伊维桑特肖像

图片来源：*Courtesy of* Wikimedia Commons.

模并恢复西印度公司的盈利。

斯特伊维桑特上任后立即颁布一系列政策，包括禁止星期天饮酒、禁止街头斗殴以及与印第安人通奸等，并要求所有人在星期日出席教堂的礼拜活动（不限制在哪一个教堂）。斯特伊维桑特还下令建设街道、联排住宅、码头、风车和学校，并修建了一座城墙来保护居民。此外，斯特伊维桑特还将奴隶交易引入殖民地来获取暴利。

1654 年时，新荷兰地区的人口已经增长至 4000 人。为了给壮大的毛皮贸易和其他产业提供充足的劳动力，斯特伊维桑特允许并鼓励欧洲各个国家的移民前来。这使得新荷兰地区的人口呈现出多种族特征，而荷兰人只在其中占少数部分。1654 年，为躲避西班牙宗教法庭的迫害，第一批犹太人逃到这里。斯特伊维桑特原本向西印度公司请求拒绝犹太人进入，但遭到了公司的果断拒绝。公司要求斯特伊维桑特在新荷兰地区严格执行多种族发展的政策。

正是在这一时期，纽约市开始逐步形成其现代城市的架构：

- 拓宽了一条印第安人建设的小路（如今曼哈顿下城的百老汇大街），该道路从曼哈顿岛南端延伸至北边界，同时能够连通郊区农场，全长仅 3 英里，但它为毛皮贸易的运输带来了极大便利。
- 1646 年，荷兰西印度公司在长岛西端建立了布鲁克伦村（现在的布鲁克林区），这是新荷兰地区第一个被当局认可的自治区域，紧随其后的金斯顿市（维特维克）和纽约市（新阿姆斯特丹）也被当局承认自治。
- 1639 年，乔纳斯·布朗克成为第一个定居曼哈顿北部大陆的欧洲人，之后居住在这个偏远地区的人便被称为"布朗克斯人"。这其实解释了为什么如今的纽约会包括曼哈顿、布鲁克林、皇后区、斯塔滕岛和布朗克斯。
- 斯特伊维桑特修建的防御墙变成了现在的华尔街，全球知名的金融中心。
- 斯特伊维桑特修建的一条运河变成了现在的布罗德街。
- 斯特伊维桑特有一座以荷兰文"Bouwerie"命名的农场，大概位于现在的包厘街附近。

尽管斯特伊维桑特的执政取得了较大成功，但他严厉和固执的处事方式也导致其与新荷兰地区居民之间的摩擦不断。此外，由于刚好位于英国南北两块殖民地之间，英国对新荷兰地区产生了极大的兴趣。1664 年，英王查理二世将新世界的殖民地（包括新荷兰地区）赐予了他的兄弟（詹姆斯二世）。1664 年 8 月 27 日，搭载 450 名士兵的 4 艘英国舰船占领了荷兰的殖民地。斯特伊维桑特原本打算召集士兵进行抵抗，但当地大批商人（包括他自己的儿子）都要求他投降。新阿姆斯特丹的商人们并不在乎谁来统治他们，他们也乐意与英国人合作，因为当时的英国显然比荷兰更强大。1664 年 9 月 6 日，斯特伊维桑特在布里农场与英国人签订了投降合约（图 2.4）。1673~1674 年，荷兰人又短暂的收回新荷兰地区的控制权，但至此之后，纽约的荷兰殖民时代彻底结束。

英国人答应斯特伊维桑特可以安全返回荷兰，但最终他选择留在自己的农场度过余生。农场北面是布满树林和沼泽地的哈莱姆。1647年，斯特伊维桑特从荷兰带回来一颗梨树，并栽种在第十三街和第三大道的交口。1847年，这颗梨树被毁坏时还长满了果实。此外，斯特伊维桑特还建设了一座名为白厅的行政公馆（靠近现在的白厅街）。斯特伊维桑特于1672年8月去世，被安葬在曼哈顿包厘街的圣马克教堂。

图2.4　一幅描绘1664年斯特伊维桑特向英国投降的版画

图片来源：*Courtesy of* Library of Congress，Prints & Photographs Division，LC–DIG–pga–001466. Harris CX, Etching 1908，"The Surrender of Nieuw Amsterdam"

2.4　英国殖民时期

1664年，理查德·尼科尔斯率领英国军队向新荷兰地区发动攻击。这场战争胜利之后，他被任命为新殖民地的第一任总督。因为约克公爵的原因，这片殖民地后来更名为纽约。布鲁克伦地区更名为国王区，其东部的地区被命名为皇后区，斯塔滕岛被命名为里奇蒙（据说是国王一个私生子的名字）。有趣的是，如今纽约市的行政区依然保留了原来荷兰殖民地时期的名字，但与其重名的郡县则使用了英国殖民地时期的名字。

据说，尼科尔斯是一位极有效率的总督，并深受民众喜爱。从荷兰统治到英国统治，只经历了短短几天的混乱，大多数居民就都重返工作岗位，纽约的商业和生活全部恢复正常。

伴随着与西印度群岛之间的贸易迅速增长，与之相关的新型产业需求在纽约出现。贸易需要的船只、绳索、风帆以及其他设备都开始在纽约进行生产。到17世纪末，纽约市的人口已经翻番，达到了8000人。每年大约有100艘船在纽约靠岸并进行交易。

到1740年，纽约的人口已达到12000人，其中2000人是奴隶，他们中的许多人已获得了自由。当时，奴隶制已逐渐成为纽约以及周边其他殖民地面临的主要问题。尽管纽约没有大量的奴隶，反倒还有许多获得自由的奴隶，但是由于突出的港口地位，纽约市在奴隶贸易中扮演了非常重要的角色。大多数的奴隶通过纽约港进入殖民地，而且银行也向奴隶贸易提供了大量借贷资金，奴隶贸易为纽约市带来了巨大的财富。

18世纪初，奴隶与奴隶主之间的暴力冲突开始逐渐升级，并不时爆发。宾夕法尼亚州通过征收重税的方式逐渐将该地区的奴隶贸易消除。马萨诸塞州是第一个完全禁止奴隶进口的殖民地。纽约不愿意放弃奴隶贸易带来的巨大利润，于是针对奴隶主颁布了一些强制性法规，要求其改善奴隶的生活条件，并确保其受教育的权利。但是刚刚获得自由的奴隶是禁止拥有任何个人财产的。

1741 年，事态已经发展到了必须解决的地步，这一年被称作"纽约城黑奴起义"年。历史上并没有明确记载发生了多少次有组织的奴隶起义，但有一点很清楚，这个时期的案件审判和处决数量惊人，而且大多没有经历正常的司法程序，且刑罚残暴，堪比"塞勒姆女巫审判案"。酷刑和骇人的处决方式再次出现，在一年多的时间内，共有 16 名黑人和 4 名白人被吊死，13 名黑人被烧死在火刑柱上，17 名黑人被驱逐出境。

上述事件发生前的纽约经历了一个极其寒冷的冬天，黑白两种肤色的穷人都在为了获取食物和生存而苦苦挣扎。有关奴隶暴动的传言以及西印度群岛实际发生的叛乱事件都进一步加剧了人们的恐慌。随着莫名的火灾开始在纽约一些知名人士家中接连发生后，这些愤怒的奴隶被认为是罪魁祸首。

有三个关键的人物在这一时期扮演了非常重要的角色，其中两个最后被处决：

- 约翰·休森，他拥有一家声名狼藉的酒吧，一些获得自由的奴隶和爱尔兰移民经常会光顾这里。
- 玛丽·伯顿，一名契约奴（白奴），她作证说休森收取了奴隶盗取的赃物，并说出了她偷听到的关于奴隶暴动的计划。此外，她还将休森的妻子和女儿牵扯其中。
- 约翰·尤里，一名被指控为地下天主教神父的学校教师。他被玛丽·伯顿指证参与了煽动奴隶暴动。

公平审判的外衣被彻底撕毁。玛丽·伯顿成为大多数审判中的明星证人，所有的辩护充其量只是敷衍。许多证人都是在遭受酷刑和指控的威逼下进行了作证，作为对指证他人的回报，辩诉交易在整个审判期间被滥用。

随着越来越多人意识到司法公正或许存在严重的问题，有关奴隶暴动的审判才逐步终结。此外，玛丽·伯顿向纽约一些知名的白人提出了疯狂的索赔要求，导致她的诚实度受到大众的质疑。最终，她获得了 100 英镑作为协助"揭发暴动"的奖赏，之后便离开纽约，历史再无记载。

2.4.1 纽约革命的萌芽

1756 年，战争席卷欧洲。普鲁士、英国（包括殖民地）、汉诺威和爱尔兰组成的联军与奥地利、法国、俄国、瑞典和萨克森王国组成的联军开战。这场战争通常被称作"七年战争"，有时也被称为"世界大战"。引起这场战争的根本原因是欧洲列强之间的权利更替以及英法之间的殖民地争夺战。法国－印第安人战争是这场战争中最主要的一场殖民地争夺战。

这场发生在欧洲的战争为纽约带来了繁荣的贸易。1758~1763 年，超过 3 万人的英国军队驻守在纽约，他们需要消耗大量的食物、船只、补给、武器，当然还有女人。

这些人的出现促使纽约的商业发展达到一个前所未有的新高度，这也使得纽约居民的生活日益富足。

如果战争有利于商业发展的话，那么战争的结束对于商业来说就是灾难。1763 年，随着英国军队的撤离，纽约的经济陷入衰退。更糟的是，英国统治者开始征收新的税种来抵消其在战争中的支出。这导致纽约以及其他殖民地的居民产生强烈的不满情绪，并直接促使这些殖民地走向了革命之路。

2.4.2　纽约的革命之路

1765 年春，英国在殖民地颁布印花税法案，该法案规定对在此之前合法且免税的 40 多项交易开征印花税。该法案一经推出就受到了民众的抵制，因为几乎所有人都属于被征税的对象。1765 年 11 月 1 日，一群愤怒的居民聚集于纽约下议院，最后游行队伍前往博灵格林，并在那里对英国国王的肖像实施了绞刑。随后，其他殖民地也爆发了类似的起义，最终英国人在当年晚些时候废除了印花税法案。

1773 年，17 岁的亚历山大·汉密尔顿从西印度群岛来到纽约。作为美国银行业和资本主义之父，他在美国整个国家的发展过程中发挥了至关重要的作用。在接下来的几十年中，汉密尔顿的重要性被淋漓尽致的展现。1774 年，汉密尔顿公开出版了一本号召人们推翻英国王室统治的宣传册。

1775 年 4 月 23 日，列克星敦和康科德打响了美国独立战争的第一枪。尽管纽约曾作为一些重要战役的战场，但它在整个独立战争的过程中扮演了一个相对次要的角色，或者至少对殖民者来说是这样的。纽约是英国军队的驻防区，在战争的多数时间里，它都在英军的控制之下。此外，战争的发生导致纽约市的人口大量流失，到 1776 年，约 80% 的纽约居民都已离开。

很显然，从战争开始的那一刻，英国人就决定要将纽约控制在自己手中，因为纽约的地理位置具有非常重要的战略意义。一方面，纽约拥有非常重要的港口；另一方面，通过控制纽约，英国人可以有效地阻断南部和北部殖民地之间的联系。正是由于纽约的战略地位如此重要，1776 年春天，乔治·华盛顿率领他的部队直抵曼哈顿。

6 月 29 日，超过 100 艘英国战舰驶入纽约港。在接下来的几周内，共计 500 艘英国舰船靠岸，并派遣数万名士兵在斯塔滕岛建立据点。7 月 9 日，纽约市下议会宣读《独立宣言》，拆除了查理二世国王的雕像，并将其材料用于制造火枪子弹。

华盛顿将他的部队驻扎于布鲁克林河畔，因为他判断英军将首先从这里发动进攻，而且他认为布鲁克林要比曼哈顿更利于防守。8 月 26 日，2 万名英国军队向华盛顿的军队发动攻击。两天之内，华盛顿便损失了 2000 名士兵。无奈之下，华盛顿决定利用夜色的掩护将剩余部队通过水路转移至曼哈顿。这次的大转移由一名年轻将领主导，他就是后来臭名昭著的阿伦·伯尔。许多人在这场危险的渡河战役中失踪，英国炮兵向着这些毫无保护的船只开炮，由于没有灯光，还发生了其他一些事故。最终，华盛顿一共转移了 1 万名士兵，并撤退至曼哈顿北部。当年 11 月，华盛顿决定不再驻守纽约，而是选择撤退。他的策略是先保住军队，而不是城市。在独立战争剩余的时间里，纽约一直处在英国人的控制之下。

在最开始的战斗中，可能是逃亡的革命者放火烧毁了纽约市 100 多栋建筑物，基本上整个西城区都被毁掉了。在剩余的殖民期间，英国人也没有采取任何措施来保护这座城市的基础设施，反而是进一步的破坏。一直到 1783 年，纽约都是英国的军事行动基地，而留在纽约的人大多都是英国的效忠者。

1778 年，法国同意帮助美国摆脱殖民控制。同时，荷兰人也向殖民地居民提供了大量的资金支持。1781 年 10 月 19 日，英国军队在约克镇投降，美国独立战争也基本宣告结束。在之后的三年多时间里，一系列的条约相继签订，直到战争正式结束。1783 年 11 月 25 日，随着最后一支英国军队撤离纽约，华盛顿率队凯旋。此时，纽约还只是美国的一座城市而已。

在华盛顿回归的几个月内，超过 7000 名英国王室的效忠者离开纽约并返回英国。之前流亡的纽约市民也开始逐渐返回纽约，但是迎接他们的却是一片废墟，百废待兴。

2.5　纽约：新国家的第一个首都

1784 年 1 月 14 日，随着大陆会议批准《巴黎条约》，独立战争正式宣告结束。然而通往完整国家的道路仍然充满崎岖，各州与联邦政府在利益争夺、贸易和货币政策、人民基本权利以及奴隶制等问题方面都存在极大的分歧。

在此期间，亚历山大·汉密尔顿在纽约开设了一家律师事务所，组建了纽约银行，并向民众宣传解放奴隶的思想。1785 年 1 月 11 日，大陆会议重新迁回纽约，并将其暂时定为美利坚合众国的首都。

宪法的起草是一个漫长而痛苦的过程。1788 年 6 月 25 日，在经过多轮修订并加入《权利法案》之后，弗吉尼亚州以 89 ∶ 75 的微弱优势成为第 9 个批准宪法的殖民地。随着 9 个殖民地全部批准宪法，美利坚合众国正式诞生。1788 年 7 月 26 日，纽约以更加微弱的优势（30 ∶ 27）通过了包含《权利法案》的美国宪法。

1789 年 1 月 7 日，批准宪法的 11 个州选出了他们的总统候选人，当时纽约大多数的居民还在迁徙途中，并没有派出候选人。2 月 4 日，选民们投出他们的选票，并于 4 月 6 日完成了计票工作。乔治·华盛顿以绝对优势当选为总统，约翰·亚当斯当选为副总统。4 月 30 日，57 岁的乔治·华盛顿在曼哈顿联邦大厅的阳台上宣誓就职（图 2.5）。

纽约作为经济中心的功能定位在美国成立之初就已经明确。最开始的时候，有关

国家中心及架构的问题分歧很大，其中亚历
山大·汉密尔顿和托马斯·杰斐逊（以及詹
姆斯·麦迪逊）分属两大阵营。

汉密尔顿坚定地认为国家的未来应建立
在工商业的基础之上。他意识到工业对国家
经济发展的重要性，并将其视为实现经济增
长和稳定的必经之路。但是杰斐逊坚持以农
业作为立国之本。汉密尔顿支持建立一个强
大的中央集权政府。事实上，在合众国制宪
会议的早期，汉密尔顿就提出了这样的想法，

图2.5　一幅描绘华盛顿于 1789 年 4 月 30 日
在纽约联邦大厅宣誓就任总统情景的油画
图片来源：*Courtesy of* Wikimedia Commons.

即总统和议员采取终身制，而州政府则被取消。相反，杰斐逊则支持给予州政府更大
的主导权，而对联邦政府的权力进行限制。这场论战的最终结果就是，汉密尔顿帮助
华盛顿和亚当斯建立了联邦党，杰斐逊和麦迪逊则成立了共和党，后来被称作民主共
和党。

汉密尔顿和杰斐逊在华盛顿执政期间都承担了重要的政府角色，汉密尔顿担任财
政部长，杰斐逊担任国务卿和众议院议长。汉密尔顿与华盛顿的关系极为密切，独立
战争期间他曾担任华盛顿的参谋长，在约克镇击败英国人的过程中发挥了重要作用。

1790 年春天，由于独立战争导致的巨额战争债务在分配时引发了一场激烈争论。
纽约是所有殖民地中负债最高的州，汉密尔顿建议由联邦政府承担所有债务，否则许
多州会因为难以偿还债务而破产。杰斐逊则强烈反对这项建议，他认为债务联邦化将
使南方各州处于不利地位，而且他认为这项政策有违宪法。于是，国会在该问题上陷
入僵局。

1790 年 6 月 20 日，汉密尔顿和杰斐逊达成了一项历史性的协议，该协议将对纽约
乃至美国产生巨大的影响。杰斐逊同意让汉密尔顿将各州的战争债务由联邦政府统一
处理，作为交换条件，汉密尔顿同意将首都迁址到波托马克河沿岸，即如今的华盛顿
特区（当时那里还是一片未开发的沼泽地）。随后，汉密尔顿通过财政部发行了 8000
万美元的政府债来偿还各州的战争债务。

在说服纽约放弃首都所在地时，汉密尔顿指出控制联邦政府做什么远比控制首都
在哪里重要得多。摆脱了首都所在地这一角色的束缚，纽约才能毫无负担的去发挥其
国家金融中心的作用。

1792 年 5 月 17 日，22 名证券经纪人和商人开会商讨建立一套更系统的商业交易
模式，并最终签署了"梧桐树协议"。这套交易系统最终演变成为现在的"纽约证券交
易所"。

18 世纪末，纽约州颁布《渐进废奴法案》。尽管这无疑朝着正确的方向前进了一大

步，但该法案仍然未能彻底废除纽约的奴隶制度。

随着新世纪的临近，纽约已经做好了成为世界商业中心的准备，开始起跑。到 1800 年，纽约人口已接近 8 万人，长达一个世纪的疯狂增长即将开始。

2.6 纽约：1800~1825 年

2.6.1 汉密尔顿和伯尔

1804 年，亚历山大·汉密尔顿死于一场著名的决斗，对手是他一直以来的政敌——阿伦·伯尔。实际上，纽约同时失去了两位最为著名和最具影响力的人士，其中汉密尔顿逝世，而伯尔也因此声名狼藉并远走他乡。汉密尔顿和伯尔的宿怨以及最终的决斗确实是一场悲剧。这件事唯一的好处或许是让公众认识到所谓"绅士决斗"的野蛮本质，而美国也最终将其定义为刑事犯罪，尽管这种决斗事件在之后的许多年里仍然持续发生。

汉密尔顿和伯尔最初的关系相当密切，他们都曾活跃于纽约律师界。尽管在一些问题上观点相左，但据说两人彼此欣赏，经常在工作后相约聚餐。但自从伯尔击败汉密尔顿的岳父菲利普·舒勒将军获得美国参议院的席位之后，这一切都发生了改变，汉密尔顿和伯尔从此成了死对头。

1800 年的总统选举是美国历史上的第四次总统选举，同时也是最具历史意义的一次选举。候选人第一次开始积极参加竞选活动，也是第一次要求总统候选人和副总统候选人作为"竞选搭档"参与竞选活动。联邦党人约翰·亚当斯和查尔斯·平克尼搭档寻求连任总统。但是，由于亚当斯在任期间通过了《客籍法和镇压叛乱法》，这项法案被认为是对公民言论自由和出版自由权利的直接践踏，导致亚当斯任期内支持率的严重下降。伯尔通过坦慕尼协会在帮助杰斐逊获得纽约州的支持方面发挥了重要作用，作为回报，托马斯·杰斐逊携手阿伦·伯尔代表民主共和党参与总统竞选。

汉密尔顿在这场选举中扮演了一个非常独特的角色。尽管同属一个政党，但是汉密尔顿却非常不喜欢约翰·亚当斯。在法国大革命期间以及之后的一段时间里，美国政坛关于是否应该支持曾经帮助过自己的法国存在很大的争议。因为英国人威胁说，一旦美国决定支持法国，英国将立刻向美国宣战。亚当斯主张保持中立，而杰斐逊主张公开支持法国。由于最终没有支持法国，法国威胁将对美国采取敌对行动。独立战争之后解散的大陆军又被重新征召入伍，当时身体不太好的华盛顿担任总司令，并任命汉密尔顿为其副总司令。华盛顿死后，汉密尔顿希望以武力夺取西部地区，并主张入侵墨西哥。但是亚当斯成功与法国达成和平条约，并宣布解散大陆军，从而阻止了汉密尔顿计划的实施。

在 1800 年大选之前，汉密尔顿编写了一本名为"约翰·亚当斯的公众行为和品格"

的小册子，对亚当斯的品德进行了深度批判。汉密尔顿并未打算公开发行这本小册子，但阿伦·伯尔在未经汉密尔顿许可的情况下将这本小册子出版，并进行了广泛的传播。这一事件严重损害了亚当斯的连任前景。当然，汉密尔顿也强烈反对杰斐逊当选。这场选举最终以杰斐逊和伯尔的组合获胜告终。

当时，选举团规定总统选举只举行一次投票。每位选民可以投出两票，两票不可以选同一个人，且最多选一个本州的候选人。获得最多选票的候选人即当选总统，选票数第二的候选人为副总统。为了避免发生平票现象，杰斐逊和伯尔的支持者在投票时需保证第二选票为空票。然而不知道为什么，这个方案并没有起作用，投票结果显示杰斐逊和伯尔平票。根据宪法，选举结果被递送至联邦党人控制的众议院，他们必须在两名民主共和党人之间做出选择，即在杰斐逊和伯伦之间选一个人当总统。

在接下来的几天内，众议院又举行了 35 轮投票，但每次都是平票。一些联邦党人坚信，如果继续保持平票的话，联邦党仍然可以保持对国家的有效控制。但是一些历史学家认为，如果这种情况继续发生，美国很有可能会爆发军事政变，而杰斐逊也可能会支持政变。期间，亚当斯也曾建议杰斐逊做出一些让步以获取选举支持，同时，汉密尔顿也积极为杰斐逊赢得选举进行游说。终于在众议院的第 36 轮投票中，托马斯·杰斐逊成功当选总统，从而避免了这个年轻国家的宪法危机。在整个危机期中，阿伦·伯尔从未离开纽约市。

这次的选举对后世影响巨大：（1）汉密尔顿和伯尔之间的嫌隙日益加深；（2）宪法第 12 修正案对众议院的总统选举制度进行了补充，即选民分别为总统和副总统投票；（3）《客籍法和镇压叛乱法》被废除；（4）杰斐逊非常不信任伯尔，在任期间完全无视这位副总统的存在，甚至在 1804 年的总统连任竞选时将伯尔从竞选名单上剔除。

在得知杰斐逊的想法后，阿伦·伯尔决定竞选纽约州州长，但他又失败了。对于汉密尔顿写了几封刻薄的信件来反对自己的事情，伯尔非常的恼怒。但最让伯尔生气的是汉密尔顿在一场政治晚宴上的言论，据传汉密尔顿宣称伯尔是个危险的人，他甚至对伯尔有更鄙夷的看法。伯尔要求汉密尔顿公开撤回这些言论，但是汉密尔顿拒绝了，并声称不记得发表过上述言论。于是，伯尔提出要和汉密尔顿来一场传统的决斗。有趣的是，之前伯尔和汉密尔顿都曾卷入过决斗事件，汉密尔顿的长子死于 1802 年的一场决斗。决斗在纽约州和新泽西州都是非法的，但汉密尔顿和伯尔都不是新泽西州的公民，于是他们相约于 1804 年的 7 月 11 日在新泽西州威霍肯附近举行决斗。

关于决斗现场的故事因为两位目击者的不同描述而有所差异。其中一人声称汉密尔顿并未开火，另一人则说在第一枪和第二枪之间有 3~4 秒的间隔。不管哪种说法，汉密尔顿都没有射中伯尔，但是伯尔击中了汉密尔顿的腹部。还有一些间接的资料表明汉密尔顿是故意没有射中伯尔，据说他扔掉了自己的枪。决斗之后，汉密尔顿被带到了位于曼哈顿的一位朋友家中，几天后便去世了，享年 47 岁。

因为这场决斗，伯尔在纽约和新泽西被起诉谋杀和其他罪名，但都未被定罪。随后，他返回华盛顿特区完成了剩余的副总统任期。期间，伯尔因弹劾最高法院法官塞缪尔·蔡斯的事件而受到奖励。卸任副总统之后，伯尔被指控企图在西部地区建立新国家以控制美国的农业经济，并以叛国罪被提起诉讼。最终伯尔被判无罪释放，但他在美国的政治生涯基本宣告结束。

2.6.2　19 世纪早期

在工业革命的推动下，纽约在 19 世纪经历了一整个世纪的爆炸性增长，而汉密尔顿关于建立一个以工商业为基础的资本主义强国的愿景也基本实现。纽约的人口从 1800 年的不到 8 万人增长至 1900 年的 350 万人。当然，如此快速的增长也会伴随产生一些严重的问题。

在 19 世纪的头十年里，发明家和企业家蜂拥而至。1807 年，罗伯特·富尔顿发明的第一艘蒸汽船（图 2.6）在纽约港下水，标志着船只彻底摆脱对风力的依赖。1809 年，科尼利尔斯·范德比尔特在曼哈顿和布鲁克林之间开通轮渡服务，并成立了一家造船公司，这也成为其未来经济帝国的基石之一。

1809 年，迪德里希·尼克博克出版了《纽约外史》，并迅速成为畅销书（迪德里希在德语中是"父亲"的意思）。这是一本虚构历史小说，它讲述了虚构的尼克博克家族几代人在纽约发生的故事。由于人口构成以新移民为主，纽约其实并没有真正的历史。后世杰出的纽约客往往会把他们和虚构的尼克博克家族扯上一些关系，但迪德里希·尼克博克其实是华盛顿·欧文的笔名，他是第一个以写作为生的美国公民。

图 2.6　在 1909 年哈德逊 - 富尔顿庆典上下水的蒸汽船——克莱蒙特号

图片来源：*Courtesy of* Library of Congress，Prints & Photographs Division，HC White & Co. Collection，LC-USZ62-131469.

2.6.3　快速发展的准备期

仅仅依靠巨大的天然港口和市民的创业精神还不足以驱动纽约成为世界级的商业中心，还有四项重要的因素极大地推动了这一进程。

1. 1811 年的委员会规划

19 世纪初，纽约城仍然局限在曼哈顿岛南端的一小片区域内。城市的北部布满丘陵和茂密的森林，建设条件较差。1807 年 3 月，州议会委派了一个三人专家委员会，并令其对曼哈顿第 14 街至华盛顿高地之间的路网进行规划布局。这个委员会由律师古弗尼尔·莫里斯、约翰·卢瑟福以及测绘员西蒙·德威特组成。其中，西蒙·德威特是未来纽约州州长德威特·克林顿（当时是州议员）的亲戚。同年4月，州议会赋予该委员会制定城市发展规划的专有权。

1811年，委员会提出了一个规模惊人的规划方案（图2.7）。该方案并未考虑按照天然的地形条件来布局道路和建筑，而是计划完全平整11000多英亩的土地来修建矩形网格状的街道，以形成相对规整、统一的街区（图2.7）。该规划在800英尺的间距内布置了12条南北向的大街，东西向道路则按照每英里20条的规模布置（平均间距大约260英尺），这样一共形成了2000多个狭长的待开发地块。随着城市的向北扩张，这项规划在接下来的数十年中有序的引导着城市的开发建设。需要指出的是，这版规划并没有为中央公园预留位置。

当然，这项规划也有一些例外：百老汇街由于其特殊的历史意义维持了其斜向布局，格林威治的不规则街道格局则是由于当地居民的反对而得以保留。

多年来，这项规划一直存在争议。有些人认为这个规划呆板无趣，而地形平整更是常年被诟病，因为它破坏了纽约的地理独特性。但也有人称赞这项规划极具前瞻性，方案中的宽马路和直角地块对于潜在开发商来说兼具高效和吸引力，有利于土地开发建设。尽管这项规划褒贬不一，但它为纽约市的发展指明了方向，消除了城市向北扩张的地理障碍。

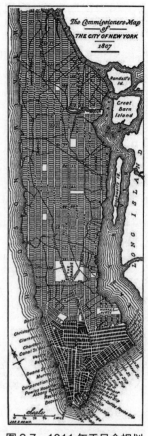

图2.7　1811年委员会规划中的曼哈顿街道布局

图片来源：*Courtesy of* English Wikimedia.

2. 德威特·克林顿和伊利运河

德威特·克林顿（图2.8）从哥伦比亚大学获得法律学位后，成为其叔叔乔治·克林顿（前纽约州州长，非常有影响力并受大众喜爱）的秘书，从而开启了他的职业生涯。没过多久，德威特就成了一名积极的反联邦党人士（在之后的几年里曾被指控同情联邦党人）。1797~1802年，德威特成为纽约州立法机构的成员，并于1802年当选美国参议院议员。一年后，他从参议院辞职，据说是因为对新首都华盛顿的生活条件不满意。回到纽约后，德威特连续担任了三届纽约市市长（1803~1807年；1808~1810年；1811~1815年）。1812年，德威特参与总统竞选，在经历了一场错综复杂的选举战后，最终败给了詹姆斯·麦迪逊。1817年，德威特当选纽约州州长，并一直担任该职务直到去世（1828年2月11日）。

德威特·克林顿是一位真正有远见的人士，他意识到纽约将拥有无限的发展可能。他认为，如果纽约想成为世界级港口城市，必须具备两个条件：一是建立与中西部地区的联系通道，使纽约成为五大湖区域工业和贸易增长的一部分；二是纽约必须向北扩张来适应其人口的急速增长。

图 2.8　德威特·克林顿的肖像

图片来源：*Courtesy of* Library of Congress，Prints & Photographs Division，Childs & Inman Collection，LC–USZ62–50394.

从港口的天然条件来看，新奥尔良港是全美最大的港口。它可以经由密西西比河通往美国中部所有的地区，从而成为原材料和货物进出中部地区的天然通道。1811 年，德威特·克林顿提议修建一条长 363 英里的运河来连接哈德逊河与五大湖区域。当时运河的规模在 5~10 英里，因此这项提案被很多人认为是天方夜谭，而这条运河也被不同的人称作"克林顿沟"或者"克林顿的荒唐事"。当这个项目向联邦政府申请拨款时，托马斯·杰斐逊总统对此持反对态度，他认为"这是一项伟大的工程，但或许应该在一个世纪以后再实施"。尽管没有获得联邦政府的支持，但纽约州议会于 1817 年 4 月通过了该项目的资金担保法案。1817 年 7 月 4 日，作为纽约州的新任州长，德威特·克林顿主持了伊利运河的开工仪式，运河的东西两端工程同时开工。

由于没有获得联邦政府的支持（事实上，杰斐逊声称这项计划是疯狂的），克林顿进行了长期且艰难的游说活动来为运河建设争取资金支持。他制定了一项商业计划，希望利用公共基金来吸引私人投资。最终，克林顿说服了各大银行投资该项目，之后纽约州发行了修建运河的政府债券。

伊利运河在 7 年后完工，在施工完成前其实已经有几条支线航道在运行了。整个项目共包含 83 个船闸和一座水桥，工期比原计划提早了 3 年，工程支出也控制在预算内。运营伊始，伊利运河就开始盈利，投资人对其回报非常满意。

随着伊利运河的开通，货船从中西部地区到达纽约的时间由原来的 11 周缩短到现在的一周，运输成本大幅降低。之后，中西部地区所有货物和原材料的进出口贸易都经由纽约港完成。

3. 班轮运输服务的启动

1818 年，"黑球航运"开通了纽约和利物浦之间的班轮运输服务。在此之前的跨洋航运往往没有固定的班期，而是取决于他们何时能够获取满足远航收益的货物预订量。"黑球航运"由艾萨克、威廉·赖特、弗朗西斯和杰里米·汤普森等几位贵格会教徒商人创建，并开始提供定期航运服务。这项服务吸引了大量的货物运输订单，因为托运人能够清楚地知道船、货的出港和到港时间。在接下来的几十年内，其他船运公司也相继开通了类似服务。这个看起来很小的改变引发了船运服务业翻天覆地的变化，也进一步巩固了纽约作为全国枢纽港口的地位。

4. 棉花贸易

这项成就似乎不那么令人瞩目，但却反映了纽约的金融影响力。通过控制船运航线和银行业，纽约的银行家进而控制了当时飞速发展的棉花贸易。南方的棉花种植者必须通过纽约港才能将原材料运往欧洲，当然成品货物的进口也要经由纽约港完成。尽管并没有直接参与棉花的生产和消费，但到 19 世纪 20 年代时，纽约已经成为棉花贸易中不可或缺的环节。通过金融控制贸易市场的方式帮助纽约创造了巨大的财富。

1800~1825 年，纽约通过改造自然环境的方式为之后的人口爆发式增长和城市发展奠定了基础。然而，它也为伴随城市发展而出现的各种人类冲突埋下了伏笔，并将以前所未有的方式塑造城市的未来。

2.7 南北战争和工业革命时期的纽约

1825 年，曼哈顿的人口已经接近 17 万人之多，而且几乎全部集中在岛的南端。距离曼哈顿下城 2 英里之外的地区，则基本被农田或森林覆盖。当时的纽约城内没有正规的警察部队、公立学校和消防部门，也没有公共交通工具。到 1860 年，纽约的人口是 1800 年的 4 倍；到 1890 年，已经是 1800 年的 8 倍了。到 1900 年，纽约市的人口已经暴增至 3437202 人，城市范围也早已突破了曼哈顿下城的边界，占满了整座岛屿，并开始向"外围区域"蔓延。土地空间的局促已经无法适应人口的爆炸式增长，随时都会被吞没。

2.7.1 移民潮的开始

伊利运河、大港口、班轮运输、小型制造业的快速增长以及通过棉花贸易和奴隶贸易攫取的大量财富，使得纽约成为移民的首选目的地。第一批移民以爱尔兰人为主，他们为了逃脱英国对其家园的控制而来到纽约，希望在这里能够摆脱贫困。1845 年，爱尔兰大饥荒导致数百万人离开家园，爱尔兰移民潮随之到来。1865 年，纽约的爱尔兰人已经超过了都柏林。大量的德国移民也在同一时期来到纽约。据记载，1836 年 6 月 2 日，共有多达 15825 名欧洲移民涌入纽约。

小型制造业在曼哈顿下城如雨后春笋般涌现。最初，这些小工厂位于廉租公寓社区内。然而，到了 19 世纪 30 年代，他们开始聚集，并创建了第一个纯粹的商业区。

移民们涌入曼哈顿"五镇区"的公寓，也就是现在的曼哈顿"下东区"（图 2.9）。由于缺乏管理，移民的住房条件非常糟糕。到 1940 年，移民公寓的密度达到了每英亩 300 人。随着霍乱和其他疾病开始威胁人们的生命，疾病成为人们最为关心的议题，而这些廉价公寓也成为纽约的第一批贫民窟。

虽然有一些爱尔兰移民者属于技术工人，但大多数没有技能。他们开始争夺和从事一些最低端的工作，而这一领域多年来一直被黑人主导。公寓的糟糕居住条件，以及对非技术性工作和住房的激烈竞争，造成了纽约市在种族、经济和社会各方面前所未有的紧张局势。但唯利是图是商人的本性，他们利用这种紧张局势，用工资更低的爱尔兰人取代了黑人。当偶尔爆发罢工事件时，这些奸商又会反过来雇佣黑人来破坏罢工。这种紧张的局势会引发周期性的冲突，并在一个多世纪的城市发展中发挥着重要作用。

图 2.9　1827 年的五镇区（图中右边的街道是安东尼街，左边是十字街，正对从左到右的是奥兰治街）

图片来源：*Courtesy of* Wikimedia Commons，George Caitlin，*The Five Points*，oil 1927.

2.7.2　印刷传媒业的诞生

19 世纪 40 年代，印刷传媒业获得了跨越式的发展。每天都有大量的"便十报"出版，印刷新闻成为人们沟通和传播信息的主要媒介。过去城市很小的时候，大多数人通过口口相传就能知道城市里发生的事情。但到 19 世纪 40 年代，纽约城已经变成了一个复杂的巨系统，古老的信息传播方式已经不再适用，而报纸行业应运而生。

第一份主要的日报是由詹姆斯·戈登·贝内特出版的《纽约先驱报》。当时大多数的报纸都是聚焦丑闻、疾病、谋杀案、强奸案和火灾等轰动性新闻的小报。到 1850 年时，纽约已经拥有 20 份日报和 40 份周报，而且大部分都位于被称为"印刷厂街"的一小片区域（靠近现在市政厅）。摩尔斯也在那附近开设了一家电话局。

1841 年，沃尔特·惠特曼来到曼哈顿寻找一份报社的工作。他在一份叫作《曙光》的便士报找到了工作，并开始了他革命性的诗歌创作。他的诗歌摒弃了传统欧洲诗歌的韵律和节奏，转而追求更自由的风格，诗歌中散发着城市生活的魅力，甚至包含了性。然而他的作品并没有立刻赢得反响，直到他晚年和去世之后才逐渐被大众认可并接受。

1855 年 7 月 5 日，惠特曼自费出版了其著名诗集——《草叶集》的第一版。他一生的大部分时间都在增补或删改这部作品，并发行了几个版本，包括他去世前还一直在创作的"临终版"。

1841 年发生的另一重大事件便是美国博物馆（图 2.10）在百老汇和印刷厂街的开幕。这个博物馆其实是一个由费尼尔司·泰勒·巴纳姆（更广为人知的名字是"P.T."）创建和经营的马戏团。

图 2.10　P.T. 巴纳姆位于印刷厂街的美国博物馆（1858 年）

图片来源：*Courtesy of* Wikimedia Commons.

他的展览包含拇指将军汤姆（侏儒）、暹罗双胞胎等各种稀奇古怪的事物，还有一个爱国主义展示和表演的演讲厅。这里很快就成为纽约市最为流行的消遣场所。在运营的27年里，博物馆一共卖出4200万张票，被认为是这座城市与其居民之间复杂关系的反映。

2.7.3　移民和坦慕尼协会的兴起

1830~1860年是纽约的动荡时期，移民逐渐成为当时纽约市的主要政治力量。坦慕尼协会成立于1786年，最初是一个类似兄弟会的组织，它的名字来自勒纳普印第安人的领袖坦慕尼。该协会延续了许多印第安人的传统词汇和习俗，例如它的办公中心被称为"棚屋"，领导人则被称为"大酋长"。

到1798年，该协会的活动实质上已经政治化了。在其早期的领导者之一——阿伦·伯尔的领导下，该协会成为杰斐逊派共和党人在纽约的大本营。许多历史学家认为，如果没有纽约坦慕尼协会对杰斐逊的支持，约翰·亚当斯本可以赢得1800年的总统大选。1839年之后，该协会成为民主党在纽约的中心。最终，该组织采用了与其总部相同的名称，即坦慕尼协会。

坦慕尼协会的政治家们是最早意识到移民巨大力量的人。他们帮助移民寻找工作和住房，并协助其成为美国公民，这样坦慕尼协会支持的候选人就能够获得大量的移民投票。1854年，在大量爱尔兰和德国移民的选票支持下，坦慕尼协会的首领费尔南多·伍德（图2.11）当选纽约市长，这是该协会在政治领域的第一次重大胜利。因为受到工作机会以及其他好处的承诺，很多移民都主动参与了投票。上层阶级对此感到异常震怒，他们四处游说要求更改纽约市宪章，对市长的权利进行限制。这直接导致了1857年6月17日纽约州警察和纽约市警察的激烈对峙。尽管州警察在对峙中占据上风，但市长的权利很快就恢复了。

1858年，坦慕尼协会迎来了一位新的领导人，即威廉·玛西·特威德（特威德老板，图2.12），在其统治期间，特威德成为政治操纵和贪污腐败的代名词。特威德于1852年当选美国众议院议员，1856年当选纽约市顾问委员会，1867年当选纽约州参议院议员。特威德和杰伊·古尔德是很好的朋友，后者将其任命为伊利铁路公司的董事；作为回报，特威德通过立法来保障伊利铁路公司的利益。

1858年，特威德被任命为纽约郡监事会成员。期间，他与监事会中的其他成员合谋，向市政工程的承包商索取了15%的工程价款。

图2.11　坦慕尼协会首任市长费尔南多·伍德（1860年前后）

图片来源：*Courtesy of* Library of Congress，Prints & Photographs Division，Brandy Handy Photographic Collection，LC BH82 5229B.

1870 年，特威德成功通过了纽约市新宪章，将城市的控制权全部落在了市长、审计长、公园事务专员和公共工程专员的手上。通过对这些人员进行控制，特威德加速了对这座城市的财富掠夺。尽管从未精确计算，但侵吞公款的总额估计在 2500 万美元 ~2 亿美元。事实证明盗贼之间是没有信誉可言的，由于分赃不均，特威德的一名同伙向《纽约时报》提交了特威德贪污的证据，1871 年，特威德被起诉并判犯有欺诈罪。

图 2.12　威廉姆·特威德的肖像

图片来源：*Courtesy of* Library of Congress，Prints & Photographs Division，LC-USZ62-22467

2.7.4　1857 年经济危机

1857 年 8 月，华尔街金融市场的崩溃引发了严重的恐慌。超过 2.5 万名工人失去了工作，其中大多数是贫穷的非熟练工人，另外还有 10 万人处境非常困难。1857 年秋天，随着银行和企业的大量倒闭，纽约的失业率进一步上升，经济进入萧条期。

2.7.5　中央公园

就在这个经济和社会都充满动荡的年代，一项具有划时代意义的公共项目——中央公园诞生了，其规模之大令人震惊。1811 年的"委员会规划"方案中并没有包含中央公园或者别的任何公园。但是随着人口的快速增长，纽约市民对公共空间的渴望变得异常强烈。1844 年，威廉·卡伦·布莱恩特和安德鲁·杰克逊·唐宁开始宣传在纽约修建大型公园的必要性。1858 年，纽约州议会将 59 街到 106 街 700 英亩的区域划定为建造公园的区域，仅这片土地就价值 500 万美元。同时，纽约州任命了一个中央公园委员会，该委员会选择了由作家弗雷德里克·劳·奥姆斯特德和建筑师卡尔弗特·沃斯创作的一个规划和设计方案。

中央公园设计的初衷是形成一个巨大的均衡器，同时吸引富人和穷人，为他们提供一个休息和思考的场所。希望通过种族和经济阶层的混合来加深彼此之间的理解，减少纽约不同文化、经济阶层人口之间不断加剧的紧张关系。

然而从最开始，这个愿望就被击碎了。中央公园动工之前，政府通过公共用地征收法规迫使 1600 名原本居住在该区域的居民搬离。这些无家可归的人大多是爱尔兰人和黑人。其中，塞尼加村原本是一个居住 270 位黑人的社区，拥有 1 所学校和 3 座教堂。但这里的居民最终散落在曼哈顿各处，原本联系紧密的社区实际上遭到了破坏。

公园的建设工作主要由爱尔兰人完成，这也使得原本的初衷被进一步动摇。由于爱尔兰人和黑人一直以来的紧张关系，黑人被明确禁止从事公园建设工作。

中央公园的建设一直持续到 1873 年，但其第一部分于 1858 年夏天已向公众开放。然而，从开放的第一天起，中央公园就被贴上了富人的标签。几乎没有工人阶层能够从家步行至公园，也很少有人能负担起乘坐公共交通工具前往公园的费用。此外，奥姆斯特德制定了一系列的游园规定，包括禁止野餐、踩踏草坪以及棒球等运动，这在一定程度上降低了公园对大众的吸引力。同时，公园还成立了一支警察部队来维持秩序以确保其对上流社会的吸引。

2.7.6 南北战争临近

随着 1860 年选举的临近，南北双方在奴隶制问题上剑拔弩张，中央公园的建设计划被迫搁置。

自宪法起草以来，奴隶制的问题一直被掩盖，现在终于被推到了前台。在南方的一些州，关于脱离联邦的言论相当猖獗。纽约在 1860 年的选举和随后不久的南北战争中发挥了不可替代的作用。

1860 年 2 月 25 日，一位相对不太知名的伊利诺伊州政治家（亚伯拉罕·林肯，图 2.13）抵达曼哈顿来为其总统竞选寻求支持。周日，林肯乘坐轮渡前往布鲁克林，并听取了一场关于反奴隶制的演讲。周一，他将在库珀联合大厅发表重要演说。考虑到自己的农村出生背景，他对自己即将在城市人群面前的表现有些许担忧。林肯在曼哈顿下城边走边思考，期间停下来买了一顶黑色的帽子，而这顶帽子也成为他之后的标志。尽管周一天气不好，大雨倾盆，但是仍有 1500 人赶来听他的演讲。

这场演说明确表达了限制奴隶制发展的主张，收到了极好的反响。许多报纸全文刊印了这场演说，很快就获得了全国性的广泛关注。林肯后来说道："正是库珀学院让我成为总统。"

图 2.13 亚伯拉罕·林肯的肖像
图片来源：*Courtesy of* Library of Congress, Prints and Photographs Division, Jackson, C, October 1, 1858, Library of Congress, USLCZ62–16377.

然而，林肯的迅速崛起使南方人士大为惊慌，关于脱离联邦的呼声也愈演愈烈。许多纽约人也有类似的担忧，因为他们从与南方的贸易中赚取了大量的财富，而南方各州共拖欠纽约金融机构超过 4000 万美元的债务。1861 年 1 月 21 日，市长费尔南多·伍德提出一项动议，即"脱离联邦、宣布独立"。1861 年 4 月 13 日，萨姆特堡要塞遇袭的消息传至纽约，成为南北战争的导火索。1861 年 4 月 20 日，超过 20 万纽约市民走上街头支持联邦政府。脱离联邦的计划并未实施，此后纽约对联邦政府的支持再未受过质疑。

与大多数战争带来的后果类似，在战争初始阶段，纽约的制造业进入高速运转时期，通过生产战备物资获得了一定收益。然而高通胀和房屋租金飙升紧随而来，纽约穷人的处境开始变得艰难。长期以来的种族冲突矛盾在通货膨胀问题的影响下不断加剧，有三件事又将这些矛盾推向了顶点：

- 1863 年 1 月 1 日，亚伯拉罕·林肯签署了《解放宣言》。纽约的白人担心自由的奴隶会涌向他们的城市，并抢走那些无需特殊技能的工作。
- 1863 年 3 月，国会通过了《征兵法案》。许多移民工人担心他们将被迫为了奴隶的自由去打仗，而这些奴隶最后很可能会抢走他们的工作。该法案允许任何人通过支付 300 美元或者其他等值的物品来取代服兵役。最终的结果就是几乎所有的中产阶级和富人都购买了征兵豁免权，而穷人则通过抽签的形式进行选拔。
- 1863 年春天，罗伯特·爱德华·李将军穿过弗吉尼亚州向北侵犯。随着葛底斯堡战役的临近，纽约市民开始担忧城市会被南方联军占领。

1863 年 7 月 11 日，纽约的征兵抽签开始。《征兵法案》规定未达到征兵配额的州需要通过抽签的方式补足兵力。尽管该法案的合法性存疑，但抽签活动依然如期举行了，到当天晚上的 6 点，共有 1200 人被抽中。征兵抽签引发的不满情绪在接下来的几天内持续发酵，并终于在 1863 年的 7 月 14 日~17 日爆发，引发了持续三天的暴动事件。

这场所谓的征兵暴动究竟如何开始尚不得知，但大家普遍认为这并非一起有预谋的事件，而是由于城市没有得到警察和军队的有效保护，导致骚乱事件滚雪球式发展。当时，大多数的警察和军队都被派去参加葛底斯堡战役了。

可以明确的是，7 月 14 日晚上，一小拨以爱尔兰工人为主的人群开始向征兵办公室聚集。当他们抵达办公室时，人群规模已经达到 15000 人。不久，人群中开始发生骚乱，他们烧毁征兵办公室，切断电线，并将矛头指向试图保护办公室的少数民兵，造成一人死亡。

在烧毁征兵办公室后，人群分散成小规模的暴徒团体，在接下来的 3 天里，这些暴徒继续在曼哈顿肆虐。他们对两个截然不同的群体造成了严重破坏，一个是富人和权贵群体，另一个是黑人群体。富人、政客和金融家的住宅被烧为平地。报社遭到了冲击和焚烧。一所收容 200 多名黑人儿童的孤儿院被包围并受到威胁，就在其被烧毁之前，孩子们从后门被带了出去，不得已被安置在一艘驳船上，以保护他们免受不断扩大的暴力袭击。官方统计数据显示，共有 119 人（18 名黑人，85 名暴徒，16 名士兵）在该次事件中丧生，但其实并没有准确的数据。其中，有很多人是被直接扔进河里淹死的。

3 天后，联邦军队开始从葛底斯堡抵达纽约，秩序得以重新恢复。令人讽刺的是，大多数恢复秩序的卫兵和警察都是爱尔兰人。

事实证明没有什么情况能够阻止政治家获取利益，在征兵过程中，特威德老板安排坦慕尼协会向贫穷的工人提供贷款来免除服兵役。

随着战争接近尾声，大批黑人离开了纽约，一个新的公共卫生委员会开始着手实施自 1817 年以来的第一部新住房法。一个专业消防部门也得以成立，警察局的规模也得到了进一步扩大。

1865 年 4 月 15 日，当亚伯拉罕·林肯总统遇刺的消息传来时，纽约市民都惊呆了。当他的葬礼火车到达纽约时，人们举行了盛大的游行来纪念他。黑人最初是被禁止参加这项活动的，但最终还是批准了黑人参与这场向已故总统致敬的纪念活动。

2.8 南北战争之后的纽约

南北战争之后，纽约历史发生了巨大的变化。随着工业化进程的不断推进，纽约作为国家金融中心的地位得到进一步巩固。

在第一次世界大战之前以及期间，新的移民浪潮从东欧涌入这座城市。战后，这座城市开始了长达十多年前所未有的经济和文化增长，被称为"咆哮的 20 年代"。百老汇成为一种新歌剧形式的中心，哈莱姆区孕育了一批世界上最伟大的爵士音乐家。1928 年，纽约天主教徒、改革派州长阿尔·史密斯参与总统竞选，使得坦慕尼协会成员第一次参与到国家层面的竞选中。在这场充满反天主教和反纽约呼声的竞选中，阿尔·史密斯以极大的劣势败给了赫伯特·胡佛，但他依然坚持废除禁酒令，这在当时是一项重大政治议题。

"咆哮的 20 年代"伴随着 1929 年末美国股票市场的崩盘戛然而止。金融危机的余波不断蔓延，大萧条席卷了这座城市乃至整个国家。一些至关重要的事件在这段时期发生，极大地促进了纽约的重建和恢复。坦慕尼协会的最后一位战前市长是臭名昭著的吉米·沃克，他因巨额贪污事件下台。据调查，贪污的钱财大部分落入了他本人及其在坦慕尼协会的密友手中。沃克的继任者是纽约有史以来最具活力的市长之一，即菲奥雷洛·拉瓜迪亚。

拉瓜迪亚在任的 12 年间花费了大量的时间来消除坦慕尼协会对这座城市的影响。所有与坦慕尼协会有关联的政府官员都被解雇或者替换，仅有一人例外。

拉瓜迪亚与纽约州前州长、当时的总统富兰克林·德拉诺·罗斯福以及后来成为纽约基础设施首席设计师的罗伯特·摩西建立了密切的关系，摩西曾是阿尔·史密斯的门生。拉瓜迪亚刚上任的时候，纽约的失业率高达 50%，几乎在每家银行都有欠债。他被迫削减许多城市服务来保证一些最基本、最急迫的服务需求。

罗斯福的新政将公共工程项目的融资带入了一个新时代。作为拉瓜迪亚手下的公园管理委员会主席，罗伯特·摩西从联邦政府获取了大量的资金，用于系统性的修复或重建纽约的每座城市公园，包括中央公园。几十年来无人打理的公园系统在不到一年的时间内获得了重生，成千上万的工人回到了工作岗位。摩西还重启了停滞多年的三区大桥工程。同时，他还接受了一项挑战，在长岛南岸建设世界上最大的海滩公园——琼斯海滩，并建设高速公路和桥梁系统来方便纽约市居民前往那里。从成为阿尔·史密斯的门生开始，摩西在 50 多年的时间里一直是纽约州最有权势的人物。通过建立独立的委员会和公共机构董事会管理制度，摩西事实上已经超出了政治体系的控制，也与人民隔离开来。摩西认为汽车是一种新的民粹主义交通方式，但不管怎样，他还是允许汽车进入了这座城市。在执政期间，摩西建设、修缮了许多公园、泳池，还有尼亚加拉电力项目。历史学家对于摩西的功过一直存在争议，包括他为了实施计划而采取的一些强硬措施。摩西是 1939 年世界博览会的总设计师，他的职业生涯随着 1964 年世界博览会的举办而结束。那届世博会被认为很不成功，至少从经济收益层面看是这样的。

　　紧接而来的是第二次世界大战，纽约又经历了战后的巨大繁荣、婴儿潮、新移民潮、汽车在美国家庭的迅速普及以及其他不计其数的挑战。

　　然而，纽约的许多基本特征在南北战争结束之时已基本成形。它曾经是，未来也将继续作为美国乃至世界的金融中心；它曾经是，未来也将继续是世界上人口最多、密度最高的城市之一，继续保持着其他城市不具备的种族、民族和宗教信仰的多样化。大多数人步行去上班的时代已经结束，要想摆脱曼哈顿下城恐怖的人口密度就必须开拓新的发展区域。尽管纽约市五区合并直到 1898 年才完成，但向外围市镇发展的策略一直很明确。从这点来看，城市的发展历程和交通运输系统的发展进行了充分融合。纽约的发展和繁荣需要一套包含公共和私人运输服务的基础设施来支撑。到 1860 年，初入正轨的公共交通系统已经准备好在城市的未来中扮演重要角色。

参考文献

1. Burns，R.：A Documentary Film，Public Broadcasting System Home Video，New York（2004）

2. Mushabac，J.，Wigan，A.：A Short and Remarkable History of New York City. Fordham University Press，New York（1999）

3. Bernstein，I.：The New York City Draft Riots and Their Significance for American Society and Politics in the Age of the Civil War. Oxford University Press，New York（1990）

第3章
技术支持

现代公共交通系统的发展需要一些关键的技术支持。现代公共汽车的发展得益于机动车的发明和数量的迅速增长。作为任何大城市公共交通系统的核心（当然包括纽约），轨道交通具备高载客量的特征，它的发展需要四项关键技术的支持：隧道技术、蒸汽机、电力、电力牵引发动机。

当然，轨道交通的发展也离不开其他技术的支持。比如现代的信号和列车控制系统就极具价值，最初的轨道交通是基于一套相对简单的系统运行，多年来随着技术的发展，这项系统已经变得更加复杂和可靠。

本章主要对上面提到的四种关键技术进行简单介绍。如果没有它们，纽约的公共交通系统不可能发展成如今的样子。

3.1 隧道技术

世界上第一条隧道的建设时间无从得知，但是有足够的实物证据和历史记录来支持这样一个事实，即古文明时代的隧道是基于各种各样的目的而建设的。

4000多年前，大约是公元前2180~2160年，古巴比伦人在幼发拉底河下建造了一条长3000英尺、宽600英尺的隧道，用以连接王宫与河对岸的朱庇特神庙。这条隧道的建设方法很新颖。幼发拉底河的水流量在枯水期急剧减少，巴比伦人通过修建一条新的河床将水流改道，并在原有的干河床上挖掘一条沟渠，再修建砖墙、地板和天花板将其围合。当所有结构完工后，奴隶们在其上部进行填土，同时在新建的河道上筑坝，迫使河流重新回到原来的河道，从已建完的隧道上部通过。19世纪中叶以前，史料中没有出现过任何关于在软土下修建水下隧道的记录，直到马克·布鲁内尔主持建造了泰晤士河隧道。

古代大多数的隧道建设目的并不是用于人类运输。早在公元前1250年，埃及的古墓内就建设了大量的隧道，其中拉姆西斯二世的坟墓包含几条穿越砂岩悬崖的走廊，深达几百英尺。早在公元前2500年，巴比伦人的灌溉隧道就在印度河流域出现。

隧道也常用在战争中。短隧道通常在敌人的城墙下开凿，用来运输部队，或者（更常见的目的是）破坏城墙的完整性，导致其坍塌。甚至在圣经旧约中，即约书亚记第 6 章 20 节，也提到了在城墙下挖隧道、放火并导致城墙倒塌的故事。

第一条公路隧道被认为是在意大利坎帕尼亚建造的，时间介于凯撒大帝遇刺和奥古斯都加冕之间。这条隧道至今仍然存在，建设时间大约可以追溯到公元前 36 年。按照中世纪的传说，这条隧道是由一位巫师建造。不过，早期建造隧道最常见的原因是采矿，即利用通往地下的隧道来获取铁矿石、黄金、白银和煤炭等。

早期的隧道挖掘通常使用手持工具完成，包括镐、铲子、铜手钻和空心芦苇钻等。一种常用的技术是，沿着岩石表面切割凹槽，并在凹槽上钻一系列规则布置的孔洞；然后，在洞里填满了多孔的木头和水；随着木材的膨胀，岩石将沿着预定的断裂线分开。罗马人则发明了一种叫作"火淬"的技术，即用火对岩石表面加热，然后突然用冰水冷却，从而使岩石断裂。虽然这是一种非常有效的方法，但对于进行实际操作的奴隶来说，却是极其危险的。

除了古巴比伦之外，几乎所有古代的隧道在建造时都是先利用足够坚固的材料作支撑，然后再对隧道自身支护结构进行建设。

3.1.1　马克·布鲁内尔的隧道盾构技术和泰晤士河隧道

马克·伊萨姆巴德·布鲁内尔于 1769 年 4 月 25 日在法国出生。布鲁内尔早年对工程学萌生兴趣，并在绘画和数学方面表现出过人的天赋。在法国海军服役之后，布鲁内尔对保皇派产生了强烈的同情，并于 1793 年法国大革命爆发时被迫逃往美国。布鲁内尔在纽约从事建筑师和土木工程师的工作，并曾担任纽约市首席工程师一职。他为美国的新首都华盛顿提交过一份规划方案，但出于经济和其他因素的考量，朗方的规划方案最终被选中并付诸实施。

布鲁内尔于 1799 年返回英国，并成为一位知名的发明家。他发明了一种批量生产船舶滑轮的机器以及弯曲和切割木材的机器。在 1812 年的战争期间，布鲁内尔的工厂采用新型的大规模量产方式向英军提供了大量靴子。到 1815 年战争结束时，他还剩余 8 万双靴子没有卖掉。1814 年，布鲁内尔的木材厂被烧毁，导致其破产。1821 年，布鲁内尔因债务问题被捕入狱，但几个月后在朋友的帮助下获释。

在 20 世纪初（1801~1807 年），人们曾试图在罗瑟希德区和瓦平区之间的泰晤士河下修建一条隧道。但因为挖掘过程中会遇到流沙，几次尝试都以失败告终。1818 年，布鲁内尔为其发明的隧道盾构机申请了技术专利，这是一种新的设备，可以使隧道相对安全的穿越含水地层（图 3.1）。

尽管专利中将这种设备描述为一个圆形设备，但布鲁内尔实际工作时使用的是一个矩形盾构机，因为这样能够提供更加实用的独立操作空间。盾构机内部分隔为多个独立的单元，每个单元仅能够容纳一人进行隧道挖掘。当盾构机向前推进时，顶部和底部采用钢板进行支撑。在盾构机之后，工人们站在支架上完成隧道墙体的修筑，从而实现对外部土壤的支撑。盾构机由两台紧靠隧道墙体的螺旋式千斤顶向前推进，每转动一次千斤顶，护盾前进 114 毫米（约一块砖的长度），工人们则立即在隧道结构上铺设砖块。

图 3.1　布鲁内尔的隧道盾构设备（剖面图展示其内部操作空间，共分为 3 个单元）

图片来源：*Courtesy of* Wikimedia Commons.

　　1825 年，泰晤士河隧道的建设再次启动。该工程采用了一台包含 12 个独立框架的盾构机，共设置 36 个分隔单元，每个单元可容纳一名工人。两年半之后，由于一系列的伤亡事故导致隧道工程被迫关停，这时隧道已完成一半的施工。1827 年 7 月，盾构机被砖墙封埋在隧道内，隧道工程正式暂停。在停工 10 年之后，泰晤士河隧道工程于 1837 年 3 月再次启动。拆除封闭墙后，盾构机重新安装了一个经过改良设计的护盾。尽管又发生了一些事故（包括伤亡），但隧道还是于 1842 年完工，并于 1843 年 3 月 25 日正式向公众开放（图 3.2）。仅仅在一天之内，就有超过 5000 名伦敦市民从隧道内通过，15 周之后，隧道的通过人次达到了 100 万。

　　泰晤士河隧道的建设很成功而且使用量惊人，它以人行通道的形式运营了 23 年，并征收 1 便士 / 人次的过路费。1865 年，东伦敦铁路公司买下了这条隧道，并改造为伦敦地铁的一部分，至今仍在使用（图 3.3）。

图 3.2　1843 年行人使用的泰晤士隧道

图片来源：*Courtesy of* Library of Congress, Prints & Photographs Division, Washington DC, LC–USZ62–120899.

图 3.3　1870 年蒸汽火车穿过的泰晤士隧道

图片来源：*Originally published in* Illustrated London News, January 8, 1870.

3.1.2　巴洛和格雷哈德的塔桥隧道

彼得·威廉·巴洛获得了在泰晤士河下建造第二条隧道的合同，并聘请詹姆斯·亨利·格雷哈德作为总工程师，这条隧道后来被称为"塔桥隧道"。尽管并不是盾构机的发明者，但是巴洛和格雷哈德对盾构机的改良设计被认为引导了盾构技术向现代技术的发展。区别于布鲁内尔的矩形盾构机，巴洛采用了圆柱形的盾构机，尺寸更小，材质更轻，活动部件更少。同时，巴洛采用了预制的铸铁部件代替砖块作为隧道衬砌。这项工程于 1869 年开工，于 1870 年完工。由于规模远小于布鲁内尔建造的隧道，塔桥隧道仅能满足行人通行的要求。1894 年伦敦塔桥建成后，这条隧道的人行功能停用，经改造后成为伦敦市供水管网的一部分。

巴洛和格雷哈德设计的盾构技术采用自动化设备取代了人力，在现代隧道的施工中仍被普遍使用。

3.1.3　现代盾构技术

现代盾构技术通常采用螺旋前进的方式来穿越其遭遇的各种岩石、土壤、砂砾等。典型的隧道掘进机（TBM，图 3.4）通常由一个或两个带有拖尾支撑结构的护盾构成。护盾的前端是回转刀盘，后面则是一个腔室，可以将土壤（有时是泥浆混合物）抽出，并转移至其他地方。液压千斤顶固定于护盾之后，支撑着隧道已完工部分，并推进机器向前。在隧道的完成部分内还设置了其他支持系统，例如泥浆管道（在需要的地方）、除尘系统、预制构件的运输轨道和控制室等。

图 3.4　在尤卡山挖掘岩石隧道时用的现代盾构机（TBM）

图片来源：*Courtesy of* Wikimedia Commons.

现代的隧道施工中通常将钢筋混凝土预制构件置入隧洞内进行支护。如果材料足够结实，能维持一定时间的自我支撑，则可以就地浇筑形成隧道洞体的钢筋混凝土结构。

回转刀盘的转速为每分钟 1~10 转，这取决于盾构机所面对的地质条件。岩屑或泥土通常会落在传送带系统上，并被带出隧道。如果是泥浆，则通过管道系统泵回地面。

3.1.4　其他隧道技术

当然，还有许多其他的隧道挖掘方法在使用。例如，在硬岩地区通常使用爆破法；当隧道比较浅时，明挖法也使用较多，但通常用于不会对地表造成较大影响的区域。

纽约早期的地铁就是采用明挖法建造的，即先开挖沟槽并在其中完成隧道主体的建设，最后再将土方回填，恢复地面原貌。如果采用盖挖法，首先需要建设的是隧道的顶盖，这样能够更快的恢复地面。采用这种方法时，如果顶盖的材质不足以实现自我支撑时，必须在隧道壁的位置设置临时支撑物。现在已经有新的隧道技术可以在不破坏地表的情况下完成浅层隧道的建设，但这些技术非常昂贵且工期较长。

旧金山湾区快速交通系统（BART）建设过程中采用了一种独特的隧道施工方法，该方法在之后纽约第 63 街地铁隧道的施工中也被采用。由于湾区滩质以淤泥为主，而且线路需要穿越一条主要的地震带，因此隧道最后的设计几乎是"浮"在淤泥之上，并采用特殊设计的接头链接隧道构件，以保证隧道在剧烈的外力运动下不会断裂。这种方法需要先在海湾的底部挖出一条沟槽，然后将预制的隧道管件沉入沟槽，并由潜水员完成管件之间的连接，最后再回填沙土覆盖隧道。在纽约，穿越地震带的问题不存在，但采用预制管件沉管法施工能够极大地节省建设成本，并缩短建设工期。第 63 街地铁隧道于 1972 年建设完成，但直到 1989 年才开通了第一辆列车。这条隧道共有两层，一层为纽约地铁，另一层则是为长岛铁路预留。其中，铁路层一直在等待中央车站与长岛铁路换乘枢纽的建设完成，然而直到本书编写时，该枢纽仍未投入使用。

3.2 蒸汽发动机

如果没有蒸汽发动机和蒸汽机车的发明，现代轨道交通系统是不可能形成的。尽管在 20 世纪初，电力或电力牵引驱动成为火车系统的首选，但最早的火车系统都是由蒸汽机车牵引前进的。

3.2.1 第一套蒸汽设备——亚历山大里亚的希罗

根据史料记载，最早蒸汽动力装置在公元一世纪由亚历山大里亚的希罗发明。希罗发明的装置并没有实际用途，但非常有趣，而且它标志着人类开始对蒸汽提供机械动能的能力产生了兴趣。

希罗发明的这个设备是一个玩具（图 3.5）。水在一个密闭容器内加热产生蒸汽，并通过管道进入一个带有相反出气阀的球体，排出的蒸汽生成一种"等量但方向相反"的驱动力，从而带动球体旋转。

希罗还发明了一个蒸汽装置来开启神殿的大门（图 3.6）。牧师用火加热密闭球体内的水，气压上升迫使水通过管道流入排水桶，排水桶则在重力作用下逐渐下落。门和水桶之间通过滑轮和绳索连接，这样门就被打开了。这个装置同样被认为不实用，因为门每次打开后都需要人力来将整套装备重置，而且牧师用手也能轻而易举地把门打开。

图 3.5　希罗发明的旋转蒸汽球

图片来源：*Originally published in* Knight's American Mechanical Dictionary，1876.

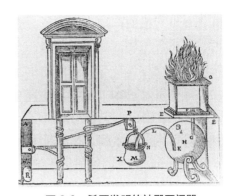

图 3.6　希罗发明的神殿开门器

图片来源：*Courtesy of* Library of Congress，Prints & Photographs Division，Washington DC，LC–USZ62–110278.

3.2.2　托马斯·萨维利的蒸汽"发动机"

1680 年，法国物理学家丹尼斯·帕平发明了一种"蒸汽蒸煮器"来软化骨头。事实上，它是世界上第一个高压锅，其基本原理与如今的高压锅相同。由于最初的装置很可能在蒸汽压力下爆炸，帕平后来又发明了一个泄气阀装置来预防这种爆炸。帕平观察到泄压阀上下运动的规律，并由此想到了活塞式发动机的概念。虽然他设计了活塞式发动机的原始图纸，但他从未实际建造过。

1698 年，英国军事工程师兼发明家托马斯·萨维利大大改进了帕平的设计，并为第一台蒸汽发动机申请了专利（图 3.7）。这种发动机最开始被用来从矿井中抽水。首先将热蒸汽打入一个腔室，然后通过冷却腔室产生负压，将水吸入腔体。

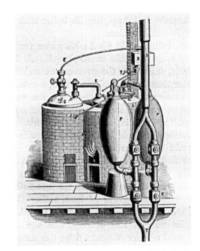

图 3.7　1702 年托马斯·萨维利的蒸汽发动机

图片来源：*Originally published in* R.H. Thurston，"A History of the Growth of Steam Engines，" D. Appelton & Co.，New York，NY 1878，Figure 13.

萨维利是第一个使用"马力"一词的发明家。他形容他的发动机能够产生相当于十匹马的驱动力。不过，就其预期用途而言，萨维利的发动机依然是不实用的。因为矿井太深，锅炉无法承受正常运转所必需的压力。

3.2.3　托马斯·纽克曼和"大气蒸汽发动机"

1712 年，托马斯·纽克曼推出了他的大气蒸汽发动机，其核心部件是一个在蒸汽压力和大气压力作用下做上升和下降运动的活塞（图 3.8）。

纽克曼在发动机的汽缸内增加了一个活塞，当汽缸冷却时，缸内负压将活塞向上吸起，大气压则推动活塞下降。活塞通过连杆与矿井内的水泵连接，并带动其运动。这种水泵包含了一种只允许水单向流动的活塞，通过设置止逆阀可以将水吸到矿井的顶部。

纽克曼发动机最开始的工作速度非常慢，阀门需要手动开启和关闭。后来，一段绳子解决了这个问题，它可以利用发动机自身的运动来打开和关闭阀门。纽克曼发动机是第一台被认为在工业中应用的发动机，主要用于矿井排水。

图3.8　1705年托马斯·纽克曼发明的大气蒸汽发动机

图片来源：*Originally published in R.H. Thurston, "A History of the Growth of Steam Engines," D. Appelton & Co., New York, NY 1878, Figure 19.*

3.2.4　詹姆斯·瓦特和冷凝蒸汽机

在18世纪60年代，汉弗莱·盖恩斯伯勒设计了一台蒸汽机模型，其发动机的加热循环和冷却循环是分开设置的，冷却循环就是现在所说的"冷凝"。汉弗莱曾向月球社的成员展示过他的设计，而詹姆斯·瓦特当时也是月球社的一员。因此，当瓦特为他的第一台基于冷凝原理的蒸汽发动机（图3.9）申请专利时，汉弗莱认为瓦特盗用了他的设计。但是，他没有证据可以证明这一点。

在对蒸汽机进行了多年的详细研究后，瓦特认为连续加热和二次冷却同一个燃烧室的效率很低。

瓦特仔细研究了纽克曼发动机的运转情况。考虑到每次循环后都需要大量的燃料来对汽缸内腔进行再加热，同时加热和冷却的交替进行会导致气缸腔效率低下，于是他在设计中引入了两个新概念：

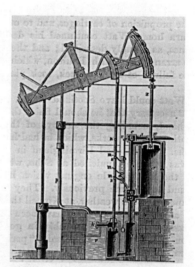

图3.9　1774年詹姆斯·瓦特发明的蒸汽机

图片来源：*Originally published in R.H. Thurston, "A History of the Growth of Steam Engines," D. Appelton & Co., New York, NY 1878, Figure 26.*

- 汽缸腔（或容器）的保温性：为了提高效率，容器需要和蒸汽本身一样热；
- 冷凝器：蒸汽冷凝的容器应与气缸分离，并保持与外界温度一样冷。

来自锅炉的蒸汽会驱动活塞上升至汽缸的最高位置。由于汽缸内的蒸汽和冷凝器内部的空气之间存在压差，蒸汽会进入冷凝装置进行冷却。这会导致汽缸产生负压，活塞则在大气压作用下降落。此外，瓦特还做了其他改良，使蒸汽机更高效、更安全。他利用蒸汽的自然膨胀来减少驱动活塞所需的蒸汽量。他还发明了飞球调速器，一种自动调节蒸汽进入气缸的装置。

后来，瓦特与马修·博尔顿建立了伙伴关系，后者为他的研究提供经费支持。瓦特和博尔顿成立了一家专门生产蒸汽机的工厂，并取得了巨大的成功，瓦特也因此成了富翁。

尽管类似专利已经存在，但瓦特后来又发明了一种新的传动系统，能够将活塞的上下运动转化为轴向动能。这一发明使得蒸汽机能够满足汽车的动力需求。

这是一套被称为"太阳与行星"的齿轮传动系统（图 3.10）。当连杆的一端在活塞的作用下向下移动时，另一端则会带动上部的齿轮进行旋转。这时下部的齿轮也必定会转动，从而驱动与其连接的更大齿轮进行转动。这套装置可以用皮带或链条与机器连接，使机器部件旋转，还可以通过进一步的齿轮连接车轮以驱动车辆前进。虽然以瓦特的名义申请了专利，但这套装置实际上是由瓦特的一名员工威廉·默多克发明的。

另一个重要的改进是往复式发动机（图 3.11），即蒸汽可以推动活塞双向运动，从而提供一个更平稳的旋转，尤其适合旋转运动。后来这种装置被称为活塞发动机。

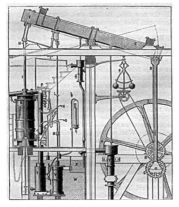

图 3.10 1781 年瓦特发明的蒸汽机

图片来源：*Originally published in* R.H. Thurston，"A History of the Growth of Steam Engines，"D. Appelton & Co.，New York，NY 1878，Figure 27.

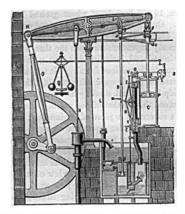

图 3.11 1784 年詹姆斯·瓦特的往复式或双向活塞式发动机

图片来源：*Originally published in* R.H. Thurston，"A History of the Growth of Steam Engines，"D. Appelton & Co.，New York，NY 1878，Figure 31.

滑动阀门的设置使得蒸汽能够根据其在往复运动中的位置流向活塞的任一侧。当活塞位于左侧时，蒸汽将会出现在同一侧并推动活塞向右活动。当活塞位于右侧时，阀门打开，蒸汽流入活塞的右侧从而推动其向左运动。与瓦特发明的所有低压发动机相比，这套高压蒸汽发动机系统的运行最为完美。

3.2.5 蒸汽机车

瓦特蒸汽机的优点之一是使用低压蒸汽也可以工作。蒸汽机的动力提升可以通过增加气缸和活塞的规模而实现，也可以通过增加气缸内的蒸汽压力来实现。但是这么做存在一些安全问题，即建造一个能够承受高压蒸汽的坚固容器是个问题，设计一套万无一失的系统来避免蒸气压过高也是个问题。萨维利的蒸汽机曾发生过几次重大的致命爆炸事件，因此尽管瓦特申请了高压蒸汽发动机的专利，但他从未实际制造出来。

许多发明家都设想过用蒸汽发动机来驱动火车，但他们都意识到只有高压蒸汽机才能提供足够的动力。

在蒸汽发动机出现一个世纪以前，轨道车辆就已经在矿井中使用了，但都是由人力或马力驱动。轨道的使用大大降低了车轮的摩擦力，使得牵引车辆更加容易，也使得人或者马能够拉更重的货物。此外，轨道还解决了车辆行驶路径的问题。

第一台成功的蒸汽机车是由理查德·特里维西克于 1804 年制造（图 3.12）。据说这项发明源于特里维西克与南威尔士的一位矿主之间的赌局，即发明一台能够牵引 10 吨货物并沿矿场 10 英里轨道运行的机车。这台蒸汽机车仅在矿场主人 10 英里长的窄轨铁路上运行了几年，并未获得更大范围的推广。因为这台高压蒸汽机车的安全性始终存疑，发生的几次爆炸限制了特里维西克蒸汽机车在商业上的成功。

直到 1829 年，蒸汽机车才取得重大进展。当时英国举办了一项比赛，要求设计一台机车在两座贸易城市之间的短程铁路上运行。乔治·斯蒂芬森设计的"火箭号"赢得了比赛，并投入运营服务（图 3.13）。这台机车最大的创新就是使用了一台烟管锅炉，而且活塞直接作用于机车前端的两个驱动轮上。

与此同时，美国也开始研制蒸汽机车。1829 年，巴尔的摩和俄（B&O）亥俄铁路公司的 *"Tom Thumb"* 号问世（图 3.14）。1830 年，英国和美国几乎同时开启蒸汽机车驱动的铁路时代，并不断对现有的设计进行改进。

1804 年，特里维西克的蒸汽机车能够以 5 英里 / 小时的最高时速牵引大约 15 吨的货物。到 19 世纪中期，图 3.14 中的蒸汽机车可以达到 100 英里 / 小时的速度，并能承载更大的负荷。

随着蒸汽铁路的发展，城市公共运输系统找到了最初的动力来源。

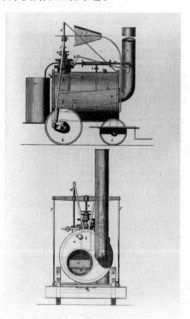

图 3.12　1804 年特里维西克发明的蒸汽机车

图片来源：*Originally published in* F. Trevithick, "Life of Richard Trevithick," E & N Spon, 1872, pg. 127, *courtesy of* Library of Congress, Prints & Photographs Division, Washington D.C., LC–USZ62–110377.

图 3.13　乔治·斯蒂芬森的"火箭号"

图片来源：*Originally published in* R.H. Thurston，"A History of the Growth of Steam Engines，" D. Appelton & Co.，New York，NY 1878，Figure 55.

图 3.14　1898 年巴尔的摩和俄亥俄铁路公司的蒸汽机车

图片来源：*Courtesy of* Wikimedia Commons.

3.3　电力

关于电的历史记载非常悠久，古人很早就对电和电流有一定的了解。1936 年发现的"巴格达电池"被认为是帕提亚人的起源，它制造的年代应该在公元前 250 年～公元 220 年。对于这套装置的发明时间尚存争议，一些科学家认为它可能出现在更早的时候。但无论如何，人类对电的认识显然从几千年前就开始了。

公元 1700 年～1850 年，许多发明家和科学家研究并记录了电和带电粒子的现象，包括路易吉·伽尔瓦尼，亚历山德罗·伏特，迈克尔·法拉第，安德鲁－玛立·安培和乔治·欧姆等。现代电力学中常用的计量单位就是以伏特、安培和欧姆这些科学家的名字命名的。

在这段时间的早期阶段，本·富兰克林进行了一项著名的实验，证明了闪电本质上是一种电流，这极大地引发了人们对电的特性及用途方面的兴趣。他的实验并非像人们描述的那样，在雷雨天站在地面上放风筝，因为他清楚地知道这样很可能会触电。

电力实际应用方面的重要发明基本上都是由托马斯·爱迪生完成的，他也是迄今为止最为多产的发明家（图 3.15）。

爱迪生最伟大的成就之一是他发明了一个专门用于开发新技术的"大规模生产"设备。他的实验室是

图 3.15　托马斯·爱迪生坐在留声机旁的照片

图片来源：*Courtesy of* Library of Congress，Prints & Photographs Division，Washington D.C.，LC–USZ62–38662.

第一个工业研究实验室，坐落于新泽西州的门洛帕克。爱迪生拥有并领导这个实验室，尽管有许多顾问、工程师和科学家来协助他工作，但所有的专利都归他所有。

他最具独创性的发明是留声机，这是第一个能够成功复制声音的设备，也是他为数不多全"新"的专利之一。因为他大部分发明都是对现有发明的改造，使其更具商业化。

灯泡最初也不是爱迪生发明的。之前几位发明家发明的灯泡都不太实用，存在寿命短、生产成本高、电流需求大等问题。爱迪生发明了第一个实用的白炽灯泡。1879 年，他提出采用高阻碳棉线作为灯丝的想法，并将其置于真空容器中。第一个成功的测试灯泡持续了 13.5 小时的照明，但它的使用寿命还不具备商业可行性。1880 年，爱迪生发明了能够持续照明 1200 小时的灯泡，并为其提交了专利申请。这项专利申请备受争议，但最终在 1889 年获得了批准，因为他使用的高阻碳丝明显有别于之前的专利。

爱迪生邀请电气工程师威廉·约瑟夫·哈默作为顾问，并管理爱迪生电灯厂。这家工厂投产的第一年就生产了 5 万个白炽灯泡。这确实是爱迪生的天赋，他能够在很短的时间内将实验室的发明转化为工厂的生产力。

为了促进灯泡的使用和发展，爱迪生需要开发一套向企业和居民供电的系统。1878 年，爱迪生在几位著名金融家的支持下，在纽约成立了爱迪生联合电气公司，其中包括约翰·皮尔庞特·摩根和范德比尔特家族的成员。1880 年，爱迪生为他发明的配电系统申请了专利，1882 年 9 月 4 日，珍珠街发电系统投入运营，它能够为曼哈顿下城的 59 个客户提供 110 伏的直流电。

爱迪生直流电输配系统最主要的问题在于，它只能把电传输至距离发电站比较近的客户。他的主要竞争对手是乔治·西屋电气公司，后者支持尼古拉·特斯拉开发的交流电。交流电输配系统采用变压器将电压提高到非常高，并能使用更细的电线进行更长距离的电力传输。在将电流传输至个人用户前，交流电系统可以将高电压降低至标准电压。爱迪生曾公开宣扬高压输电的巨大危险，从而与西屋电气公司"开战"。他甚至公开用交流电对猫狗等动物进行"电击"。在一个案例中，他曾采用电击方式处死了一头大象。尽管他尽了最大的努力，但最终还是使交流电系统进行了大规模的普及。

2005 年，当爱迪生联合电气公司最终停止直流电服务时，曼哈顿仍有 1600 名直流电用户。然而，正是爱迪生在 19 世纪 80 年代中期开发的这种电力能源，最终取代了城市轨道交通系统中的蒸汽动力。

3.4 电力牵引发动机

电力牵引发动机及其在铁路车辆动力上的应用经历了 50~60 年的时间，许多发明家都参与其中。

1835 年，托马斯·达文波特向公众展示了一条由微型电动机操纵的小段铁路。1838 年，苏格兰人罗伯特·戴维森发明了一种速度为 4 英里 / 小时的电力机车。1847 年，法默在新罕布什尔州的多佛驾驶一辆载着两个人的电动汽车。1851 年 4 月 29 日，由史密森学会的佩奇制造的一辆小型公路汽车达到了 19 英里 / 小时 的速度。所有上述车辆都采用蓄电池供电，续航里程有限，而充电时间非常长。

帕西内特、西门子、法默等人对发电机的研究最终促成了实用型电力牵引发动机的诞生。发电机的原理是利用导线在磁力场中的运动来诱发电流。将导线环绕在鼓形电枢上，当电枢旋转时，导线内会产生电流。电力牵引发动机的原理则与发电机相反：当电流作用于其线圈时，电枢就开始旋转。

1879 年，维尔纳·冯·西门子为当年的柏林展览修建了一条只有 600 码（约 548 米）长的电气化铁路。电流由轨道之间的第三根铁轨提供，同时它也扮演发电机回路的角色。这条铁路上的火车能以 4 英里 / 小时的速度载着 30 人前进。

然而，被称为"电力牵引之父"的是弗兰克·朱利安·斯普拉格。1883 年，斯普拉格从海军服役结束后，加入了爱迪生的实验室。虽然只在爱迪生公司工作了一年多，但他却因在实验中引入数学分析方法而备受赞誉。这种方法使得发明创造更为高效，并减少了"反复试验"的过程。他还改进了爱迪生的输配电系统，用于从一个中央发电站分配并输送直流电力。

1884 年，斯普拉格成立了自己的公司，即斯普拉格电气化铁路和电机公司。仅仅在两年内，他就公布了两项重要的发明。第一项发明是固定电刷的恒速无火花牵引电机，它可以在不同载荷下保持每分钟恒定的转速。第二项发明能够使传输给电力机车的电流回流至发电厂。

此外，斯普拉格还发明了一套利用架空电线收集电能的系统。他的"触轮杆"用一个弹簧驱动的轮子沿着电线移动。1887 年和 1888 年，他在弗吉尼亚州的里士满安装了世界上第一个电气化电车系统（图 3.16）。里士满部分道路的坡度达到了 10%，因此，这套系统显然也能够用于其他城市。到 1889 年，已有 110 条采用斯普拉格设备的电气化铁路在美国和其他地区进行规划或建设。

1890 年，制造了斯普拉格大部分设备的爱迪生买下了他的股份，而斯普拉格把他的精力转向了牵引电机在电梯的应用上。

图 3.16 一张显示里士满电车系统的旧明信片

图片来源：*Courtesy of* Wikimedia Commons；Lewis Kaufmann & Sons, "Theatrical District, Broad Street, Richmond, Virginia," from Wikimedia Commons.

1892 年，斯普拉格成立了斯普拉格电梯公司。通过与查尔斯·普拉特合作，他开发了楼层控制、自动电梯、汽车安全加速控制等先进技术。斯普拉格发明的电梯比当时的液压或蒸气压电梯运行速度更快，负载也更大，一年之内就安装了 500 多部。像之前的铁路生意一样，在证明了自己发明的电梯具备实用性后，斯普拉格把他的公司卖给了奥的斯电梯公司。

斯普拉格的牵引电机设计直接推动了电气化铁路的发展，这使得现代轨道交通技术得以在城市中发展。同样，他的电梯设计也使得摩天大楼和城市垂直发展的时代来临，尤其是纽约。他后来又开发了一套多单元列车运行系统，使列车的每节车厢都能电力驱动并串联运行。

3.5 技术融合

到 19 世纪中叶，需求和技术的融合使得纽约市出现了主要由蒸汽机车驱动的高架铁路。蒸汽机车一般不会用在隧道中，因为发动机的热量和产生的蒸汽无法在密闭的空间中消散，而且会导致严重的环境问题。因为与沿线的建筑物距离过近，纽约高架铁路运行中产生的蒸气也导致了一些严重的环境问题。

然而，随着新世纪的到来，电力牵引发动机的出现以及在轨道车辆上的应用使得地铁系统的规划和建设成为可能。区间快速交通系统（IRT）作为纽约的第一条地铁线路，于 1904 年年底投入运营。

参考文献

1. Sandstrom，G.：The History of Tunneling. Barrie and Rockliff，London（1963）

2. Bobrick，B.：Labyrinths of Steel：A History of the World's Subways. Newsweek Books，New York（1981）

3. Black，A.：The Story of Tunnels. Whittlesey House，McGraw–Hill，New York

4. Vogel，R.：Tunnel Engineering：A Museum Treatment，U.S. National Museum Bulletin 240. Smithsonian Institution，Washington，DC（1964）

5. Thurston，R.：A History of the Growth of the Steam Engine. D. Appelton & Co.，New York（1878）

6. Trevithick，F.：Life of Richard Trevithick. E&N Spon（1872）

第4章
纽约公共交通的起点：公共马车和街道铁路

1825 年，纽约市的 16 万多居民几乎都住在曼哈顿下城，也就是现在的坚尼街以南。当时，整座城市可以在 30min 内走完，绝大多数人的出行方式以步行为主，也有一少部分人会骑马出行。然而，随着纽约在 19 世纪末的快速扩张，亟待某种形式的公共交通工具出现，从而解决远距离的通勤出行需求。从 19 世纪初到中期，纽约的城市扩张要么向北发展至曼哈顿的无人区，要么向东朝布鲁克林区发展。当时，摩天大楼的时代还未到来，垂直增长还不是考虑的方向。

4.1 早期交通工具：驿站马车和出租马车

最早使用马车作为公共运输工具的时间很难知晓。欧洲在 16 世纪时就出现了驿站马车。欧洲和美国的驿站马车主要用于运送长途邮件。在美国，采用驿站马车向西海岸运送邮件的时间要比著名的驿马快信早了三年。

在美国，最早向西海岸运送邮件的方式是马车队，后来是驿站马车。最开始，政府通过驿站马车提供邮件运送的合同规定服务需在 25 天之内完成。为了促进运输服务的发展，几条寄送线路沿线开发了一些具备过夜功能的马车驿站，这也使得旅客运输服务获得了一个短期的急增。美国的驿站马车在成千上万的西部电影和电视节目中出现，整个旅程环境是艰苦、恶劣以及危险的。"拦路抢劫"的威胁是真实存在的，因为驿站马车除了运送邮件和旅客外，还为银行运送黄金和钱币。

即使在铁路取代了驿站马车并成为一种可靠的长途旅行方式之后，驿站马车仍然获得了蓬勃发展，它的主要业务是把乘客从火车站运送到远离干线的边远社区。这种服务一直持续到 20 世纪初。

驿站马车显然是用于城际之间的运输服务，而不是城市内部的出行。在英国，出租马车的使用始于 17 世纪，被称为"哈克尼马车"，这实际上就是最早的出租车。1834 年，它们被更现代化的双轮双座马车取代，并依然采用出租的模式。

4.2　公共马车服务的引入

马车沿固定线路行驶，并设置固定的车站，设定固定或者累进的票价，这一概念通常被认为是法国人提出的。17世纪中叶，法国发明家布莱斯·帕斯卡说服普瓦图州长建造了7辆马车，为巴黎一条固定线路提供旅客运输服务。这项服务于1662年3月18日开始，只收取少量费用。不过，该服务仅维持几周后就以失败告终。

有段时间，人们认为银行家雅克·拉菲特曾在1819年开始在巴黎运营公共马车服务。不过，并没有证据显示当时有这项服务存在。更有可能的是，1920年初，拉菲特的哥哥在巴黎经营了一项驿站马车的业务，而拉菲特则为这家城际运输企业资助了车辆的建造费用。

第一个成功的公共马车服务通常被认为是由斯坦尼斯拉斯·博德里提供。他在法国南特发起了一项连接市中心和公共澡堂的定期运输服务。他是第一个将这种运输车辆称为"公共马车"的人，意思是"所有人都能坐的马车"。人们认为，这个词的创意来自博德里最初运营路线上的一家商店。这家商店叫作 Omnes Omnibus ——"Omnes for all"。博德里很快注意到，他的许多乘客经常会光顾线路中途的商店，于是他开始有规律地在酒店和澡堂之间提供线路停靠服务。最终，他放弃了澡堂业务，但继续提供公共马车服务。到1827年，博德里的竞争对手出现了，企业家埃德梅·富凯在南特建立"布兰奇夫人"公司，并推出了另一条公共马车服务线路。1828年，博德里和富凯都获准在巴黎的18条指定线路上开展定时运输服务。

这项服务迅速扩展到其他城市，包括伦敦和纽约。一位名叫谢尔比尔的英国人将这项定时运输服务引入了约克郡（图4.1）。尽管遭到哈克尼马车夫的嘲笑和正式反对，但这项服务还是流行起来，而且相当受欢迎。

1827年，纽约的驿站马车老板亚伯拉姆·布劳尔沿着百老汇大街建造了一条公共马车运输线路，最远能到达布利克街。他的第一辆车由韦德和勒沃利奇公司建造，被

图4.1　在伦敦投入使用的谢尔比尔公共马车（1827年）

图片来源：*Originally published in* Stratton, Ezra M., *The World on Wheels*, published by the author, New York NY, 1878, pg 370.

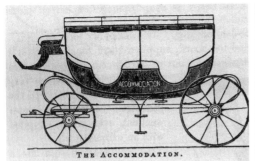

图 4.2　亚伯拉姆·布劳尔的"客厅号"（1827 年）
图片来源：*Originally published in* Stratton，Ezra M.，*The World on Wheels*，published by the author，New York NY，1878，pg 432.

图 4.3　亚伯拉姆·布劳尔的"社交号"（1829 年）
图片来源：*Originally published in* Stratton，Ezra M.，*The World on Wheels*，published by the author，New York NY，1878，pg 432.

称为"客厅号"（图 4.2），是由当时的驿站马车改造而来的。该车的两侧采用开敞式设计，并由两节车厢构成。每节车厢都拥有两排面对面的、可以容纳三个人的座位，其中三个人朝前坐，三个人朝后坐。

两年后，布劳尔又增加了一辆公共马车，也是由韦德和勒沃利奇公司打造。这辆车起名为"社交号"（图 4.3），它只有一节车厢，但从前到后都是座位。车厢后部有一扇单独的门，并设置了一组用于出入的钢制台阶。

关于布劳尔最初的两辆公共马车的相关信息均来自埃兹拉·斯特拉顿于1878 年自费出版的一本关于动物拉力车的历史书，她从约翰·斯蒂芬森那里得到了这两辆车的信息和图纸。斯蒂芬森后来成为美国公共马车和有轨马车的先驱制造商（图 4.4）。她是斯蒂芬森同时代的人，通过私人渠道获得了这些信息。

图 4.4　约翰·斯蒂芬森生产的公共马车（1831 年）
图片来源：*Originally published in* Stratton，Ezra M.，*The World on Wheels*，published by the author，New York NY，1878，pg 438.

到 1831 年时，由于公共马车的服务非常受欢迎，布劳尔进一步扩展其业务，并向约翰·斯蒂芬森购买了更多的列车。斯蒂芬森在制造铁路车辆方面取得了巨大成功后，又建立了一家公共马车制造企业。第一台专门为公共马车设计和制造的车辆由斯蒂芬森制造，他为这个新兴行业设定了标准。

布劳尔的服务范围覆盖了整个百老汇大街，从炮台街一直到邦德街。这些公共马车沿着固定的线路行驶，并收取 1 先令（12.5 美分）的固定票价。起初，车费是由一个男孩站在车辆后方台阶附近的狭窄平台上收取，当时童工法还未生效。

后来，这种做法被禁止，于是司机们采取了各种各样的方法来收取车费。最常见的是用一个小盒子通过司机与乘客车厢之间的小洞口进行前后传递。

严格来说，1831 年以前，在城市街道上接送乘客是违法的。因此，早期的公共汽车司机经常被逮捕，许多人通过把自己绑在车辆上来进行反抗。1832 年《驿站运输法》通过，要求司机和售票员均需领取执照。这为规范地方公共交通开辟了法律先例。

到 1835 年时，已经有超过 100 辆公共马车行驶在百老汇大街和纽约的其他街道上，分别由大量的公司以及个人经营。他们彼此之间竞争异常激烈，尤其是在个体经营者之间。

乘客们经常会抱怨被司机欺骗——在很多情况下，司机找零都会少于该有的钱数。此外，危险驾驶的情况也普遍存在，因为在纽约拥挤的街道上，个别司机为了位置和速度会相互竞争。

尽管之后有轨马车出现，但第五大道上的公共马车服务（图 4.5）一直延续到 1905年公共汽车问世后才停止。所以说，当纽约的第一条地铁线于 1904 年开通时，仍然有一条公共马车线路在运行。

图 4.5　大约 1860 年在百老汇运营的公共马车

图片来源：*Courtesy of* The New York Transit Museum.

4.3　有轨马车

在铁轨上运行的马车（甚至是人力车）当时已存在了一个多世纪，主要用于开采各种天然材料。在 19 世纪 30 年代，这种运输工具催生了一种新型的城市公共交通服务。

建造有轨马车的想法起源于早前的一项试验，一辆蒸汽机车拖着三节车厢通过了奥尔巴尼和斯克内克塔迪之间的莫霍克—哈德逊铁路。约翰·梅森是纽约一位富有的银行家和商人，他认为，一条功能齐全的客运铁路通往纽约只是时间问题。他和一群合伙人组建了"纽约–哈莱姆铁路公司"，并将纽约作为这条铁路的终点站。纽约州向该公司颁发了一份特许状，允许其在哈莱姆河和 23 街之间的任何一条公共街道上修建一条单轨或者双轨铁路。

议会和市长很快就第四大道的铁路达成一致，并于 1831 年 12 月 22 日颁布并签署了一项授权法令。在条例颁布后的几天内，大批投资客提供了 35 万美元的资金用于该项目的启动。

由于哈莱姆河和第 23 街之间人烟稀少，所以很快就产生了将这条线路向南延伸并穿越建成区（23 街和曼哈顿下城之间）的想法。议会很快批准了扩建，允许这条线路沿着第四大道和鲍尔里街延伸到沃克街。

　　纽约—哈莱姆铁路公司委托约翰·斯蒂芬森为这项新的运输服务生产了两节轨道车厢（图 4.6）。该车厢的设计与驿站马车类似，但空间更大，且每节车厢都被分成三个隔间，每个隔间都拥有独立的出入口。此外，车厢的内部装潢相当豪华，外部还装饰着精美的花纹。

图 4.6　约翰·斯蒂芬森于 1832 年建造的"约翰·梅森号"

图片来源：*Originally published in* Stratton, Ezra M., *The World on Wheels*, published by the author, New York NY, 1878, pg 440.

　　尽管这项新的运输服务在 1832 年秋季的试运行中发生了一场小事故，但仍然于当年晚些时候开始正式运营，并收获了普遍的好评和源源不断的客流。

　　与公共马车相比，有轨马车具备许多技术上的优势：

- 乘客在轨道上的行驶感受相对平稳，相反，公共马车在鹅卵石铺成的街道上行驶，它的驾乘感受明显是颠簸不平的。
- 轨道车辆的摩擦力较低，故其行驶速度比公共马车更快，大约是 8 英里 / 小时对比 5 英里 / 小时。
- 在同样的时间和人力投入下，一辆有轨马车的载重量是一辆公共马车的三倍，即 30~40 名乘客的载客量对比 12~15 名乘客的载客量。

　　约翰·斯蒂芬森确信有轨马车是未来发展的趋势。1832 年 3 月，一场大火烧毁他的店铺后，斯蒂芬森在布里克街附近的伊丽莎白街新建了一家更大的店铺。不幸的是，最早的有轨马车线路在近十年的时间内没有竞争者加入。随着 1837 年金融危机的发生，斯蒂芬森最终破产。他以 1 美元兑 0.5 美元的利率偿还了投资者的债务，同时还需要免费建造马车来偿还债务。但他最终挺过了那段时期，生意也在 19 世纪 40 年代获得了强劲反弹。随着时间的推移，有轨马车的标准形式也发生了改变。最终，带有横向座位的三个隔间被只有一个隔间和纵向座位的车辆所取代（图 4.7）。车头和车尾的平台可以分别容纳司机和售票员，两个平台上都设有雨篷。

　　1854 年 7 月 3 日，布鲁克林第一条有轨马车线路沿着默特尔大道开通，从富尔顿轮渡通往梅西大街的一个旧公共马车马厩。这条线路由布鲁克林城市铁路公司运营，紧接着富尔顿轮渡到市政厅的富尔顿街线、格林伍德线（后来的法院街）和绿点线也相继开通（图 4.8）。

　　到 1860 年时，曼哈顿的 14 条有轨马车

图 4.7　19 世纪 40 年代典型的约翰·斯蒂芬森有轨马车

图片来源：*Originally published in* The John Stephenson Car Company brochure.

（a）公园街百老汇第三大道的有轨马车（1906 年左右，（b）布利克街最后一条有轨马车线（1917 年）
司机给他的马队喂食和浇水）

（c）布鲁克林城市铁路——绿点线（1910 年）　　　　　　（d）布鲁克林城市铁路——富尔顿街线（1888 年）

（e）中央公园和东河铁路开放夏令马车（1890 年）　　（f）南渡口码头附近的有轨马车、公共马车和高架列车
　　　　　　　　　　　　　　　　　　　　　　　　　　（约 1895 年）

图 4.8　1854 年之后的有轨马车线路

图片来源：*Courtesy of* The New York Transit Museum，Lonto–Watson Collection（a–f）．

线路每年的载客量已超过 3800 万人次。与此同时，还有 29 条公共马车线路以及 671
辆公共马车在运营中。

　　虽然公共马车服务对曼哈顿的发展影响不大，但更受欢迎的有轨马车却对曼哈顿
的发展影响深远。1832~1860 年，密集开发促使曼哈顿的北部边界由休斯敦街向北拓展
至 42 街。这种向北的扩张超过了之前 200 年城市边界向北移动总量的 2 倍。

到了 19 世纪 90 年代，很显然以马力驱动的公共交通时代即将结束，维持马匹健康以及动物粪便污染等问题最终成为阻碍这种运输方式高效且盈利运营的现实困难。尽管布里克街的最后一条马车线路运营至 1917 年的 7 月 26 日，但据说在其运营的最后一年里每天只能获得 30 美分的票价收入。

4.4　早期的交通拥堵问题

到 1850 年，很明显，行人、私人马车、公共马车和有轨马车的混杂使曼哈顿的大部分街道在每天的高峰时段拥堵不堪。城市街道上的马车显然已经达到了极限，城市向北的扩张基本上也已经停止。

1852 年 8 月，雅各布·夏普站在钱伯斯街和百老汇大街的交汇处，数着经过的公共马车数量。在 13 小时的观察期内，大约每小时有 470 辆公共马车经过，平均时间间隔为 13 秒。1867 年，有一位记者重复了这个实验，一共观测到 1300 多辆马车——比1852 年的观测结果增加了一倍多！

到 1860 年，纽约显然迫切需要一种有别于以往的、更加高效的公共交通工具出现。它需要更快的速度，更高的载客量，并能够缓解街道的拥堵。于是，一种新型的快速运输系统方案进入了人们的视野，即城市铁路系统。紧接着高架铁路出现了，到 20 世纪初，地铁也出现了。

有轨马车最终让位于电车；电车后来又让位于公共汽车。但不管怎样，它们始终都是公共交通系统的重要组成部分，并有助于提高地铁系统的价值和效率。

4.5　法规

虽然公共马车和有轨马车是由私营企业建设和运营的，但它们必须在使用公共税收建造的城市街道上运行。由于拥有街道的所有权，且公共马车和有轨马车意味着必然的盈利机会，因此，为了攫取利益，政府采用了向私营企业发放特许经营权的方式来许可其使用街道。为了使自己获得更大的成功，各公司都会竭尽全力去争取这项由公共理事会颁发的特许权。失败的企业往往会提起诉讼，裁决结果通常是市政府无权以这种方式限制私营企业，但州政府和法院很快就会找到新的方式来继续这么做。

特许经营制度一直延续到今天，这使得要改变一条公交车的运行线路几乎不可能。在早期的城市交通系统领域，特许经营制度缔造了一种贪污和贿赂的新形式，而臭名昭著的威廉·特威德老板更是将这种形式演绎到极致，他和他的同伙从公共马车及有轨马车运营商那里获取了数百万美元的贿赂。这件事情与纽约市的交通系统密切相关，特威德和他的坦慕尼协会同伙一直以来反对各种形式的快速交通系统，因为这将对他们的主要收入来源产生巨大威胁。

参考文献

1. Stratton，E.M.：The World on Wheels. Published by the author，New York（1878）

2. Hood，C.：722 Miles：The Building of the Subways and How They Transformed New York. The Johns Hopkins University Press，Baltimore（1993）

3. Bobrick，B.：Labyrinths of Iron：A History of the World's Subways. Newsweek Books，New York（1981）

4. Greller，J.，Watson，E.：Brooklyn Trolleys. N.J. International Inc.，Newark（1995）

5. Walker，J.：Fifty Years of Rapid Transit（1918），http：//www.nycsubway.org

6. Miller，J.：Fares Please. Dover Publications Inc.，New York（1960）

7. Gould，P.：The Horse Bus，1662–1932，http：//www.petergould.co.uk/localtransport–history/generalhistories/general/horsebus.html

8. The John Stephenson Car Co.，http：//www.midcontinent.org/rollingstock/builders/stephenson1.html

第5章
电车时代

电车是有轨马车和公共汽车之间的一种过渡技术。有轨马车在19世纪90年代大量被应用，并颤颤巍巍地持续到了1917年。公共汽车则在20世纪30年代和40年代成为公共交通系统的重要组成部分。

电车从来没有完全属于自己的市场。回顾整段历史，它们先后与公共马车、有轨马车、高架铁路、地铁和公共汽车竞争过市场。

尽管如此，电车线路曾经有一段时间像地毯一样覆盖了曼哈顿、布朗克斯区、布鲁克林区和皇后区，人们几乎可以乘坐电车到达或前往城市的任何地方。斯塔滕岛也有电车线路，但由于其人口密度较低，线路规模也相对较小。

电车也有一种专门进行城际间运输的形式，叫作城际电车。这些车辆通常都比较大，行驶距离也比较远，有时还会连接一些偏僻的小城镇。曾经有段时间，乘客可以通过换乘城际电车从纽约前往芝加哥或波士顿。

5.1 引言

电车系统是一个未经统筹、缺乏理性思考的系统。大量的电车运营商如雨后春笋般涌现，其中许多来自有轨马车的运营商。他们相互之间的竞争非常松弛，运营的线路往往也重复较多。纽约的电车行业从诞生之日起就经历着企业的动荡，财务状况也比较糟糕。每一家盈利的电车运营商出现，必然会伴随其他两家运营商的破产。纵观纽约电车行业的历史，呈现出一种往复循环的波动状态，即大公司不断收购小公司，大公司进行合并后又被拆分，许多不赚钱的线路也被直接放弃运营及专营权。

整个行业几乎没有标准，甚至公司内部也没有。各类电车采用的电力牵引发动机类型千差万别，其动力主要来自各种各样的电池组，而且每晚都必须充电（耗时8~12小时）。这些电车有的通过集电杆从架空电网获取电能，有的在路面下设置中央动力轨，有的则采用类似地铁中的第三轨供电系统。缆车技术也在这一时期出现，并有几种形式在纽约运营。

5.2 名字的由来

1885年,一位名叫利奥·达菲特的企业家在新泽西州奥兰治市建造了一条短途的有轨电车线路。他采用了一种新的电力输送系统:两根架空电线和一辆四轮小车,彼此之间通过一根柔性电缆相连。这种车最初被称为"troller",后来演变成"trolley",这个名字后来几乎用于所有类型的电车中。电车在纽约最著名的运动特许经营中也曾发挥重要作用。在1898年并入纽约市之前,布鲁克林就已经有一个非常密集的电车网络系统。布鲁克林的居民经常被称作"躲避电车的人",因为穿过任何一条主要街道都要躲避频繁来往的电车。布鲁克林的棒球队原名为Suburbas,后来改名为电车道奇队。再后来,电车一词被弃用,改为了布鲁克林道奇队。

5.3 早期的有轨电车

自19世纪70年代末以来,各种各样的发明家就一直在尝试用电力来驱动车辆。第一个成功的电力驱动铁路位于亚拉巴马州的蒙哥马利市,于1886年4月开始运营(图5.1)。詹姆斯·加布里是一名工程师和推广人员,他在整个南方地区修建了许多街道铁路,不过,这些铁路上的车辆都是由骡子来牵引的。1885年夏天,他参加了多伦多博览会,并在那里看到这样一幅景象:一辆小型电动汽车在一条轨道上来回行驶,除了一根纤细的架空线外,没有任何可见的动力装置。这个模型是由查尔斯·范·德普尔制造的,一直以来他都在尝试将这种电力驱动形式售卖给全国各地的有轨电车运营商。加布里对此印象深刻,他提出让范·德普尔将他控股的蒙哥马利首都城市街道铁路改造成电力驱动。

这套系统最开始的车辆由马拉车改造而成,并在车辆前侧的平台下安装了一台电机。这辆被称作"猴子"的小型两轮马车通过一根柔性电缆从架空电线上收集能量,并通过链条将能量传递至车轮。最初的改造从法院街线路开始,由于试运行非常成功,电气化改造迅速被扩展至整套系统,共18辆电力车辆运营15英里的轨道线路(图5.1)。蒙哥马利是第一个在全市范围运营有轨电车系统的城市。

1880年,托马斯·爱迪生在新泽西州的门洛帕克市修建了一条小型电力铁路支线。据说火车头开得太快,把乘客"吓得魂不附体"。

图5.1 亚拉巴马州蒙哥马利市的范·德普尔电车系统(1906年)

图片来源: *Courtesy of* Library of Congress, Prints and Photographs Division, Detroit Publishing Collection.

然而，他很快就失去了兴趣，转而研究电灯的问题。他的一名员工，弗兰克·斯普拉格，则在之后的日子里在电力牵引领域掀起了一场革命。斯普拉格确信最有前途的电力应用领域并不是照明，而是运输车辆的动力。1884 年，他离开爱迪生，并成立了斯普拉格电气铁路和电机公司。

斯普拉格的第一个重大机遇是受委托将弗吉尼亚州里士满的联邦客运铁路进行电气化改造，当时他只有 29 岁。在评估这条新线路时，斯普拉格被富兰克林街的陡坡惊呆了，他认为必须建造一条蒸汽驱动的电缆来为车辆提供动力。但是，斯普拉格的同事鼓励他先尝试一下常规的电力驱动车辆。于是，斯普拉格亲自驾驶车辆来完成实验。在接近坡道时，斯普拉格原本认为车辆根本无法翻越，但出乎意料的是，陡坡被征服了（尽管其中一台电机在爬坡过程中短路了）。等到天黑且所有的围观者散去之后，车辆被骡子拖回了商店。通过这次实验，斯普拉格已经证明，电力驱动车辆实际上是可以翻越陡坡的，于是整条线路的电气化改造开始了。

之后的改造过程中，斯普拉格又面临了一系列的困难，包括设计一个能够保证车辆始终与架空电线连接的装置。最终，他将一根刚性的"集电杆"安装在旋转底座上，这样能够保证车辆在转弯时具有较大的灵活性。此外，他还设计了一种绳索装置，使得集电杆被移动时能够很容易地与电力网重新连接。

这条线路最终于 1988 年 2 月 2 日开通，但在运营过程中经历了一些事故。首先，许多电车在运营的第一天便由于齿轮被锁而突然熄火，后来发现，是不合适的润滑油导致了问题的产生。其次，电机部件在几个月内不断短路，不得不返厂维修。第三，电机刷由于频繁点火启动，往往会将自己烧融成无用的部件。不过，斯普拉格最终改进了齿轮和马达，使得这项电车服务获得了巨大的成功。实际上，斯普拉格在最初的这份合同中损失了 7.5 万美元，但他获得的技术知识以及对这套系统的宣传是值得的。

之后，快速发展的电车系统开始席卷美国。包括波士顿和芝加哥在内的美国其他地区的许多有轨马车运营商都对这一系统进行了考察，很快便开始对他们的车辆进行了电气化改造。

据调查数据显示，1890 年时，美国境内运营的有轨电车线路里程约 1260 英里，而有轨马车的运营线路里程约 5700 英里。12 年后的 1902 年，数字变为 2.2 万英里的有轨电车线路和 250 英里的有轨马车线路。

5.4　特许经营权的力量

从最早期的公共交通，纽约市政府就认识到营利性企业利用公共道路运营为政府税收提供了机会。当然，它也为贪污腐败提供了无尽的可能性。

特许经营权是政府管理控制日益增长的公共交通业务的机制。对于每条特定的公共交通线路，市政府都将向运营公司颁发"特许经营权"。最初，特许经营权的获取很容易，而且不涉及向政府缴纳税收。当然，对于发放特许经营权的政府代理机构来说，情况并非如此。

随着时间的推移，各种要求被加入特许经营的协议中。例如，在未铺设路面的街道上运营的有轨马车运营商需要将铁轨之间的路面进行铺设，以免街道受到马蹄的破坏。当采用两匹或三匹的马车队时，需要将铺设路面的范围扩展至铁轨外侧两英尺的范围。再后来，有轨马车运营商被要求清除街道上的积雪。当有轨电车出现后，特许经营的运营商试图取消铺设道路的要求，但是城市的管理者坚持执行这项规定，并将其纳入新的特许经营合约中。

税收还包括免费运送警察和消防员，当然还包括一定比例的营业税。根据《康托尔法案》，纽约市曾一度根据竞标者提供的营业税比例来决定特许经营权的归属。在一场激烈的竞标中，两家纸业公司为了争夺布朗克斯区的一条新线路展开了一场竞标大战。随着投标的进行，标的额超过了总收入的100%。该场竞标最后的赢家以总收入的97%作为中标额，但毫无疑问，这条线路从未建成。

大多数特许经营权都是有期限的，通常为10年期。当然也有些是永久授予的。在这种情况下，政府往往会在线路持有人申请新线路的特许经营权时提出修改现有特许经营权的永久条款，以收回重新发行特许经营权的权利。

特许经营制度目前仍然存在。曼哈顿的许多公交线路都起源于世纪之交的有轨电车专营权，这也解释了为什么改变公交路线如此困难。因为每条线路都有一个单独的特许经营权，任何变更都必须伴随着特许经营权的变更，这必须与政府进行协商。

5.5 曼哈顿和布朗克斯区的电车系统

弗兰克·斯普拉格的里士满电车系统取得成功后，有轨马车的电气化进程开始加快。然而，1888年的一次重大天气事件改变了曼哈顿的电气化进程。1888年，纽约所有的电力和电话服务都由架空电线提供，这些电线被架设在密密麻麻的电线杆之上，有些线杆上有多达40条电线交叉。1888年的暴风雪给电力系统造成了巨大的破坏，曼哈顿和城市其他地区的线路在冰雪的重压下倒塌。由于损坏的线路需要慢慢修复，道路交通、电话和电力服务被迫中断了几个月。因此，纽约市政府制定了一项法令，要求曼哈顿的所有公用设施都必须位于地下。该法令同样适用于电车的供电线路。

于是，一种新型的电车系统在曼哈顿出现了（图5.2）。在运行的轨道之间有一个槽，里面有两根运送电力的铁轨。每辆车都有一个类似于"犁"的装置，它会随着车的移动而移动，并从槽内的铁轨获取动力。但是，铺设带有中心电源槽的轨道，其成本是普通轨道的3~10倍。

图 5.2　大都会街道铁路公司靠近
第十街的百老汇线（1911 年）
图片来源：*Courtesy of* New York Transit
Museum，Lonto–Watson Collection.

5.5.1　电车公司的历史

曼哈顿有轨马车和电车公司的历史确实充满坎坷。从 1832 年纽约—哈莱姆铁路公司开始沿着百老汇运营第一条有轨马车起，曼哈顿和布朗克斯区这样的线路数量迅速增加。到 1865 年，曼哈顿有 12 家公司经营各种各样的有轨马车线路，到 1886 年，这个数字达到了 20 家。

1886 年 2 月 19 日，费城的一群投资者成立了大都会电车公司。这家公司实际上是一家投资公司，它成立后开始收购曼哈顿的一些有轨马车业务，包括：

- 百老汇和第七大道铁路（1886 年 6 月）；
- 休斯敦、西街和巴沃尼亚轮渡铁路（1886 年 6 月）；
- 钱伯斯街和格兰德街轮渡铁路（1886 年 6 月）；
- 南轮渡铁路（1889 年 1 月）；
- 第 23 街铁路（1890 年 3 月）；
- 百老汇铁路（1890 年 10 月）；
- 大都会城际铁路（1891 年 3 月）。

1892 年 8 月 4 日，纽约第二代大都会电车公司成立，其资本是最初在新泽西注册公司的 2 倍。新公司成立后继续收购有轨马车资产，包括：

- 中央公园和北东河铁路（1892 年 8 月）；
- 第 42 街和格兰街轮渡铁路（1893 年 3 月）；
- 第 34 街和第 11 大道铁路（1893 年 4 月）；
- 哥伦布和第九大道铁路（1893 年 5 月）；

- 列克星敦大道和巴沃尼亚轮渡铁路（1893 年 5 月）；
- 富尔顿街铁路（1895 年 10 月）；
- 第 28 街和第 29 街跨区铁路（1896 年 9 月）；
- 中央跨区铁路（1897 年 5 月）。

如果这还不够复杂的话，我们再来看看纽约大都会电车公司如何在其子公司之间开展租赁业务。大都会街道铁路公司于 1895 年 11 月 12 日成立，其经营线路均是通过租赁方式获取，其中还包含两条不属于大都会电车公司的线路：

- 第八大道铁路（1895 年 11 月 23 日）。
- 纽约——哈莱姆铁路（1896 年 6 月 11 日）。

1897 年 9 月 16 日，大都会电车公司正式解散，将所有的股票和附属财产转让给大都会街道铁路公司。其后，该公司又获得了一条线路的租赁权。

- 第二大道铁路（1898 年 1 月 28 日）。

当时，在曼哈顿和布朗克斯区还有另外一家铁路公司在运营，那就是第三大道铁路公司。它的业务包括 42 街和 125 街的跨城线路，第三大道和百老汇之间的两条南北线路，整个布朗克斯区的街道铁路网，以及韦斯切斯特县的多条线路。1900 年，电气化成本的迅速上升导致第三大道铁路公司破产。1900 年 3 月，大都会街道铁路公司收购了其大部分股票。至此，大都会街道铁路公司已经控制了曼哈顿和布朗克斯区所有的街道铁路线路。

然而，公司的稳定并没有持续太久。1901 年 11 月 25 日，城际街道铁路公司成立，并接管了破产的北芒特弗农街道铁路公司。1902 年，由于过度资本化的经营模式，大都会街道铁路公司因无力支付股东利息而面临倒闭。1902 年 2 月 14 日，城际街道铁路公司租用了大都会街道铁路公司的线路。1904 年，城际街道铁路公司更名为纽约市铁路公司。

1906 年 1 月，又一个大型的企业集团成立。1902 年初，大都会街道铁路公司的董事们意识到，由奥古斯特·贝尔蒙特修建的地铁以及 IRT 系统（第 8 章）将会对其电车业务构成重大威胁。于是，大都会街道铁路公司提出在列克星敦大道下修建一条新地铁，并使用现有的电车线路为新地铁提供接驳服务。作为回应，贝尔蒙特买下了大都会街道铁路公司，并成立了大都会—区间铁路公司。这家公司的运营业务包括 IRT 地铁，曼哈顿铁路公司（贝尔蒙特于 1895 年收购）的高架铁路，以及曼哈顿和布朗克斯区所有的有轨马车和电车线路。

贝尔蒙特的整合策略非常成功，他消除了地铁行业的一个潜在竞争对手，至少在 BRT 系统和"双合同"出现之前是这样的。但是，该集团的路轨运输业务并没有从这些整合中获得好处。1907 年，通过租赁城市街道铁路进行运输业务的纽约市铁路公司申请破产。

纽约市铁路公司破产后，其租约和经营协议被法院取消，公司财产被移交给各子公司的接管人。拆分后，许多独立运营的公司都处于破产保护状态，包括第三大道铁路公司、大都会街道铁路公司、中央公园铁路公司、北东河铁路公司、28 街跨区铁路公司、29 街跨区铁路公司以及第二大道铁路公司。1911 年 12 月 30 日，上述公司整合成立纽约铁路集团。1919 年 3 月 20 日，该集团破产。

从 1907 年起，大量的电车线路由于无利可图而被废弃。到 20 世纪 30 年代中期，公共汽车开始逐步取代剩余的电车线路。1925 年 5 月 1 日，纽约铁路集团的继承者——纽约轨道集团，从接管人手中夺回了其剩余电车线路的控制权。但是，在改用公共汽车之前，该公司的业务好坏参半。

5.5.2　大都会铁路公司之后的有轨电车线路

在大都会街道铁路公司倒闭后，曼哈顿的地面交通分为三类：（1）由新整合的纽约铁路集团运营的线路；（2）由第三大道铁路公司运营的线路；（3）由一些幸存的独立铁路公司运营的线路。纽约铁路集团拥有最庞大的线路系统，并于 1912 年开始运营。但这家新公司仍然深陷于线路租赁和复杂股权的泥潭之中，它既要经营自己全资拥有的业务，又需要营运租赁的线路。

纽约铁路集团全资拥有的业务包括：

- 大都会街道铁路（运营公司，非持股公司）；
- 百老汇铁路；
- 钱伯斯街和格兰德街轮渡铁路；
- 哥伦布和第九大道铁路；
- 休斯敦，西街和巴沃尼亚轮渡铁路；
- 大都会城际铁路；
- 列克星敦大道和巴沃尼亚轮渡铁路；
- 中央跨区铁路。

纽约铁路集团租赁运营的业务包括：

- 布里克街和富尔顿街轮渡公司；
- 百老汇和第七大道铁路；
- 克里斯托弗大街和第十大街铁路；
- 第 42 街和格兰街轮渡铁路；
- 第 23 街铁路；
- 第六大道铁路；
- 乔治堡大道和第十一大道铁路；
- 第 34 街跨区铁路。

有时候会出现几个不同的公司共同租用一条线路的情况。当运营线路归其他公司所有时，收取的 5 美分车费就需要与线路所有者共享。

在对其继承的线网进行优化时，纽约铁路集团犯了几个严重的错误。最初，该集团放弃了几条租赁线路，但没想到这些线路才是利润最高的业务。结果，该公司又付出了高昂的代价重新将纽约—哈莱姆铁路、第九大道铁路以及第八大道铁路进行打包租赁。

为了提高整个系统的现代化水平，纽约铁路集团设计了一种新型的有轨电车，能够方便乘客上下车，并提高平均运行速度。这种电车的最大特点是在汽车的中部设置一组低矮的车门。但是由于车门和过道都太狭窄，旅客实际上下车的效率很低。而且，每辆车必须配备两名人员才能保证车费的正常收取。但是当公司发现这些问题时，他们已经订购了 293 辆这样的车辆。

在审视其线网结构后，纽约铁路集团还采取了许多措施来提供一些不那么重要的服务。例如，将一些电网驱动的电车更改为蓄电池驱动，取消一部分有轨马车线路。然而，这些改变的效果并不理想，因为改为蓄电池驱动的车辆就是那批在中部设置车门并需要两名工作人员的 293 辆车。1919 年，四条调整为蓄电池驱动的电车线路停运。在这之前，该公司刚刚订购了 70 辆电力驱动汽车，但已无处使用。更为讽刺的是，纽约铁路集团采取租赁方式运营的布里克街和富尔顿街轮渡公司线路是纽约市最后一条有轨马车线路，一直运营至 1917 年 7 月 26 日。

糟糕的决策进一步加剧了财务状况，1919 年纽约铁路集团进入破产管理程序，1925 年重组为"纽约轨道集团"。由于电车车身颜色，纽约轨道集团往往被大众称作为"绿线"。事实上，这些绿线车辆全都是由 Omnibus 公司生产，这是通用汽车公司的一家子公司，该公司的目的是用燃油机动车来取代有轨电车。

5.5.3 曼哈顿和布朗克斯区有轨电车

多年来，纽约市快速交通系统尝试了各种各样的车辆。过程中尽管遇到过一些严重的问题，但经过严密的设计和测试，快速交通的车辆一直在稳步发展。相比之下，有轨电车的种类繁多，且运营商之间的合作很少。为了争夺客流，大量的电车被生产并投入运营。但由于缺乏统一的标准，电车的运营难度和维护成本都很高。此外，许多线路因经营不善被关停，而关停线路的车辆则被转移至其他仍在运营的线路上。尽管这些车辆都会被翻新维修，但其质量状况仍不稳定。

最常见的电车采用"单车架"设计，车厢设置于由 4 个车轮构成的动力车架之上。单车架电车主要用于客流需求相对较低的线路，车厢长约 30 英尺，可容纳 25~30 名乘客。图 5.3 展示的是当时第三大道铁路上的单车架式有轨电车。

在人口密集区，"双车架式"电车的使用更为普遍。这种车辆由两个四轮动力底座支撑车厢，车厢的尺寸以及载客量也要更大。"双车架式"电车最长可达 50 英尺，通常载客量可达到 70 人。图 5.4 展示的是 1910 年左右的纽约跨区铁路公司的"双车架式"电车；图 5.5 展示的是一辆"双车架式"电车的内景。

　　另外，开敞式设计的电车也很受大众欢迎，但它只能在春末和夏季使用。由于一年中的大部分时间都无法投入使用，因此开敞式电车的运营成本很高。图 5.6 展示的是 1910 年左右的纽约跨区铁路公司的一辆开敞式电车。为了避免乘客从电车上掉落，开敞式电车通常会在乘客上下车一侧设置一根安全扶杆，如图 5.6 所示。

　　针对这个问题，电车运营商推出"组合式"电车，即一半座位开敞，另一半封闭。不过这么做也不经济，因为乘客只会在冬天使用封闭空间，夏天使用开敞空间。图 5.7

图 5.3　德兰西街和埃塞克斯街第三大道 B 线单车
架式有轨电车（1923 年）

图片来源：*Courtesy of* New York Transit Museum, Lonto–Watson Collection.

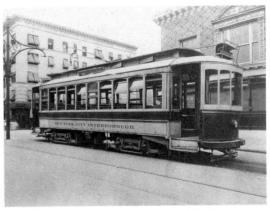

图 5.4　纽约市行政区的一辆双车架式电车
（1910 年左右）

图片来源：*Courtesy of* New York Transit Museum, Lonto–Watson Collection.

图 5.5　J.G. 布里尔制造的一辆典型的双车架式电
车内景

图片来源：*Courtesy of* New York Transit Museum, Lonto–Watson Collection.

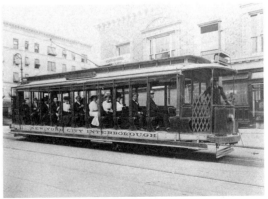

图 5.6　纽约市跨区铁路公司的开敞式电车
（1915 年左右）

图片来源：*Courtesy of* New York Transit Museum, Lonto–Watson Collection.

图 5.7　J.G. 布里尔的"组合式"电车（1897 年）

图片来源：*Courtesy of* New York Transit Museum, Lonto–Watson Collection.

图 5.8　在第三大道轨道 B 线上运行的最后一辆有轨马车，背后是第一辆电池供电的电车（1913 年）

图片来源：*Courtesy of* New York Transit Museum, Lonto–Watson Collection.

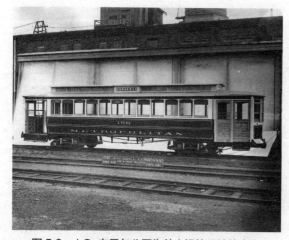

图 5.9　J.G. 布里尔公司为单人操控设计的电车

图片来源：*Courtesy of* New York Transit Museum, Lonto–Watson Collection.

为 1897 年 J.G. 布里尔公司为大都会街道铁路公司制造的"组合式"电车。再后来，可以"改装"的电车出现了。这种电车在温暖的日子里可以敞开，在寒冷的天气里可以关闭。

对于曼哈顿的一些街道有轨电车线路来说，通过修建中央动力轨来实现电力转换的做法过于昂贵。在这种情况下，原先由马匹驱动的车辆被电池驱动的电车所取代，这样就不需要建造动力轨了（图 5.8）。但是，电池驱动的电车效率并不高，因为电池组每天晚上都要充电，充电时间为 8~12 小时。电池一般放置于电车座位下方。

城市边缘地区的电车线路往往会有一些独特的处理方式。第三大道有轨电车公司租赁了第 28 街和第 29 街的穿城线路，但这些线路的客流量非常小。早在 1909 年，第三大道铁路公司就开始在这些线路上使用内燃机来驱动车辆。不过，这些车辆后来都换成电池驱动了。

还有一个困扰着许多早期有轨电车设计的问题，即车辆都需要两个人操作，一位司机和一位售票员，因为车辆允许乘客从前门和后门上下车。后来，大多数的电车设计都调整为单人操作。对于单人操作来说，所有乘客都必须经由前门上车。因此，有的公司在车辆前端设计两个车门，一上一下；还有的公司没有改动车辆设计，但要求前门上车，后门下车。图 5.9 为 J.G. 布里尔公司设计的单人操控电车。

图 5.10 所示为 1920 年纽约有轨电车公司的一辆低地板车在百老汇行驶的盛况。这个设计是为了加快车辆进出站的速度，因为上下车使用高台阶必然会减慢进出站的速度。该设计采用了一个低台阶的中间门，希望能加快进出站过程。但是由于设计存在重大缺陷，这批车辆都遭遇了巨大的失败。首先，车门和过道太窄，导致乘客上下车的实际速度更慢，而不是更快。其次，加长的车辆两端往往成为事故隐患，因为车辆在转弯时经常会碰到其他物体。最后，这种设计需要配置 2 名工作人员，效率很低。

图 5.11 显示的是纽约市唯一的一台双层电车。这辆车归纽约铁路集团所有，并于 1912~1922 年在百老汇线路进行运营，深受乘客欢迎。它的单门进出设计与单门单层电车有着同样的缺陷。因为经过特别设计，这辆车可以在高架快速交通系统下的电车轨道上行驶，被称为"百老汇战舰"。

图 5.10　时代广场上的纽约有轨电车公司
的低地板电车

图片来源：*Originally published in* New York Times,
October 12，1920.

图 5.11　纽约铁路集团的"百老汇战舰"

图片来源：*Courtesy of* New York Transit Museum.

5.5.4　退出历史舞台

曼哈顿是第一个终止电车服务的行政区。严重的交通堵塞加上机动车数量的指数性增长，使得有轨电车处于一个对所有交通参与者都不利的环境中。到 20 世纪 30 年代初，市长菲奥雷洛·拉瓜迪亚已经明确表示，他想把曼哈顿所有的电车线路都换成公交车。事实上，纽约轨道集团（绿线）和它的子公司当时已归通用汽车公司所有，这明显加快了这一进程，因为该公司希望尽快完成运营线路的机动化。曼哈顿的最后一条电车线路（不包括在东河大桥上运营的服务）是第 86 街的跨区线路，它于 1936 年开始采用机动化车辆。外围行政区以及几条跨桥的有轨电车线路一直运营至 20 世纪 50 年代中期。

5.6 布鲁克林和皇后区的电车系统

布鲁克林和皇后区有轨电车的历史是曼哈顿和布朗克斯区的翻版。一批大大小小的有轨电车公司不断的合并、分拆和破产，组成了一段非常混乱的历史。

布鲁克林和皇后区有轨电车公司的领导者可能更加激进一些，组织能力也更强，但最终的结局是一样的，依然要把剩余的有轨电车线路改造成公交线路。有趣的是，纽约的第一条有轨电车线路就是在皇后区开启运营的。而且，皇后区有许多线路使用的是独家运营权。

5.6.1 企业历史

和曼哈顿的情况一样，皇后区有轨电车运营商的前身基本都是公共马车公司。第一条街道铁路是由 1853 年合并的布鲁克林城市铁路公司建造和运营的。该公司最初计划运营四条线路，但在 1854 年 7 月以前，它的设备只够运营一条线路。1854 年 7 月 3 日，这家公司在默特尔大街上开通了布鲁克林的第一条街道铁路，并配置了 15 辆路轨车辆，全部由四匹马的车队进行驱动。到 1854 年 10 月底，布鲁克林城市铁路公司开始运营它计划的全部四条线路。该公司继续扩大其服务范围，经过 10 年的发展，在纽约东部、布什维克、里奇伍德、威廉斯堡、绿点和法拉盛等边远社区都开通了线路。如此一来，它的服务延伸到了皇后区。

渐渐地，一些竞争者开始经营竞争线路，并把线路延伸到以前没有服务过的地区。主要的竞争对手包括：

- 百老汇铁路公司；
- 大西洋大道铁路公司；
- 科尼岛和布鲁克林铁路公司。

此外，还有一些规模较小的公司也运营一两条线路，但最终都逐渐被并入规模较大的公司。

1884 年，布鲁克林的第一条高架铁路开始建造。两家主要的公司参与其中，分别是布鲁克林联合高架系统公司和国王郡高架铁路公司。这里要说明的是，这些高架铁路公司和街道铁路公司最终会组成一个大的集团公司。

在弗吉尼亚州里士满的电车系统取得巨大成功之前，皇后区的牙买加大道在 1887 年出现了第一条有轨电车线路。它使用的是范·德普尔早期开发的电力系统。1890 年，第二条电气化线路在科尼岛开通。1891 年 11 月 11 日，布鲁克林公共议会授权所有街道铁路公司改用电力运营。与曼哈顿不同的是，布鲁克林区对架空线路的使用没有限制，大部分电车线路都采用了架空线路系统。

1893 年 3 月 13 日，一家名为长岛电车公司的大型控股公司成立，并即刻收购了一家名为布鲁克林高地铁路（BHRR）的小型单轨电车公司。随后，这家控股公司通过 BHRR 与布鲁克林铁路公司及其子公司签订了一份为期 999 年的租约，从而控制了 27 条电车线路。该公司随后在第 3 大道和第 58 街建造了当时世界上规模最大的车场，可容纳 1000 辆有轨电车。

1895 年底，长岛电车公司被迫重组，并以布鲁克林快速运输公司（BRT）的身份出现。到 1900 年，BRT 已经控制了布鲁克林所有的高架铁路和几乎所有的电车线路，只有五家小型独立公司除外。1912 年，BRT 又获取了两个独立公司的线路。

1918 年 12 月 31 日，BRT 帝国破产。之后，该公司一直处于破产管理状态，直到 1923 年才重组为布鲁克林—曼哈顿运输公司（BMT）。1929 年，BMT 创建了一家子公司来运营并优化其电车线路，即布鲁克林和皇后区运输公司（B&QT）。虽然 B&QT 的运营时间相对较短，但它是业内较有远见的经营者之一。该公司在轨道车辆协会的发展中发挥了重要作用，并打算在全国范围内推行标准化的电车设计。该协会的会长也是电气化铁路协会的会长。

到 1940 年，纽约市的公共交通系统实现了统一运营，纽约市交通委员会接管了 B&QT 的运营，并开始对电车线路进行机动化改造。1951 年，布鲁克林只剩下三条电车线路。1956 年，最后一条布鲁克林电车线路停止运营。具有讽刺意味的是，就在那一年，布鲁克林的道奇队搬到了洛杉矶，而这支球队的名字来源于布鲁克林的电车线路。

尽管整合后的 B&QT 在皇后区运营着大量线路，但皇后区和拿骚郡仍然存在一些其他运营商经营的小规模电车线路。包括：

- 纽约——皇后区铁路公司

该公司在长岛、伍德赛德、阿斯托里亚、法拉盛、大学角、北海滩和牙买加运营多条线路，还运营着一条穿过 59 街大桥进入曼哈顿的线路。它还拥有一条从法拉盛到牙买加的独家线路，需要穿越辛纳公园和法拉盛草场。为了修建中央公园，纽约市政府接管了这条线路的通行权。到 1937 年，所有公司的电车线路都改成了公交车（第 59 街大桥的电车服务除外）。

- 曼哈顿——皇后区电车公司

该公司的前身是南岸电车公司，当时主要在萨福克郡运营。在重组为曼哈顿和皇后区电车公司后，它主要沿着皇后区大道经营，服务伍德赛德、埃尔姆赫斯特、福里斯特山和牙买加地区。到 1914 年，它能够实现与长岛铁路牙买加站之间的便利换乘。该公司的运营相当成功，但是当一条新的地铁建在其主要线路下时，它将无法与之竞争。意识到这个问题后，曼哈顿和皇后区牵引公司在 1937 年将这条电车线路废弃，尽管当时的客流量和以前一样高。

- 纽约——北岸电车公司

这家公司非常独特。它的线路与其说是有轨电车，不如说是城际铁路，而且线路很长。它为皇后区的法拉盛和拿骚郡的一些北岸社区之间提供服务,包括米尼奥拉、罗斯林和华盛顿港。它还有一条线路通往现状皇后区白石桥的位置。该公司从未盈利,但一直坚持到 1920 年才放弃线路的运营。

- 纽约——长岛电车公司

该公司是牙买加最大的电车公司之一。它的路线从牙买加向东延伸到拿骚郡的各个目的地,包括贝尔蒙特公园、埃尔蒙特、贝勒罗斯、克里德摩尔、花卉公园、新海德公园、米诺拉、花园城、亨普斯特德、自由港、林布鲁克、溪谷、鲍德温、海滨、罗斯戴尔和罗克维尔中心。这家公司于 1924 年创造了其历史上的最高收入,但依旧于同年破产了。在 1926 年 4 月 4 日的午夜,一场有史以来最匪夷所思的线路关停事件发生了,列车驾驶员直接在线路运营当中弃车而去。

- 长岛电气化铁路公司(LIRR)

这是另一家提供从牙买加到拿骚郡一些内部社区服务的公司。它也为皇后区的一些社区提供服务,包括一条起点位于布鲁克林中心的线路(现在布鲁克林市政厅的位置)。它为奥松公园、伍德海文、霍利斯、远罗克韦和贝尔蒙特公园等社区提供服务。LIRR 和 IRT 公司都认为这是一家重要的公共交通服务供应商,并对其进行了大量投资。该公司最赚钱的线路是前往洛克威的线路,仅在夏季运营。由于拿骚郡的道路状况不佳,加之车辆年久失修,1924 年,该公司花了 6.3 万美元购买了 25 辆 1898 年建造的三手车。不久后,两家大银行收回对该公司的投资,从而扼杀了该公司的发展。

还有一些较小的公司在拿骚郡经营独立的电车服务,主要是将小社区与 LIRR 车站和海滩休闲区连接起来。在皇后区,电车运营公司相继破产,施坦威线路公司和牙买加中央电车公司曾试图保住一些重要的线路。他们都取得了一些成功,但最后还是以失败告终。施坦威线路公司在 1939 年初终止了其最后的服务,牙买加中央电车公司在 1933 年 12 月终止其服务。

5.6.2　布鲁克林和皇后区的铁路

BRT 公司早期大部分的电车都采用单车架式设计。该公司的车型主要有两种,一种是在夏季和温暖的天气下运行的开敞式列车,一种是在冬季和较冷的天气下运行的封闭式列车。这种做法虽然导致了一些列车运营的低效率,但获得了乘客的高满意度。此外,BRT 公司还为科尼岛的娱乐活动提供了多条线路服务,如梦幻岛、露娜公园和越野障碍公园。

然而,大多数开敞式电车在 1928 年就退役了。后来,大多数公司开始采用更大的双车架式车辆,但开敞和封闭的车辆设计仍在继续。"敞篷车"最终被开发出来,其窗户可以在夏天拆卸和储存,在一年中较冷的时候安装。最早的敞篷车中有一款被称为"钱柏林",以 BRT 设备负责人的名字命名。他在 1900 年设计了这辆车,其特点在于内部设计的独特性：后排座位可以旋转，可以向车外旋转，也可以向内转向过道。这种设计被认为是不实际的，其使用在 1915 年结束。不过，敞篷车的使用量则不断增加。

与曼哈顿的同行们一样，BQ&T 的车辆也采用了一种低地板的"中间门"设计。但这种设计在布鲁克林的效果更好，那里的车辆运行噪声不大，而且中间门的设计尺寸更大。不过，这辆车仍然需要两个人来操作。后来大多数的车辆都改为单人操作，在车辆前端增加一个门专供乘客上车并支付车费，中间门只供乘客下车使用。在布鲁克林，一些繁忙的线路会运行多节车厢编组的电车，最多有三节车厢。为了将这些小尺寸的车厢连接，BQ&T 还定制了专门的车架。

在很多方面，布鲁克林的电车公司比曼哈顿的同行更加积极地开发新的电车。在第一次世界大战以及 BRT 重组之后，布鲁克林城市铁路公司订购了一批新的有轨电车——"皮特维特"（图 5.12），据说是受到了皮特维特为费城快速运输公司设计车辆的启发（图 5.13）。这批车辆的产品型号是 8000s，是专为单人操作而设计的大型双车架式电车。车辆在前端设置入口，中间设置出口。该车型的内部空间最初设计了两种形式，一种是软垫座椅，另一种是木板式座椅，并面向乘客进行了投票。令人意外的是，乘客的选择结果是木质座椅，于是所有的车辆都进行了相应的配置。这款车型采用全钢式设计，仅末端平台使用了部分木材。此外，车门也采用了气动门设计。这批有轨电车非常耐用，使用了 30 多年。

BRT 是一家相对具有前瞻性和创新性的公司，它非常支持电气化铁路委员会设计一套新型的、标准化的有轨电车。该委员会设计的新车后来被称为 PCC（图 5.13）。BQ&T 允许 PCC 电车使用第九大道的停车场进行测试工作，1931 年，两辆早期的 PCC 电车在布鲁克林进行了测试（图 5.14）。1935 年，BQ&T 从圣路易斯汽车公司购买了 100 辆 PCC 电车，但迫于全城电车线路机动化的政治压力，该公司无法订购更多的电车。这种车辆非常受乘客欢迎，运行了 20 年，一直到布鲁克林的有轨电车服务结束。

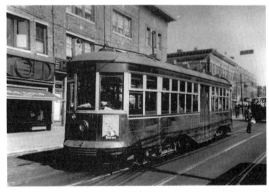

图 5.12　BQ & T 的皮特维特有轨电车（1935 年左右）　图 5.13　布鲁克林的 PCC 电车（1940 年左右）

图片来源：*Courtesy of* Brooklyn Historical Railway Association.　图片来源：*Courtesy of* Brooklyn Historical Railway Association.

虽然 BQ&T 及其母公司 BRT 一直走在电车技术的前沿，但皇后区和长岛地区较为分散的电车公司，往往被迫在其多样化、人口更稀少的线路上使用经过翻新的二手或三手车辆。因为皇后区不像布鲁克林那样"城市化"，它的许多线路都带有城际线路的特征，其中一些线路拥有独立的路权。图 5.14 显示的是纽约—皇后区铁路公司干线在法拉盛和牙买加中间的一段。除了靠近法拉盛和牙买加的终点站外，这条线路始终在一条专用的轨道上运行。曼哈顿和皇后区铁路的皇后区大道路线则在高速公路中间铺设了专用的轨道，如图 5.15 所示。

图 5.14　纽约和皇后区铁路公司的电车在专用轨道上横穿圣玛斯纳公园（右侧是圣玛丽公墓）
图片来源：*Courtesy of* New York Transit Museum, Lonto-Watson Collection.

图 5.15　皇后大道路中的曼哈顿和皇后区有轨电车
图片来源：*Courtesy of* New York Transit Museum, Lonto-Watson Collection.

图 5.14、图 5.15 也表明了皇后区和拿骚郡电车公司所面临的困难，即他们的主要服务对象为农村地区，这决定了其很难维持经济上可行的载客量。

最后，布鲁克林和皇后区的电车遭遇了与曼哈顿以及布朗克斯区电车一样的命运。随着机动车交通的急剧增加，城市街道上的电车运行引发了无数的冲突、延误和潜在的事故。此外，公共汽车可以在车流中自由行驶，而不会像有轨电车一样面临既定轨道线路的限制。一旦道路堵塞，服务就会中断。尽管公共汽车会导致空气污染，且由于尺寸更小，公共汽车需要的数量较电车而言更多，但公共汽车能够服务更广泛的地区，还可以根据需求变化做出更加灵活的调整。皇后区的最后一辆电车运行至 1939 年，而布鲁克林的几条电车线路一直运行到 1956 年。不过，这些都不是纽约市最后一项有轨电车服务。

5.7　跨河电车系统

要想突破曼哈顿而发展，纽约就必须克服周围河流对其造成的巨大阻隔。要到达布朗克斯区，就必须跨越哈莱姆河；要到达皇后区和布鲁克林区，就必须穿越东河。

纵观其历史，城市企业家和规划师采用了多种多样的交通服务来提供必要的交通联系。最初，轮渡是唯一的跨河交通服务。随着东河大桥的建设，跨越河流的方式变得更加多样化。连接曼哈顿和布鲁克林的布鲁克林大桥、曼哈顿大桥和威廉斯堡大桥都可以同时提供四种不同的跨河交通方式，包括步行，私家车或马车，快速交通系统，以及电车。上城区的昆斯伯勒（第 59 街）大桥也提供了同样的服务。20 世纪初，这四座桥梁异常繁忙。

1883 年通车的布鲁克林大桥是连接布鲁克林和曼哈顿的第一座坚固桥梁。当时曼哈顿和布鲁克林的高架铁路都已运行，但由于驱动蒸汽机重量太大，高架铁路无法通过桥梁。首个跨桥公共交通服务采用了缆索铁路设计，它仅在桥上来回穿梭，为桥两侧的公共马车提供接驳服务（图 5.16）。

图 5.16　布鲁克林大桥上的缆索铁路驶离曼哈顿侧终点站（1885 年）
图片来源：*Courtesy of* New York Transit Museum.

随着世纪之交电气化革命的到来，BRT（以及后来的 BQ&T）对布鲁克林的大量电车线路进行改造，使之可以直接从桥上通过并通往曼哈顿。当 BRT 开始运营跨桥的高架列车时，电车服务并没有停止。由于大量的跨河运输需求，高架铁路和电车都运载了大量的乘客。桥上的电气化铁路能够直接与布鲁克林的高架铁路连接，但所有乘客都必须在曼哈顿一侧的终点站进行转换，才能换乘曼哈顿的高架铁路系统（图 5.17）。

由于服务提供商在特许经营纠纷上的投入过多，导致曼哈顿桥上的有轨电车运营并不成功。1909 年 12 月 30 日，曼哈顿大桥三分线铁路公司被合并，并开始在当时刚刚开通的大桥上提供有轨电车服务。该公司花了三年时间才获得特许经营权，经营范围从长岛铁路的布鲁克林枢纽站到曼哈顿下西城的哈德逊河轮渡站。许多大型铁路公司也想从中

图 5.17　电气化改造后的高架列车和电车驶向布鲁克林大桥一侧的金沙街车站（1898 年）
图片来源：*Courtesy of* New York Transit Museum.

分享一部分利益，包括纽约铁路集团、第三大道铁路公司和 BRT 等。他们联合成立了布鲁克林和北河铁路公司，并获得了与三分线铁路公司类似的特许经营权。两家公司为了争夺乘客资源，在法庭和大街上展开了激烈的竞争。与布鲁克林大桥的情况不同，自快速交通系统从曼哈顿大桥通过开始，原有电车线路的客流开始急速下降。1919 年，布鲁克林和北河铁路公司停止运营，而三分线铁路公司则一路蹒跚前行，一直运营到1929 年 11 月。

威廉斯堡大桥上的公共交通配置与曼哈顿大桥相似，包括一条快速交通轨道和 4 条电车轨道（桥梁两侧各设置两条）。桥梁南侧的电车轨道由纽约铁路集团和 BRT 联合运营跨河服务，北侧的电车轨道则由第三大道铁路公司运营。在纽约铁路集团并入第三大道铁路公司后，南侧电车线路由 BRT 独自运营。但是，南北两侧的线路运营状况都不太好，北线的运营很快就被放弃。当跨桥接驳服务中断后，纽约市将其作为城市有轨电车线路的一段来使用。最终，BRT 恢复了对线路的控制和运行。

最后一座建设完成的跨东河大桥是皇后区大桥。桥上共设置四条电车轨道，其中两条拥有独立路权的轨道分设于桥梁的两侧，另外两条则与机动车道共用。通往罗斯福岛医院的电车线路将终点站设置在桥梁中间，乘客需要通过电梯在桥梁和地面间进行转换。多年来，这条电车线路是大陆和岛屿之间除了船舶以外的唯一联系方式。

因此，皇后区大桥有轨电车是纽约运营到最后的有轨电车（图 5.18）。最后的几年里，该线路由皇后区大桥铁路公司运营。因为其他有轨电车公司要么破产，要么转变为公共汽车公司。1957 年 4 月，罗斯福岛和皇后区之间开通了一座小型汽车桥，该电车线路随即停运。1976 年，从曼哈顿出发的罗斯福大道电车通车。如今的罗斯福岛成为一个主要的居住区，除了电车外，其对外交通还可以通过连通皇后区的桥梁和最近新建的 63 街隧道 IND 车站完成。

图 5.18　在纽约皇后区大桥上的最后一条电车线（1955 年）

图片来源：*Courtesy of* New York Transit Museum, Lonto–Watson Collection.

5.8　布鲁克林区的无轨电车系统

当纽约市强制所有电车线路转为公共汽车时，BRT 开始试验一种名为无轨电车的混合动力车。这是一种由架空电线供电的公共汽车，轨道可以被移除，但车辆通过接触杆与架空电线连接。这种方式在运行过程中更加灵活，而且比传统的机动车更便宜。

无轨电车并非纽约独有，也不是纽约首创的。美国第一条商业电车线路出现在

1910 年，当时月桂峡谷公共事业公司安装了一条长 1.5 英里的无轨电车线路。1913 年，另一条线路在威斯康星州的梅里尔运行。

一些无轨电车公司在更早之前就已成立，因为无轨电车技术（结合了好用的橡胶轮胎和便宜的电力牵引）是极有前途的。美国无轨电车公司是由之前的东部无轨电车公司发展而来的，该公司自 19 世纪 90 年代末以来一直在试验无轨电车路线。1903 年，该公司成功在宾夕法尼亚州斯克兰顿试运行了一条长达 800 英尺的无轨电车线路。尽管试验线的成功没能在美国催生大量的实际应用，但却激发了英国工程师的兴趣。1911 年 6 月，英国的布拉德福德和利兹开启了无轨电车服务。

到了 20 世纪 20 年代，通用电气和其他大型公司终于开始研发无轨电车的相关技术。最终，许多城市开始运行无轨电车系统，包括费城、多伦多、盐湖城、纽瓦克、火奴鲁鲁、辛辛那提、芝加哥和其他城市。

从 1930 年 7 月，BMT 将布鲁克林的几条有轨电车线路改造成无轨电车（图 5.19），但它们并没有持续太久。1956 年，布鲁克林的最后一辆有轨电车停运。1960 年 7 月，最后一条无轨电车线路关闭。无轨电车技术被证明并不是一项可靠的技术更新。首先，无轨电车在运行过程中的自由度有限，司机偏离架空线路太远往往会导致车辆脱离线网。若要重新接入电网，车辆必须被推拉至合适的位置，且需要手动更换接电杆。其次，无轨电车迷宫般的架空电线

图 5.19　布鲁克林市中心的无轨电车（1955 年左右）
图片来源：*Courtesy of* Motor Bus Society.

网被认为严重影响城市环境，而拆除这些电网成为政治家们优先会考虑的议题。尽管只提供了几条线路，但布鲁克林的无轨电车却运行了几乎整整 30 年，是布鲁克林公共交通遗产的一部分。

现代无轨电车仍然在世界上的一些城市存在。欧洲和亚洲的一些城市采用了更先进的设备来运营无轨电车线路；美国的西雅图和旧金山也有无轨电车，因为这种方式在山区运行更有效率；加拿大的温哥华也有大量的无轨电车服务，包括铰接式无轨电车。

5.9　小结

到 1960 年底时，纽约市所有的有轨电车和无轨电车服务都已结束。当时的公共交通系统（除了少数例外）基本上已经和现在一致了，即快速交通系统、重型铁路和公

共汽车的组合。因为无法解决竞争和环境问题，电车几乎没有生存空间。在过去的几十年里，有轨电车在美国许多城市以"轻轨"的名义重生。这种新型电车和传统电车的主要区别在于，除了穿越路口的部分，轻轨几乎拥有独立的路权。对于那些无法创造地铁运营所需的需求密度，但仅靠公交车又无法有效满足需求的城市来说，轻轨仍是一种颇具吸引力的选择。

电车的历史受到拜占庭式企业环境（复杂而不透明的）的影响。由于缺乏规划和协调，许多有轨电车服务注定要破产。纽约并没有像世界其他地方一样，将轻轨服务重新引入现代公共交通的选择中。

参考文献

1. Miller, J.: Fares Please. Dover Publications, New York（1960）

2. Meyers, S.: Lost Trolleys of Queens and Long Island. Arcadia Publishing, Charleston（2006）

3. Meyers, S.: Manhattan's Lost Streetcars. Arcadia Publishing, Charleston（2005）

4. Geller, J., Watson, E.: Brooklyn Trolleys. NJ International Inc.（1995）Figure Sources 87

5. Diehl, L.: Subways. Clarkson Potter Publishers, New York（2004）

6. Sandler, M.: Straphanging in the USA: Trolleys and Subways in American Life. Oxford University Press, New York（2003）

7. Rowsome Jr., F.: Trolley Car Treasury: A Century of American Streetcars-Horsecars, Cable Cars, Interurbans, and Trolleys. McGraw-Hill, New York（1956）

第6章
高架铁路时代

高架快速交通系统的出现是纽约历史上的一个重要转折点。这座狭长的岛屿城市被河流包围，迫切需要一个可靠的交通系统来解决其对外扩张的需求。1870~1904年，即第一条地铁开通前的34年里，高架铁路是唯一的答案。"高架铁路"是最伟大的创新和发明之一，包括致力于该项事业的工程师和科学家，以及一些因政治和金融阴谋而与之相关的知名人士。一直备受争议的高架铁路为纽约的迅速扩张铺平了道路，尤其是向北扩张，但同时导致了严重的环境问题。

6.1　迫切的需求

到了19世纪中叶，纽约的交通堵塞到了几乎无法忍受的地步。铺装质量糟糕的街道上挤满了行人、私人马车、公共马车、有轨马车和兜售商品的小贩。哈德逊河码头和百老汇之间的交通堵塞尤其严重，因为所有进出码头的货物都要经由这条通道运送（图6.1）。

白天的大部分时间里，要想安全地穿越百老汇大街几乎不可能，到处都是交通事故。罗伯特·里德在《高空中的纽约》中写道：

"下城百老汇商业区的交通非常糟糕，也非常危险。行人要想在白天穿越道路几乎不可能。基尼先生是一位有胆识的帽子销售商，他的商店位于圣保罗教堂对面一处热闹的地方，他提议在街对面建设一座桥，让购物者能够穿过百老汇大街到达他的商店"。

图6.1　T. 贝内克的雪橇图（描绘了1855年百老汇在冬季的交通混乱景象）

图片来源：*Courtesy of Wikimedia Commons*，T. Beneche, *Sleighing in New York*，1855，from Library of Congress Prints and Photographs Division.

基尼先生提议建设的桥梁与《格里森画室指南》中的一幅作品类似，并在报纸上进行了广泛的宣传（图6.2）。但这座桥梁并未修建，而是在之后修建了一座不那么华丽的桥梁。

公共马车和有轨马车的卫生条件很糟糕，这个问题引起了媒体的广泛关注。过度拥挤、环境不适和速度过慢是大多数乘客对公共交通的评价（图6.3）。1863年，《科学美国人》的一篇文章这样描述公共马车和有轨马车：

"委婉地说，如今的公共马车已经成为一项令人厌恶的事物。车内到处都是流氓、醉汉和其他不应该被允许进入的人物……公众现在宁愿步行，也不愿忍受堕落和不适去乘坐公共马车"。

大量使用马匹本身就会导致严重的卫生问题。高峰时期，公共马车和有轨马车的经营者使用的马匹超过11000匹。一匹马平均每天会排泄10磅粪便，其中大部分直接排入城市街道。整座城市的街道都散发着难闻的气味，并可能传播霍乱和破伤风等严

图6.2　基尼提议的百老汇人行天桥

图片来源：*Originally published in* "Genin's Bridge," *Gleason's Pictorial Drawing Room Companion*, Vol.3, No. 26, December 25, 1852, Boston, MA, pg 416.

图6.3　弗兰克·莱斯利的插图新闻中描绘的"恐怖的马车"（1865年）

图片来源：*Originally published in* Frank Leslie's Illustrated News, New York, NY 1865.

重疾病，这些疾病在当时是致命的。1866年，纽约大都会卫生委员会成立，它的首要任务之一就是清除整个城市的16万吨马粪。

马车运输的经济性也较差。一匹拉货的马大约值150美元，服务年限大约四年，之后就会被卖往不太需要费力的地方。大多数有轨马车至少需要两匹马，而且必须经常更换，所以大多数公司会为每辆有轨马车配备4~10匹马。对于有轨马车公司来说，马匹是最昂贵的投资，但作为一种资产，它的贬值速度极快，而且会因为疾病而遭受全部损失。1872年，一种马群间传播的疾病在东海岸爆发时，纽约市共有18000匹马被杀死或致残，导致公共交通系统严重瘫痪。

此外，马车公司经常因为他们对待乘客的态度以及对待马匹的方式而受到批评，但公司通常不会理会。

如果说纽约的街道交通非常拥堵，那么港口的交通状况也同样糟糕。布鲁克林大桥于 1883 年开通之前，曼哈顿和布鲁克林、斯塔滕岛或新泽西州之间的交通联系只能通过轮渡完成。一些富裕人士会在这些外围区域选择住所，并使用轮渡往返曼哈顿的工作岗位。

与许多欧洲城市不同，纽约一直反对蒸汽铁路进入市中心。蒸汽机车在城市街道上或街道上空运行所引起的环境和健康问题令公众担忧，于是相关法令将蒸汽铁路限定在第 42 街及以北地区。因此，中央车站位于第 42 街，而大多数铁路的终点不是哈德逊河就是东河。

然而，到 20 世纪中叶，大多数纽约人已经开始考虑修建高架铁路系统，并打算使用小型蒸汽机作为动力。虽然有些提议早在 19 世纪 20 年代就提出了，但在这段时间里，这些提议一直被政治家和金融家忽视。随着南北战争的临近和结束，关于高架铁路的提案如雨后春笋般出现，公众和政治家都开始认真考虑在纽约市建立快速交通系统的迫切需要。

6.2　洪水般的提案

第一条高架铁路由约翰·史蒂文斯上校于 1812 年提出。1815 年，他获得了北美第一条铁路运营证。他提议在纽约州的伊利湖和奥尔巴尼之间建造一个木质高架结构来架设轨道，并由小型蒸汽机车提供动力。他认为，高架铁路省去了地面轨道路基加固和陡坡处理的成本，而且施工速度很快。但当时只有英国能够制造蒸汽机车，因此他的想法被认为是相当激进的。

1826 年，史蒂文斯在其位于霍博肯的宅地上建造并展示了一条小型蒸汽循环铁路。他的蒸汽机车能够以每小时 12 英里的速度运行。1830 年，他提议修建一条高架蒸汽铁路，从炮台公园出发，沿格林威治街延伸到 34 街，然后通过桥梁横跨哈德逊河，最终连接霍博肯的伊利运河系统。这条铁路白天载客，晚上可以运输水和煤炭等货物。然而，这项建议从未得到实施。

尽管纽约市的第一条高架铁路直到 1868 年才出现，但有关城市快速交通系统的想法却早已萌芽。1825 年，亨利·萨金特在纽约申请了高架铁路的第一项专利（图 6.4）。他的想法是在百老汇街建设一条悬浮在空中的单轨铁路，这应该是单轨铁路的早期版本。1834 年《机械师》和《机械研究学报》中的一篇文章描述了这种铁路，从成本、稳定性和总体设计等方面对该设计进行了吹捧。这种单轨铁路可以通过一个细长的结构来提供大运量的运输服务。文章没有对该系统的动力模式进行描述，但大概率采用了电缆系统。

1821 年，亨利·帕尔默在英国为一条类似的铁路申请了专利，但不清楚帕尔默和

图6.4 萨金特设计的高架铁路

图片来源：*Originally published in* "Suspension Railway," *Mechanic's Magazine，and Journal of the Mechanic's Institute*，Vol 3 No. 1，January 1834，D.K. Munn and George C. Schaeffer，New York，NY，pg 30.

萨金特是否知道彼此的工作。1825~1899 年，美国专利局共收到 125 份快速运输系统的专利申请。仅 1867 年，就有超过 4 份有关高架铁路的设计图纸被提交给纽约州议会。此外，一部分人认为地铁比高架铁路更加环保，因此关于两者的讨论一直在进行。

《科学美国人》曾发布过大量有关快速交通系统的设计。该期刊由艾尔弗雷德·比奇经营，他在快速交通系统的发展中扮演了很重要的角色。杂志中关于高架结构的安全性和实用性有过很多讨论，关于动力方面的内容主要涉及以下三点：

- 小型蒸汽机

从技术上讲，蒸汽是最实用的系统，因为它已经在城际铁路上得到了证明。但是，它存在向周边环境释放热蒸汽的问题。

- 电缆系统

轨道车辆由可移动的电缆（或绳索）驱动，电缆（或绳索）由固定的蒸汽机装置驱动。当电缆与车辆分离时，车辆停止；当电缆与车辆重新连接时，车辆启动。

- 大气动力或气压动力

车辆由空气压驱动或在真空状态下被牵引。

1837 年，尤里·埃蒙斯申请了单轨铁路系统的专利（图6.5）。埃蒙斯声称他的系统能为车辆和结构提供更好的稳定性。同样，该方案没有对动力模式进行描述。

1946 年，《科学美国人》报道了一项沿着百老汇修建高架铁路的提案。从图 6.6 中可以明显看出，该方案采用了常规的蒸汽机驱动。该提案要求建设一条单轨，列车每半小时运行一次，局部位置需要建设一些侧轨，从而方便相反方向

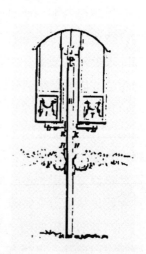

图6.5 尤里埃蒙斯的单轨铁路系统

图片来源：*Originally published in* "Mechanics Register," *Journal of the Frankli Institute of the State of Pennsylvania for the Promotion of the Mechanical Arts*，Vol. 19，No 6，June 1，1837，Philadelphia PA，pg 480.

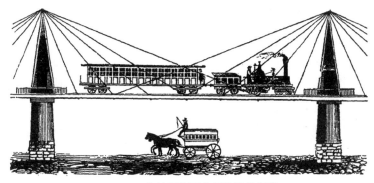

图 6.6　有关百老汇高架铁路的提案

图片来源：*Originally published in* "Broadway Elevated Railway," *Scientific American*，Vol. 1，No. 16，January 1，
1846，Munn & Co.，New York，NY.

的列车通过。有趣的是，该方案的结构设计与现代斜拉桥惊人地相似。

　　1847 年，瓦利克·德威特和托马斯·兰德尔提出了在百老汇大街上架设悬索高架
铁路的比选方案。前者的方案刊登在 1847 年的《文学世界》上。德威特的计划是建造
一条悬索高架铁路系统，其列车车厢的底部距离地面约 9 英尺高。该系统的外观被描
述为"……装饰性建筑风格，外观轻盈通透。"

　　1850 年，有关快速交通系统的辩论不再聚焦于某种方式的必要性，而是更多关注
细节。例如，铁路应该建在地下、地面或者空中。如果建在地面上，那应该建在人行道，
还是车行道？若建在路面上交叉路口该如何处理？

　　1853 年，威廉·德蒂斯提出一套设计方案（图 6.7）。两辆 4 英尺宽的车辆沿地面
两条单轨相向运行，车辆稳定性由上部轨道
保证，动力由缆索系统提供。但是，由于该
系统的车辆在地面上行驶，并不能解决百老
汇的拥堵问题。

　　同年，詹姆斯·斯威特提出在百老汇建造
一条高架铁路，其特点是在铁轨上方运行一台
蒸汽机车，在铁轨下方悬挂一节车厢（图 6.8）。

　　同样是在 1853 年，布伦南提议在百老汇
修建一条高架气动铁路，但这个想法没有得
到太多支持。不过，气动铁路从此成为快速
交通系统的备选方案之一。本书第七章将详
细讨论气动或大气动力的基本原理。

　　1854 年，威克舍姆建议在百老汇大道沿
线修建一座优雅的高架平台，平台的外侧车

图 6.7　德蒂斯提出的百老汇大街高架铁路系统

图片来源：*Originally published in Scientific American*，
Vol. IX，No. 11，Munn and Company，New York，
NY，Nov. 26，1853，pg 30.

道供马车行驶，内侧车道供步行使用（图6.9）。此外，高架平台位于人行道上方，能够为地面行人遮风挡雨，同时不会遮挡光线。该方案引起了社会各界的广泛关注，并且在《科学美国人》和《格里森画室指南》进行了报道。由于未考虑马车运输的问题以及人们对速度和便利性的需求，该方案并未被认真考虑。此外，该方案对于高架平台上的马匹排泄物也缺乏有效的解决方法。尽管，威克舍姆也曾提到未来在高架平台上修建蒸汽铁路的可能性，但并没有详细的实施计划。而且，蒸汽铁路会对相邻的人行道产生严重的影响。

图6.8 斯威特为百老汇设计的高架铁路方案

图片来源：*Originally published in* "Swett's Elevated Railroad for Broadway," *Scientific American*，Vol. Ⅸ，No. 5，October 15，1853，Munn & Co.，New York，NY，pg 33.

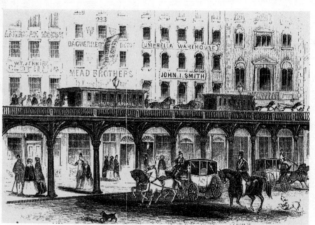

图6.9 威克舍姆高架有轨马车和人行道

图片来源：*Originally published in* "Elevated Railroad," *Gleason's Pictorial Drawing-Room Companion*，Vol. 6，No. 13，April 1，1854，New York，NY，pg 201.

1865年，安德鲁提出了一种复杂的缆索高架系统。该系统采用单排立柱支撑，高架层共设置上下2层轨道（每层设置两条轨道），车辆分别在上下两层轨道运行（图6.10）。

1869年，理查德·摩根申请了一项蒸汽铁路的专利，该铁路在一个拱形结构下部运行。有关该设想曾出现过一些设计方案，但均未能实施。实际上，该拱形结构的想法源于查尔斯·T. 哈维早期的方案。

1867年，一个名为"拱廊铁路"的宏伟计划被引入百老汇。该计划由土木工程师诺兰设计，并得到纽约众多知名企业家的支持。《科学美国人》杂志对该方案赞不绝口：

"正如大家所见，这个方案不仅仅是一条地下隧道。它在距离地面15英尺深的位置新建拱形结构的地下街道，两侧建筑物原有的地下室空间转换成为商业空间，而地面街道空间则完全释放出来。整个结构的下部是排水沟，垃圾可以通过连接管道自动进入排水沟。结构的最底部采用了最好的砌筑工程，在稳固两侧建筑基础的同时，给予上部街道足够的支撑。上部街道以及轨道两侧的拱廊区域都能获得充足的灯光和阳光，而且下层街道的建设为上层街道释放了足够的空间。每隔一段距离，就会有几段台阶可以由上部街道通往下部街道，这样行人和坐车的旅客都能够躲避冬天的寒冷和夏天的酷暑。"

图 6.10　安德鲁的高架铁路

图片来源：*Originally published in "Elevated Railway for Broadway", Scientific American*, Vol. XII, No. 11, September 9, 1865, Munn and Co, New York, NY, pg 159.

拱廊铁路的问题之一在于缺乏明确的动力驱动模式。虽然图 6.11 清楚地显示了一台蒸汽机，但有关该铁路的其他资料并没有对动力来源进行描述，书面计划也没有进行具体说明。拱廊铁路作为一项活跃的提案存在了十多年，获得到了许多知名人士的支持。其中包括威廉·巴克利·帕森斯，是他最终帮助纽约建造了这座城市第一条具备运营长度的地铁。尽管引起了很多人的兴趣和讨论，但拱廊铁路方案最终未得到实施。

1870 年，J.M. 汉纳提出了一种新的高架铁路结构，即在街道中间设置单排钢柱来支撑上部的双轨系统。当街道过窄时，该结构会进行调整，分别在街道两侧的路缘石处设置单排钢柱，每排支撑一条单独的轨道。汉纳的建议聚焦于高架铁路的结构设计，对于电力系统和车辆设计方面的内容并未涉及。

1871 年，新泽西州的葡萄酒商阿尔弗雷德·斯皮尔提出了一个引人侧目的创新方案，即在百老汇大街上修建一条自动运行的高架电动步道。电动步道采用环路设计，载着人群在百老汇大街上来回穿梭，并设置了供行人使用的长椅和休息区（图 6.12）。当时出现了大量有关该提案的设计草图，关于电动步道的设置形式（高架或地下）也引发了一些争论。然而，斯皮尔的这项设计最终未能实现。

图 6.11　拱廊铁路

图片来源：*Courtesy of* Library of Congress, Division of Prints and Photographs.

图 6.12　斯皮尔为百老汇设计的电动步道方案

图片来源：*Courtesy of* Library of Congress, Division of Prints and Photographs.

1825~1870 年，关于纽约快速交通运输系统的想法或建议从不缺乏，缺的是将这些想法转变为现实的政治和财政意愿。有些方案很有创意，有些则完全不切实际。从19 世纪 60 年代开始，这些想法终于开始向现实转变。随着交通堵塞问题变得越来越严重，对某种交通系统的需求就变得越来越清晰。人们逐渐达成共识，认为必须做点什么。尽管最初大多数的提案都集中于纽约的百老汇大街上，但它实际上是最后获得快速交通服务的街道之一（见第 9 章）。

快速交通系统的支持者需要面临来自各方面的反对。首先，特威德老板和他的亲信依靠敲诈方式，向有轨电车和公共马车运营商攫取了大量的财富。他们几十年来积极反对任何替代现有公共交通形式的提议。第二，拟议线路周边的业主普遍反对高架系统，因为他们担心高架系统会导致自己的房产贬值。第三，百老汇大街的商人们也对此表示明确反对。他们不愿意自己的商铺紧邻高架系统，但能够接受距离高架系统一个街区。此外，那些为公共马车 / 有轨马车系统提供服务的企业也对快速交通系统持反对态度，例如马厩经营者、兽医、饲料销售者等。因为新系统并不需要使用真正的马匹，届时他们都将眼睁睁地看着自己的生计因新系统而受到严重损害。

最终，强烈的需求将战胜政治阻力。两位伟大的先行者，查尔斯·T. 哈维和鲁弗斯·吉尔伯特博士在纽约率先开始发展高架快速交通系统。由于受到政治和经济上的无耻打压，两人都没有因自己的创新而获得经济效益。有趣的是，这两个人都不想采用蒸汽机作为动力系统，但他们最终都把其作为高架铁路系统唯一实用的动力系统。

6.3　混乱的前奏：休·B. 威尔逊的地铁计划

在哈维和吉尔伯特开始建造高架铁路之前，铁路工程师休·B. 威尔逊向纽约立法机关提交了一份计划，拟在百老汇大街下面修建一条从炮台公园到中央公园的地铁。威尔逊是伦敦地铁建设时期的资本巨头，他相信类似的系统将是纽约的理想选择。1864 年，威尔逊成立了大都会铁路公司，并筹集了超过 500 万美元的资金。这笔资金的大部分来自约翰·雅各布·阿斯特，他强烈支持威尔逊的计划。然而，立法机关把对该计划的审议推迟了一年。

威尔逊求助著名工程师 A.P. 鲁滨逊，要求其对提交立法机关的方案进行改进。鲁滨逊提出了一种独特的施工技术，被称为"盖挖逆做法"。这种方法是由地面向下开挖至一定深度后将顶部封闭，其余的隧道工程则在封闭的顶盖下继续进行。立法机构通过了这项计划，但很快被芬顿州长否决。这可能与芬顿州长作为坦慕尼协会成员的身份有关。后来，威尔逊又尝试了一次，但在议会中被克罗顿引水渠委员会的总工程师阿尔弗雷德·克莱文打乱了计划。此前，克莱文曾表示地铁建设时移动地下输水管道不存在重大问题，但这次会议中，克莱文则表示输水管道的中断和更换将产生无法控制的巨额成本。因此，威尔逊的地铁计划再次被立法机关否决。

地铁提案失败后，参议员塞缪尔·拉格尔斯建议芬顿州长成立一个特别委员会，专门负责研究纽约市的快速运输系统（包括高架铁路和地下铁路系统），以形成一套关于系统和线位选择的推荐方案，从而解决纽约市面临的公共交通问题。

"参议院快速交通特别委员会"由三名州参议员、纽约市市长和阿尔弗雷德·克莱文组成。该委员会面向社会征集了一些方案，其中有一个地铁方案与威尔逊的非常相似，它是由威尔逊计划的前支持者奥金·范德堡提交的。威尔逊指控范德堡偷窃他的方案，范德堡最终提出了 11.25 万美元的和解方案，但被威尔逊拒绝了。

范德堡的计划最终被委员会批准，但随后被爆出每个委员会成员都接受了 1 万美元的资助，于是这项地铁计划被丑闻事件扼杀了。因此，第一个真正可行的纽约地铁提案先是被公共马车和有轨电车运营商等游说集团的利益击败，随后又被官员腐败击败。由于丑闻事件的影响，委员会没有正式批准任何提案。但是，它提议对一项高架铁路方案进行认真考虑，即由查尔斯·T. 哈维提交的以电缆和固定式蒸汽机为动力的高架铁路方案。尽管该提案只是建设一小段高架铁路的测试设施，但它却最终引导了纽约市第一条高架铁路的诞生。

6.4　查尔斯·T. 哈维和第九大街高架铁路

1866 年，查尔斯·T. 哈维（图 6.13）和一些投资人合资成立了西岸和扬克斯专利铁路公司。该公司的名字暗示了哈维的愿景，即沿曼哈顿西岸建设一条高架铁路服务全岛，并与铁路连接直通扬克斯。

立法机关在收到特别委员会对哈维建议的好评后，批准了该建设计划。同时，哈维提出先建设一条较短的测试段，如果测试被认为不成功，则出资移除测试段，这项提议确保了他的方案能够审批通过。

图 6.13　查尔斯·T. 哈维肖像
图片来源：*Courtesy of* New York Historical Society，William F. Reeves Collection.

于是，哈维以工程师和创新者的身份进入了交通运输界。他曾是知名的"Soo"工程的总工程师，这是一条连接苏必利尔湖和休伦湖之间的运河。根据合同约定，这项工程必须在规定的时间内完工。但在 1854 年冬季，哈维遇到了一件棘手的事情。运河沿线有一处原本以为是沙洲的区域其实是花岗岩暗礁。哈维没有足够的时间将设备运输至工地来拆除花岗岩，于是他临时用一艘旧蒸汽船的传动轴制作了一台打桩机，并使用吊车的引擎作为驱动。这项发明使工人能够将花岗岩打碎并运走，而且保证了项目的如期完工。运河公司的老板是埃拉斯图斯·康宁，他是哈维一生的支持者。康宁的影响力也在一定程度上帮助了哈维的高架铁路计划得以通过。

6.4.1 系统开始

哈维的计划是建造一个由电缆驱动的单轨高架系统。电缆由位于高架沿线地下的蒸汽发动机提供电能，每台发动机间隔1500英尺。电缆车辆设计了一个接电装置，松开可以让车辆停下来，接入后又可以重新启动车辆。

最初的测试区是沿着炮台和莫里斯街之间的格林威治街建造的。1867年12月7日，哈维驾驶着一辆单座车通过了长0.25英里的测试路段，其目的主要是向投资人展示成果（图6.14）。这是纽约市第一次使用高架轨道。碰巧的是，这一历史性画面刚好被一位摄影师捕捉下来。哈维的投资人对于试运行的成功异常兴奋，于是授权他将高架铁路延伸至科特兰街，长约0.25英里。

图6.14 哈维在格林威治大街测试高架铁路系统（1867年12月7日）

图片来源：*Courtesy of* Library of Congress，Prints and Photographs Division，LC USZ62 4471.

1868年6月，这条线路已经在科特兰街完工，远早于立法院规定的完工期限。市长和州长分别对完工的高架铁路系统进行了视察，并宣布项目成功。1868年7月1日，快速交通委员会做出最终报告，将全力支持高架铁路系统的建设。州长也同意了该报告，并授予哈维公司充分的权力，将这条线路一直延伸到曼哈顿上城的斯普滕杜维尔。

哈维和他的董事们在得到许可后立即进行了新缆车（图6.15）的试运行。新缆车的运行速度达到了每小时12英里，比他们最初预期的速度快了好几英里。这辆车的驱动电缆由约翰·罗布林在新泽西州特伦顿的工厂里制造，电缆线的设计基本上和罗布林在布鲁克林大桥上使用的一样。

哈维投入了大量的个人财产来确保这项高架铁路项目的实施。他直接投入了20万美元用于建设，并提交了50万美元的保证书，以防止这条线路被认为不成功而可能被拆除。他没有从投资者那里收回20万美元，而是接受了该公司五分之一的股票，作为对他继续提供服务、使用专利和偿还20万美元投资的回报。

在1868年和1869年，该公司已经能够提供一些零散的客运服务，同时线路继续向第30街推进，在那里可以连接到纽约中央铁路（图6.16）。这条线路允许3辆列车同时运行，由于只设置了一条轨道，因此需要对两个方向的发车间隔进行明确，以保

图 6.15　哈维的第一辆电缆驱动车辆

图片来源：*Courtesy of* New York Historical Society，William F. Reeves Collection.

图 6.16　格林威治街高架铁路在第 12 街转向第 9 大道（1869 年）

图片来源：*Courtesy of* New York Historical Society，William F. Reeves Collection.

证各方向的交通需求。

　　为了将高架铁路系统建设至第 30 街，哈维被迫将铁路所有权进行抵押，从而获得了 75 万美元的公司建设债券融资。这些债券由两家著名的投资公司发行，即克拉克·道奇公司和洛克伍德公司。这些债券将提供 20 万美元的初始投资，从而为这些额外的建设工程提供资金支持。

6.4.2　杰伊·古尔德和黑色星期五

　　1869 年 9 月 24 日，就在哈维的高架铁路即将取得巨大成功时，纽约爆发了金融危机，"黑色星期五"的说法即由此而来。作为华尔街最著名的"金融大鳄"之一，杰伊·古尔德实施了一项计划来垄断美国的黄金市场，这直接导致了金融市场的崩溃。

　　在那个几乎没有市场监管的时代，古尔德和几个亲信通过大量购买黄金来逐渐推高金价。在完成 1869 年整个夏天的买买买操作后，古尔德和其亲信开始大量卖出黄金，导致市场上的黄金价格急剧下跌。等到金价触底，古尔德又开始重复大量买进。尽管没有实现控制美国整个黄金市场的目标，但据估计，古尔德仍从这笔交易中赚走了 1100 万美元。

　　尽管古尔德变得更加富有，但纽约的整个金融市场则陷入了恐慌。华尔街的证券公司大量倒闭，铁路股票严重缩水，商业活动萎靡不振。不幸的是，洛克伍德公司在这场金融风暴中破产了，哈维失去了继续修建高架铁路的资金支持。

　　由于急需资金支持，哈维和他的董事们向一个大型财团借贷了 20 万美元，但前提是哈维必须将公司的多数股权转让给投资财团。令人没想到的是，投资者的真实意图是通过控制曼哈顿西岸至扬克斯的铁路来操纵铁路股价：首先故意制造铁路故障使股价下跌，然后大量买进股票；等到高架铁路延长工程完成，股票将再次大涨，从而获得巨额利润。尽管能够从中获取巨额利益，但哈维拒绝参与股价操纵。由于不再拥有公司绝大部分的控股权，哈维被公司解雇，而投资者们则继续他们的计划。

6.4.3　高架铁路的失败

更换老板之后的高架铁路公司并没有很成功。没有了哈维，高架铁路开始出现大量运营和安全问题。电缆故障最为常见，乘客往往会被困好几个小时，最后不得不借助梯子进行疏散。于是，公众对高架铁路的支持开始逐渐减弱。1870 年秋天，高架铁路系统停止运营，只剩一些测试车辆偶尔会运行，以保证系统具备以后重新开通的条件。经过几个月的锈蚀，高架铁路公司正式破产，并在司法拍卖会上以 960 美元的价格卖给了弗朗西斯·托斯。托斯很自豪地拥有了这项交通设施，包括从炮台延伸到第 31 街的高架轨道、三辆缆车、所有的缆索装置以及为缆索提供动能的蒸汽机。

6.4.4　重组及蒸汽动力转换

新老板重组了西岸和扬克斯专利铁路公司，并将其更名为纽约高架铁路公司。新公司开始使用小型蒸汽机作为动力装置来进行测试运行。

新公司将面临一系列严峻的考验。首先是来自沿线企业和土地所有者的大量诉讼，这大大减缓了高架铁路的建设进程。其次，新公司还需要面对一家强有力的竞争对手：一项在东海岸建设大规模高架的提案，即"高架桥计划"（图 6.17）。该计划提议在曼哈顿东岸新建筑的两侧和顶部建造一座巨大的石材高架桥。

"高架桥计划"需要将第三大道以东的区域全部夷为平地，它获得了纽约市一些知名人士的支持，包括约翰·雅各布·阿斯特、霍勒斯·格里利、奥斯瓦尔德·奥滕多

图 6.17　高架桥计划

图片来源：*Originally published in* Clark, Thomas, "Rapid Transit in Cities," *Scribner's Magazine*, May/June 1892, pg 567.

弗、彼得·库珀、奥古斯特·贝尔蒙特、查尔斯·拉蒙特、莱维莫顿、查尔斯·蒂芙尼、约翰·阿格纽、西蒙·奇滕登以及詹姆斯·戈登·贝内特。

这项计划由百老汇的著名商人斯图尔特提出。他的"大理石宫殿"是全美最早的百货商店之一。他和商界的许多盟友都希望阻止任何形式的快速交通在百老汇穿过，而从其他区域穿越的高架桥计划符合他的利益诉求。

特威德是斯图尔特的政治盟友，他认为东岸高架桥计划将成为其大规模敛财的绝佳工具。特威德企图让州参议院通过一项议案，即拆除西岸高架铁路，这是当时纽约市快速交通唯一可能的竞争对手。作为回应，查尔斯·哈维最后一次出现在他的高架铁路旁，并呼吁他的老朋友和支持者——埃拉斯图斯·康宁利用其影响力来拯救西岸高架。康宁在立法机构的影响力仅次于特威德，最终他成功了，议案以压倒性票数被否决。

就在这个时候，特威德老板被起诉并最终被定罪，他的影响力也迅速减弱。东岸高架桥计划就此悄然消失，尽管其支持者名单中有很多"重量级"人物。

随着东岸高架桥计划的失败，纽约高架铁路迎来了蓬勃发展。它在炮台公园和第30街之间使用经过乔装的发动机为列车提供动力，即伪装成普通火车车厢的小型蒸汽机。当旅客数量增加到需要购买额外车辆时，高架铁路开始采用"沙德贝尔"列车。沙德贝尔列车的车厢底板很低，能够提供更好的体验和稳定性。由于底板降低，且没有设置车顶，沙德贝尔列车给人一种非常宽敞的感觉，很快就受到了乘客的欢迎。

1875 年夏天，高架铁路已经延伸至中央公园。1875 年 5 月和 6 月，高架铁路发送量达 17 万人次。而 1876 年的同时段，高架铁路的旅客发送量超过了 34 万人次。

1876 年，赛勒斯·菲尔德买下了纽约高架铁路公司。几年之内，他把车费提升一倍，从 5 美分增加至 10 美分，并重建了穿越第 61 街的两条轨道（街道两侧各一条）。第九大道的高架铁路也开始持续运行（图 6.18）。

图 6.18　第 59 街的第九大道高架
　　　铁路列车（大约在 1876 年）
图片来源：*Courtesy of* New York City Transit
　　　　Museum.

6.5 吉尔伯特医生和吉尔伯特高架铁路

鲁弗斯·亨利·吉尔伯特（图 6.19）医生对纽约市的高架铁路有独特的见解。他曾是一名杰出的外科医生，经常为城市贫民服务，后来又转战到了快速交通领域。在经历了妻子早逝的悲痛欲绝之后，他前往欧洲进行休养。在那里，他游览了许多欧洲城市，特别是一些拥挤的居住区。他开始相信，居住区的环境恶劣问题是导致城市贫困人口患病和早逝的主要原因。后来他回到美国，以外科医生的身份参加南北战争，并在战争结束时成为美国陆军医院的负责人。

图 6.19　鲁弗斯·吉尔伯特医生的肖像

图片来源：*Courtesy of* New York Historical Society.

从战场回来以后，吉尔伯特改变了职业，加入了新泽西中央铁路公司。在这段时间，他因为改建铁路而获得了大量的赞誉。1867 年，吉尔伯特辞去自己的职务，成为一名专职推进快速交通系统发展的人士。

6.5.1 吉尔伯特的观点和设想

吉尔伯特深信，快速交通系统是解决城市贫民问题的良方。他认为，良好的交通能够让城市中的穷人搬到更理想、人口更稀少的地区，在那里他们的健康状况将得到极大改善。然而，这种观点是有缺陷的。因为即便高架铁路系统很发达，城市的穷人也只是搬到离市中心更远的新公寓。

吉尔伯特设计了一条由大气压力驱动的气动高架铁路（图 6.20）。该系统外形美观，但被认为不切实际，而且造价过于昂贵。1872 年，吉尔伯特便获得了该系统的建设许可，但由于资金筹措困难，项目迟迟难以推进。1873 年的金融恐慌更是进一步加剧了资金筹集的难度。

图 6.20　吉尔伯特的高架气动铁路概念图

图片来源：*Originally published in* Frank Leslie's Illustrated News, March 18, 1871, pg 1.

6.5.2 赫斯特德法案与快速交通委员会

1875 年，纽约州议会通过了赫斯特德法案。这项具有里程碑意义的法案允许纽约市市长任命一个快速交通委员会来研究快速交通系统方案，并为该市推荐最好的系统和路线。这是第一次将快速交通系统的决策权从州政府转移到市政府。

委员会花了一年的时间来研究了各种方案，很早就决定采用高架铁路作为纽约快速交通系统的选择。但是现有的各种城市条例给高架铁路选线带来了许多困难，其中最严重的是现有条例不允许在第 35 街以南的百老汇大街上建造高架结构，即便是穿越也不行。

当委员会研究这个问题时，吉尔伯特找到了新的投资人。由于迫切需要筹集资金建造高架铁路，吉尔伯特聘请了小威廉·福斯特作为合伙人。福斯特说服吉尔伯特暂时将高架铁路的方案更改为蒸汽动力驱动，以吸引更多的投资。然后，福斯特和毫无戒心的吉尔伯特一起重组了公司，成立董事会，并发行股票。紧接着，福斯特说服吉尔伯特把他的一些股票卖给其他人。但是，福斯特并没有出售股票的打算，反而是买下了吉尔伯特的所有股票。此外，福斯特还说服吉尔伯特接受纽约信贷公司的投资，这家公司由特威德的亲信何塞·纳瓦罗领导。但吉尔伯特需要将其股票与纳瓦罗即将倒闭的高架桥公司股票进行交换，等到高架铁路完工后这些股票将会返还给吉尔伯特。不幸的是，这一切都是骗局。股票转让使得福斯特和纳瓦罗完全控制了吉尔伯特的高架铁路公司。

待委员会完成其研究后，核准了下列计划：

- 纽约高架铁路公司被批准建设一条从巴特里到南渡口的环线，提供连接西区与东区的高架铁路服务；
- 吉尔伯特高架铁路公司获得了在第六大道和第二大道建设高架铁路的特许权；
- 纽约高架铁路公司获得在第三大道建设高架铁路的特许权，并可以沿着第 42 街建设与中央车站的连接线。

这一里程碑式的计划绘就了纽约市高架快速交通系统的蓝图。该计划的特别之处在于，第六大道的高架铁路将在第 53 街向西转弯（因为它不能穿过中央公园），并与第九大道的高架铁路形成一个单向（仅能向北）的转换系统。合并后的高架铁路将在第 110 街向东转向，然后继续向北延伸至第八大道。

为了避免一两家私人公司破产导致城市的公共交通瘫痪，快速交通委员会组建成立了曼哈顿铁路公司，从而为整个系统提供保障。一旦两家铁路公司的财务出现问题，曼哈顿铁路公司将接管它们。

6.5.3　吉尔伯特失去他的高架铁路

1878 年 6 月 7 日，第六大道上的高架铁路在一阵欢呼声中正式开通（图 6.21）。然而，第二天吉尔伯特就被公司董事会投票除名，几天后又被公司开除。公司更名为大都会高架铁路公司，从此与吉尔伯特再无任何联系。吉尔伯特花了 7 年的时间和几乎所有的钱来上诉，以期望重新获得对这条铁路的所有权。但他失败了，并于 53 岁去世，当时他已身无分文。

第六大道高架铁路与第九大道系统的原理不同。它的结构更加坚固，从一开始就采用双轨系统，车辆更加豪华，也更重。

1878 年 2 月 9 日，《哈泼斯周刊》刊登了一篇画报文章，对纽约正在兴建的高架快

图 6.21 第六大道高架铁路于 1878 年 6 月 7 日开通

图片来源：*Originally published in* Frank Leslie's Illustrated News，May 25，1878，pg 201.

速交通系统进行了介绍（图 6.22）。文章开头是这样写的：

"本周期刊开篇的一些图片、表格以及文章将向我们的读者展示两家高架铁路公司给城市和乡村发展带来的好处，纽约市民也在快速交通系统中获益良多，然而在过去很长的一段时间里，高架铁路却由于马车公司的嫉妒和反对而迟迟不能建设。"

第六大道高架铁路比第九大道高架铁路吸引了更多的关注。第九大道高架铁路位于城市的最西侧，距百老汇和第五大道周边的主要商业区相对较远。第六大道高架铁路则是从曼哈顿的中心穿过。

5 月 18 日，《哈泼斯周刊》又针对吉尔伯特高架铁路的车辆进行了图文并茂的报道（图 6.23）。不过，图片和文字描述都有点夸大了车辆的舒适程度。

与纽约高架铁路公司相比，吉尔伯特高架铁路的车辆和结构更为厚实。它的车辆非常舒适，但并不像《哈泼斯周刊》里的插图那么豪华。

图 6.22 第六大道和第 34 街的吉尔伯特高架铁路

图片来源：*Originally published in* "Rapid Transit," *Harper's Weekly*，February 9，1878，New York，NY，pg 112.

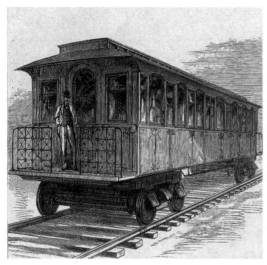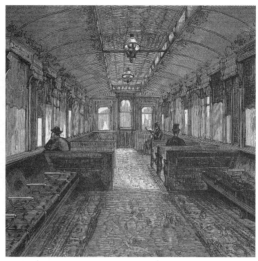

图 6.23　《哈泼斯周刊》中的吉尔伯特高架铁路车辆（1878 年）

图片来源：*Originally published in* Harper's Weekly，May 18，1878，pg 388.

尽管哈维和吉尔伯特都不再拥有自己的发明，但随着 19 世纪 80 年代的临近，纽约人民终于拥有了期待已久的快速交通系统——蒸汽动力高架铁路。

6.6　曼哈顿铁路公司和高架铁路系统的完善

1879 年 9 月 1 日，纽约高架铁路公司和大都会高架铁路公司都将其拥有的高架铁路租给了曼哈顿铁路公司，后者由快速交通委员会组建。在租赁期间，三家公司的主要董事有些是相互兼任的。当时，这些租约不过是一系列利润丰厚的股票转让。曼哈顿铁路公司的首席执行官是杰伊·古尔德，他后来又策划了另一场金融骗局，并最终控制了整个高架铁路系统。

系统合并确实降低了两条铁路的成本，提高了运行效率，还简化了第九大道和第六大道高架铁路在第 53 街以北共享服务所带来的问题。

6.6.1　第六大道和第九大道高架铁路北延

与此同时，高架铁路系统继续向北延伸。西岸高架系统先是延伸到第 110 街，然后又延伸到第 125 街。在第 110 街，合并后的线路向东转，然后在第八大道继续上城之旅。第 110 街的转弯处是高架系统的最高点，为乘客提供了一个独特的视角。但它被熟知是因为"自杀弯道"（图 6.24）的称号，不是因为现场发生过任何事故，而是因为有很多人从这里跳下自杀。

1879 年 12 月，西岸的高架铁路已经延伸至曼哈顿最北端的第 155 街（图 6.25）。

图6.24 市中心高架列车从110街转向第九大道的"自杀弯道"（1880年前后）

图片来源：*Courtesy of* Library of Congress, Prints and Photographs Division，LC USZ62 956799.

几年后，连接第155街与纽约北方铁路之间的线路开通，从而实现对布朗克斯和韦斯特切斯特居民的服务。

（a）从佩里街看第九大道高架（约1873年）

（b）靠近炮台公园和南渡口码头的位置

（c）第九大道与第53街交口处向北看

（d）第六大道与第53街交口处

图6.25 西岸高架铁路的街景（第六大道和第九大道高架铁路）

图片来源：*Courtesy of* New York City Transit Museum（a，c，d）；*Courtesy of* Library of Congress，Prints and Photographs Division，Detroit Publishing Collection，LC D4 155942L.

6.6.2　第三大道高架铁路

纽约高架铁路公司于 1878 年 8 月开通了从南渡口到第 42 街的第三大道高架铁路，并在第 42 街向西与中央车站相连（图 6.26）。随着主线向北延伸，该线路与中央车站之间的连接主要通过接驳列车来完成。到 1878 年底，第三大道高架铁路向北延伸到了第 129 街。

（a）曼哈顿市中心的波威里街段采用两侧单轨设计　　　　（b）曼哈顿下城的科恩蒂斯斯里普段

（c）波威里街正在建设新的三轨线路将取代原有的两轨　　　（d）查塔姆广场的高架铁路
线路（1915 年）

图 6.26　第三大道高架铁路图

图片来源：（a）*Courtesy of* Library of Congress, Prints and Photographs Division，LCUSZ62 66774，（b）*Courtesy of* Library of Congress, Prints and Photographs Division, August Loeffler Collection，LC USZ62 96201，（c，d）*Courtesy of* New York Transit Museum.

1879 年 3 月，高架铁路建设完成了另一条支线，与当时正在建设中的布鲁克林大桥西侧枢纽站相连。这是一个有远见的规划，1883 年大桥开通时，因为不能够承受蒸汽发动机的重量，横跨大桥的公共交通由有轨电车提供，并可以直接换乘布鲁克林的高架铁路。等到高架铁路电气化后，从曼哈顿岛通往布鲁克林的高架铁路列车才可以直接从桥梁上通过。

位于第 34 街的另一条支线与长岛铁路运营的东河轮渡服务连通。

6.6.3 第二大道高架铁路

最后一条建设的高架铁路位于第二大道。这条线路于1879年开工建设,到1880年底,已经开始运营至第129街。第二大道和第三大道高架铁路在南渡口和查塔姆广场之间共用线路。所以,当第二大道的列车开往南渡口时,第三大道的列车则通过市政厅支线开往市政厅。1882年,这条铁路安装了一个道岔装置,使得两个方向的列车可以同时运行。

查塔姆广场站是一个重要的换乘站(图6.27)。乘客可以在这里乘坐火车前往南渡口、市政厅和布鲁克林大桥,也可以通过第二大道或第三大道高架铁路前往住宅区。最初,想要从一条高架铁路换乘到另一条高架铁路必须从地面进行换乘。几年后,在查塔姆广场北站(第三大道高架铁路)和查塔姆广场南站(第二大道高架铁路)之间架起了一座人行天桥,实现了两条线路间的便利换乘。另一个重要的换乘枢纽是南渡口,许多东岸和西岸的高架列车会在这里汇合。

与第六大道和第九大道高架铁路一样,直接服务布朗克斯区的连接线也最终建成。当第59街大桥建成后,第二大道高架铁路开通了一条穿越桥梁的支线,并与皇后区的高架线路连通。

(a)第二大道高架位于右侧,第三大道高架位于左侧 (b)左侧通往南渡口,右侧通往市政厅(从广场向南看)
(从广场向北看)

图 6.27 第二大道和第三大道高架铁路在查塔姆广场站交汇

图片来源:(a)*Courtesy of* Wikimedia Commons,(b)*Courtesy of the* New York Transit Museum.

6.6.4 杰伊·古尔德夺取高架铁路控制权

1881年,杰伊·古尔德实施了一项计划来夺取高架铁路的控制权。当时,他拥有一家主流报纸,并与一些重要的法官以及议员关系密切。古尔德在他的报纸上报道有关曼哈顿铁路公司资不抵债、董事腐败的新闻,这导致曼哈顿铁路公司的股票价格在几个月内从57美元下跌至15美元。同时,古尔德与拉塞尔·塞奇以及塞勒斯·菲尔德开始购买股票。为了确保价格不会过快上涨,古尔德让纽约最高法院的一名法官为

曼哈顿铁路公司准备一份破产申请。等到古尔德的股票份额足够完全控制曼哈顿铁路
公司，破产申请就会被撤销，而负面新闻报道也将停止，取而代之的是大量的正面报道。
很快，曼哈顿铁路公司股票价格反弹至 48 美元，这使得古尔德更加富有和强大，并完
全控制了纽约市的整个快速交通系统。

　　到 1880 年时，曼哈顿第九、第六、第三和第二大道的高架铁路都已经完工。在曼
哈顿铁路公司的协调下，它们组成了一个快速交通网络，并加速了曼哈顿北部以及布
朗克斯区的发展。

6.7　布朗克斯区高架铁路系统

　　1880 年 10 月 19 日，为了在布朗克斯区建设高架铁路，郊区快速交通公司正式
成立。布朗克斯区快速交通委员会规划了四条线路，但所有线路都涉及占压私人土地，需要
在开工前支付高昂的费用来获取通行权。根据规划，新建铁路需要与现有的干线铁路以及曼
哈顿东岸高架铁路连通，尤其是第二大道和第三大道高架铁路。该项目的首个工程是在哈莱
姆河上建一座桥，这样就可以连接东岸高架铁路。这座桥花了 3 年时间建设，于 1886 年竣工。
　　在建造这座桥的同时，郊区快速交通公司也在积极推进四条高架铁路的建设，曼
哈顿铁路公司也在第二大道高架铁路的终点建造了一座换乘车站。1886 年 5 月 17 日，
布朗克斯区高架铁路开始运营，并实现了与第二大道高架铁路的衔接。
　　当高架铁路延伸至第 145 街后，该公司开始打算扩展一些不需要购买私人通行权的线
路。当时，另一家公司（纽约、福德姆和布朗克斯铁路公司）获得了在布朗克斯区的公共
道路上修建高架铁路的特许权，但该公司从未建设任何线路。1886 年 3 月 17 日，郊区快
速交通公司租下了纽约、福特汉姆和布朗克斯铁路的特许权，并于次月正式与之合并。合
并后，郊区快速交通公司扩展了它的线路，放弃了大量原有的特许经营线路（除了那些已
经购买了路权的线路），并继续在公共街道上建设高架铁路，一直向北延伸到第 169 街。
　　1891 年，曼哈顿铁路公司租用了郊区快速交通公司所有的线路、设备、物业和专
营权，统一控制了曼哈顿和布朗克斯区的高架铁路。曼哈顿铁路公司继续将高架铁路
向北延伸至第 177 街、福德姆路和布朗克斯植物园。

6.8　布鲁克林区高架铁路

　　当曼哈顿变得拥挤不堪时，相对独立的布鲁克林也开始了其扩张之路。在 19 世纪的
后 25 年，布鲁克林的"城区"部分被限制在如今被称为"布鲁克林市中心"的地方，也
就是区政厅周边。对于寻求更好、更宽敞居住环境的纽约中产或上流阶级来说，这里是一
个更有吸引力的选择。许多人每天通过轮渡往返于曼哈顿和布鲁克林之间。当布鲁克林大

桥于 1883 年开通后，许多人开始通过步行往返于曼哈顿，也有许多人乘坐有轨电车过桥。

在布鲁克林另一端的科尼岛地区则逐渐发展成为一处休闲胜地。几家大型旅馆和海滨浴场开始营业，一些布鲁克林名流在海滩周边建造私人别墅。该地区在整个 19 世纪稳步发展。

6.8.1　科尼岛度假海滩

1829 年，第一个海滨度假村——科尼岛之家正式开业，由科尼岛路桥公司建造。该公司还在科尼岛与大陆之间的小溪上修建了一条贝壳公路。当时，没有公共交通工具通往科尼岛，酒店面向的是那些乘坐私人马车抵达酒店、前往海边的高档客户。

1844 年，科尼岛西端的剧场开放，成为科尼岛的第一个娱乐景点。它是一个由帐篷覆盖的木质舞台，主要用作舞池和音乐表演。1847 年，剧场和曼哈顿之间开通了汽船服务。

19 世纪 60 年代，政客迈克·霹雳·诺顿在岛上建造了一家酒店，酒店坐落的位置被称为"诺顿角"。不幸的是，诺顿并非一名正直的政客，他的酒店周围迅速形成了大规模的赌博和卖淫产业，导致岛上的环境整体变差。这对于那些寻求阳光、沙滩和海岸的高端人士来说简直就是灾难。

1873 年，奥斯汀·科尔宾举家迁往科尼岛。他是一名成功的投资者，同时是长岛铁路公司的总裁。因为他的儿子从小体弱多病，而医生们认为海洋环境会对孩子有所帮助。科尔宾很快意识到可以把科尼岛发展成一座度假岛屿，于是他成立了曼哈顿海滩改善公司，并于 1877 年在科尼岛东端建造了高档豪华的曼哈顿海滩酒店（图 6.28a）。1880 年，他又建造了东方酒店（图 6.28b）。在这期间，威廉·恩格曼于 1878 年在曼哈顿海滩酒店以西的布莱顿海滩酒店（图 6.29）开业。因为他的酒店更靠近科尼岛的"坏"地段，布莱顿海滩酒店成为中上阶层的热门目的地，而曼哈顿海滩和东方酒店则吸引更富有的客户。然而，在布莱顿海滩酒店开业 10 年后，海滩侵蚀开始威胁到它的地基，

（a）曼哈顿海滩酒店（1904 年）　　　　　（b）东方酒店（1903 年）

图 6.28　奥斯汀·科尔宾位于科尼岛东部的酒店

图片来源：*Courtesy of* Library of Congress, Division of Prints and Photographs, August Loeffler Collection, LC USZ62 66522 and LC USZ62 66523.

（a）布莱顿海滩酒店（1904 年）　　　　　（b）布莱顿海滩酒店向陆地平移 600 英尺（1888 年）

图 6.29　威廉·恩格曼的布莱顿海滩酒店

图片来源：（a）*Courtesy of* Library of Congress，Division of Prints and Photographs，August Loeffler Collection，LC USZ62 66521，（b）*Courtesy of* New York Transit Museum.

导致整个酒店必须向陆地方向迁移 600 英尺。后来酒店真的完成了平移，通过顶起结构，利用轨道平板车实现移动，最终在距离原址 600 英尺的新基础上落成。

1882 年，大象旅馆在科尼岛西端建成，成为岛上又一处独特的景观。该酒店以大象的形状建造，过去曾经用作妓院。大象旅馆自建成以来从未盈利，在 1896 年的一场火灾中被毁，彻底废弃。大象酒店开业一年后，科尼岛东岸的海滨皇宫酒店也迅速开业（图 6.30）。

随着酒店和海滩的开放，大量其他娱乐活动也迅速转移至岛上。19 世纪 70 年代和

图 6.30　1890 年的科尼岛西岸，大象酒店位于照片的正上方，海滨皇宫酒店位于其右侧

图片来源：*Courtesy of* New York Transit Museum.

80 年代，赛马被引入科尼岛，最初是为上层阶级服务的。第一条赛道也是考虑上层社会的便利性，将其设置于科尼岛的东部。然而，赛马很快成为中产阶级和其他顾客的消遣方式，而且在赛道附近也开发了许多小型的、低成本的旅馆。

1882 年，乔治和彼得·蒂尔尤开办了冲浪剧院，成为那个时代许多杂耍明星表演的主要场所。冲浪剧院建在冲浪大道和大海之间的一条小路上，这条小路采用了木质铺装的路面，两侧布满了啤酒屋、蛤蜊酒吧以及澡堂。

图 6.31　1885 年的回环铁路

图片来源：（a）*Courtesy of* Wikimedia Commons.

1884 年，世界上第一个过山车——"回环列车"开放，由拉马库斯·汤普森建设（图 6.31）。据说这是由 1827 年的一辆煤矿火车改装成的娱乐设施。车辆从最高点被手动推离，依靠重力加速度的作用冲向轨道的另一端（即另一个高点），然后再原路返回，如此往复。整个过程中的最高车速能达到每小时 6 英里。

1895 年 6 月，保罗·博因顿在紧邻大象酒店的位置开设了科尼岛的第一座游乐园——海狮公园，占地 16 英亩。博因顿是一位国际名人，他穿着自己设计的橡胶泳衣完成了无数次游泳壮举。游乐园位于户外，但被篱笆围了起来。游乐园的两个标志性项目分别为 Flip-Flap 和 Shoot-the-Chutes（图 6.32）。前者是世界上最早的云霄飞车之一，它能够载着乘客上下颠倒，并完成一个完整的回环。这个项目流行了很长时间，但真正有足够勇气去冒险的人却很少。Shoot-the-Chute 是一种水上滑梯，船从高处滑下来后直接进入海滩的浪花中。海狮公园的经营一直都处于亏损状态，1902 年夏天的糟糕

（a）Flip-Flap 项目

（b）Shoot-the-Chutes

图 6.32　海狮公园的特色游乐设施

图片来源：（a）*Courtesy of* Library of Congress, Division of Prints and Photographs,（a）Detroit Publishing Collection, LC DH 9026,（b）August Loeffler Collection, LC USZ62 90966.

天气则直接导致了公园的关闭和出售。

　　1897 年，科尼岛最著名、最持久的主题乐园开张了，这就是乔治·蒂尔尤建造的越野障碍赛马乐园（图 6.33）。它在 1907 年的一场火灾中被烧毁，但后来重建，一直运行到 1964 年。它最初包括一座大型游泳池和游泳馆，但特色是各种室内娱乐活动，总是能够吸引大量的游客。该乐园最著名的游乐项目之一是跳伞台，于 1939 年世界博览会期间引进，并在之后加入到游乐场的游玩项目中。

图 6.33　越野障碍赛马

图片来源：*Courtesy of* Library of Congress，Division of Prints and Photographs，LC USZ62 102896.

　　跳伞台是越野障碍赛马乐园至今唯一保留的设施，现在已成为国家历史遗址。这个公园的标志性项目其实是模拟越野障碍赛马（整个乐园就是以该项目进行命名），这是一组以 60 英里 / 小时的速度在轨道上疾驰的机械马。由于没有安全带，游戏中骑手们必须拼命抓紧马杆。由于人们的兴趣逐渐减弱，而且周边的环境日益恶化，越野障碍赛马乐园于 1964 年关闭。之后几次对这片区域的再开发尝试都没有成功。最终，这里成了旋风队的主场所在地，该队是美国职棒大联盟纽约大都会队的附属小联盟球队。

　　1903 年，科尼岛最后建设的一座大型游乐园开放，由弗雷德里克·汤普森和埃尔默·邓迪建设。汤普森和邓迪为 1901 年在纽约布法罗举行的泛美博览会设计了一款名为"月球之旅"的游乐设施。1902 年，乔治·蒂尔尤引入了越野障碍赛马项目。同年，汤普森和邓迪买下了海狮公园的场地来开设自己的游乐场，并将其命名为月神乐园（图 6.34），一直运营到 1944 年。2010 年，一座现代的月神乐园又重新出现在世人面前。

（a）月神公园入口（1903 年）

（b）环形过山车（1903 年）

图 6.34　月神公园（1903 年）

图片来源：*Courtesy of* Library of Congress，Division of Prints and Photographs，Detroit Publishing Collection，LC D4 16699 and LC D4 9180.

月神乐园保留了海狮公园著名的"Shoot-the-Chutes"项目，但将"Flip-Flap"替换成了自己的环形过山车。不过和过去一样，更多的人只是想看看，并不是真的有勇气去乘坐。此外，月神乐园还拥有一个大马戏团，以美丽的夜景灯光秀闻名。

6.8.2 科尼岛铁路

布鲁克林快速交通系统的产生源自两方面的需求。首先是需要将游客从人口聚集区运送到酒店和娱乐场所，这些聚集区主要包括通往曼哈顿的轮渡周边以及 1883 年后建成的布鲁克林大桥周边。

随着科尼岛度假村数量的不断增长，各种各样的铁路被修建用于运输往返的旅客，有关这些铁路的故事几乎可以写满一本书。与之前介绍的一样，竞争者之间的残酷竞争往往会付出相应的代价。事实上，几乎所有的铁路都是直接或间接由度假村的拥有者进行建设。每家酒店都试图使自己的交通可达性最佳，从而获取最大的利益。

第一条连接科尼岛的铁路是布鲁克林、巴斯和科尼岛铁路（图 6.35、图 6.36）。1864 年，该铁路开通，并采用马力驱动。当铁路于 1867 年延伸至科尼岛时，线路已经转换成蒸汽机车驱动。1885 年，该铁路重组，并成为布鲁克林、巴斯和西线铁路的一部分。如今的西线铁路仍然使用一部分原来的线位。

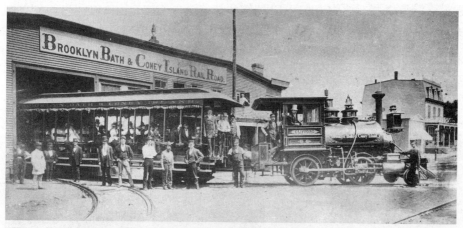

图 6.35　布鲁克林 - 巴斯 - 科尼岛铁路车站（1876 年）

图片来源：*Courtesy of* New York Transit Museum，Lonto-Watson Collection.

图 6.36　布鲁克林 - 巴斯 - 西区铁路的本森赫斯特站（1892 年）

图片来源：*Courtesy of* New York Transit Museum，Lonto-Watson Collection.

1875 年 6 月 19 日，展望公园和科尼岛铁路开通。这是一条蒸汽铁路，从展望公园出发，沿第九大道和第 20 街运行，一直通往格雷夫森德大道和尼克路。该铁路最初为单轨铁路，直到 1878 年才开始双轨运行。该铁路由安德鲁·卡尔弗建造，因此被称为"卡尔弗线"，这个名字直到今天仍然被相同路径的高架铁路使用。科尼岛的车站被称为卡尔弗车站，是现在斯蒂尔威尔大道综合体的前身。

1877 年 7 月 18 日，纽约和海滨铁路开通。这是一条传统的蒸汽铁路，仅提供季节性服务，主要服务海滨皇宫酒店。它最初也是一条单轨铁路，1885 年改为双轨运行。如今的海滩线也主要是沿这条铁路的路径运行的。

1878 年 7 月 2 日，布鲁克林、弗拉特布什和科尼岛铁路在弗拉特布什、海洋大道和布莱顿海滩酒店开始运营（图 6.37、图 6.38）。8 月，该铁路延伸至位于大西洋和弗拉特布什大道的长岛铁路终点站。1887 年，该铁路破产并重组为布鲁克林和布莱顿海滩铁路。现在的布莱顿海滩线使用的地堑式线路最初是为这条铁路建设的。

图 6.38　布鲁克林 – 布莱顿海滩线上一座看起来很孤立的国王公路站（1888 年）

图片来源：*Courtesy of* New York Transit Museum，Lonto-Watson Collection.

图 6.37　布鲁克林 – 弗拉特布什 – 科尼岛铁路的展望公园车站（1878 年）

图片来源：*Courtesy of* New York Transit Museum，Lonto-Watson Collection.

埃本·博因顿的独轮火车为期两周的试运行或许是 1890 年夏天最为独特的事件（图 6.39、图 6.40）。这条铁路采用了独轮形式的机车和车厢，并通过上部的轨道保持车辆稳定，运行线路使用了一段废弃的海滩和布莱顿铁路。在两周的时间内，试运行车辆不断地从格雷夫森德开往科尼岛，运行里程大约 2 英里。

从技术上讲，它并不能算是一条铁路，而是布鲁克林快速交通系统的一部分。1865 年，布鲁克林和洛克威海滩铁路开通，将纽约东部的长岛铁路与卡纳西码头连接起来。这也是一条单轨铁路，直到 1894 年才变为双轨。该铁路由长岛铁路公司运营，直到 1906 年被布鲁克林快速交通公司接管。

图 6.39　博因顿的独轮车铁路示意图

图片来源：*Originally published in* "Unicycle Railway," *Scientific American*, Munn & Company, New York, NY, March 28, 1891, pg 66.

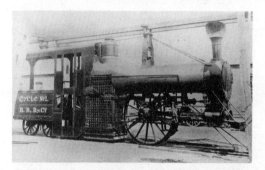

图 6.40　科尼岛试验线的波因顿机车（1889 年）

图片来源：*Courtesy of* New York Transit Museum, Lonto–Watson Collection.

6.8.3　布鲁克林高架铁路

与科尼岛铁路为人们提供从布鲁克林居住区直达科尼岛的运输方式不同，快速交通系统的目标是把住在布鲁克林的人运送到轮渡码头或者布鲁克林大桥（1883 年以后）。轮渡和大桥是通往曼哈顿的生命线。早期的连通主要采用有轨马车，后来逐渐被电车取代，但最终又被高架铁路取代。

1. 纽约布鲁克林大桥铁路

1883 年 5 月 24 日，布鲁克林大桥通车。由于承受不了蒸汽机车的重量，横跨这座桥的铁路交通由纽约布鲁克林大桥铁路公司运营的电缆列车提供服务（图 6.41）。该电缆系统比布鲁克林的任何一个高架系统都要早，并为主要乘坐马车到达的乘客提供了便利的过河服务。

这些缆车从布鲁克林金沙街的终点站开往曼哈顿市政厅附近的终点站。等到电气化改造完成后，布鲁克林的高架火车得以在布鲁克林大桥上直接行驶。然而，由

（a）《哈泼斯周刊》中纽约—布鲁克林（b）一列火车驶离曼哈顿终点站，轨道的中间能够看到电缆（1885 年）大桥电缆铁路曼哈顿终点站的照片

图 6.41　纽约和布鲁克林大桥电缆铁路的景观

图片来源：（a）*Originally published in* Harper's Weekly, 1885；（b，c）*Courtesy of* New York Transit Museum.

于曼哈顿侧的终点站一直没有与曼哈顿高架系统连通，乘客必须下车后步行前往第二或第三大道高架铁路的市政厅站点进行换乘。

2. 列克星敦大道高架铁路（老干线）

布鲁克林的第一条高架铁路于 1885 年开通，它被称为老干线（也被称为列克星敦大道高架铁路，图 6.42），由布鲁克林高架铁路公司运营，从华盛顿和约克街开往

（c）电气化改造后的曼哈顿终点站

图 6.41　纽约和布鲁克林大桥电缆铁路的景观（续）

图片来源：（a）*Originally published in* Harper's Weekly，1885 ；
（b，c）*Courtesy of* New York Transit Museum.

盖茨大道和百老汇。到 1885 年底，它已经向西延伸到富尔顿渡口，向东延伸到纽约东部的凡·西伦大道。这条线路最终延伸到了皇后区的牙买加。在百老汇大街上运行的一小段高架铁路是现有快速交通系统中最古老的部分。

3. 默特尔大道高架铁路

1888 年是布鲁克林高架铁路快速发展的一年。默特尔大道高架铁路（图 6.43）由联邦高架铁路公司建造，出租给布鲁克林高架铁路公司运营。它于 1888 年开始运营，从亚当斯街开往格兰德大道，并与通往迪卡尔布大道的老干线连接。1889 年，默特尔大道高架铁路延伸至格兰特大道，同年晚些时候，又跨过百老汇的老干线延伸至威克夫大

（a）列克星敦大道列车在格兰德大道汇入默特尔大道高架铁路

（b）列车驶离百老汇高架线，汇入列克星敦大道高架线

图 6.42　布鲁克林列克星敦大道高架铁路

图片来源：（a-e）*Courtesy of* New York Transit Museum.

（c）格兰德大道和公园大道的机车坡（左上）
（d）列克星敦大道高架列车穿越布鲁克林（右上）
（e）列克星敦大道高架铁路的赛普利斯山终点站（下）

图 6.42　布鲁克林列克星敦大道高架铁路（续）

图片来源：（a–e）*Courtesy of* New York Transit Museum.

（a）靠近市政厅的默特尔大道高架铁路（1940 年）　　（b）路德教会公墓周边的默特尔大道高架铁路（1939 年）

（c）在建中的杰伊街车站（1943 年 6 月）　　　　（d）默特尔大道高架铁路的杰伊街车站（1944 年）

图 6.43　默特尔大道高架铁路

图片来源：（a–d）*Courtesy of* New York Transit Museum，（c）Lonto–Watson Collection.

道，但两条线路之间没有轨道连接。1906 年，默特尔大道高架铁路延伸到了皇后区的大都会大道。这条铁路经过路德教会墓地的一段线路采用了地面敷设的形式。直到现在，这条铁路上的最后两个车站仍然位于地面，其余的车站则在 1915 年改造为高架形式。

1943 年，默特尔大道高架铁路在杰伊街建了一座新车站，为 1944 年结束默特尔大道高架铁路的跨桥联运服务（跨布鲁克林大桥前往曼哈顿）做准备。（实际上，所有跨布鲁克林大桥的高架铁路都于 1944 年终止了服务。）1944~1969 年 10 月 4 日，杰伊街车站一直作为默特尔大道高架铁路在布鲁克林区的终点站。

图 6.43（c）、（d）中可以看到 GEM 剃须刀工厂。这里便是布鲁克林理工学院未来的所在地，现在是纽约大学理工学院，也是两位作者的母校。

4. 百老汇高架铁路

1888 年晚些时候，联邦高架铁路公司开通并运营了百老汇高架铁路（图 6.44）。这条铁路沿着老干线的一端向北延伸，跨越百老汇大街至德里格斯大道，之后又延伸到百老汇渡口。1890 年，布鲁克林高架铁路公司和联邦高架铁路公司合并，巩固了他们的经营，并保留了布鲁克林高架铁路公司的名字。最终，百老汇高架铁路延伸至威廉斯堡大桥，它与默特尔大道高架铁路共用百老汇与默特尔大道交叉口以南的老干线轨道。

5. 第五大道高架铁路

第五大道高架铁路（图 6.45）也是由联邦高架铁路公司建造，并租给布鲁克林高架铁路公司，于 1888 年 11 月 5 日开放运营。它始于公园大道和哈德逊大道，连接大西洋大道和弗拉特布什大道。就在开通两天之后，第五大道高架铁路和默特尔大道高架铁路发生了一起事故。事故发生在汉诺威街和默特尔大道的交叉口，刚好是两条线路的地面交汇口，于是这条线路的服务被迫中断了几个月。1893 年，这条线路又分阶段沿着第五大道进行了延伸，在第五大道和第 38 街交口，线路向西沿第三大道运行，一直通往第 65 街的海湾岭。

（a）百老汇高架铁路列车（1935 年）　　　（b）威廉斯堡大桥附近的百老汇高架铁路（1910 年）

图 6.44　百老汇高架铁路

图片来源：（a–b）*Courtesy of* New York Transit Museum.

图 6.45 弗拉特布什和大西洋大道交口的第五大道高架铁路
图片来源：*Courtesy of* Library of Congress, Division of Prints and Photographs, Detroit Publishing Collection, LC D4 72114.

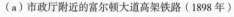

（a）市政厅附近的富尔顿大道高架铁路（1898 年）　　（b）典型的富尔顿大道高架铁路车辆和站（1912 年）

图 6.46　富尔顿大道高架铁路

图片来源：（a–b）*Courtesy of* New York Transit Museum（a）Lonto–Watson Collection.

6. 富尔顿大道高架铁路

最后一条布鲁克林高架铁路，富尔顿大道高架铁路（图 6.46），于 1888 年底开始运行。它由国王郡高架铁路公司建造和运营，从富尔顿轮渡口至萨克曼街。1893 年，线路延伸到格兰特大道，然后延伸到城市线（布鲁克林），最后延伸到皇后区的莱弗茨大道。通往莱弗茨大道的路段现在仍然作为地铁 A 线的一部分使用。

7. 布鲁克林高架铁路系统

虽然布鲁克林高架铁路涉及三家公司（布鲁克林高架铁路、联邦高架铁路、国王郡高架铁路），但它们共用轨道和线路，特别是在列克星敦大道以东的百老汇，乘客从一条线路换乘至另一条线路不需要额外支付费用（例如百老汇高架铁路和默特尔高架铁路在百老汇路口的换乘）。因此，布鲁克林高架铁路从一开始就形成了一个协同合作的运行系统。

根据记载，1890 年 12 月 30 日，连接默特尔大道和哈德逊大道的老干线（列克星敦大道高架铁路）关闭，因为它与默特尔大道高架铁路的延伸线路重复。这是纽约第

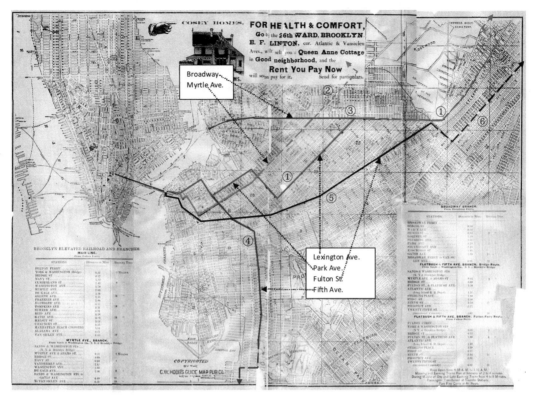

①红线—旧干线（列克星敦大道 EL）；②绿线—默特尔大道高架铁路；③蓝线—百老汇高架铁路；
④紫线—第五大道高架铁路；⑤黑线—富尔顿街高架铁路；⑥黑色点画线—布鲁克林大桥电缆铁路；
实线—初始线路；虚线—延伸线路。

图 6.47　布鲁克林高架系统图（约 1910 年）（见文后彩图）

图片来源：Base map prepared for E. F. Linton, a realtor, in 1888. Elevated lines drawn by the authors.

一条停止运营的高架铁路。这条铁路被废弃的部分位于公园大道，也称作公园大道高架铁路。需要补充的是，这是纽约市高架铁路系统中唯——一条还未转换为电力驱动系统就被拆除的线路。

图 6.47 显示了 20 世纪早期布鲁克林高架铁路的线路图。

6.8.4　布鲁克林快速交通系统公司成立

1896 年 1 月，布鲁克林快速运输公司（BRT）成立，并作为控股公司专门收购布鲁克林其他公共交通系统的产权。在合并之前，它已经开始收购布鲁克林的大部分有轨电车业务。由于许多铁路都遭遇了财务困难，到 1900 年年底，BRT 公司收购了几乎所有的科尼岛铁路和所有的高架铁路，剩余的布鲁克林和洛克威海滩铁路（现在的卡纳西铁路）直到 1906 年才收购完成。

图 6.48 是 1912 年 BRT 系统的地图，当时双合同还未签订（见第 10 章）。它展示了一个协调的网络系统，由幸存的布鲁克林高架铁路和被 BRT 接管的科尼岛铁路组成。

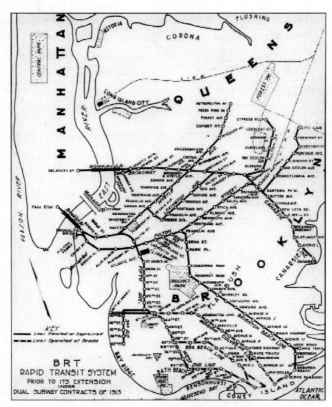

图 6.48　布鲁克林快速交通系统线路图（1912 年）

图片来源：*Courtesy of* New York Transit Museum.

这张线路图显示，第五大道的高架铁路利用了原科尼岛旅游铁路线位，并与西岸线、海滩线以及卡尔弗线相连；布莱顿海滩线则与富尔顿街线直接相连。曼哈顿高架铁路系统的统一是由杰伊·古尔德等人通过金融欺诈的手段实现的，而布鲁克林高架铁路则是在 BRT 制定的标准化系统下运行，目的是设计和运行一个快速、便捷的运输系统。

6.9　高架铁路电气化

从一开始，纽约的高架铁路就被认为是必要之恶。城市发展对快速交通系统的需求是显而易见的，然而，由高架铁路引发的环境问题同样显著。噪声、煤烟和蒸汽操作产生的热量是人们抱怨的主要问题。

19 世纪 80 年代，纽约正成为一座电气化的城市。到 1885 年，电报、电话和照明服务已经普及到曼哈顿的大多数地区，以及布鲁克林的一些地区。因此，当公众开始支持将高架铁路由蒸汽机驱动转换为电力牵引时，这件事并不令人意外。

就像多数重大的技术变革一样，那些受影响最大的人通常都反对这个想法，也就是高架铁路的运营商。当时（19 世纪 80 年代中期）这件事情还只停留在想法阶段，还未被验证其可行性。

1885 年，纽约市在第九大道高架铁路上进行了第一次电力牵引发动机试验。在夜色的掩护下，本杰明·富兰克林测试用一台达夫特电力牵引发动机拉动两辆车。每一次接触，发动机都会产生巨大的电弧，并持续不断地将火花洒向高架铁路两侧的街道上。虽然它的速度达到了每小时 25 英里，但高架铁路的运营商并不以为然，因为蒸汽机车可以达到每小时 50 英里的速度，同时还能牵引四节车厢。

那年晚些时候，托马斯·爱迪生的前助手弗兰克·斯普拉格向曼哈顿铁路公司的领导们展示了一辆电动牵引机车，其中包括公司总裁杰伊·古尔德。不幸的是，当斯普拉格发动火车时，机车突然向前倾斜，因短路引发了爆炸，杰伊·古尔德吓得差点从高架铁路上跳下去，幸亏周围的几个人将其拦下。

1887 年，斯蒂芬·菲尔德在第三大道高架铁路的 34 街支线上展示了他的电力牵引机车，这辆机车牵引着一节车厢以每小时 8 英里的速度爬上陡坡。1888 年，达夫特发动机再次在第九大道高架铁路上进行测试（图 6.49），这回牵引了四节车厢。尽管越来越多的人对蒸汽机车带来的环境问题产生不满，但高架铁路运营商仍然不认为用电力机车取代蒸汽机对他们的公司有利。

当然，斯普拉格后来在其他地方成功地展示了电力牵引的力量，使弗吉尼亚里士满的有轨马车实现了电气化。随后，他又改造了波士顿的有轨电车系统，在全国最大规模的轨道系统上实现了电气化操作。

最后一次全国范围内的电气化改造发生于 1895 年。斯普拉格发明了一种使用单个控制器操作车辆组的方法。这样每节车厢都可以单独通电，并提供自己的牵引力，所有车辆都由一个单独的操作员从列车的两端进行控制。该系统允许任何长度的列车运行，为列车运营组织提供了极大的灵活性。芝加哥是第一个将这种模式作为主要系统的城市。

有趣的是，纽约高架铁路的电气化改造始于布鲁克林。1898 年，布鲁克林快速运输公司将其高架铁路升级为多车辆编组的电力牵引模式，与此同时，伦敦也将其地铁由蒸汽机车牵引改造为电力牵引。

在考量经济成本后，曼哈顿高架铁路最终进行了电气化改造。尽管改造费用昂贵，而且需要卖掉 225 辆机车，但是燃料方面节省的费用相当可观，每年可以节省 924 吨煤和 5.35 亿加仑水。

图 6.49　达夫特电力机车在第 9 大道高架铁路上测试
（1888 年 11 月 27 日）

图片来源：*Originally published in* "Running elevated Railroad Trains by Electricity," *Scientific American*，Vol. LIX，No. 23，December 8，1888，Munn & Co，New York，NY，pg 361.

1902年1月9日，第二大道高架铁路启动电气化改造，3月份第二大道高架铁路全线实现电气化运营。8月份，第三大道高架铁路实现电气化运营。11月份，第六大道高架铁路实现电气化运营。1903年春，第九大道高架铁路全线实现电气化运营。

电气化使运营商能够采用更长的列车组，极大缓解了车厢过度拥挤的状况。虽然蒸汽机车带来的环境问题消除了，但那些与高架结构本身相关的危害却依然存在，例如光线遮挡、灰尘散落、噪声等。当然，如果没有电气化改造，这些高架装置能否存活到20世纪都是值得怀疑的。

不管怎样，在人口爆炸式增长的时代，高架铁路确实为纽约的增长提供了重要的动力。1898年，所谓的"外区"大合并形成了如今的纽约市。纽约人可以乘坐高架铁路前往城市的所有区域，当然斯塔滕岛除外，这座岛直到今天还没有快速交通工具可以与其他地方连接。

6.10 新技术不断涌现

尽管蒸汽机车驱动的高架铁路不断拓展纽约市民的出行范围，但关于取代高架铁路的技术建议和呼声从未停止，直到人们清楚地认识到地铁才是一种既可行又可取的快速交通方式。和以前一样，其中一些想法很有创意。

1886年，约瑟夫·梅格在马萨诸塞州的波士顿提出了一种圆柱形单轨铁路系统，采用蒸汽机车驱动。这种单轨铁路系统采用更为轻盈的结构，但线路转换更为复杂。梅格曾建设过一条试验线，但从没真正运行过。

L.A.汤普森于1888年提出了一种不需要机车的"重力系统"。该系统其实就是19世纪30年代被称为"起伏铁路"的进化版本，其重力系统的工作原理很像过山车。每隔一段时间，火车就会被缆绳或滑轮（由固定的蒸汽机驱动）拉升到一定高度，然后依靠重力作用，沿着平缓的坡度滑行到下一站。

1889年，吉百德提出了"滑动铁道"的想法，他从1852年起就致力于此项研究。该系统的特点在于采用平面车轮（非圆形车轮）沿轨道"滑动"。该系统在轨道上设置了一层由水、油或其他润滑剂构成的薄膜，声称在减少摩擦方面具有显著的效果。

1890年，T. C.克拉克提出了一种利用电力驱动的交通系统。他提出使用一根圆柱来支撑两条高架铁轨，同时在铁轨下方悬挂两条电车轨道。上下两套交通系统采用统一的供电装置，这种做法比传统的通行能力增加了一倍，而且能够充分利用桥下空间。

A.安德森提出了一种在车辆前后两端使用飞机螺旋桨进行驱动的系统。但是这个方案没能解决电机驱动螺旋桨时带来的噪声问题。

1894年，一项声称时速可达到125~150英里的设计浮出水面，该系统采用大量类似"机翼"装置来提供车辆，从而减少摩擦。但是，设计者蔡斯和基什内尔认为，若要达到设计速度，线路必须完全笔直，没有曲线。

在 20 世纪到来之前，大量有趣的快速交通系统设计方案涌现出来（图 6.50）。其中有些想法非常新奇，却不切实际。但不管怎样，有一件事愈发明确，那就是标准轨距的传统铁路是建造快速交通系统的逻辑体系。到 20 世纪初，关于电力模式的争论将接近尾声，电力牵引系统获得了压倒性的胜利。

（a）梅格的圆柱单轨铁路概念图

（b）汤普森的重力铁路

（c）吉百德的滑动铁路细节部分图

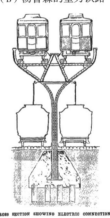

（d）克拉克的高架铁路—电车整合方案

（e）安德森推进器驱动的高架铁路

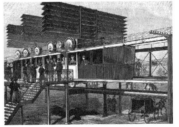

（f）蔡斯—基什内尔机场的高架铁路

图 6.50 关于高架快速交通系统的其他设计方案

图片来源：*Originally published in*（a）"The Meigs Elevated Railway," *Scientific American*, Vol. LV, No 2, Munn & Co., New York, NY, July 10, 1886, pg 21,（b）"Thompson's Gravity System for Rapid Transit in Towns and Cities," *Scientific American*, Vol. LIX, No 10, Munn & Co., New York, NY, September 8, 1888, pg 149.（c）"Gibard's Sliding Railway," *Scientific American*, Vol. XLI, No 21, September 8, 1888, pg 327,（d）"New elevated Railway," *Scientific American*, Vol. LXII, No. 19, Munn & Co., New York, NY, May 10, 1890,（e）"An Improved Elevated Railway," *Scientific American*, Vol. LXVI, No. 14, Munn & Co., New York, NY, April 2, 1892, pg 211,（f）"The Chase–Kirchner Aerodrome Railway," *Scientific American*, Vol. LXX, No. 18, Munn & Co, May 5, 1894, pg 276.

6.11 地铁时代即将来临

高架铁路系统很顺利地进入 20 世纪，而且许多线路至今仍在运营。然而，属于地铁的时代即将在世纪交替时开始。难以解决的环境问题以及地铁系统的建设，导致曼哈顿的大部分高架铁路在 20 世纪 30、40 年代陆续被拆除。第三大道高架铁路是曼哈顿最后一条运营的高架铁路，最后一列车于 1955 年 5 月 12 日驶离车站。第三大道高架铁路位于布朗克斯区的部分一直运营至 70 年代中期。

虽然有很多高架铁路被地铁取代，但并不是所有。在曼哈顿，第九大道高架铁路被第八大道的地铁所取代，第六大道高架铁路被第六大道地铁所取代。第二大道和第三大道的高架铁路也被拆除，但并没有建设地铁线路。近 80 年来，第二大道地铁一直是人们的梦想。该项目一期于 2007 年 4 月动工，并于 2017 年 1 月 1 日开通运营。但由于经费问题，第二、第三和第四工程尚未搬上议程。所以，曼哈顿东部地区将继续在没有充足快速交通服务的状况下苦苦挣扎。

在布鲁克林区，富尔顿街高架铁路被富尔顿街地铁取代，第五大道高架铁路被第四大道地铁取代。位于百老汇和杰伊街之间的默特尔大道高架铁路被拆除后，取而代之的是公交车，沿着默特尔大道的地面旅行仍然漫长而艰难。

当然，地铁并没有取代所有的高架铁路。布朗克斯、布鲁克林和皇后区仍有一部分高架铁路在运营，其中一些是在 1900 年后建成的。

6.12 高架铁路对纽约的影响

表 6.1 表明了高架铁路对纽约的重要性。它显示了纽约高架铁路在 1872~1939 年的年旅客发送量。

高架铁路旅客发送量　　　　　　　　　　　　　　　　表 6.1

年份	年客流量（人）	年份	年客流量（人）
1872	242000	1899	183000000
1875	910000	1905	266000000
1880	60000000	1910	194000000
1885	103000000	1921	374000000
1890	186000000	1931	327000000
1895	188000000	1939	169000000

城市向曼哈顿上城以及布朗克斯区的扩张得益于曼哈顿高架铁路系统的推动。鲁弗斯·吉尔伯特为穷人提供更好居住环境的梦想从未实现，因为穷人不过是搬到了远离市中心的新公寓而已。统一运营的快速交通系统以及跨河运输服务，极大地促进了布鲁克林区的发展，并最终与皇后区连成一片。

　　华尔街的大亨们从房地产中获取了大量财富。他们利用"内幕消息"，在拟议的高架铁路沿线大量购置房产。等到高架铁路建成，地产商再将物业以高价转卖，从而获取巨额利润。通过这种方式，纽约富人的确更加富有了。尤其是杰伊·古尔德，他将高架铁路系统作为自己财富的基石，通过操纵高架铁路公司的股票，赢得了"强盗大亨"名号。

　　然而，在世纪之交之后，地铁将成为快速交通系统发展的重点，并最终引领纽约成为世界上最庞大、最有效的公共交通网络之一。

参考文献

　　1. Reed, R.C.: The New York Elevated. A.S. Barnes & Co., Cranberry（1978）

　　2. Genin's Bridge. Gleason's Pictorial Drawing-Room Companion, vol. 3（26）, Boston, MA, December 25（1852）（American Periodicals On-Line）

　　3. Abuses in Public Conveyances. Scientific American, March 14, vol. VIII（11）. Munn & Co., New York（1863）（American Periodicals On-Line）

　　4. Suspension Railway. Mechanic's Magazine and Journal of the Mechanical Institute, vol. 3（1）. D. K Munn & George C. Schaeffer, New York, NY（1834）（American Periodicals On-Line）

　　5. Mechanic's Register. Journal of the Franklin Institute of the State of Penn-sylvania for the Promotion of the Mechanical Arts, vol. 19（6）, Philadelphia, PA（American Periodicals On-Line）

　　6. Broadway Elevated Railroad. Scientific American, January 1, vol. 1（16）. Munn & Co., New York（1846）（American Periodicals On-lLine）

　　7. Dewitt's Elevated Railway and Suspension Car. The Literary World, New York, NY, December 11, vol. 2（15）（1847）（American Periodicals On-Line）

　　8.（Title Unknown）. Scientific American, November 26, vol. IX（11）. Munn & Co., New York（1853）（American Periodicals On-Line）

　　9. Swett's Elevated Railroad for Broadway. Scientific American, October 15, vol. IX（5）. Munn & Co., New York（1853）（American Periodicals On-Line）

　　10. Elevated Promenade and Railroad for Broadway. Scientific American, January 21, vol. IX（19）. Munn & Co., New York（1854）（American Periodicals On-Line）

　　11. Elevated Railroad. Gleason's Pictorial Drawing-Room Companion, Boston, MA, April 1, vol. 6（13）（1854）（American Periodicals On-Line）

　　12. Elevated Railway for Broadway. Scientific American, September 9, vol. VIII（11）. Munn & Co., New York（1865）（American Periodicals On-Line）

　　13. Reeves, W.: The First Elevated Railroads in Manhattan and the Bronx in the City of New York. New York Historical Society, New York（1936）

　　14. The Arcade Railway. Scientific American, February 9, vol. XVI（6）. Munn & Co., New York（1867）（American Periodicals On-Line）

15. Hannah's Patent Metropolitan Railway. Scientific American, May 13, vol. XXIV (20). Munn & Co., New York (1871) (American Periodicals On-Line)

16. Endless Traveling or Railway Sidewalks. Scientific American, April 20, vol. XXVI (17). Munn & Co., New York (1872) (American Periodicals On-Line)

17. Rapid Transit. Harper's Weekly, February 9, New York, NY (1878) (American Periodicals On-Line)

18. Christiero, G.J.: An Early History of New York City's First Elevated Railway, http://www.nycsubway.org

19. Running Elevated Railroad Trains by Electricity, December 8, vol. LIX (23). Munn & Co., New York (1888) (American Periodicals On-Line)

20. The Meigs Elevated Railway. Scientific American, July 10, vol. LV (2). Munn & Co., New York (1886) (American Periodicals On-Line)

21. Thompson's Gravity System for Rapid Transit in Towns and Cities. Scientific American, September 8, vol. LIX (10). Munn & Co., New York (1888) (American Periodicals On-Line)

22. Gibard's Sliding Railway. Scientific American, November 23, vol. LXI (21) (1889) (American Periodicals On-Line)

23. New Elevated Railway. Scientific American, May 10, vol. LXII (19). Munn & Co., New York (1890) (American Periodicals On-Line)

24. An Improved Elevated Railway. Scientific American, April 2, vol. LXVI (14). Munn & Co., New York (1892) (American Periodicals On-Line)

25. The Chase-Kirschner Aerodrome Railway. Scientific American, May 5, vol. LXX (18). Munn & Co., New York (1894) (American Periodicals On-Line)

引用

1. Hood, C.: 722 Miles: The Building of the Subways and How They Transformed New York. The Johns Hopkins University Press, Baltimore (1993)

2. Bobrick, B.: Labyrinths of Iron: A History of the World's Subways. Newsweek Books, New York (1981)

3. Reeves, W.: The First Elevated Railroads in Manhattan and the Bronx of the City of New York. J.J. Little and Ives Company, New York (1936)

4. Cunningham, J.: Second Avenue El in Manhattan. NJ International Inc., Hicks-ville (1995)

5. Geller, J., Watson, E.: The Brooklyn Elevated. NJ International Inc., Hicks-ville (1995)

6. Feinman, M.: Early Rapid Transit in Brooklyn, 1878 to 1913, http://www.nycsubway.org

7. Walker, J.: Fifty Years of Rapid Transit (1918), http://www.nycsubway.org

第7章
艾尔弗雷德·比奇和纽约市第一条地铁

1870 年 2 月 26 日，当哈维、吉尔伯特等人致力于建设高架铁路时，艾尔弗雷德·比奇向公众展示了一条只有一个街区长度的地铁试验线，每趟收费 0.25 美元。试验线所有的收益都捐给了联邦士兵和水手孤儿之家。这条地铁从沃伦街和雪松街之间的百老汇街地下穿过，由气动压力驱动。一直到 34 年之后，纽约的另一条地铁线才出现。

有关比奇和这条地下铁路的故事相当传奇。据说，比奇利用夜色的掩护，一共花了 58 个夜晚来完成地铁的建设。除了地铁的施工人员以外，没有人知道这里发生了什么。当然这个说法中夸张的成分居多。

比奇通过这条地铁的建设验证了这种新型交通方式的可行性，他证明了地铁可以在不损害相邻建筑结构完整性的情况下建设，使旅客可以无需担惊受怕的完成地下旅行，甚至也使当权者出于政治目的的反对显得荒诞。

如果说艾尔弗雷德·比奇的成就仅仅是地铁，那么他很难在交通运输史留下浓重的一笔。事实上，他的成就远不止于此。正是比奇的奇思妙想和领导能力最终促成了纽约市快速交通系统的实现，尽管他的想法对于更大规模的交通系统运营并不切实际。

7.1 艾尔弗雷德·比奇是谁?

艾尔弗雷德·比奇（图 7.1）的身世非常显赫。他是清教徒前辈威廉·布鲁斯特以及耶鲁大学创始人伊利胡·耶鲁的后人。他的父亲是摩西·耶鲁·比奇，创办并出版了《纽约太阳报》。1848 年，艾尔弗雷德和他的兄弟摩西通过各种手段获得了这份报纸的控制权。22 岁时，艾尔弗雷德·比奇已经成为纽约市的知名人士。

除了传媒业，比奇对于发明创造的相关事务也充满兴趣。1846年，比奇和他的朋友奥鲁斯·芒恩合伙买下了一本刚刚创立但却举步维艰的杂志，并将其更名为《科学美国人》。作为一名出版商，比奇需要将其精力分别投入到杂志和报纸上。作为编辑，他要求

图 7.1 艾尔弗雷德·比奇

图片来源: *Courtesy of Wikimedia Commons.*

《科学美国人》聚焦科学和发明创造，并开始发表一些关于新兴技术的详细介绍和讨论，其中就包括了纽约和其他地方的快速交通系统计划。1853 年，他创办了另一份刊物《人民日报》，这是一份更通俗易懂的刊物，专注于农业、机械和化学方面的内容，它也是《机械师》的前身。在他的领导下，几份杂志和报纸都获得了蓬勃发展。

1852 年，为了全身心地投身于发明创造，比奇把《纽约太阳报》交给他的兄弟打理。1846 年，比奇和芒恩已经成立了一家专利代理机构，即芒恩公司，致力于帮助发明家申请专利。该公司很快便获得成功，并成为美国同类企业中最重要的一家。托马斯·爱迪生最早展示其留声机便是在比奇的办公室。亚历山大·格雷厄姆·贝尔，塞缪尔·莫尔斯，约翰·埃里克森，以及其他知名或者寂寂无闻的人物都曾向比奇请教。为了帮助客户争取最大利益，比奇每月都会自费前往华盛顿好几次。1846 年，美国大约颁发了 600 项专利。50 年后，当比奇去世时，美国每年颁发的专利超过 2 万项。

此外，比奇本身就是一位拥有多项发明专利的发明家。他发明过一款盲人专用打字机，并于 1856 年在纽约水晶宫展览会上荣获一等奖。该机器被普遍认为是如今办公室打字机的前身。

7.2　一项早期的纽约交通系统提案

成为《科学美国人》的主编后，比奇在该杂志刊登了许多快速交通系统的设计提案（纽约或其他城市）。1849 年，比奇以《太阳报》主编的身份提议修建一条贯穿百老汇大街的隧道，这条隧道需设置两条马车轨道和两条步行通道。

7.3　早期的气动铁路系统

比奇认为，从环保角度考虑，气动铁路系统是一种非常可行的地铁方案。当然，比奇并不是第一个提议或修建气动铁路的人。从 19 世纪 30 年代开始，欧洲已经开发和展示了好几种气动铁路。

由于采用空气压力作为推进力，这种铁路也被称为“大气”铁路。单从概念上看，气动压力的原理较为简单。通过一台大功率的风扇和一个紧贴管壁的活塞能够将空气压力传导至活塞的背面；当然，将风扇反向旋转也可以使活塞的前端形成真空。将活塞连接到火车或者其他需要推进力的装置上，这样就可以形成气动压力驱动了（图 7.2）。

最早关于气动铁路系统的讨论中，有一篇文章曾刊登于 1835 年的《机械师》和《机械研究学报》。该文章对于早期的蒸汽铁路进行了如下评论：

“……这显示出此类发动机的低效，它无法承受自身重量带来的暴力撞击和剧烈晃

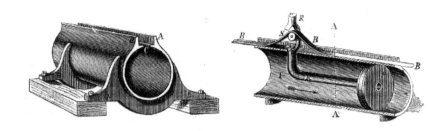

图 7.2　气动活塞原理图

图片来源：*Originally published in* Scientific American, Vol. XXII, No. 10, Munn &Co., New York, NY, March 5, 1870, pg 155.

动，以至于它有可能被自己的力量破坏掉。同时，这也显示出这种机车系统的缺点，即发动机在常规状态下无法体现其优势。"

文章对固定式蒸汽机产生的气压动力装置予以了肯定，它不需要承担移动自身重量的负荷，而且与"传统"铁路（这些铁路也只是起步阶段）相比，它能节省大量的运营和建设成本。

图 7.3 中，驱动轮设置于一个 30~40 英寸直径的气缸内，位于轨道中心下方，并附着于一个由气压驱动的活塞上。通过连通驱动轮与牵引旅客车厢的"发动机"，列车就可以行驶了。这项发明是 G·拉尔斯顿提出的，引起了当时其他发明家和科学家的极大兴趣。

图 7.3　气动铁路概念图

图片来源：*Originally published in "Pneumatic Railways," Mechanics' Magazine, and Journal of the Mechanics' Institute,"* Vol. 6, No. 2, August 1835, Philadelphia PA, pg 97.

1844~1854 年，爱尔兰有一条气动铁路投入运营。1847~1860 年，法国也有一条气动铁路投入运营。这两条铁路的轨道旁边都安装了一条小型气动管道，而且都有一段较短的线路位于不超过 2 英里的斜坡上。它们都是利用气动压力进行爬坡，依靠重力下坡。

英国也建设了两条更长的气动铁路，都采用了在轨道之间设置气动管道的设计。其中，伦敦和克罗伊登之间的线路长达 7.5 英里，在 1845 年 9 月的试运行中，该线路

列车运行速度达到了惊人的每小时 70
英里。然而，这两条英国的铁路都很
短命，运营时间都不到两年。

1860 年，托马斯·拉梅尔申请了
一项气动系统专利。该设计将车辆作
为活塞，整体放入一个大型管道内。
该系统主要用于在铁路终点站和邮局
之间运送邮件和包裹。1861 年，一个
直径 30 英寸的管道模型在伦敦巴特
西的露天场地上建造而成（图 7.4）。
伦敦气动输送公司分别于 1863 年和

图 7.4　拉梅尔在巴特西展示的概念方案
图片来源：*Originally published in* Scientific American，
October 5，1861.

1865 年投入了两个类似的管道，但在 1873 年结束了服务。拉梅尔的设计虽然技术上可
行，但管道的运营成本超出了公司可以收取的运输费用。

7.4　1867 年的美国研究所博览会

随着《科学美国人》刊载了大量关于快速交通系统的资料，比奇也开始逐渐形成
了他自己的概念。他认为蒸汽动力会造成严重的环境问题，尤其是在隧道里，由于通
风设施不足，封闭的环境会将蒸汽困在其中。伦敦在地下蒸汽铁路方面的经验无疑是
喜忧参半的，在英国和美国都有大量关于乘客因发动机废气致病的新闻被报道。因此，
比奇针对纽约地铁提出了气压推进系统的想法。

1867 年，比奇在第 14 街军械库
举行的美国研究所博览会上展出了两
项气动压力装置。一个是用于投递邮
件和包裹的小型气动装置，另一个则
是为运送乘客而设计的。后者是一个
直径 6 英尺的真空管，长 107 英尺，
并悬挂于军械库的天花板上（图 7.5）。
到 1867 年 11 月博览会闭幕时，已有
75000 人乘坐了这条试验线路。这项
傲人的成就使得该系统以及其未来在

图 7.5　比奇在 1867 年美国研究所博览会上的展品
图片来源：*Original source unknown*，*from* Brennan，J.，"A
Tube，A Car，A Revolving Fan，" *Beach Pneumatic*，Columbia
University，New York，NY，2004-2005，pg 2-9（On-Line）.

快速交通系统中的潜力同时收获了恶名和赞誉。比奇的意图很明确，他特意为展会编
写了一套关于气动地铁的宣传册，其中描述到该系统可以在 5 分钟内将乘客从市政厅
运送到麦迪逊广场，8 分钟内到达中央公园，而到达华盛顿高地也只需要 20 分钟。

7.5　比奇的气动地铁系统

1864 年，休·B. 威尔逊在百老汇街下修建纽约地铁的计划受到了外部复杂政治环境的干扰。商业利益集团反对在百老汇地上或地下进行任何建设，民众普遍对在隧道中修建蒸汽铁路的想法感到不安，叠加各种各样的贿赂丑闻，最终导致了该项提案的终止。比奇认为任何有关客运铁路服务的提案都无法通过，于是他提交了一项货物运输系统的建设提案，沿着北部（哈莱姆区）和东部河流建造小型气动管道来运送邮件和包裹。这项法案就这样在政客们的眼皮底下通过了，特威德老板甚至非常支持这项法案，因为这样能够使比奇远离有关快速交通系统的争论。1868 年 5 月 4 日，参议院通过了该法案，并于 6 月 2 日由芬顿州长签署成为法律。在该法案的支持下，比奇气动地铁运输公司于 8 月 28 日成立。根据州政府的特许文件，该公司必须首先建造一条从邮政总局向北至 14 街以南任一地点的气动包裹运输系统，并需成功运营三个月之后方可建设新的运输管道。特许文件中并没有对具体的线路走向进行规定，但百老汇大街绝对是一个合理的选择。

1869 年 5 月，该公司的特许文件进行了两方面的修订。首先，在邮政局长拒绝气动包裹运输系统与邮局连通的情况下，修正后的特许文件授权比奇气动地铁运输公司沿百老汇大街修建包裹运输系统。据报道，邮政局长早在几月前就拒绝了这一连接，理由是当局无权允许管道建设穿过公共人行道。第二条修订至关重要。最初的特许文件中限定了管道的直径不能超过 4.5 英尺。但比奇声称如果将两条小型的包裹运输轨道置于一个更大尺寸的管道内，那么整个系统的运行效率最高，于是这项修订被纳入新的特许文件。当然，文件中没有提到这条更大的管道已经足够容纳一辆载客机车。

大多数历史学家认为，比奇原本就打算在百老汇下面修建一条客运铁路，而邮包系统只不过是他为了获取建造许可而采取的缓兵之计。比奇确实是这么想的，但是在开始修建地下客运铁路示范线前，他首先修建了一条小型的邮包运输隧道，这可能是为了给自己积攒一些隧道施工的经验。不管如何，比奇确实在没有获得任何许可的情况下建成了一条长达一个街区的旅客运输系统。

比奇的公司拿下了德夫林服装店地下室 5 年的租约，并将其作为隧道建设的基地。尽管传说中这条运送旅客的隧道是在完全保密的状态下建设，但这并不完全准确。邮包运输管道建设是众所周知的事情，而相关的新闻报道也在建设期间屡屡见诸报端。而真正的秘密在于，比奇在没有获得许可的情况下依然修建了一条地下旅客运输系统。

不管怎样，建造工程始终处在一种高度保密的气氛中。12 月 29 日，《纽约论坛报》刊登了一篇关于该项目进展的文章，特别指出该项目缺乏信息公开：

"大约在 12 个月前，沃伦街与百老汇街交口处那间商店的地下室被百老汇大街气动铁路项目的经理人租下。隧道施工几乎是立即开始，但是从开工到现在，整个施工过程都高度保密。工人们在签订雇佣合同前都进行了保密宣誓。媒体记者被禁止进入施工场地，因此公众对于这项工程的真实情况以及进展都是一无所知。"

当时，百老汇大街的人行道出现了轻微的沉降。《纽约论坛报》对于这件事情非常关注，它想弄清楚为什么会出现这种情况，并探究其安全性。这项工程本身是人尽皆知的，但它的真实情况和确切意图却处于层层包裹之中。而《纽约论坛报》很明确想要调查这个工程。

1870 年 1 月 8 日，针对之前的一些报道，《纽约论坛报》刊登了一则来自比奇气动地铁运输公司的回复，内容主要集中于信息公开缺失和百老汇大街某些区域的明显沉降：

"那些广泛流传的荒谬故事，说我们的人要发誓保密，项目信息对外完全封锁，这些都不是事实。我们的工作一直都处在克罗顿水利部门的持续监管下，那里有我们所有计划的公开记录。据说，由于我们隧道工程的修建导致了百老汇大街路面出现轻微的沉降。如果真是出现了这样的情况，我们有责任进行必要的修缮并负担相应费用，这些在我们的许可文件中都进行过规定。至于塌方的危险，克罗顿水利部门的首席工程师已经正式向市长进行过汇报，我们的工程采用了大量的铁板和砖石，这条街道是绝对安全的。"

7.5.1　比奇的盾构技术

为了建造隧道，比奇对布鲁内尔的盾构技术进行了几处改进，并申请了专利（图 7.6、图 7.7）。他是最早使用圆柱形盾构机的人，这比詹姆斯·亨利·格雷西亚德的设计早

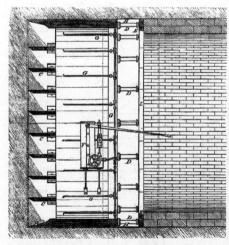

图 7.6　比奇的盾构机

图片来源：*Originally published in* Beach, Alfred E., *Illustrated Description of the Broadway Pneumatic Underground Railway*, SLO Green, Printer, New York, NY, 1870, pg 7.

图 7.7　工人在比奇的盾构机中工作

图片来源：*Originally published in* Beach, Alfred E., *Illustrated Description of the Broadway Pneumatic Underground Railway*, SLO Green, Printer, NewYork, NY, 1870, pg 6.

几个月。在尝试使用缩小版盾构机建设完成一条邮包运输管道后，比奇开始采用全尺寸的盾构机来建造他的旅客运输隧道。这台盾构机需要 6 个人来操作，锋利的水平刀架置于盾构机的前端，18 个液压油缸（或活塞）位于护盾的后方和侧面。每个活塞都可以独立控制，这样能够精确控制盾构机的方向，或左或右，或上或下。盾构机每次向前移动都可以挖出 16 英尺厚的土。

7.5.2　地铁建成

通过在德夫林地下室里的夜间建设，旅客运输隧道就这样秘密建成了。尽管一些历史学家认为所有的工作都是在晚上完成的，但没有直接的记录能够表明这一点。除了一座荷兰古堡的石头地基，整个隧道沿线都是软土质，因此整个工程在 58 天内便完工了。

整条隧道长 312 英尺，内部为圆柱形，采用砖石砌筑，并在内部铺设了一条轨道，轨道上面放置了一辆装饰豪华的圆筒形车辆（图 7.9）。这条隧道在百老汇大街下沿直线敷设，只是在接近沃伦街站时有一个弯道。为了避免在隧道中产生幽闭恐惧症，比奇将隧道的内墙刷成了白色，并使用一种新发明（锆质氧气灯）来提供照明。

候车室（图 7.10）的装饰也非常豪华，能够为乘客提供最大可能的舒适。即便是离候车室几步远的站台本身，也设计得极具吸引力。

该隧道在沃伦街一端设计了一处密室，并将系统的电源设置于其中。这是一台功率为 100 马力、自重 50 吨的风扇，被称为"西部龙卷风"（图 7.8）。该风扇能够提供大气压力，从而推动车辆向沃伦街行驶。当空气阀装置被反向设置时，车辆将被"吸"回轨道原点。

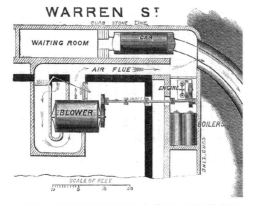

图 7.8　比奇在沃伦街的动力装置：西部龙卷风
图片来源：*Originally published in* Beach，Alfred E.，*Illustrated Description of the Broadway Pneumatic Underground Railway*，SLO Green，Printer，New York，NY，1870，pg 9.

图 7.9　比奇的气动地铁车辆内部
图片来源：*Originally published in* Beach，Alfred E.，*Illustrated Description of the Broadway Pneumatic Underground Railway*，SLO Green，Printer，New York，NY，1870，pg 4.

图7.10　比奇气动地铁的候车站台

图片来源：*Originally published in* Beach，Alfred E.，*Illustrated Description of the Broadway Pneumatic Underground Railway*，SLO Green，Printer，New York，NY，1870. pg 11.

尽管没有获准将邮包服务系统与邮局连接，但比奇还是履行了许可证中的内容，建造了一条长1000英尺、直径为8英寸的管道，并假设它能够以惊人的速度运送信件和邮包。但其实这个系统只是被连接到街道上一个被丢弃的空心灯柱上而已。

1870年1月11日，在《纽约论坛报》刊登了比奇气动地铁运输公司的回应三天之后，该报纸的一名记者乔装成工人进入了工程建设场地，并在报纸上对该工程进行了完整的描述：

"工艺看起来是一流的，没有任何迹象能够显示隧道挖掘可能会对百老汇大街产生损害。"

这种说法与《论坛报》先前许多文章的表述不符。之前的文章曾宣称比奇的工程会损害百老汇大街的结构完整性。比奇气动地铁运输公司曾在1月8日的回复中称，隧道将被分割成两个小尺寸隧道。令人惊讶的是，该记者亲眼看到了这个全尺寸的隧道，但他并没有对这一说法提出质疑。关于比奇气动地铁运输公司的那则回复，记者说道：

"这可能是事实，但目前还没有筑墙的迹象。"

同时，《论坛报》也发表了一篇论调相反的社评，抨击（气动地铁的）整个想法是不切实际的。

作为回应，比奇于1870年2月26日邀请政府官员参观其地铁系统，并于几天后的3月1日向公众开放。气动地铁立即获得成功。

纽约几乎所有的日报和周报都报道了这次为贵宾举行的开幕式，并给予了极度的赞美，连一个令人沮丧的词都没有。

《纽约时报》提到：

"百老汇大街下的气动隧道就算不是最成功的，但至少是最新颖的。那些没有看过其真实面目的人都把它称作是虚构和捏造的东西。不过从今以后，那些不相信它的公众也能有机会去考察和判断它的是非曲直了。"

《晚报》报道如下：

"毫无疑问，百老汇大街隧道的问题已经解决。正如我们报道的一样，一辆舒适的载客车辆在沃伦街和穆雷街之间平稳、安全的运行，无可辩驳地向我们展示了一件事，乘坐快速、舒适的交通工具从巴特里前往哈莱姆河并不是梦，只是时间和金钱的问题……到目前为止，这一工作取得了令人钦佩的成功，看到这一点确实是最令人欣慰的……"

《先驱报》指出：

"……美国第一条地下地铁开通的日子。"

《世界报》的报道更加沸腾：

"任何关于气动地铁的描述都是不完美的，这个工程必须获得全方位的赞美。"

1870 年 3 月 5 日，《科学美国人》刊登了一篇文章，对这一事件以及气动地铁系统进行了介绍。该文章中引用了上述新闻和其他一些赞颂的报道。

这些报告中最令人意外的是，在贵宾接待期间，由于一个小的机械问题，气动地铁实际上并没有真正运行。通过一场重大的公关活动，比奇的小地铁成为纽约市的热门话题。

当晚上地铁车辆停止运行时，比奇将隧道作为步行街向公众开放，吸引了大量的市民前来候车室和隧道中进行参观。

1870 年 11 月前后的某个时候，比奇在地铁运营中增加了一辆车。这一时期的几家报纸在其报道中提到过这辆车，根据其描述似乎是一辆"敞篷车"。

7.5.3　气动地铁扩张计划

在这次令人惊叹而又广受欢迎的气动地铁展示活动之后，一项针对该项目的禁令申请入禀法院，因为它违反了许可证中仅授权建设邮件和包裹运输系统的规定。尽管这一指控有明确的法律依据，但由于比奇的试验线广受大众欢迎，法庭最终在压力之下驳回了诉讼。

这个故事中有一点始终充满疑问，那就是普遍认为特威德老板是唆使颁布禁令的人。事实上，比奇本人也多次在出版物中指出，特威德是一名气动铁路的坚决反对者。然而在约瑟夫·布伦南精彩而详尽的历史记载中，比奇的气动铁路项目又呈现了一幅不太一样的画面。

在气动地铁向公众开放一周之后，比奇和他的项目负责人（约瑟夫·迪克森）一直在进行游说，希望能够获取建设完整运输系统的许可。当时正是特威德老板，他以州参议员的身份向立法机关提交了这一提案，这充分说明他是气动地铁的支持者。该法案为比奇气动地铁运输公司提供了一份许可证，允许其在城市的任何区域进行运输系统的建设，并赋予该公司土地征用权，使其在获取一些必要财产时具备更广泛的权利。

参议员亨利·吉内反对这项许可，并把它送交市政事务委员会处理。吉内支持的是一项拱廊铁路提案。该提案已经过多次修订，并综合了多方面的意见。事实上，拱廊铁路曾在 1868 年和 1869 年申请过建设许可，但都以失败告终。

这两项提案是相互竞争的，也都获得了一位重要的坦慕尼协会政治家的支持。当然这两个方案都遭到了百老汇商人 A.T. 斯图尔特的反对，他组织了大量的抗议活动来抵制在百老汇大街修建地铁或者高架。立法会以压倒性的票数否决了气动铁路提案，并通过了拱廊铁路方案。但是经过 A.T. 斯图尔特和其他团体的大力游说，州长最终否决了该提案。

特威德当时为什么会支持气动地铁提案呢？在之后的几年里他绝对是反对气动地铁的，所以对于他当时的动机只能猜测了。或许，在撰写为建设气动地铁提供广泛权利的法案中，他嗅到了大行贪污的机会。或许，在看到比奇的地铁如此大受欢迎，他认为自己应该站在胜利的一方。不管什么原因，特威德最开始确实是气动地铁以及其扩展计划的支持者。但等到后来代表气动地铁的提案再次提出时，特威德已经成为其竞争对手的支持者。

1871 年，比奇再次提交了他的法案，并进行了大量的游说准备工作。他得到了几家知名媒体的支持，包括《世界报》、《晚邮报》和《商业日报》等，当然还有《太阳报》。1871 年的提案比 1870 年的提案更为具体，因为它描绘了一条气动地铁的具体路线：从鲍林格林到中央公园和第八大道，沿第四大道地下往北到哈莱姆河，并规划了一条从河底通往布朗克斯区的隧道。这项 1871 年的提案是由参议员吉内提出的，1870 年时，他曾支持拱廊铁路的提案。

就在这时，"高架桥计划"被提了出来。纽约高架铁路公司的杰出董事包括奥古斯特·贝尔蒙、约翰·雅各布·阿斯特、查尔斯·蒂凡尼，此外还包括 A.T. 斯图尔特和威廉·特威德。高架桥计划提出要在百老汇以东的几个街区建设大量的高架线路；在休斯敦街，高架铁路会分成东线和西线两条线路；为了建设高架铁路以及毗邻的新建筑，第三大道以东的许多房产将被夷为平地。这套高架桥铁路系统由四条线路组成，并首次在纽约引入了"普线"和"快线"说法。

虽然一些历史学家声称这个计划是特威德的主意，但约瑟夫·布伦南指出，斯图尔特才是该计划的带头人，而特威德支持这个项目完全是出于与斯图尔特的政治联盟考虑。斯图尔特推动的这项交通系统规划并不会对他和其他商人在百老汇的房产造成影响。

在气动地铁提案提交两天后，参议员吉内便在议会对该提案进行了介绍。1871 年 3 月 15 日，气动地铁法案在参议院获得通过，特威德投了反对票；两天后州议会也通过了这项法案。

　　然而，高架桥计划也通过了审查。而且，霍夫曼州长签署了高架桥法案，并否决了比奇的法案。尽管这往往被描绘成一次带有政治意味的否决，与坦慕尼协会关系紧密的霍夫曼听从了特威德的"建议"，但在州长的否决信息中还提出了许多其他问题。他对气动系统的权威性提出了质疑，并提出了涉及百老汇及其周边建筑稳定性的工程问题。无论如何，特威德支持的高架桥计划成为当下向前推进的计划。

　　然而，这是特威德老板在政治上的最后一次欢呼。1871 年 7 月，《纽约时报》曝光其受贿行为的时候，特威德已经处于贪污受贿的调查中，此后他因各种罪名而被判终身监禁。

　　1873 年，比奇第四次提交了他的许可申请（1872 年的申请也被拒绝了）。这一次通过了，并于 1873 年 4 月 9 日由一位新州长签署成为法案。然而，立法上的胜利需要付出极大的代价。1873 年，金融恐慌（由大量抛售铁路债券引起）导致 5000 多家银行和商行倒闭，整个铁路行业陷入混乱。此时，蒸汽高架铁路的时代已经开启，建设更大规模的气动地铁系统难以得到普遍支持。吉尔伯特最初打算建造一条高架气动地铁，但后来被迫更改为蒸汽机驱动。现在，连比奇都意识到，如果想要建造一个更大规模的地铁系统，他必须使用蒸汽动力。但是，这种想法转变得太晚。事实上，随着蒸汽动力的广泛应用，比奇的支持者逐渐散去。而且，在地下隧道中使用蒸汽机车的想法依然不受欢迎。

　　比奇继续维持这条试验线的运营长达四年。1874 年年底，他已无力继续经营下去。之后，他将这条隧道出租给了一个射击场，后来又变成了一座酒窖，再后来隧道封闭，不再使用。

7.6　气动地铁系统遗迹

　　在被比奇封闭之后，这条隧道后来又在公众面前出现了两次，之后便消失于历史的长河之中（图 7.11）。1898 年 12 月 4 日，一场大火烧毁了德夫林服装店所在的大楼，建筑内的所有东西都被烧毁，整栋建筑只能被夷为平地。1898~1899 年，工人们在拆除大楼的地基时，发现了这条隧道。几张现场照片记录了这一事件。

　　1912 年 2 月，工人们在建造布鲁克林曼哈顿地铁（BMT）时再一次偶然发现了这条隧道。隧道内的车站保存相对完整，车辆还停留在轨道上，而盾构机（图 7.12）也稳稳地固定在隧道的尽头。这台盾构机最初被送还给了比奇的儿子——弗雷德里克·比奇。之后，盾构机又被转赠给康奈尔大学，并在学校的机械工程大楼内展出了好几年，但最后被拆除了。从此，这台盾构机的下落就不得而知了。气动地铁原本的位置被 BMT 系统的市政厅站占用。原以为那里应该会设置一块简单的牌匾来纪念曾经发生过的一切，但实际上并没有。

（a）气动地铁隧道（1899年）　　　　　　（b）铁路车辆的重要位置（1899年）

图 7.11　德芙琳服装店火灾后的比奇气动地铁隧道

图片来源：（a–b）*Originally published in* Scientific American，Munn & Company，New York，NY，April 15，1899.

（a）盾构机　　　　　　　　　　（b）弗雷德里克·比奇和他父亲的盾构机

图 7.12　比奇的盾构机于 1912 年重现

图片来源：（a–b）*Originally published in* Scientific American，Munn & Company，New York，NY，April 15，1899.

7.7　历史的注脚

　　艾尔弗雷德·比奇的地铁在纽约市快速交通系统的发展中起到了关键作用。它证明了地铁建设的可行性，并证明了人们并不会被地下的旅行吓到。这两点都是当时地铁系统面临的主要问题。

　　作为一名出版商，比奇给后世留存的遗产可能更为重要。《科学美国人》作为主要的出版物，曾刊登了无数有关快速交通系统的想法和建议。如果没有这本杂志，许多早期有关交通运输系统的细节早已丢失。比奇是纽约快速交通系统历时半个世纪争论中的关键人物。1896 年,69 岁的比奇死于肺炎,但他在这座城市留下了不可磨灭的印记。比奇去世短短 8 年后，他梦想中的地铁成为现实，但是由新能源（电力）来提供动力。

参考文献

1. Pneumatic Railways. Mechanic's Register and Journal of the Mechanics' Institute 6（7）（August 1835）（American Periodicals On-Line）

2. Brennan，J.：Alfred Beach's Pneumatic Subway and the Beginnings of Rapid Transit in New York（2003-2004）（an on-line web publication）

3. The Pneumatic Tunnel Under Broadway. Scientific American XXII（10）（1870）（American Periodicals On-Line）

4. The Pneumatic Railway. The New York Tribune（December 29，1869）（American Periodicals On-Line）

5. The Pneumatic Railway：Statement of the Superintendant. New York Tribune（June 8，1870）（American Periodicals On-Line）

6. The Broadway Tunnel Explored by a Tribune Reporter – First Bonifide Description.New York Tribune（June 11，1870）（American Periodicals On-Line）

7. New York Times，New York（February 27，1870）

8. The Evening Mail，New York（February 26，1870）

9. The Herald，New York（February 27，1870）

10. The World，New York（February 27，1870）

11. The New York Times，New York（July 21，1871）

第8章
区间快速交通系统（IRT）

20世纪初的世界环境是动荡不安的，但科学技术的发展却异常蓬勃。1892年，格罗弗·克利夫兰成为美国历史上第一位而且也是唯一一位任两届但未连任的总统。1902年，威廉·麦金莱成为美国第三位被暗杀的总统，这也使得西奥多·罗斯福成为美国历史上最年轻的总统。1898年2月，美国军舰缅因号在哈瓦那港被炸毁，引发了美西战争。

与此同时，托马斯·爱迪生、亚历山大·贝尔、艾尔弗雷德·比奇等人创造了无穷无尽的新发明。亨利·福特发明了第一条汽车装配流水线，并开始以许多人能负担得起的价格生产汽车。莱特兄弟在小鹰镇飞向天空。1902年，建筑师丹尼尔·伯纳姆在纽约市采用钢框架结构建造了熨斗大厦，这被公认为第一座真正意义上的"摩天大楼"，纽约从此开启了垂直扩张的新时代。而纽约市第一条全面运营的地铁也是当时伟大的成就之一。

8.1 亚伯拉姆·休伊特市长和他的宏伟交通计划

在经历了一场艰难激烈的竞选之后，亚伯拉姆·休伊特（图8.1）被选为纽约市市长，任期两年。在此之前，他已经是代表纽约的国会议员了。这一次的竞选得到了民主党阵营的支持，包括坦慕尼协会。随着特威德老板因巨额贪腐案被指控和定罪，坦慕尼协会也变得风雨飘摇。休伊特的两位竞争对手分别是代表工党的亨利·乔治和代表共和党的西奥多·罗斯福。最终的竞选结果是：休伊特90199票，乔治67581票，罗斯福60332票。尽管当时排在第三位，但罗斯福在六年之后当上了美国总统。因为麦金莱总统的遇刺，罗斯福成为美国有史以来最年轻的总统。

1888年1月1日，市长休伊特提出了当时最先进的地铁

图8.1 亚伯拉姆·休伊特年轻时的照片

图片来源：*Courtesy of* Library of Congress, Prints and Photographs Division, Brady-Handy Photo Collection, LC BH82 4763C.

规划方案，运行速度将达到惊人的 40~50 英里 / 小时。这个方案最令人吃惊的是它的融资方式：休伊特建议由政府出资并保留地铁的所有权，具体的建设和运营则通过特许的方式由私人公司完成。这项提议极具争议，因为之前所有交通系统的建设和运营都是完全私有的，包括非常成功的高架铁路。公众对特威德老板的记忆以及该市历史上最严重的公共腐败时期仍然记忆犹新，这个时候提出将数百万美元的公共财产转交由私人企业打理，公众自然难以接受。

1888 年，在他的计划提出一个多月后，暴风雪瘫痪了整座城市。几乎所有的有轨电车和高架铁路都停运了一个星期，城市中的商业活动也因为中断，付出了极大的代价。虽然风暴提升了公众对于地铁必要性的认识，但这并没有影响到市议会的决定，后者仍然拒绝了休伊特的计划。

事实上，这个计划最初并没有获得太多的支持。大多数报纸和有组织的团体都对它持反对意见。高架铁路的所有者也反对这项计划，尽管现有的高架铁路系统已经拥挤不堪。因为拥挤的高架铁路能够赚取巨大的财富，他们不希望修建更多的线路来稀释自己的利润。

休伊特的想法在十年后得以实现，但遗憾的是，休伊特并没能活着看到这座城市的第一条地铁投入运营。1903 年 1 月 18 日，《科学美国人》报道了休伊特去世的新闻，并提到："虽然他的建议在当时没有得到重视，但他依旧积极地推动这一事业，如今的改善很大程度上是由于他的努力才得以实现的。"

由于提出了全新的地铁发展方法，休伊特往往被称为"地铁之父"。休伊特是位正直的市长，他因为拒绝参加圣帕德里克日的庆祝活动而惹恼了坦慕尼协会。更重要的是，他拒绝给予协会指定人士特殊照顾。由于失去了坦慕尼协会的支持，休伊特只担任了两年的市长。

8.2 施坦威委员会

1891 年 1 月 31 日，戴维·希尔州长签署了《1891 年快速交通系统法案》，使之成为法律。与之前的《赫斯特德法案》一样，该法案授权成立一个新的快速交通委员会（RTC）来负责规划新地铁和高架铁路，并将建设和运营的权力授予一家私营公司。该法案不允许公共基金参与到交通系统的建设中。新成立的 RTC 由威廉·施坦威（图 8.2）担任主席，这个组织后来被称为施坦威委员会。

施坦威在交通方面的兴趣起源很独特。他的父亲亨利·施坦威是施坦威公司的创始人，该公司后来成为世界上最著名的钢琴制造商之一。该公司至今仍享有盛誉，拥有数百项与钢琴设计相关的专利。

1866 年，该公司在第 14 大街开设了第一座施坦威音乐厅，其主礼堂设有 2000 个座位。在 1891 年卡耐基音乐厅成立以前，这座音乐厅一直是纽约市的艺术及文化中心。1925 年，第二座施坦威音乐厅在第 57 街开业，也就是现在的位置。

亨利去世后，公司移交给他的两个儿子打理，威廉和他的哥哥西奥多。后者是一位音乐会钢琴家，主要负责技术开发，威廉则负责公司的商业事务。

1870 年，威廉在皇后区买下了 400 英亩的空地，也就是如今的阿斯托里亚。他把公司的主要工厂搬到了这里，现如今仍在运行。由于新工厂位置偏远，威廉围绕工厂建设了一座公司城，包括工人住房、教堂、图书馆、幼儿园、一个度假区（称为"北滩"）和一条有轨电车线路。当时建设的一些排屋目前仍然留存，而如今阿斯托里亚的主要商业街区也被称为施坦威街。1939 年，北滩成为拉瓜迪亚机场的所在地。

图 8.2　威廉·施坦威在其阿斯托利亚的房子前

图片来源：*Courtesy of* Wikimedia Commons.

19 世纪 90 年代，施坦威致力于修建一条穿越东河的铁路隧道（靠近第 42 街）。他希望用一条双洞隧道将有轨电车服务延伸至曼哈顿，或者与几条他已经在曼哈顿运营的线路进行连通。1896 年，施坦威去世。他没能亲眼看到隧道完工，但我们至今仍把这条隧道称为施坦威隧道。

施坦威隧道的建设经历了一系列的波折，最终于 1907 年建成。但是，有轨电车只使用了很短的一段时间。一系列法律问题和一起事故迫使隧道在不久后关闭，直到 1915 年才再次被使用，并被纳入 IRT 系统。

经过一段时间的研究，施坦威委员会在 1891 年 10 月发布了它的建议。该建议提出建造两条地铁线：一条主线从南渡口出发，沿着百老汇大街到达布朗克斯区；一条支线从联合广场开始，沿麦迪逊大道延伸到布朗克斯区。委员会起草了一份建设和经营合同，并发出了公开招标公告。但并没有任何公司或个人参与投标，因为建造地铁的费用始终是私营企业的主要障碍。

随着对快速交通系统新线路的需求日益增长，施坦威委员会不顾施坦威的强烈反对，开始与乔治·古尔德（杰伊·古尔德的儿子，杰伊·古尔德死于 1892 年）和曼哈顿铁路公司就修建更多的高架铁路线路进行谈判。不清楚古尔德是否认真对待这些讨论，或者他只是在拖延委员会的进程。无论如何，1893 年 6 月的股市崩盘对这项计划产生了影响。股市崩盘导致了美国长达十年的经济萧条，也使得私人投资快速交通系统的市场环境极其艰难。尽管投入了辛勤的工作，并制定了引人注目的计划，但施坦威委员会仍未能扩张纽约的快速交通系统。

8.3　商会和 1894 年的快速交通系统法案

　　银行家理查德·T. 威尔逊想要获得修建地铁的特许权，在他的要求下，纽约市商会委任了一个特别专家组，以研究快速公共交通系统的公共融资方案。这个专家组由亚历山大·奥尔领衔，他援引横贯大陆铁路（太平洋铁路）的融资案例，建议商会游说议员支持威尔逊的想法。然而，威尔逊的计划将导致快速交通系统的建设和运营都成为公共事业。前市长休伊特和一些其他人士对专家小组进行了游说，使其放弃了威尔逊的建议，转而支持休伊特最初的计划。即政府负责建设并保留所有权，但运营和管理由私人公司负责。

　　于是，专家组开始着手起草综合了休伊特模式的法案。专家组提议设立一个新的快速交通委员会，由商会控制 8 个席位中的 5 个，从而进一步保证了商会对整个进程的把控。这项法案于 1894 年 5 月 22 日通过，并签署成为法律。

　　一直反对这项立法的工会，成功将该法案进行了修正，要求在 1894 年 11 月的大选中对这项提案进行全民公投。这次公投以 132647 票对 42916 票的压倒性优势获得通过。然而，这项立法还有其他一些障碍需要克服。首先，新线路的总成本必须限制在 5000 万美元以内。此外，具体的执行方案必须经由市长、市议会、当地受影响的业主以及州法院的审查通过后方能批准。

　　1895 年 2 月 16 日，新的快速交通委员会批准了一条地铁线路方案，该方案与施坦威委员会提出的主线方案类似。但考虑到建设成本和 5000 万美元的限制，委员会做出了一项重要的改变，即在第 92 街和 124 街之间的部分采用高架方式穿过曼哈顿谷。这种方式大约能节省 200 万美元的建设费用，但由于沿线房地产开发商的强烈反对，委员会最终撤回了该计划，但在之后的建设过程中又恢复了。

　　针对 1894 年快速交通法案的公投，要求受拟建线路直接影响的业主进行投票，投票结果会根据所持物业的市值进行加权。由于担心历时多年的施工建设会毁掉他们的生意和财产，业主们最终否决了这项提议。

　　在向立法会递交全民公投的结果之后，委员会打算将事件诉诸法庭。1895 年秋天，委员会向纽约最高法院提出请求，任命一个三人专家小组来决定快速交通委员会的计划是否可行。1896 年 3 月 6 日，专家小组于认可了该计划，但他们的建议必须得到上诉法院的批准（在纽约州，上诉法院高于最高法院）。最终，上诉法院做出了一个令人不悦的否定裁决，对建筑成本和其他估算的准确性提出了质疑。

　　快速交通委员会（RTC）不想遭受与施坦威委员会相同的命运，再次转向古尔德和曼哈顿铁路公司，寻求修建新的高架线路的可能性。仍在密切注视纽约快速交通发展进程的威廉·施坦威对这一举动感到震惊。他提出了一个减小地铁线路规模的折中方案：从市政厅出发到东区的中央车站，然后在第 42 街转到朗埃克广场（如今的时代广场），然后再沿着百老汇大街通往第 96 街；在第 96 街，地铁将分为两条线路，一条沿着百老汇大街穿过哈莱姆区、华盛顿高地、乔治堡和里弗代尔，另一条则沿着勒诺克斯大道穿过哈莱姆河到达布朗克斯公园。1896 年 8 月 6 日，RTC 正式接受了施坦威的计划。到 1898 年 3 月，市长、市议员委员会、公民审查小组和上诉法院先后批准了这版修改后的方案。纽约第一条地铁的规划方案终于正式出台。

8.4 小奥古斯特·贝尔蒙特，威廉·巴克利.帕森斯，约翰·麦克唐纳和区间快速交通系统（IRT）

1898 年年中，RTC 准备接受针对新地铁线路的建设和运营投标。RTC 一共只收到两份标书。其中一份来自安德鲁·昂德东克，他计划用 3990 万美元建造该系统，但要求市政府提供这笔资金，并且要求与政府共同分享每年 500 万美元以上的营业利润。另一份标书由约翰·麦克唐纳提交，他只提出了 3500 万美元的建设成本要求。1900 年 1 月 16 日，RTC 将特许经营权授予了约翰·麦克唐纳。

当特许经营权被授予约翰·麦克唐纳时，有两个重要的合作伙伴也加入了地铁建设，分别是小奥古斯特·贝尔蒙特和威廉·帕森斯（图 8.3）。

（a）约翰·麦克唐纳　　　　（b）威廉·帕森斯　　　　（c）小奥古斯特·贝尔蒙特

图 8.3　区间快速交通系统的建设者

图片来源：*Courtesy of* Library of Congress, Prints and Photographs Division, Pach Brothers Collection,
（a）LC USZ62 75428,（b）LC USZ62 128453,（c）LCUSZ62 128455.

8.4.1 约翰·麦克唐纳

约翰·麦克唐纳是一位 56 岁的爱尔兰移民，他儿童时期便来到了美国。作为许多大型项目的承包商，他在行业内极具声望。他曾是克罗顿大坝的总监理，主导了几个大型铁路改造项目。但他最著名的工作是巴尔的摩环线建设工程，这是一项充满困难和挑战的工程。

根据授权合同，麦克唐纳需要首先向纽约市审计部门交纳一笔 700 万美元的保证金才能继续推进项目。麦克唐纳没有那么多钱，他不得不四处寻求帮助。他找到了小奥古斯特·贝尔蒙特，后者成为日后地铁发展的领军人物。

8.4.2　小奥古斯特·贝尔蒙特

奥古斯特·勋伯格于 1816 年出生在一个贫穷的德国犹太人家庭。13 岁时，他在法兰克福的罗斯柴尔德银行谋得了一份门卫的工作。通过努力，他在银行里的职位一步步上升，证明了自己在理财方面的才能。1837 年，由于罗斯柴尔德家族在古巴的糖业资产受政治动荡因素影响面临风险，勋伯格踏上了前往古巴的旅途。他在那场席卷了 250 家银行、投资机构和保险公司的金融风暴发生一周后抵达纽约。勋伯格认为这是一个机会，于是利用自己的金融知识和罗斯柴尔德家族的关系，收购了许多破产公司的资产。在 21 岁的年纪，奥古斯特·勋伯格已经成为一个富有的人，并且成为纽约的一位知名金融家。

和许多其他著名的犹太金融家一样，当勋伯格试图加入纽约的上层商业交际圈时，他经历了相当多的反犹主义。为此，他把自己的名字从"勋伯格"改为"贝尔蒙特"，法语中的意思是"美丽的山"（与"勋伯格"的意思相同），从而成为一名圣公会教徒，这是纽约贵族中占主导地位的教派。他还娶了海军准将马修·佩里的女儿为妻，并通过举办精致的派对和赞助一些保守派的机构来巩固提升自己的社会地位。

1853 年 2 月 18 日，小奥古斯特·贝尔蒙特出生，并直接成为特权阶层。奥古斯特·勋伯格于 1890 年去世后，小奥古斯特·贝尔蒙特成为一家大银行的总裁，在美国资本市场中扮演着重要的角色。他曾在数十家著名的公司董事会任职，并与罗斯柴尔德家族、摩根大通、约翰·D.洛克菲勒等人保持着密切的友谊。

贝尔蒙特渴望成为一名运动员，并热衷于赛马。1902 年，他在皇后区与拿骚郡交界处购买了一块 650 英亩的土地，并于 1905 年以"贝尔蒙特公园"（以他父亲的名字命名）的名义向公众开放。公园里有一个大看台，1.5 英里长的赛道以及一个配备了酒吧、餐厅和客房的豪华赛马俱乐部。贝尔蒙特曾饲养了历史上最著名的赛马——"战神"。但这匹马在一岁时就被卖掉了，从未打着贝尔蒙特的旗号参加过比赛。

贝尔蒙特同意为麦克唐纳的债券融资，并承接新地铁的运营权。为此，贝尔蒙特成立了区间快速交通系统（IRT）公司，初始注册资本为 2500 万美元。

1900 年 2 月 1 日，他签署了一份建造、装备和运营地铁 50 年的合同。同时，该合同还附带了额外 25 年的优先运营选择权。根据合同条款（历史上称为 1 号合同），纽约市政府将提供 3500 万美元来建造地铁，并额外提供 150 万美元来购买用于建造和维护设施的土地。贝尔蒙特同意利用自己的资源来购买所有的列车车厢、信号以及其他设备。根据合同约定，贝尔蒙特每年需要向市政府交纳一笔租金，金额相当于地铁建设债券的利息，另外他还需向偿债基金中缴存一笔小额款项。

此后不久，贝尔蒙特又签订了另一份合同（2 号合同），内容是延伸下穿东河的地铁至布鲁克林区。布鲁克林快速交通系统（BRT）公司也投标了 2 号合同，但由于贝尔蒙特提交的报价很低，2 号合同最终于 1902 年秋天被贝尔蒙特获得。贝尔蒙特的报价为 200 万美元，这比快速交通委员会自己的估价都低了 600 万美元。

随后，IRT 公司租赁了曼哈顿铁路公司的所有资产和运营，将地铁与曼哈顿以及布朗克斯区的高架铁路进行统一管理。有关规划中的地铁与曼哈顿高架铁路合并的消息已经传了几个月，将曼哈顿高架铁路公司的股价推至高位。最后的合并于 1903 年 4 月 3 日完成，租期为 999 年。

此外，贝尔蒙特还和麦克唐纳成立了一家独立的公司来建设地铁，即快速交通系统建设公司。

8.4.3　威廉·巴克利.帕森斯

威廉·巴克利.帕森斯是负责纽约市第一条地铁的三巨头之一。他出生于 1859 年 4 月 15 日，其血统可以追溯到殖民时期。他曾在一所私立英语学校接受教育，后来随家人在欧洲旅行了四年，由私人教师授课。

他于 1879 年从哥伦比亚大学毕业。三年后，他获得了哥伦比亚大学矿业学院的土木工程学位。在为伊利铁路公司短暂工作了一段时间后，帕森斯开设了一家工程咨询公司，也就是如今帕森斯·布林克霍夫公司的前身。他参与了许多铁路项目，并对快速交通系统的发展产生了浓厚的兴趣。

拱廊铁路公司是最早提出修建地铁的公司之一，帕森斯曾是该公司的一名工程师。由于冲突不断，帕森斯和同事从公司脱离出来，并成立了纽约郡铁路公司，但于 1886 年破产了。但帕森斯没有放弃自己的兴趣，并与施坦威、休伊特以及其他地铁爱好者建立了密切的关系。

1891 年,施坦威委员会聘请他为副总工程师,他也因此成为地铁计划的主要设计师。1894 年，新成立的 RTC 聘请他为总工程师，在签订 1 号合同和 2 号合同时也为其保留了这个职位。从理论上讲，这条地铁将由约翰·麦克唐纳"建造"，但合同要求麦克唐纳必须接受 RTC 总工程师的监督，也就是帕森斯的监督。

8.4.4　1 号合同和 2 号合同

最初的两个地铁建设合同定义了 IRT 系统的大量细节，许多沿用至今。当时的线路作为现在纽约地铁系统的一部分仍在使用。1 号合同地铁线从市政厅开始，沿着百老汇、拉斐特街、公园大道和列克星敦大道敷设，一直延伸到第 42 街。在第 42 街，地铁线路向西转到朗埃克广场（现在的时代广场），再继续向北至百老汇，并在第 215 街穿过布朗克斯后，继续向北到范·考特兰公园。在第 96 街，地铁线路一分为二，其中一个分支向东转弯，然后继续向北至第 145 街，那里是一部分列车的终点站，另一条支线则继续穿过布朗克斯区，向北延伸至韦克菲尔德。

2 号合同地铁线则向市中心进一步推进，从市政厅出发后前往富尔顿和华尔街，然后到达鲍林格林站。从那里，地铁将穿过东河进入布鲁克林区，并通往区政厅，最后在大西洋大道结束。

如今曼哈顿第 42 街以南的地铁是列克星敦大道地铁；第 42 街以北则是第七大道地铁。两条地铁通过中央车站与时代广场之间的摆渡车进行换乘。图 8.4 是一张 IRT 系统的线路图，包括 1 号合同及 2 号合同约定的地铁线，以及由 IRT 控制的高架铁路。

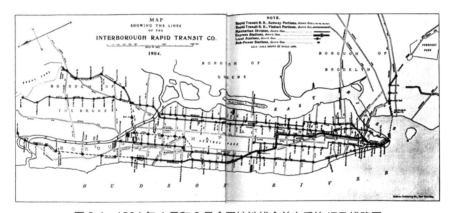

图 8.4　1904 年 1 号和 2 号合同地铁线合并之后的 IRT 线路图

图片来源：*Originally published in* Interborough Rapid Transit–The New York Subway，its Construction and Equipment，*Commemorative Brochure*，Interborough Rapid Transit，New York，NY 1904，pg 24.

当杰伊·古尔德确立了对曼哈顿高架铁路的绝对控制后，他开始反对任何快速交通系统的扩建计划，因为拥挤的车厢能够创造巨大的经济利益。不久之后的奥古斯特·贝尔蒙特也采取了类似的立场，基于同样的原因反对建设新的地铁或高架铁路。

8.5　区间快速交通系统（IRT）的建设

地铁系统的两个关键技术决策是在施坦威委员会和快速交通委员会的支持下做出的，也都是出自帕森斯的决策。

弗兰克·斯普拉格为电力牵引技术做出了巨大贡献，他曾在里士满开通了一条 12 英里长的电气化有轨电车线路，并取得了巨大成功。但这并不代表纽约地铁就会采用这种电力牵引技术。帕森曾提出过质疑，一个仅在小城市里短短 12 英里长的试验线路上运行的系统，是否能够适用于纽约这座大都市庞大而复杂的地铁系统。1894 年夏天，帕森斯开始了欧洲铁路考察之旅，重点考察那些已经转换成电力牵引系统的铁路。他对电力牵引系统的清洁和高效运行留下了深刻的印象，对于电力牵引系统的经济性更是觉得不可思议。从蒸汽机牵引转换为电力牵引能够显著节约燃油，而且机械故障和维护成本都很低。回国后，他提交了一份详细的调查报告，并建议采用电力牵引作为地铁的动力系统。

这个建议于 1894 年提出，到 1902 年时，全国的电力牵引街道铁路运营里程已经从 1888 年的 35 英里增加到 21920 英里，马车牵引几近消失。

曼哈顿的地质情况是另一个问题。曼哈顿的大部分地区都由坚硬的基岩支撑，这为地面的荷载支撑提供了一种很好的材料，但对于隧道挖掘则是非常困难且代价不菲的。在 19 世纪 90 年代地铁线路规划期间，人们对于地表以下的情况知之甚少。在摩天大楼出现之前，房屋建设几乎不需要深地基，关于曼哈顿地表以下的探索也很少。除了与克罗顿水库以及布鲁克林大桥相关的建设，纽约几乎没有做过任何的地质情况调查。

正因为如此，帕森斯在为施坦威委员会审查规划的地铁线路时进行了一系列的土样测试。测试结果揭示了一个惊人的事实：曼哈顿的基岩深度变化很大。在一些地方，基岩距离地表很近，在第 30 街和百老汇街的位置只有 16 英尺深，在巴特利街的白厅街是 20 英尺深。在白厅街和第 30 街之间，基岩位于地表以下 160 多英尺的位置。这一不寻常的特征对曼哈顿的发展产生了重大影响。当摩天大楼的时代来临时，大量的建设都集中了如今被称作“市中心”的下城区域，因为这些地区的近地面基岩为摩天大楼提供了良好的基础。

在地质条件差异性较大的区域进行隧道挖掘既危险又昂贵，于是帕森斯提出了两个方案。一个方案是在地下 200 英尺深的位置进行隧道挖掘，但需要穿越坚实基岩；另一个方案则是在尽可能靠近地表的位置采用明挖法修建地铁。由于后者能够以更快的时间和更低的成本完成项目，帕森斯对方案二进行了强烈推荐，而快速交通委员会也欣然接受了他的建议。

根据规划，从市政厅到第 96 街分叉点之间的地铁主线段采用四轨线路形式，能够在两个方向同时提供普线和快线服务。在 IRT 出现之前，几乎没有这类型的服务。第九大道高架铁路有一小段采用了四轨形式，但并没有在整条线路上采用类似的设计。尽管这项规划是在普遍共识的基础上发展起来的，但在当时是非同寻常的，对纽约的发展产生了重大影响。随着快线服务运行速度的提升，实际的通勤距离明显被延长了。四轨系统曾在失败的“高架桥计划”中提出，而弗兰克·斯普拉格也曾在 1891 年的《铁路时代》的一篇文章中也讨论了这个问题。

地铁建设合同正式宣布的时候，帕森斯正身处中国。他正在代表以摩根大通为首的投资者,勘测一条从汉口通往大海的铁路,长约 1000 英里。这是一次传奇的勘测任务,因为它需要穿越中国的大片偏远地区,这对于一名异国人士来说非常危险。在得知地铁建设的消息后,帕森斯离开了勘测队,并回到纽约指导建设工作。

帕森斯的想法是隧道建设应尽可能接近地表,而且地铁运行也需要一个相对平滑的轨面。为了实现这一目标,第 122 街到第 135 街(横跨曼哈顿谷的一段)的地铁最终采用高架的形式来建造。而从第 158 街到哈莱姆河的一段地铁(穿越曼哈顿上城区的高地)必须采用深岩隧道的形式进行建设。第 168 街、第 181 街和第 191 街的三个车站均位于地下 150~180 英尺,必须使用电梯解决进出问题。另一段位于第 33 街和第 42 街之间的地铁也需要穿越基岩进行修建,但深度较浅,更靠近地面。在修建哈莱姆河隧道时,帕森斯采用了一项新技术,即将预制的钢制隧道构件采用沉管的方式置于河床上挖好的沟渠中。70 年后,在修建下穿旧金山湾区地震带的湾区快速交通系统时,这项技术被再次使用,只是进行了些许改良。如今纽约地铁 F 线使用的 63 街隧道也是采用这种技术建设。

明挖法隧道施工的过程也不简单,大部分工作都是用镐和铁锹等工具由人工来完成的。在隧道建设前,受影响街道下的供水管、污水管以及供电线路都必须进行临时切改,待地铁建设完成后再进行复原。同时,必须对隧道周边的建筑进行地基加固。在许多地方,还需要在隧道沟槽上方建造临时路面,以便有轨电车等必要的交通系统在隧道施工期间能够通行。但大多数情况下,隧道在建设过程中始终处于开敞状态。图 8.5 展示了 IRT 系统的施工现场情况。

普通工人的平均工资为每天 2.00~2.25 美元,技术工人的工资为每天 2.50 美元。工资最高的矿工负责修建穿越曼哈顿上城基岩的隧道,长约 2 英里,他们的日工资高达 3.75

（a）第 64 街明挖法施工现场　　　　（b）第 125 街和莱诺克斯大道的供水管道复位

图 8.5　IRT 系统施工现场

图片来源：(a–b) *Originally published in* Interborough Rapid Transit–The New York Subway and its Equipment, *Commemorative Brochure*, Interborough Rapid Transit, New York, NY, 1904.

美元。参与建设的工人来源多样，但是以爱尔兰和意大利移民为主。

整个地铁建设期间共有 54 人死亡，表明了这项工作的危险性。一名叫作艾拉·沙勒的分包商，由于涉及多起事故，被媒体称为"巫毒承包商"。1902 年 1 月 28 日，一间存放炸药的木制仓库着火并爆炸，共造成 5 人死亡，100 多人受伤。这次事故非常严重，炸毁了美利山酒店，并损毁了中央车站的外立面。在报道这场悲剧时，《科学美国人》对这些生命的消逝保持了一种温和的态度：

"这确实是一场灾难，但与拥挤街道上发生的事故不同，并不像大众想象的那么致命。整个事故共造成五人丧生，其中三人在美利山酒店中，另有两三百人被不同程度炸伤，确切人数无法得知。"

爆炸事件发生不到两个月，艾拉·沙勒负责修建的一段隧道发生了坍塌。尽管没有造成人员死亡，但是对邻近建筑造成了超过 10 万美元的损失，该地区的地铁建设也停止了几周。很快，沙勒的好运到头了。1902 年 7 月 14 日，帕森斯和一名工程师在巡视沙勒的工段时，帕森斯发现了一块从顶部突出的岩石。就在沙勒从木质支护下走出来进行检查时，岩石从上部落了下来。在被担架抬出来时，沙勒仍然说道："施工不要停啊。"

掉落的岩石砸断了沙勒的脖子，11 天后他在长老会医院去世。根据纽约州最高法院的命令，事故调查期间地铁施工需要暂停。作为沙勒的好友，帕森斯因为这起事故深受打击，决定退出这个地铁项目。离开项目几个星期后，帕森斯决定再次返回岗位。1903 年 10 月 24 日，在靠近乔治堡隧道入口的地方发生了地铁施工期间最严重的事故。在一次爆破作业后，在工头确认隧道内墙和洞顶安全后，工人们返回隧道内继续工作。但这名工头并不知道附近的一处地下水源已经严重影响了隧道的完整性。就在工人们进入隧道不久，一块重达 300 吨的巨石从隧道顶部坠落，造成 6 人当场死亡，另有 8 人重伤。事故导致许多工人被困在碎石下，一场紧急救援行动随即展开。一部分工人被救了出来，但有三名意大利工人由于伤势严重，无法实施营救。为了缓解他们的痛苦，医生给他们注射了吗啡，神父托马斯·林奇也一直陪伴着他们（尽管可能再次发生塌方），直到他们去世。这件事故共计造成 10 人死亡，包括工头。

新地铁原本打算于 1904 年 1 月 1 日投入使用，但之前提到的几次重大事故和一些其他困难延误了项目工期。1903 年 3 月 14 日，市长塞斯·洛把一根长钉钉入了哥伦布圆环车站的第一条轨道上，这时候大部分的地铁隧道已经施工完成。

新地铁于 1904 年 10 月 27 日开通，但它并没有全部完工。它已经实施到第 145 街，但往上城区的延伸段以及连接布鲁克林的 2 号合同地铁线路仍在建设中。不管怎样，地铁主线在之后的 4 年内建成了。虽然它不是世界上第一条地铁，也不是世界上规模最大的地铁（1904 年，伦敦地铁仍然是世界上里程最长的地铁），也不是第一条采用电力牵引的地铁，但它依然是一项技术奇迹，因为它融合了当时最先进的技术。

8.6　地铁的开通

地铁开通是纽约市重要的新闻事件。几个星期以来,私人和企业集团一直在举办"地铁派对",以期待它的开通。官方开幕式于下午 1 点在市议会会议厅内举行,约有 600 名受邀者,其中包括了纽约大部分行业的精英。由于奥古斯特·贝尔蒙特、亚历山大·奥尔（RTC 主席）以及其他人的发言时间过长,原定一个小时的庆典仪式超时了。市长乔治·B.麦克列侬（与南北战争将军之子同名）在典礼上做了开场发言,重点强调了交通运输系统在纽约发展中的重要作用:

"没有快速交通系统的话,大纽约就不过是一个地理方面的表述。毫不夸张地说,如果没有区域之间的交流,大纽约就不会形成。"

"我们现在的城市边界包括了许多十年前独立的、由不同种族组成的社区,如果没有这些现代人和企业为他们提供移动的可能性,这些社区就很有可能只能由上天来决定自己的命运。"

"当布鲁克林大桥开通时,大纽约就诞生了。每一项交通运输设施的增加都加速了她的成长,但必须拥有一个名副其实的、完整的快速交通系统,纽约才能获得充分的发展。"

"我们今天聚在这里,是为了庆祝我们的城市历史翻开新的篇章,从此走入了新的时代。如果这条新地铁开通之后能够像我预期的那样成功,那这将只是个开始,最终我们会拥有一个近乎完美的区间交通系统。"

下午 2 点 35 分,在市长麦克列侬的掌舵下,新地铁正式驶出市政厅站。原本的计划是让市长启动火车,然后迅速将驾驶位交还给一名训练有素的机车司机。但是市长可能太开心了,在前往第 145 街的上城之旅中,他大部分时间都在驾驶。途中某一刻,他启动了紧急刹车,成功使得四节车厢来了一次急停。重新启动列车,并在旅程即将结束时,市长才将车辆的控制权交给了司机。

下午 2 点 30 分至 6 点之间,IRT 系统免费向公众开放,共运送旅客 27000 人次。晚上七点,IRT 正式对外开放运营。等候乘车的人群在车站外排了好几小时长队,随时都有可能发生踩踏事件。这一晚上,共有超过 11 万人乘坐了这座城市最时髦的交通工具,同时共计售出 12.5 万张车票。每张车票 5 美分,当日所有的票价收入全都捐赠给了慈善机构。

在运营的第一周,新地铁共计运送了超过 200 万名乘客。运营的第一个月内,共计 5838235 人次乘坐地铁,其中未包括消防员和警察,因为他们能够免费乘坐地铁。10 月 30 日,也就是地铁开放运营后的第一个周日,将近 100 万名乘客打算乘坐地铁。不幸的是,地铁每天只能容纳 30 万人,最终不得已出动警察来平息一些车站的骚乱。10 月 30 日所发生事件是能够预见的。像之前的高架铁路一样,地铁很快就变得拥挤不堪，要求扩建的呼声也日渐高涨。然而，在下一次扩建发生之前，还需要经历将近10年的争论。

8.7 地铁的特别之处

1904年开通的地铁可以算得上是当时的世界奇迹。它采用并改进了当时最先进的城市铁路系统，并成为后来全世界开展地铁建设的典范。1904年，IRT收购了曼哈顿铁路公司的高架铁路，成为世界上最大的城市快速交通系统。

8.7.1 地铁车辆

为了满足地铁开通需求，IRT公司需要购买500节地铁列车。这些订单在1902年12月发出，由四家铁路车辆公司共同完成。大量电车和其他系统的车辆让大多数制造商忙得不可开交，没有一家公司能及时交付500辆列车。IRT要求其所有系统的轨道车辆采用相同的标准，以便在运营地铁和高架铁路时可以实现最大的灵活性。事实上，第一批投入运营的200辆列车最初是用于第二大道高铁的。

新地铁的车辆非常先进，采用了时下各种最好的技术。尽管中意于全钢制车辆，但由于缺乏类似车辆的制造经验，没有一家制造商愿意接受这样的订单。因此，最初的500辆车被称为"强化木制列车"（图8.6），它们采用了钢制框架和边角包铜处理。1904年IRT公司发行了一本宣传册，名为《快速交通系统之纽约地铁》。在其建造及设备章节中，对这种新型地铁车辆的主要特点进行了如下描述（19）：

- 车长51英尺，可容纳52名乘客。这个尺寸比如今的曼哈顿高架铁路车厢长4英尺。
- 采用滑动门代替常规门的封闭站台。封闭站台有助于提升乘客在地铁中的舒适性和安全性。

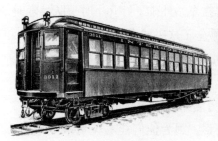  

（a）木质强化列车的外观　　　（b）木质强化列车的内景　　　（c）木质强化列车的钢制底座

图8.6　最早的IRT车辆照片

图片来源：（a-c）*Originally published in* Interborough Rapid Transit–The New York Subway and its Equipment，*Commemorative Brochure*，Interborough Rapid Transit，New York，NY，1904.

- 采用防伸缩车舱壁和站台亭。这种结构与卧铺列车中的应用类似，在蒸汽铁路服务中被证明具备重要的安全性。
- 机车的钢框架结构具备坚固和耐久的特性，能够承受重载动压。
- 大量预防电气故障的装置。
- 窗户布置保证空气流通，但拒绝穿堂风。
- 车辆的紧急刹车阀由车辆追踪器控制。
- 紧急刹车阀与主控制器连接。

车辆追踪功能确保了车辆在遇到红色信号灯时进行强制停车。最后一项特点最终成为人们熟知的"dead-man"功能，即司机必须时刻保持脚踩油门，一旦松开，紧急制动系统就将启动。

经过强化处理的车厢内壁由白蜡木制成，采用双支架设计，能够承受极大的重量。车顶由七根铸铁梁预制而成，并采用了特殊的造型设计。即使是发生事故时，这辆车也能够保证乘客安全。

这些车辆还有其他一些独有的特征。首先，位于车厢两端的两辆轮式机车采用了不同的设计。前端的机车拥有两台发动机，每台发动机驱动一个轴，而后方的机车则不提供动力。其次，车辆供乘客上下车的"平台"的设计也是独一无二的。它们是完全封闭的，车辆的两端没有开口。最后，利用车厢框架中的卡槽设置了移动门。这样在列车运行期间，就可以将车厢的前厅作为列车员的操纵室使用。

虽然最初的 500 辆地铁车辆采用了强化木质列车，但 IRT 公司依然对于全钢制列车念念不忘。在没有制造商打算生产类似列车的情况下，IRT 公司与宾夕法尼亚铁路公司达成了一项协议，采用其 Altoona 设备制造一辆全金属列车。这辆样车于 1903 年 12 月完成，但是由于自重太大，它在高架铁路和地铁上都不能运行。1904 年初，在对设计进行修改之后，IRT 签订了一份 200 辆全钢制列车（图 8.7）的合同。

图 8.7　第一台全钢制 IRT 列车

图片来源：*Originally published in* Interborough Rapid Transit–The New York Subway and its Equipment，*Commemorative Brochure*，Interborough Rapid Transit，New York，NY，1904.

8.7.2　车站和入口

车站和入口是 IRT 系统给乘客的第一印象，它们都经过了精心的设计，注重对细节的把控。虽然算不上奢华，但符合美学的设计加上精致的贴砖非常吸引人的眼球。在考虑统一标准的前提下，每座车站都结合区位及需求进行了独特的设计。

从地铁开通运营起，市政厅站（图 8.8）就是整个系统中最奢华和独特的车站。它的独特在于这是一个仅为一条圆环形轨道服务的单侧站台。这条环形轨道为那些以市政厅为终点站的列车服务，从这里可以返回上城。自从通往布鲁克林的 2 号合同地铁线修通后，就只有普线车辆（慢车）会使用这条回车线。现在这个车站已经停止使用，常用于拍摄电影和举办一些促销活动。那条回车线则依然被地铁 6 号线使用。

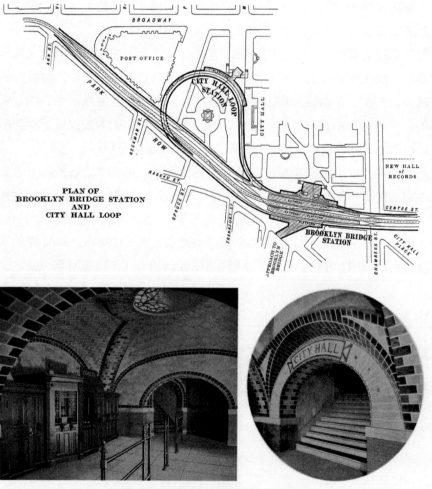

图 8.8　IRT 市政厅站规划图及照片

图片来源：*Originally published in* Interborough Rapid Transit–The New York Subway and its Equipment，*Commemorative Brochure*，Interborough Rapid Transit，New York，NY，1904.

8.7.3　四轨铁路

拥有 4 条轨道的地铁主线（图 8.9）既有普线（慢线）车站，又有快线车站。典型的普线车站由两个独立的侧式站台与两条普线轨道构成。一般来说，两个站台之间并不能连通，各自都拥有通往街道的独立出入口。快线车站的特征是拥有两个岛式站台，分别位于两个方向的快线和普线轨道之间。

地铁站台的长度通常在 200~350 英尺。较短的站台可以停靠四节车厢编组的列车，而较长的站台可以容纳 6 节车厢甚至 7 节车厢编组的列车。随着时间的推移，站台的加长改造逐渐成为一项重要的议题，因为 IRT 公司想要运行更长编组的列车。

车站的地面出入口均经过了标准化的设计，类似于电话亭的外形（图 8.10），为乘客提供了一个具有吸引力的入口，同时能够保护车站免受自然天气的影响。

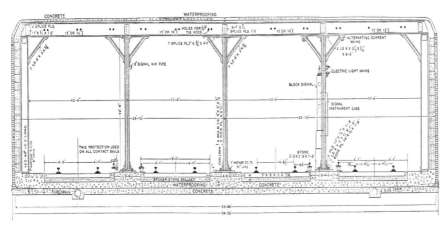

（a）典型四轨铁路隧道断面

（b）典型四轨铁路隧道中的普线侧式站台

图 8.9　四轨铁路照片

图片来源：（a）*Originally published in* Interborough Rapid Transit–The New York Subway and its Equipment，*Commemorative Brochure*，Interborough Rapid Transit，New York，NY，1904，（b）*Originally published in* Harper's Weekly，January 31，1903.

图 8.10　哥伦布圆环在 59 街的出入口

图片来源：*Originally published in* Interborough Rapid Transit–The New York Subway and its Equipment，*Commemorative Brochure*，Interborough Rapid Transit，New York，NY，1904，pg 33.

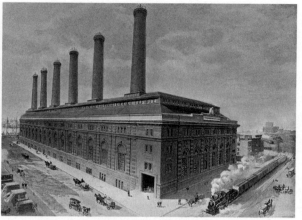

图 8.11　IRT 的发电厂

图片来源：*Originally published in* Interborough Rapid Transit–The New York Subway and its Equipment，*Commemorative Brochure*，Interborough Rapid Transit，New York，NY，1904.

8.7.4　电力供应

IRT 公司分别在第 58 街和第 59 街之间以及第 11 大道和第 12 大道之间建造了大型发电设施（图 8.11）。电厂将生产的 11000 伏特的三相交流电（AC）传输到附近的变电站，变电站再将其转换为 625 伏特的直流电（DC），从而为地铁"第三轨"供电。1902年时，交流电牵引电机还处于起步阶段，所以 IRT 在最开始订购地铁车辆时选择了经过更多测试的直流电技术。

如今纽约市的地铁依然靠直流电运行，但是最新的地铁车辆上已经安装了交流电牵引发动机（车上装有直流到交流的逆变器）。1959 年 8 月 1 日之后，纽约地铁开始向爱迪生公司购买电力，不再保留自己的电力系统。然而，就在几年后的 1965 年 11 月9 日，纽约市发生了著名的北美大停电事件。由于地铁系统与国家以及地区电网相连，导致地铁停电超过 12 小时，数百万乘客被困在纽约各地。如果停电事件发生在更早之前，地铁运营是不会受到影响的。

8.8　广告争端

地铁车站的设计给公众留下了深刻的印象，尤其是装饰墙壁的精美瓷砖以及用马赛克设计的车站名称。

但在地铁开通短短几周后，车站内开始出现广告招牌，这引起了公众普遍的不满，并导致了一系列针对该问题的诉讼。这场纠纷涉及多个实体，包括 IRT、Ward & Gow

（一家与 IRT 签约的广告代理商）、快速交通委员会、纽约市企业协会和纽约建筑协会。在两年的时间里，该案经历了大量听证会，并在不同的司法管辖区进行了审理。最终，在车站放置广告的权利被认为是 IRT 与纽约市已签订合同中的一部分。尽管对内容进行了限制，但地铁广告一直持续到了现代。后来，车站里的商店、雪茄摊也发生了类似的纠纷，但结局与之前差不多。

在最初几年里，IRT 每年能够从广告中赚取 50 万美元。直到现在，地铁广告（车站和车身）仍然是这项交通系统的重要收入来源。

8.9　对新地铁线路的需求

地铁对纽约市的影响是难以描述的。朗埃克广场曾是一片进行马匹交易的破败区域，但是地铁的开通将这里转变成了时代广场，周围布满了新开设的剧院，创造了"伟大的白色大道"。1904 年 4 月，为了迎接新地铁的开通，市议会批准了这项地名变更。

随着人口和商业活动的快速涌入，上城西片区开始呈现爆发式的发展。布朗克斯区的交通便利程度前所未有，人口也飞速增长。地铁的速度使得人们可以住得离市中心越来越远。1905~1920 年，曼哈顿 125 街以北地区的人口增长了 265%，而布朗克斯区的人口增长了 150%。

就像 20 世纪末的高速公路一样，地铁推动了城市的新发展，城市进而又产生了对地铁的新需求。1904 年，纽约人平均每年乘坐公共交通工具 274 次。到 1914 年，这一数字已增至每年 343 次。同时，旅客平均运输密度指标也以惊人的速度增长。1904 年，IRT 每英里轨道的服务旅客为 360 万人次，大概是高架铁路的两倍。到 1914 年，IRT 系统的旅客运输密度已经成为世界最高，平均每英里轨道的载客量为 950 万人次，高于巴黎地铁（720 万人次）、柏林地铁（560 万人次）和伦敦地铁（440 万人次）。为了应对旅客增长，IRT 对地铁站台进行了加长改造，并增加了列车编组，但依然无法满足增长的需求。

尽管取得了这么多的成功，但地铁的拥挤依然是一项迫在眉睫的问题，而要求建设更多地铁的呼声随之而来。正如之前的杰伊·古尔德一样，小奥古斯特·贝尔蒙特坚决反对地铁扩建，因为拥挤的地铁能为 IRT 公司带来可观的利润。

地铁的巨大成功也给予了 RTC 很大的鼓舞。1905 年 3 月，在地铁开通后不到一年的时间里，RTC 发布了一项 2.5 亿美元的、规模远大于 IRT 系统的地铁计划。该计划提议建设 19 条地铁线路，共计 165 英里（包括了 1 号合同里的 22 英里）。也有人怀疑，RTC 是否打算实施所有的规划地铁线路，因为许多线路是应商人和房地产开发商的要求而提出，他们认为地铁会极大提升沿线土地和商业的价值。

RTC 也在试图避免未来的地铁系统被 IRT 公司垄断。他们的规划方案中包括了一些必须由 IRT 公司建造的线路，这些都是现有 IRT 线路的延伸。但是，方案中也包括了一些不需要连接到 IRT 系统的线路，它们可以沿第一、三、八、九大道运行，理论上可以由任何公司建造和经营。

RTC 积极游说几家公司参与新地铁线路的投标，包括哈德逊和曼哈顿铁路公司（PATH 的前身）、BRT 以及大都会街道铁路公司（纽约最大的有轨电车线路运营商）。然而，只有大都会街道铁路公司做出了回应。1904 年 12 月，约翰·麦克唐纳辞去了 IRT 公司和快速交通系统建设公司的职位，转而加入了大都会街道铁路公司，这也提升了这家公司的竞争力。

然而，奥古斯特·贝尔蒙特不希望有任何竞争。1905 年 12 月下旬，贝尔蒙特买下了大都会街道铁路公司，并创建了一家价值 2.2 亿美元的控股公司，名为"区际—大都会公司"。这时的奥古斯特·贝尔蒙特控制了曼哈顿和布朗克斯区所有的快速交通系统和有轨电车，对 RTC 形成了扼喉之势。1894 年的《快速交通法案》没有为 RTC 提供建造或经营快速交通系统的其他方案。如果没有投标人参与，规划的线路就无法建成。到 1905 年底和 1906 年时，对于地铁过度拥挤和新线路建设进展缓慢的不满，使得 RTC 成为公众指责的焦点。作为纽约地铁最早建设时期的关键角色，他们原以为公众能够支持他们。但是由于奥古斯特·贝尔蒙特的幕后操纵，RTC 成为纽约市交通系统中所有问题的"替罪羊"。

贝尔蒙特之所以对 RTC 计划反应激烈，主要出于两方面的原因：（1）RTC 邀请竞争者进入贝尔蒙特的市场（而且是只能有他一人存在的市场）；（2）RTC 的计划中包括了一些人口稀少地区的线路，而这些线路旅客量不足以支撑利润。

8.10　政治环境的变化

历史学家克里夫顿·胡德将有关新地铁系统的争论解释为商业精英模式向民粹主义模式的转变。商业模式中有一种"利益冲突"的说法，很多人不太清楚。奥古斯特·贝尔蒙特通过提前买下新建地铁沿线的房产而大赚一笔，这其实属于贪污，但 RTC 却没有对此提出任何意见。因为他们重视贝尔蒙特的商业头脑，并期望与他合作。

不断发展的民粹主义则以一种更加尖锐的方式看待私人利益与公共利益之间的界线，并将彼此理解为相互对立。在接管大都会街道铁路公司之前，贝尔蒙特就已经获得了该公司的运营租约，这让民粹主义者感到无比愤怒。只要贝尔蒙特反对，即便 1894 年的《快速交通法案》也不能强迫修建新的地铁。当贝尔蒙特收购了大都会街道铁路公司后，他们的愤怒进一步加剧。由于两方面的原因，一些进步人士开始对公共交通系统产生非常浓厚的兴趣，主要在于分散城市人口和防止垄断等方面。

1890 年，雅各布·里斯出版了他的代表作——《另一半人怎么生活》，向公众展示了 5 处曼哈顿贫民窟的情况。这里都是各种族人群的聚集地，人口密度超过每平方英里 55 万人。拥挤的住房、糟糕的卫生条件和巨大的人口密度导致了结核病、伤寒和白喉等传染病。进步人士认为，这些贫民窟加剧了文化冲突、犯罪活动和激进政治活动的发生。而公共交通有助于分散人口，因此他们将公共交通作为主要的政治主张。鲁弗斯·吉尔伯特医生本以为高架铁路能够解决之前这代人的这些问题，但结果却是，就算有交通工具的出现，但那些穷人依然很穷，而且他们的新住处离市中心更远了。

1903 年，一个重要的进步团体"公民联盟"提交了《埃尔斯伯格法案》，旨在阻止再次发生由一家公司垄断城市公共交通的情况。该法案规定建设和运营合同必须相互独立，并将运营租约限制在 20 年以内，并规定了一些使撤销合同更加容易的措施。对此，RTC 则坚决反对，多年来一直致力于阻止该方案通过。

1906 年的州长竞选主要围绕公共事业的控制权问题展开。民主党总统候选人威廉·伦道夫·赫斯特呼吁公用事业必须完全由政府控制，不考虑私有财产权。共和党总统候选人查尔斯·休斯则支持对公共事业进行行政监管，这是一种折中路线。最终，休斯以微弱优势获胜。

新州长发起了《佩吉—梅里特法案》，该法案将成立两个公共事业管理委员会，一个负责纽约市，另一个负责该州其他地区。委员会将对电力、燃气、铁路和公共交通公司拥有广泛的管辖权。他们有权设定费率、进行调查和更改订单时间表，并有权根据需要聘用全职专业人员。尽管遭到了强烈反对，但该法案还是于 1907 年 6 月 6 日获得通过，并签署成为法律。7 月 1 日，纽约市新的公共服务委员会取代了 RTC。地铁扩张的新时代就此来临。

参考文献

1. Hewitt Elected Mayor. New York Times，1（November 3，1886）

2. The Mayor's Transit Plans. New York Tribune，3（February 1，1888）

3. Abram S. Hewitt. Scientific American. LXXXVIII（5），73（January 31，1903）

4. The Interborough Rapid Transit Railway Company Will Operate Subway Road. New York Tribune，2（April 25，1902）

5. Subway Road Incorporated. New York Tribune，6（May 7，1902）

6. Brooklyn Tunnel Construction Bids. New York Times，1（July 22，1902）

7. Belmont to Build Tunnel. New York Times，1（July 25，1902）

8. Tunnel Contract Signed. New York Tribune，1（September 12，1902）

9. Subway and Elevated Unite. New York Tribune，1（November 27，1902）

10. Explosion of Dynamite at the Rapid Transit Subway. Scientific American LXXXVI（6），90（February 8，1902）

11. Cave–In at The Park Avenue Rapid Transit Tunnel. Scientific American LXXXVI（13），221（March 29，1902）

12. To Stop Work on Park Avenue Tunnel. New York Times（June 19，1902）

13. Mayor Drives Spike. New York Tribune，1（March 15，1903）

14. Subway Opening Today with Simple Ceremony. New York Times，1（October 27，1904）

15. Exercises in City Hall. New York Times（October 28，1904）

16. Subway Travel On with Rush. New York Tribune（October 28，1904）

17. Subway Carries 2，000，000 in a Week. New York Tribune（November 4，1904）

18. Subway's First Month，5，838，235 Passengers. New York Times，1（November 26，1904）

19. Interborough Rapid Transit – The New York Subway，Its Construction and Equipment，Commemorative Brochure. Interborough Rapid Transit Company，New York（1904）

20. Prods Belmont on "Ads"．New York Tribune，4（January 19，1905）

21. Mayor Orders the Signs Out. New York Tribune，1（February 4，1905）

22. Court Halts City in Subway Sign War. New York Times，6（February 7，1905）

23. Argue Ward & Gow Case. New York Tribune，4（February 24，1905）

24. "Ad" Injunction Still. New York Tribune，2（April 15，1905）

25. Advertisements Mar It. New York Tribune，1（October 29，1904）

26. Trample，Says Warner. New York Tribune，1（October 30，1904）

27. Architectural League Condemns Subway "Ads"．New York Times，7（November 2，1904）

28. To Stand By Subway "Ad" Contract. New York Tribune，6（November 3，1904）

29. The Shocking Disfigurement of the Subway. Scientific American XCI（19），310（November 4，1905）

30. Subway Signs Barred，Then Go Up a Lot More. New York Times，1（November 25，1904）

31. To Be Called Times Square. New York Times，1（April 6，1904）

32. Contractor McDonald Quits Interborough. New York Times，14（December 2，1904）

33. Hood，C.：722 Miles –The Building of the Subways and How They Transformed New York. The Johns Hopkins University Press，Baltimore（1993）

第 9 章
"双合同"与纽约地铁的扩张

1904 年，就在 IRT 系统开通仅仅几周之后，就有呼声提出应该建设更多的地铁线路来服务纽约市。但由于奥古斯特·贝尔蒙特和 IRT 公司的反对，以及政治和财政状况的不稳定因素，快速交通系统进一步扩建的计划被搁置了很久。最终，被称为"双合同"的地铁大扩张计划被采用并付诸实施，就此打破了 IRT 公司在该领域的垄断。

9.1 引言

纽约快速交通系统的建设基本上可以分为四个阶段。这四个阶段不仅仅存在时空上的异同，他们还向世人呈现了四种截然不同的融资解决方案。

- 高架铁路的建造和运营完全由私有资本或企业完成。
- IRT 系统由政府出资建设，但设备以及运营投入由私人资本负责，并获得了 50 年的承运租约。
- 双合同是一个公私合营的产物，但基于之前的努力，政府在融资和管理方面的重要性有所提升。
- 地铁扩张最后阶段出现的 IND 公司（第 10 章）则完全是一家公有企业，线路的建造和运营完全由政府出资。

事实上，出于对资金筹措的担忧，以及政府和私人定位的不明确，自 1904 年起，交通设施的扩建计划就一直被搁置。

但扩建地铁的必要性从 1904 年 IRT 运营的第一天起就显露无遗。那些居住在曼哈顿下城公寓里的人们，其生活环境和居住条件恶劣到让人根本无法忍受。约六分之一的纽约人住在曼哈顿第 14 街以南，但这个区域只占城市面积的 1/82。尽管自 1898 年起，"纽约市"由"五个行政区"合并而成（布朗克斯区于 1895 年被合并），但人口仍然高度聚集于曼哈顿。于是，改革派和规划师们试图通过修建上跨和下穿河流的通道，将困在曼哈顿的人口疏解到外围的行政区。

第一条连接通道是 1883 年开通的布鲁克林大桥。大桥开通后不久，往返于两岸的电车就开始在上面穿梭。1903 年，第二条横跨东河的威廉斯堡大桥通车。

事实上，人们曾寄希望于 IRT 系统能够疏解曼哈顿的人口。但是，地铁的巨大成功使其沿线的地价飙升，只有建造大型公寓才能从高企的地价中获取收益。于是，改革者们将上城区打造为以低密度住宅社区的梦想就此破灭。许多人认为，避免这种情况发生的唯一方法就是，同一时间开建大量新的地铁或高架线路，使市场上保留大量的土地可供开发，从而压低价格。

9.2　竞标者们在哪?

IRT 系统的成功让 RTC 对于建设新的地铁线路拥有了极大的信心，他们按照建设 IRT 的模式进行了几次公开招标。然而由于担心政府是否有足够的资金投入新地铁的建设，IRT 以及其他公司对于投标缺乏兴趣，这使得新地铁的建设计划止步不前。就在约翰·麦克唐纳成为大都会街道铁路公司的首席工程师并准备参与投标时，奥古斯特·贝尔蒙特直接买下了这家公司。之后，贝尔蒙特继续反对任何地铁扩建计划，而 RTC 再也没有收到任何一份有关地铁扩建的提案。

1906 年，《埃尔斯伯格法案》终于通过。该法案要求地铁的建设和运营必须分别签订合同，并将运营期限限制在 20 年以内。

共和党人查尔斯·休斯当选州长后，提出以一种新的方式来监管包括快速交通在内的公共设施。他签署了一项建立公共服务事业委员会（PSC）的法案，其中纽约市单独成立相关部门负责其辖区内的事务。从此，PSC 取代 RTC 成为负责规划新地铁的主要机构。

《纽约时报》对这种新的管理方式给予高度评价，它认为如果法院能支持这项立法，PSC 将可以带来以下好处：

- "到科尼岛的车费只要五分钱。"
- "提供从巴特利出发、穿过布朗克斯区并与市区线路连接的地面线路。"
- "实现所有地面交通工具之间的换乘。"
- "提升市内所有地面、高架和地铁线路的服务。"
- "地铁里的滑动门车厢。"
- "增加布朗克斯或其他区域高架车站的站台。"
- "让更多、更快的列车在纽约中央铁路、纽黑文铁路和长岛铁路上运行。"
- "增加燃气供应。"
- "更便宜的汽油和电。"

上面提到的这些目标，有些在 PSC 成立之后实现了，但有些过了很多年都未曾实现。另外，《埃尔斯伯格法案》被认为严重限制了私有资本参与快速交通系统扩建计划的可能性。1907 年 4 月 29 日，纽约市的管理人员对一些重要问题作出了解释：

"我一直认为，"他说，"把地铁运营合同的期限限制在 20 年是个错误，至少《埃尔斯伯格法案》中关于这部分的内容应该立即废除。这样的限制使得除了区际—大都会公司以外的任何公司都不可能参与投标建造新的地铁，因为新的独立投标人必须要承担建造和装配一座发电站的额外费用。而任何企业都无法在二十年的时间内收回成本。"

因此，在《埃尔斯伯格法案》通过后，只存在一个潜在的竞标者，那就是奥古斯特·贝尔蒙特和他的 IRT 公司，但他们对扩建地铁系统并不感兴趣。废除或修订《埃尔斯伯格法案》成为一个持续进行着的政治议题，并引发了热烈讨论。1907 年 5 月，州参议员麦卡伦（共和党人）在立法会提议废除该法案。据《纽约论坛报》报道，支持《埃尔斯伯格法案》的民间团体纷纷涌向奥尔巴尼，他们认为废除法案只会让合约直接落入幕后操纵者的手中。

当时，寄给各大报纸的信中也充斥了对这个问题的评论。西德威尔·兰德尔在写给《纽约时报》的信中赞成废除该法案，并以一首幽默的诗歌来讽刺立法机关的不作为："在过去的日子里，奥尔巴尼有一所很好的老学校，上午孩子们在那里玩耍，下午他们在那里睡觉。"

9.3 第一次尝试：三区计划

在成立 6 个月之后，纽约市 PSC 便提出了一项造价为 1.5 亿美元的快速交通系统扩建计划，名为"三区计划"。按照该计划，地铁里程将在现有 IRT 规模的基础上增加一倍。

- 新建一条从百老汇到列克星敦大道的地铁线，从巴特利出发向东北方向延伸到布朗克斯区的第 138 街，在那里分为两条支线，一条沿着莫特大道和杰罗姆大道前往伍德劳恩公墓，另一条沿着南大街和威斯切斯特大道前往佩勒姆湾公园。
- 新建一条穿越曼哈顿和布鲁克林部分地区的环线，并跨越威廉斯堡和曼哈顿大桥（当时正在建设中，尚未开放）。
- 新建第四大道地铁线，从布鲁克林大桥周边地区开始，穿过人口稀少的日落公园和海湾岭社区，终点为纽约湾海峡。

这些线路并不是新规划出来的，它们都曾在 RTC 早期的提案中以这样或那样的形式出现过。这个方案虽然将现有的地铁规模扩大了一倍，但它主要服务建成区，并不能满足人口疏解的需求。图 9.1 是三区计划中的线路图。

PSC 的两个目标让自己陷入了两难之地。一方面，PSC 希望扩大地铁的规模，同时防止垄断企业控制交通系统；另一方面，为了吸引投标者参与新的地铁线路，新线路

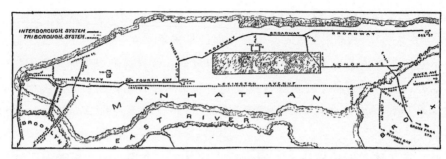

图 9.1　三区计划

图片来源：*Courtesy of* The Christian Science Monitor，December 3，1910，pg 14.

必须能够服务人口稠密的地区，以便从运营的第一天起就产生利润。没有任何一个单独的方案可以同时满足这两个目标。

三区计划得到了许多进步组织的支持，但却遭到了商会的坚决反对，商会一直以来是 RTC 背后的主要力量。商会批评百老汇—列克星敦大道地铁线与现有的第 42 街地铁距离过近。它还指出，更重要的是下城西片区仍然不会有地铁服务，因为宾夕法尼亚铁路正在第七大道（第 31 街和第 33 街之间）修建宾夕法尼亚车站。由于来自各界的普遍反对，三区计划没能成功。

9.4　《埃尔斯伯格法案》修订和不定期特许经营

1909 年，PSC 提交了修订《埃尔斯伯格法案》的议案，建议对其中一些过于严格的条款进行修订。PSC 的巴塞特委员解释了其中的重点变化：

"……新的快速交通法案是在 PSC 的指导下制定的，它的目的是使私人公司有机会参与到地铁的建设和运营中，不管是'政府建设 + 私人公司运营'的模式，抑或是'政府运营 + 私人资本建设'的模式，私人资本都可以通过一个不固定期限的运营合同来收回成本。"

"每一种方式都需要确保不会出现长期合同或者永久特许经营权的情况。为了实现这个目标，提案规定，每一条地铁线，政府都可以在 10 年后的任何时候，以不超过成本价 115% 的价格进行回收。"

根据这项修订，运营租约的期限不再限定，而是创造了一种新的租赁安排，即不定期租约或不定期特许经营。在一份不定期的租约中，市政当局可以向使用自有资金建设地铁的公司授予长期的特许经营权。但政府有权在十年后，在给予适当补偿的情况下收回资产。法律规定，如果回购恰好在运营期满十年时发生，"适当补偿"的标准为公司投资的总成本加上 15%。但是，如果政府在运营期满十年之后进行回购，那么考虑资产折旧之后，补偿标准将随着时间的推移而下降。这项规定后来被称为"（折旧）

回购规定"。

然而，PSC 还面临着另一个法律障碍。1900 年，一项新出台的法律给予了纽约市评估委员会向快速交通系统拨付市政基金的权利。1905 年，该机构又获得了批准地铁线位的权利。1909 年以前，评估委员会由隶属于坦慕尼协会的民主党人把持，他们都坚定的反对 PSC 的决策。但是在 1909 年的选举中，改革派和共和党人的组合赢得了评估委员会 8 个职位中的 6 个，包括市审计长、市参事会主席以及 5 个行政区主席中的 4 个。但是，这个组合没能赢下市长的职位。

尽管在竞选期间表示支持三区计划，但在当选后，新市长威廉·J. 盖纳却反对该计划，转而支持 IRT 系统的扩建，并希望由 IRT 公司负责建造和运营。他的立场在与 IRT 公司的总裁西奥多·肖恩斯会面后发生了转变。这时的西奥多·肖恩斯已经成为 IRT 公司的发言人，贝尔蒙特则在幕后操纵。但市长的反对并不能改变结果，因为评估委员会批准了发布三区计划合同的招标。PSC 一共发布了两份招标合同：一份合同规定由私人资本承建新的地铁线路，同时执行不定期的特许经营权政策；另一份合同则约定由政府出资建设新地铁。但是当招标公告发布之后，没有一家公司参与"不定期特许经营"线路的投标，而政府出资建设的地铁线路却收到了 23 家公司的投标。由于公众强烈反对政府出资建设新的地铁线路，PSC 没有采取下一步的行动。

9.5 威廉·麦卡杜和一个新提案

1910 年 11 月 18 日，PSC 收到了威廉·麦卡杜建设新地铁线路的申请，他是哈德逊—曼哈顿铁路公司的总裁。与三区计划中的线路走向一致，该提案提议将新地铁与哈德逊—曼哈顿铁路连通，这样就能提供纽约直达新泽西的地铁服务了。麦卡杜被认为获得了 J.P. 摩根公司的金融支持。盖纳市长很高兴有人对建设新地铁感兴趣，而且他认为随着麦卡杜的出现，其他的提案也会接踵而至：

"很高兴麦卡杜先生递交了他的申请，这绝对是一个好的迹象。我想还会有其他的申请陆续提出，在收到所有的申请之前，公众不应该急于对任一条线路下定论。"

盖纳市长事实上有些着急，因为 IRT 公司声称自己对于 IRT 系统的扩建感兴趣，但实际上并没有参与投标。在收到麦卡杜的投标后，市长先生与 IRT 公司有超过 5 个多月没有联系。也许是想刺激市场对新地铁建设的兴趣，市长于 1910 年 11 月 30 日发表了一份声明，提出新地铁线路将直接由政府出资建设。这让评估委员会和 PSC 都感到无比震惊，因为他们都认为这个方法不可行。

但是，麦卡杜的加入还是迫使 IRT 公司做出了回应。1910 年 12 月 5 日，IRT 公司正式向 PSC 提交了他们的扩建方案，并计划将 IRT 系统的线路扩展成 H 形。早期的 IRT 线路从东区开始，并沿第 42 街穿越西区。新方案中，东区线路将向北延伸至曼哈顿上城和布朗克斯区,西区线路则延伸至曼哈顿下城。

奥古斯特·贝尔蒙特并不打算让竞争者进入他认为属于自己的领地。在一篇关于这个话题的文章中,伯顿·亨德里克详细描述了贝尔蒙特及他的朋友与麦卡杜之间的争斗。起初他们试图买通麦卡杜,但失败了,于是他们阻止任何潜在的金融机构支持麦卡杜。1910 年 12 月 15 日,由于未能获得足够的资金支持,麦卡杜被迫撤回了他的竞标申请。

在麦卡杜收回他的竞标申请后,PSC 于 1910 年 12 月 20 日向评估委员会提交了两份计划。一份是 IRT 系统的扩张计划,该项目将由私人融资,运营租约还需进行协商;另一份则是三区计划,该项目必须由政府出资。由于无法在推进哪份计划上达成一致意见,PSC 干脆直接将皮球踢给评估委员会,而评估委员会对于这个问题也是一筹莫展。

9.6 乔治·麦卡尼和双合同

直到 1911 年 1 月,PSC 和评估委员会依然对于地铁扩建计划的选择犹疑不决。有两套方案摆在他们面前,但每一项都蕴藏着极大的风险。一方面,如果奥古斯特·贝尔蒙特最终准备扩建他的地铁,则他依然会是这个行业的垄断者,与此同时,他必然会针对运营期限进行谈判,而且谈判结果可能是无法接受的。另一个选择就是发布三区计划的招标,采取全部由政府出资建设的模式,但这种模式从经济角度看是很困难的。

1911 年 1 月 10 日,事件再次出现了转机。PSC 会收到了埃德温·温特的投标申请,他是布鲁克林快速交通公司(BRT)的总裁,他计划承建三区计划中的第四大道和曼哈顿环线。BRT 公司拥有并经营着布鲁克林几乎所有的高架铁路、海滨铁路以及有轨电车,但其自有的交通系统相对松散,缺乏一种有效的方式能够使来自曼哈顿的乘客能够实现便利换乘。BRT 的提案还包括将最后一条地面蒸汽铁路改造为快速交通系统,并将其与新的环线地铁连通。贝尔蒙特自然对竞争者的再次出现感到愤怒。《纽约时报》在当年晚一些时间的文章中对 BRT 的地铁提案进行了描述。图 9.2 为这份提案中的线路图。

1911 年 1 月 19 日,评估委员会成立了一个三

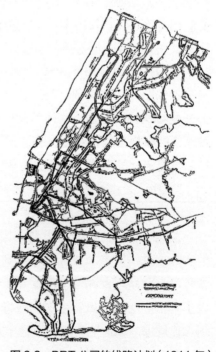

图 9.2 BRT 公司的线路计划(1911 年)

图片来源: *Originally published in* "*BRT Puts in Subway Offer,*" *New York Times*, April 18, 1911, pg 1.

人交通委员会,并与 PSC、IRT 和 BRT 协商,从而为新的地铁建设提供政策建议。曼哈顿的区长乔治·麦卡尼(图 9.3)被任命为该委员会的主席。麦卡尼很明显是委员会的主导,另两人在委员会内几乎没有影响。通过麦卡尼的努力,评估委员会成为纽约市快速交通系统决策的领航员。

图 9.3 乔治·麦卡尼照片(1910 年左右)

图片来源:*Courtesy of* Library of Congress, Prints and Photographs Division, George G. Bain Collection.

乔治·麦卡尼是一位对新兴城市规划行业抱有浓厚兴趣的改革派。在 1909 年的联合选举中,他首次被选为政府官员,并担任曼哈顿区长一职。1913~1916 年,他担任市议会主席,1933 年担任纽约市审计长。此外,他是城市俱乐部、区域规划协会和公民评估委员会等"好政府"组织的委员。他曾在《纽约时报》担任总经理一职长达五年,后来又成为 1939~1940 年弗拉辛广场世博会的主席。

麦卡尼认为最合理的系统应该是基于 IRT 和 BRT 两大系统的。从 1911 年的冬天到春天,麦卡尼先后与两家公司进行了谈判,并说服他们改进各自的计划。IRT 公司同意将施坦威隧道改造为地铁,然后(通过高架铁路)前往阿斯托里亚和伍德赛德。BRT 公司则在原有方案的基础上扩大了规模,新建一条从巴特利到南中央公园的曼哈顿干线。

1911 年 6 月 13 日,三人交通委员会在一份名为"麦卡尼报告"的文件中提出了他们的建议。该报告提议由政府与 IRT 和 BRT 公司共同建设长达 87 英里的地铁和高架线路。其中,纽约市政府将提供 1.23 亿美元的建设资金,而 IRT 和 BRT 分别提供 7580 万美元和 5040 万美元的资金用于建设和设备采购。这项计划后来被称为"双系统"。根据该方案,市政府将拥有双合同的地铁线产权,但需要将它们出租给相应的公司运营,租期为 49 年。这些合同都包含了 10 年后按照不定期租约进行运营权回购的条款。图 9.4 即为报告中建议的"双系统"。

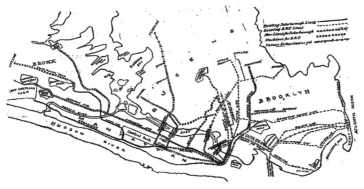

图 9.4 "双系统"建议方案

图片来源:*Originally published in* "Subway Plan Gives the City a Master Hand," *New York Times*, June 14, 1911, pg 1.

报告中还提出了一种复杂的收益分配机制。首先，每家公司收回利息和偿债基金支出。然后，市政府收回固定成本。最后，政府和企业平分剩余利润。根据附加条款，BRT 公司还将获得一笔额外收益，被称为"优惠条款"。因为 BRT 公司同意将之前拥有的高架铁路和地面运输线路的收益与新地铁的收益进行合并，这使得通过建设一个小规模的地铁而让城市形成了一个庞大的综合交通系统。作为交换，BRT 公司将获得一笔保证资金，金额相当于运营新系统前 BRT 整个系统一年的净利润。这一"优惠"也是对 BRT 公司同意在人口稀少地区修建地铁线路的奖励。

IRT 公司没有获得类似的待遇，因为它的线路已经在赚取巨额利润，而且它的高架和地铁线路分别属于不同的公司。自此，1 号合同和 2 号合同地铁都归政府所有了。

贝尔蒙特认为这笔交易明显故意偏袒 BRT 公司，他非常愤怒。但是，这项规划并没有给 BRT 和 IRT 太多的考虑时间。如果任何一方拒绝该计划，参与资格将被转移到另一方。如果双方都拒绝该计划，政府将自行建设该系统。尽管如此，IRT 还是坚决反对该计划，称相关条款存在"差别待遇"。

1911 年 6 月 21 日，评估委员会批准了麦卡尼报告。几天之内，BRT 公司接受了该方案，但 IRT 公司拒绝了。最令 IRT 总裁肖恩斯不满的是该计划竟然允许 BRT 公司建设一条直接服务曼哈顿的线路，这相当于直接从 IRT 的利润中抢走了 500 万美元。

贝尔蒙特、肖恩斯以及 IRT 公司曾一度拒绝与评估委员会谈判。然而，到了 1911 年 11 月，当看到评估委员会与 BRT 的谈判进展如此顺利，贝尔蒙特终于回到了谈判桌前。根据《纽约时报》当时的描述，这场谈判并不顺利：

"关于新系统收益的分配顺序以及方法进行了大量讨论，但都是一些泛泛的讨论。IRT 公司方面没有做出任何的让步，而政府方面也不愿意低头。一个问题解决了，另一个问题马上接踵而至，与会双方几度认为协议不可能达成。"

最终麦卡尼同意给予 IRT 公司一项类似 BRT 公司的优惠，但代价要大得多。之后评估委员会就这一问题和其他问题进行了激烈的辩论，但最终于 1912 年 5 月 24 日通过了该法案。此外，相关诉讼和立法给方案的实施造成了额外的拖延。

1913 年 3 月 19 日，纽约市与 IRT 公司签署了 3 号合同，与 BRT 公司签署了 4 号合同，即双合同（图 9.5）。两家公司均获得了 49 年的租约，并同意支付部分建设费用和全部

图 9.5　在 PSC 办公室签订双合同（1913 年 3 月 19 日）

图片来源：*Originally published in* "New Subways for New York：The Dual System of Rapid Transit," PSC for the First District, New York, NY, 1913.

设备费用。双合同中包含了回购、合并以及优惠的相关条款。九年前,IRT 系统作为纽约市的第一条地铁诞生。如今,最引人注目的快速交通系统扩建工程终于启动了。

9.7 双系统

双系统的实施使得纽约市快速交通系统的轨道里程数增加了一倍多,从 296 英里增加到 619 英里。如果把整个系统的每一条线路都坐一遍,需要 21 小时。

但是,双系统存在一个重大缺陷。尽管 IRT 和 BRT 都使用了标准轨距,但他们的车辆尺寸不同。为了让车辆同时可以在地铁和高架铁路上运行,IRT 的车辆尺寸基本为 51 英尺 ×9 英尺。而 BRT 最早的地铁车厢要更大一些,为 67 英尺 ×10 英尺,因为 BRT 采用更少但更大的车辆来获取经济上的最大收益。虽然从技术上看,两种车辆都能够在各种轨道上运行,但是 IRT 的隧道尺寸比 BRT 小,而且它的线形坡度更陡,这就导致 BRT 的车辆无法通过 IRT 的站台运行。所以,IRT 的车辆可以在 BRT 的轨道上自由通行,反之则不行。这项根本的区别今天仍然存在,需要两套不同的车辆来装备地铁。

双系统地铁花了将近十年的时间才建成。建成后的快速交通系统使得跨区交通变得非常便捷(除了往返里奇蒙),并开启了布朗克斯、布鲁克林和皇后区的新发展。到 20 世纪 20 年代中期,纽约人可以实现早上在科尼岛游泳或乘坐过山车,下午在洋基体育场观看贝比·鲁斯击出全垒打,晚上在时代广场看电影或看戏剧,然后结束一天的生活。

9.7.1 区间快速交通系统(IRT)(3 号合同)线路

在双合同签订之前,IRT 系统(1902 年时已经将曼哈顿和布朗克斯的高架铁路合并)存在一个严重的问题。IRT 线路从曼哈顿市中心一直延伸到第 42 街,然后通往曼哈顿西北部。这导致东区在第 42 街以北没有地铁,而西区在第 42 街以南没有地铁。双合同提出分别在曼哈顿东区和西区建设贯穿南北的线路来解决这个问题。这两条线路完工后,IRT 将第 42 街的轨道更改为接驳服务。目前它仍然以接驳线路的形式运行。

表 9.1 总结了双合同实施后 IRT 系统增加的线路。

双合同中的 IRT 线路　　　　　　　　　　　　　　　　表 9.1

线路名	区间	线路编号	类型	行政区
新地铁线路 / 新高架铁路				
列克星敦大道	第 35 街及公园大道—第 135 街(20.6 英里)	4	地铁	曼哈顿 / 布朗克斯
杰罗姆大街	第 135 街—伍德劳恩路(18.2 英里)	3	地铁 / 高架铁路	布朗克斯

续表

线路名	区间	线路编号	类型	行政区
韦斯特切斯特大街	第 135 街—佩勒姆湾公园（21.4 英里）	3	地铁 / 高架铁路	布朗克斯
怀特普莱恩斯路	第 179 街—贝克尔街（13.7 英里）	3	高架铁路	布朗克斯
第七大道	时代广场—巴特利（15.2 英里）	4	地铁	曼哈顿
曼哈顿下城	广场公园—克拉克街（4.5 英里）	2	地铁	曼哈顿 / 布鲁克林
施坦威隧道	公园大道 / 第 42 街—长岛（3.2 英里）	2	地铁	曼哈顿 / 皇后区
施坦威隧道	时代广场—Junction（0.8 英里）	2	地铁	曼哈顿
施坦威隧道	Junction—皇后区广场（2.6 英里）	2	地铁 / 高架铁路	皇后区
阿斯托里亚	皇后区广场—迪特马尔斯大道（7.5 英里）	3	高架铁路	皇后区
法拉盛	皇后区广场—Prime St.（16.5 英里）	3	高架铁路	皇后区
东方公园路	Atlantic/ 弗拉特布什—布法罗大道（12.7 英里）	4	地铁	布鲁克林
诺斯丹大道	东方公园大道—弗拉特布什大道（4.8 英里）	2	地铁	布鲁克林
利沃尼亚大街	东方公园大道—新地段大道（5.1 英里）	2	高架铁路	布鲁克林
已有高架铁路延伸线路				
普特南大桥	滨河大道—杰罗姆大街（1.3 英里）	2	高架铁路	布朗克斯
西部农场	第 143 街/第三大道—哈莱姆河大桥(3.1 英里）	2/4	高架铁路	布朗克斯
皇后区大桥	第二大道高架铁路连接线—皇后区广场（0.5 英里）	2	高架铁路	曼哈顿 / 皇后区
已有高架铁路进行三轨改造的线路				
第二、三大道高架铁路	市政厅—第 129 街（8.1 英里）	3	高架铁路	曼哈顿
第九大道高架铁路	雷克托街站—第 155 街站（2.4 英里）	3	高架铁路	曼哈顿

除了增加了线路里程，双合同还为 IRT 系统增加了 116 个车站。

IRT 系统扩充后融合了许多独有的特征。在第 42 街，新的地铁将继续在上城区沿列克星敦大道地下运行，而不是沿着第 42 街向西转向百老汇。同时，第 42 街的连接线被保留，为三条轨道之间的换乘提供接驳服务。一条新的地铁在西区的百老汇和第 42 街地下建成。

在第 42 街以北的列克星敦大道

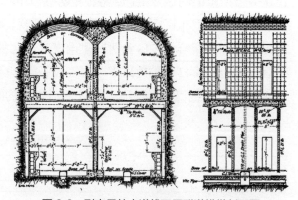

图 9.6 列克星敦大道线双层隧道横纵剖面图

图片来源：*Originally published in* Lavis，F.，"The New York City Rapid Transit Extensions，" Engineering News，Vol. 72，No. 18. October 29，1914，Figure 14.

线,其快线轨道布置于普线下方的独立隧道内,而不是采用同一平面上的四轨形式(图9.6)。这使得普线和快线可以根据需要进行细微的调整。紧临道路的位置能够提供坡度更缓的线形,更适合高速运行的快车。这种布置形式最初是由弗兰克·斯普拉格提出的。在之后的地铁系统(IND)中,快线和普线采用了几种不同的布置方式。

在修建新的高架铁路时,特别要注意那些需要穿越重要街道的部分,尤其是法拉盛线(根据双合同,该线路将通往伍德赛德)在跨越皇后区大道时,因为这是整套系统中最先使用钢筋混凝土建设高架结构的位置(图9.7)。坚固的钢筋混凝土位于最底部,上面铺一层碎石,轨道置于最上层,这样的设计能够最大限度地消除高架铁路产生的噪声。此外,钢筋混凝土能够塑造更多的装饰性造型。

(a)关于 IRT 皇后大道高架铁路段的早期画作

(b)皇后大道高架铁路车站外观

图 9.7 IRT 系统皇后大道高架铁路

图片来源:*Originally published in* "The Dual System of Rapid Transit," PSC for the First District, New York, NY, September 12, 1913.

（a）杰罗姆大道上穿越石山时采用明挖法　　　　（b）列克星敦大道和第73街上的临时路面

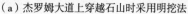

图9.8　列克星敦大道地铁建设实景

图片来源：*Originally published in* "The Dual System of Rapid Transit," PSC for the First District，New York，NY，September 12，1913.

相比之前的高架铁路，钢结构高架铁路的设计更加简洁，外观看起来不那么沉重。IRT系统的隧道施工依然采用明挖法，但会更多采用盖板的形式恢复街道的临时通行功能，尽量减少对街道以及周边土地的正常运行造成影响。图9.8和图9.9分别为列克星敦大道地铁和百老汇地铁施工期间的照片。

9.7.2　快速交通系统（BRT）（4号合同）线路

随着双系统的实施，BRT公司在曼哈顿新增了两条地铁线路。第一条基本上就是三区计划中最早提出的环线。第二条

图9.9　百老汇地铁施工期间的临时路面和切改后的燃气管线

图片来源：*Originally published in* "The Dual System of Rapid Transit," PSC for the First District，New York，NY，September 12，1913.

则是沿百老汇大街地下通往第59街的干线。它属于开环系统的一部分，以布鲁克林为起点，最后（通过皇后区大桥）回到皇后区的第59街。

BRT公司还决定大力扩建布鲁克林的高架铁路系统，包括皇后区的一条主要线路。扩建工程中包括一条从东方公园大道通往马波恩街的线路。马波恩街隧道的入口处后来发生了纽约快速交通系统历史上最严重的事故。

表9.2总结了4号合同新增的BRT线路。双系统中的BRT线路由一家专门新成立的公司建设，即纽约市铁路公司。BRT公司也在其线路上新增了81个车站。

与IRT系统一样，BRT的大部分隧道也采用了明挖法施工技术。在多数情况下，必须建造临时的街道路面，市政管线设施也必须暂时建在地面之上。

双合同中的 BRT 线路 表 9.2

线路名	区间	线路编号	类型	行政区
由政府和公司联合修建的线路				
百老汇大街	莫里斯街—第 59 街（17.6 英里）	4	地铁	曼哈顿
第 59 街	第七大道—皇后区广场（4.5 英里）	2	地铁 & 桥梁	曼哈顿 / 皇后区
环线	布鲁克林大桥—白厅街（2.0 英里）	2	地铁	曼哈顿
环线	百老汇大街—曼哈顿大桥（1.2 英里）	2	地铁	曼哈顿
富尔顿街	弗拉特布什大道—马波恩街（2.4 英里）	2	地铁	布鲁克林
卡纳西	第 14 街 / 第六大道—东纽约（14.8 英里）	2	地铁 / 高架铁路	曼哈顿 / 布鲁克林
东河隧道	白厅街—蒙塔古街（4.0 英里）	2	地铁	曼哈顿 / 布鲁克林
第四大道	曼哈顿桥—第 89 街（23.9 英里）	4	地铁	布鲁克林
环线	帕克洛文大街—威廉斯堡大桥（5.6 英里）	4	地铁	曼哈顿
连接线	第 38 街，第四大道，第九大道（1.9 英里）	3	地铁开敞段	布鲁克林
新乌特勒支	第 39 街—第 86 街—科尼岛（16.5 英里）	3	高架铁路	布鲁克林
科尔沃	第九大道—科尼岛（16.1 英里）	3	高架铁路	布鲁克林
由企业建设的线路				
牙买加	松柏山墓园—牙买加（13.2 英里）	2	高架铁路	布鲁克林 / 皇后区
布莱顿海滩	连接线（2.0 英里）	2	开敞段	布鲁克林
海滩线	第 65 街 / 第四大道—科尼岛（16.1 英里）	2	护堤开敞段	布鲁克林
东方公园大道	马波恩街（1.8 英里）	2	地铁	布鲁克林
环线	坚尼街支线（0.2 英里）	2	地铁	曼哈顿
	富尔顿大街、百老汇大街和默特尔大道高架铁路的三轨改造（9.3 英里）		高架铁路	布鲁克林

9.8 双合同的影响

双合同对纽约市的影响不容小觑。这些新线路打破了阻碍曼哈顿居民与外部沟通的最后一道物理屏障，闸门就此打开。随着快速交通系统的扩张，大量人口开始从曼哈顿向外围地区转移。

1910~1940 年，纽约市总人口增加了 56%，但曼哈顿的人口减少了 19%（约 33.3 万人）。同一时期，布朗克斯区的人口增长了 309%，布鲁克林区增长了 165%，皇后区增长了 209%。只有里奇蒙没有受到什么影响，直到今天，它依然是一个相对孤立的行政区，与城市的其他地方没有直接的快速交通联系。

随着更多移民开始向布鲁克林区、皇后区和布朗克斯区等人口密度较低的地区迁移，下东区的贫民区也经历了巨大的变化。当然，随着纽约总人口的持续增长，这些外围地区的人口密度也会逐渐升高。但是，曼哈顿的人口数量再也没有超过 1910 年，直到今天其人口密度仍然低于 1910 年。

9.9 时代变迁以及快速交通系统（BRT）发生的一起灾难性事故

等到双合同的线路全部完工时，快速交通系统的经济效益已经发生了重大变化。随着第一次世界大战的结束，IRT 和 BRT 公司都陷入了财务困境。战后严重的通货膨胀导致快速交通系统运营成本大幅上升，但提升票价的做法又无法实施，因为 1~4 号合同中明确规定了票价为 5 美分。到 1918 年时，BRT 公司已经濒临破产。到 1921 年时，IRT 公司的利润下降了 50%。

此外，汽车也在一定程度上切分了快速交通系统的市场。1908 年，亨利·福特推出了大部分人都买得起的"T 型车"。1918 年，汽车实现了完美逆袭，最终成为全国主要的交通工具。

1918 年 11 月 1 日，一场灾难发生了。当时的美国和纽约市仍处于动荡之中，第一次世界大战（号称"终结所有战争的战争"）即将结束，正式结束日期为 10 天后的 11 月 11 日；造成 32 万美国人死亡的流感疫情也正在逐步减弱；布鲁克林道奇队刚刚在他们的新主场（埃比茨球场）完成其第一个赛季；妇女们获得选举权后，终于迎来了第一次的州长选举投票。然而，就在当晚的 6 点 22 分，BRT 系统布莱顿海滩线的一辆列车在马波恩街隧道入口处发生撞车事故，造成 93~103 人死亡。

11 月 1 日上午，以机车工程师兄弟会为代表的一群司机举行罢工，给 BRT 系统带来了沉重的打击。为了不缩短服务时间，BRT 公司的官员强迫一些其他岗位的员工充当列车司机的角色。爱德华·卢西亚诺就是其中之一，他原本是一名调度员，在车场工作期间几乎没有任何驾驶列车的经验。只是在接受了两个小时的紧急训练之后，他成为一名科尔沃线的列车司机。在经历一次完整的轮班后，他又被要求在布莱顿线上再驾驶一次列车，这显然是致命的。除了驾驶经验不足，卢西亚诺的健康状况也不是很好，他最近刚刚从流感中康复，不久前流感还夺去了他一个女儿的生命。

事故现场位于通往马波恩街隧道的入口处，该隧道当时正作为一处建筑工地的临时道路使用。进入隧道入口前有一处急弯，限速为每小时 6 英里。在穿越几座接近隧道的高架车站之后，卢西亚诺已经疲惫不堪。他驾驶的是一列由五节车厢组成的木质列车，其中两节车厢是没有发动机的轻型拖车，分别位于列车的第二节和第三节。但根据 BRT 的规定，两列拖车是严禁被连在一起的。卢西亚诺以每小时 30 英里的速度驶入隧道，但第二节车辆在进入隧道前脱轨，并撞上了隧道入口，而紧随其后的第三辆列车也跟着脱轨了。两节拖车发生了巨大的损坏，但是列车并没有立即停下来，第四节和第五节车厢跟着进了隧道，撞倒了许多被第二节和第三节车厢甩到铁轨上的乘客。

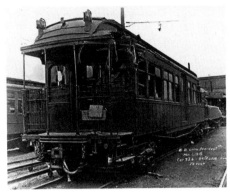

（a）事故发生后的第二节和第三节车厢　　　　　　（b）事故发生后的车头

图 9.10　马伯恩街事故后的地铁车辆

图片来源：*Courtesy of* Wikimedia Commons

事故救援行动持续到晚上，但仍有 93 人死亡，据一些报道称死亡人数高达 103 人。图 9.10 为事故后拍摄的车辆破损照片。

事故发生之后，卢西亚诺在离开了现场，直到几天后才被找到。从 1919 年 3 月开始，司法机构在长岛的米尼奥拉举行了五次刑事审判，卢西亚诺和 BRT 公司的几位官员都受到了指控，但最终没有人被定罪。

在如今的布鲁克林地图上已经很难找到马波恩街了。为了与那起悲惨的事故记忆隔绝，没过多久，马波恩街便被更名为帝国大道。只剩下一条断头小路仍然被称为"马波恩街"。

尽管马波恩街事故并不是 BRT 公司破产的最主要原因，但对于 BRT 绝对没有积极的影响。1918 年 12 月 31 日，BRT 公司进入破产管理，使得大量因为事故导致的诉讼被迫中断。大约在 4 年以后，公司糟糕的财务状况以及大量的法律诉讼问题才得以解决。1923 年，公司重组为布鲁克林 – 曼哈顿交通公司，也就是现在的 BMT。

未来纽约的地铁系统还会迎来一次大规模的扩建。尽管如此，快速交通系统的经济效益却继续恶化。随着大萧条和第二次世界大战的临近，私人资本参与快速交通系统运营的时代即将结束。

参考文献

1. The Governor's Message. New York Times，6（January 3，1907）

2. How Utilities Bill Aid the Public. New York Times，3（June 9，1907）

3. For New Transit Laws. New York Tribune，9（April 30，1907）

4. To Repeal Elsberg Act. New York Tribune，2（May 2，1907）

5. Letter to the Editor from Sidwell S. Randall. New York Times，SM11（April 5，1908）

6. City Transportation Problem：Commissioner Basset's Views. Wall Street Journal，7（August 14，1909）

7. Hendrick，B. J.：McAdoo and the Subway. McClure's Magazine XXXVI（5），484（March 11，1911）

8. McAdoo Have Backing of Morgan. New York Tribune，1（November 20，1910）

9. Gaynor Praises McAdoo. New York Tribune，16（November 22，1910）

10. Subways Can be Built with the City's Money. New York Tribune，1（December 1，1910）

11. The Interborough's Offer. New York Times，12（December 6，1910）

12. Mr. McAdoo's Withdrawal. New York Times，10（December 16，1910）

13. B.R.T. Puts in Subway Offer. New York Times，1（April 18，1911）

14. Subway Plan Gives the City a Master Hand. New York Times，1（June 14，1912）

15. Interborough Will Flatly Reject McAnany Subway Offer. Wall Street Journal，7（June 17，1911）

16. McAnany Report Unanimously Adopted by Board of Estimate. Wall Street Journal，2（June 22，1911）

17. B.R.T. Says 'Yes' Interboro 'No'. New York Times，1（June 26，1911）

18. Interboroughs Refusal Final. Wall Street Journal，7（July 1，1911）

19. Subway Ultimatum Goes To Interboro. New York Times，1（January 25，1912）

20. Dual Subway Plan At Last Approved. New York Tribune，1（May 25，1912）

21. Signing of the Dual System Contracts. PSC for the First District，ch. II，New York（September 1912）

22. Signing of the Dual System Contracts. PSC for the First District，ch. III，New York（September 1912）

23. Cudahy，B.：The Malbone Street Wreck. Fordham University Press，New York（1999）

第 10 章

独立地铁系统（IND）

　　独立地铁系统（IND）是纽约市地铁系统发展的第三阶段，也是最后一个主要的发展阶段，它于 1933~1940 年分期开放运营。IND 系统由政府出资建设并运营管理，实现了地铁运营由私营企业向公共部门的过渡。

10.1　引言

　　由乔治·麦卡尼亲手打造的"双合同"促使纽约地铁系统完成了一次大规模、能满足长期需求的扩张，同时它还制定了两条重要的规定，并在未来的数十年中密切影响着纽约市地铁系统的经济效益：

- 对于地铁及高架铁路合并之后私人运营商与政府之间的财务关系、合同条款进行了详细的约定。在先向 IRT 和 BRT 公司支付一笔保证收益（至少与合同签订前一年的利润相当）后，政府将与两家公司共享整个快速交通系统的收益。
- 根据合约，在整个 49 年的运营租赁期内，快速交通系统的单程票价都必须保持为 5 美分。

　　1913 年的时候，这种安排看起来相当合理。IRT 和 BRT 两家公司都获得了巨大的利润，并且根据约定，政府预计也能获得不菲的收益。但由于整个国家以及纽约市经济环境的巨大变化，这些安排注定会失败。问题的核心是 5 美分车费的政策。从高架铁路出现开始，车费就处于严格管控的状态。尽管在 19 世纪末，车费曾短暂的提高，但 5 美分已经成为美国各城市公共交通运输服务的票价标准。

　　低票价的目的是确保所有公民都能乘坐公共交通系统，不希望会有人因为负担不起车费而被排除在外。到 20 世纪 20 年代中期时，美国各地的公共交通系统纷纷放弃了 5 美分的票价政策，但纽约没有。5 美分票价政策似乎是纽约人民的基本权利，是政客们的执政基础，没有人愿意因为反对这项政策而冒险毁掉自己的将来。

　　IRT 和 BRT 要想实现盈利就必须满足两个条件：（1）必须能够控制成本；（2）客流必须持续增长。5 美分的票价并不是基于旅行距离制定的。随着双合同扩张计划的实施，大量人口从曼哈顿的贫民区迁移到了外围行政区，这就导致许多乘客的旅行距离要远大于从前。即使没有通货膨胀，每趟旅行的成本都有所增长，但票价却没有变化。

第一次世界大战之后的恶性通货膨胀是压死"双合同财务政策"这匹骆驼的最后一根稻草。急速攀升的成本和马波恩街灾难导致 BRT 公司于 1918 年底破产。相较之下，财力更加雄厚的 IRT 公司一直坚持到 1932 年才进入破产管理程序。期间，它先是经历了利润下滑，几年之后出现了亏损。此外，政府从这项合约中获取的收益也远远小于预期。在长达 21 年的收益共享协议期（1919~1940 年）内，BRT 共获得 2.07 亿美元的营业收入，但政府却没有从中获利一分钱。期间，政府从 IRT 的运营中分得了 210 万美元的收益，但这笔金额与 IRT 系统 3.07 亿美元的收益相比实在是不值一提。

随着"咆哮的 20 年代"来临，整个美国以及纽约在文化和经济方面的发展都达到了新的高度。然而，快速交通系统却深陷财务困境。到 20 年代末期时，经济大萧条席卷整个美国，进一步将快速交通系统推入绝境。在这样的背景下，快速交通系统的管理及运营方式开启了从私人部门向公共部门的转变。随着公共部门运营时代的临近，地铁变得越来越政治化，成为许多城市选举的焦点。

10.2 陷入争议的海兰市长

约翰·海兰（图 10.1）出生于格林县北部农村的一个贫穷家庭。为了养家糊口，海兰被迫早早工作。他只在一所仅有一间教室的学校接受过简单的教育，连高中都没有上过。

1887 年，19 岁的海兰来到布鲁克林，并在布鲁克林联合高架铁路公司找到了一份建筑工的工作，该家公司是 BRT 的前身。他工作很努力，经过几次提拔，成为一名机车工程师，这已经是体力劳动者的最高职位了。这份工作的薪资能够让他还清父母农场欠银行的 1500 美元贷款，同时还够他结婚，并养活几个兄弟姐妹。

图 10.1　约翰·海兰的肖像
图片来源：*Courtesy of* Wikimedia Commons.

因为不甘于命运的安排，海兰参加了夜校学习，并最终获得了纽约法学院的法学学位。学习期间，他要兼顾家庭生活和铁路公司的工作，还要在长岛市的一家律师事务所实习。就在毕业前的一个月，海兰驾驶一辆蒸汽动力高架列车驶向海军街时，差点撞倒一位名叫巴顿的铁路官员。有报道曾指出，海兰驾驶那辆列车时正在学习一份法律文件，但这点从未得到证实。尽管海兰否认自己做错了事（他一生都保持着这种立场），但愤怒的巴顿解雇了他。

之后，海兰在布什威克开办了一家律师事务所。为了结识一些潜在客户，他加入了当地的民主党俱乐部。得益于积极参与活动，海兰很快便在党内崭露头角。1906 年，麦克莱伦市长任命他担任市法官一职。1914 年，州长马丁·格林任命他接替国王郡法院的空缺职位。1916 年，在威廉·伦道夫·赫斯特以及旗下报纸的大力支持下，海兰参与了这个职位新一轮任期的竞选。最终他轻松获胜，远远领先于布鲁克林的其他民主党候选人，这引起了很多人的注意。

作为一名法官，海兰曾明确表示反对"双合同"，原因有二：第一，他认为合同条款过于偏向 IRT 和 BRT 公司；第二，新建地铁对于建成区的服务不足，尤其是布鲁克林区，这是他的布什维克选民居住的地方。

10.2.1　1917 年的市长选举

对于纽约乃至全美国，1917 年的市长竞选在很多方面都是一个转折点。现任市长约翰·米契尔于 1914 年在一些共和党进步人士和改革派人士的支持下当选。作为市长，民众对他最深刻的印象便是他清除了警察和消防部门之中的腐败问题。米契尔当选时只有 34 岁，是纽约历史上最年轻的市长，经常被称为"男孩市长"。

对市政府失去控制的坦慕尼协会想要在 1917 年的选举中翻身，但他们在确定候选人时遇到了麻烦。一直到 1917 年 8 月底，他们的名单中还列有 19 位候选人。这里面包括了约翰·海兰、威廉·赫斯特和阿尔弗雷德·史密斯。赫斯特是一位报业巨头，他和海兰之间的关系特别有趣，而海兰在最初反对双合同时就引起了赫斯特的注意。在初选阶段，赫斯特究竟是打算积极参选，抑或是支持海兰，始终不甚清楚。不管怎样，坦慕尼协会最终于 8 月 14 日选定海兰作为市长候选人。而阿尔·史密斯，这名未来纽约州的州长，则被提名为评估委员会主席。

这项提名立即引起了坦慕尼协会成员间的热议。众所周知，坦慕尼协会的领导人查尔斯·墨菲并不是特别属意海兰，因为相比之下海兰实在是一位无名之辈。一周后，沙利文俱乐部（坦慕尼协会的一个主要组成部分）宣布将支持市长米契尔竞选，这使得米契尔再次成为联合候选人。民主党方面则提出由赫斯特作为市长的主要候选人，但据说这项提议未经过他本人的认可。最终，赫斯特于 1917 年 9 月 1 日正式退出竞选，并明确表示他将支持海兰参选。

还有一位主要的参选人叫莫里斯·希尔奎特，他代表社会党参与选举。社会党在 20 世纪初就已获得了相当大规模的民众支持，1917 年时成为美国政坛上一股重要的力量。

整个竞选过程充满了各种卑劣的指控，有三件事引起了人们的热议，而其中只有一项与这座城市有直接的关系：

- 因为没能够为移民群体建设足够的学校来满足迅速增长的学龄教育需求，米契尔受到了强烈指责。他曾支持一项名为"加里计划"的议案，该计划的本质就是在移民社区推行"两部制"学校，也就是其竞争对手说的"半日制"学校。

- 由于第一次世界大战即将爆发，有关于美国是否应该参战也成了本次竞选的主要议题之一。米契尔是唯一明确支持美国参战的候选人；希尔奎特表示强烈反对；而海兰在犹豫一番之后，也表示反对美国参战。

- 有关普选权利的辩论也是这次竞选年的主要议题。尽管候选人之间相互指责对方反对妇女拥有选举权，但最终三位候选人都表示支持。海兰对于妇女选举权的支持是令人意外的，因为坦慕尼协会一直反对这项政策。

海兰攻击米契尔是富人和特殊利益集团的代言人。米契尔则抨击海兰缺乏爱国精神，并指责他与德国社会关系密切，而正是德国坚决反对美国参加第一次世界大战。

混乱的竞选活动让人很难预测结果，即便在大选开始前几天也是如此。《纽约时报》评论说："1917 年的选举是一个无与伦比的谜"。然而出乎意料的是，海兰在这次选举中轻松获胜，他的选票是第二名——米契尔市长的两倍多。虽然没有赢得大多数席位，但他赢得了民主党 / 坦慕尼协会的选票，从而使民主党在评估委员会中获得了决定性的多数席位。

约翰·海兰是个脾气暴躁但性格坚定的人，但他不是一个非常自信的人。许多人认为他没有威信，有时甚至令人尴尬。在其整个政治生涯以及之后的岁月中，海兰一直在抨击他所谓的"看不见的政府"，他认为这个政府实际上秘密地管理着美国人民生活的方方面面。1922 年 3 月 26 日，海兰在芝加哥举行的哥伦布骑士会议上发表了一篇演讲，其中就包括了关于这个话题他最常被引用的陈述。这些引用以各种各样的形式呈现出来，但没有一个包含了全部的内容：

"共和国真正的威胁其实是看不见的政府……也就是一小撮国际银行家，他们为了自己的私利而操纵美国政府。这个看不见的政府就如章鱼一般，用它长而有力的触角控制着我们的政府官员、立法机构、学校、法院、报纸，以及所有为保护公众而设立的机构。"

被称为"红色麦克"的海兰市长有一长串公敌，其中运输公司排在名单上的最前面。海兰以传教士般的热情对待 IRT 和 BRT 公司，抓住每一个可能的机会来谴责他们。当发现这些攻击有助于提升他在选民中的声望时，他的炮火就更加猛烈了。

10.2.2　海兰市长和马波恩街事故

马波恩街的事故发生在海兰当选将近一年后。事故发生后，他立即着手对事故进行调查和起诉。《纽约时报》曾报道：

"市长海兰在午夜后不久到达斯奈德大道警察局，并与地方检察官刘易斯和警务长恩莱特商议应采取什么步骤逮捕 BRT 公司的官员。"

海兰市长立即组织了一场名为"约翰·某"的听证会，旨在找寻事故责任人。参加人员包括列车机组人员和 BRT 公司的官员。海兰援引了一条很少使用的法律，以便自己能够亲自担任听审法官。此外，海兰还亲自采访了这起事故的许多幸存者。

事故后逃离现场的那名司机在家中被逮捕。最开始的新闻报道中将其称为"安东尼·刘易斯"和"威廉·刘易斯"，最终确定了他的名字为爱德华·卢西亚诺。一篇报道曾援引了对他的采访，他说在进入隧道前曾试图让火车减速，但是在踩下刹车后，制动装置似乎没起作用。

听证会重点关注了列车司机以及 BRT 官员们授权这些毫无经验的新手驾驶列车的罪行。卢西亚诺并不是一个正规的司机，在被授权驾驶列车前，他仅仅接受了两个小时的培训。

此外，这辆列车的编组也受到质疑。这辆车包含了三节木制车厢，其中两节连在一起，这是违背 BRT 规定的。PSC 理事长惠特尼表示，海兰可能也是"需要被调查的约翰某之一"。他声称这次伤亡很大原因是木质列车的使用，并指出海兰市长正是这几个月来一直阻止在这条线路上使用钢制列车的人。

经过一个月的调查和作证，海兰的听证会依然没有得出结论。听证会结束后，《纽约论坛报》指出：

"约翰·某和理查德·某的身份仍然是个谜。"

到 1918 年 12 月底，大陪审团以过失杀人罪为由起诉了司机爱德华·卢西亚诺（他当时的名字是被正确使用的）和 BRT 的五名官员。第一个接受审判的是 BRT 公司的南区负责人托马斯·布莱维特。在他的审判中，有证据表明是一件被抛到铁轨上的物体造成了事故。经过 12 天的审讯和 3 个半小时的审议，布莱维特被无罪释放。

第二个接受审判的是列车司机。整个审判过程中只有 3 名涉案人员，分别为卢西亚诺和另外两个为他作证的人。经过一周的审讯后，陪审团在商议了不到 5 小时后，做出了无罪的裁决。

经过两次"无罪"裁决，地方检察官开始考虑是否有必要继续对其他被告官员进行指控。海兰市长于是向地区检察官施加压力，要求继续进行审判，并得到了简短的答复：

"地方检察官哈里·刘易斯昨天给市长写了一封信，他在信中表示自己有能力在不受外界干扰的情况下处理办公室事务。"

1920 年，另外两场审判举行了，但都以宣告无罪结束。1921 年 1 月 17 日，所有针对 BRT 官员的指控正式被撤销。

尽管受到来自公众和政治方面的压力，但马波恩街事故最终没有任何人被定罪。到底为何会出现这样的结果很难说清，可能是由于海兰的粗暴干涉造成，还可能是由于控方无法让陪审团相信是被告造成的犯罪事实。对于这场本不应该发生的事故，官方始终没有做出解释。

10.2.3 海兰的第一届任期

在第一届任期内，海兰市长反对任何他认为会对 IRT 或 BRT 公司有利的交通提案。他强烈反对 PSC 改革轨道系统财务政策的各项提议，他认为所有的一切不过是为了维护投资者的利益并提高票价。

保持五美分车费政策成为海兰的主要政治主张，并帮助他在 1921 年获得了市长职位的成功连任。在他的第二个任期内，海兰市长将致力于建设一个由政府投资和运营的全新地铁系统，并与现有的那些民营地铁公司展开竞争。

10.3 大规模的地铁规划

10.3.1 公共交通建设委员会（TCC）

海兰于 1917 年当选纽约市长后，坦慕尼协会和民主党人又帮助阿尔弗雷德·史密斯赢得了 1918 年的纽约州州长选举。1919 年 4 月，州议会设立了纽约市公共交通建设委员会（the Office of the Transit Construction Commissioner，简称 TCC）。该机构取代了 PSC 和评估委员会，成为纽约市公共交通系统领域的决策者。它将公共交通系统的规划和实施都交由一家单位负责，不再是由 PSC 和评估委员会共同负责。TCC 最初的任务便是加快推进双合同线路的完成，同时规划下一代快速交通系统。但是，PSC 依旧保留了监管公共交通系统运营者的责任。TCC 的成立使得纽约市政府不再拥有快速交通系统的管理权，这是海兰市长不愿意看到的。

TCC 的负责人由州长任命。5 月 27 日，史密斯州长宣布任命约翰·德莱尼为 TCC 的负责人。德莱尼是坦慕尼协会的重要成员，此前一直担任公园和建筑物事务部门的负责人。据报道，TCC 负责人的职位曾向威廉·巴克利·帕森斯抛出橄榄枝，但他拒绝了。

1920 年开始，关于在双重合同条款下收回对 IRT 和 BRT 系统运营权的呼声越来越大。尽管在接下来的十多年里，这件事情始终没有实现，但有关收回系统运营权的讨论贯穿了整个 20 年代。PSC 也利用回收运营权限来迫使公共交通运营公司提升服务水平，从而缓解快速交通系统的过度拥挤。

TCC 的总工程师是丹尼尔·特纳。1900 年时，他就在帕森斯负责的 RTC 担任工程部的初级工程师一职。1917 年，他成为 PSC 的总工程师，后来在 TCC 担任了同样的职位。1920 年 7 月，TCC 发布了特纳的大胆计划，提出在纽约市新增 830 英里的地铁和高架轨道。特纳认为，双合同地铁系统还需要进一步扩展，因为许多未开发区域尚未被触及，而且纽约市缺少一个能够指导地铁建设且期限为 20~30 年的总体规划。在他对未来的设想中，地铁最终将通往所有行政区的边界。这套系统不会一次性建成，而是需要 25~30 年的时间。负责人德莱尼说道：

"并不是说这套总体规划中的所有线路要立刻开工建设，而应采用循序渐进的方式逐步推进。根据这项长达 25 年的方案以及目前轨道的利用情况和现有设备的类型，新增线路每年预计能够实现 500 万名乘客的运力。"

该计划还计划用高架或地铁线路取代城市内所有的地面公共交通。这个庞大的计划包括以下内容：

- 一条沿第八大道和阿姆斯特丹大道地下铺设的双层 8 轨干线。第一层的 4 条轨道将先行建设。主线的南北两端将建设支线。
- 一条沿麦迪逊大街地下铺设的 6 轨道干线，这条线路能够缓解列克星敦大道线路的拥堵。
- 一条布鲁克林和皇后区之间的跨区地铁，直接将阿斯托里亚线和布鲁克林下城区的布莱顿高架铁路连接。
- 布鲁克林第四大道线的延长线，经由纽约湾海峡底部的新隧道通往斯塔滕岛，岛上的线路待定。规划方案中后面的几个阶段中还包括了另外几条通往斯塔滕岛的线路。
- 一组沿第 14 街、42 街和 57 街的跨河或跨行政区地铁线。其中有一些线路采用了地下"自动步行道"的形式，而另一些则采用了快速交通系统。
- 在布鲁克林区、皇后区和布朗克斯区建立新的快速交通线路，并将现有线路延伸至城市边界。

很难想象这套规划方案的总规模有多庞大，它将整个系统的里程增加了 830 英里，并计划花费约 3.6 亿美元。《纽约时报》刊登了一份地铁系统规划图，出自 TCC 为该计划制作的宣传册，如图 10.2 所示。

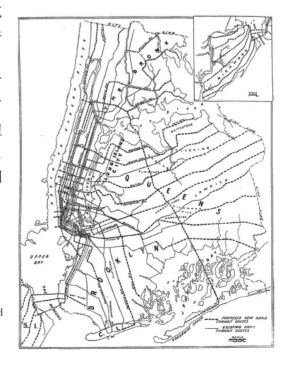

图 10.2　丹尼尔·特纳的地铁扩张计划

图片来源：*Originally published in* "City's Growth Discounted in Plans for Adding830 Miles of Track to Rapid Transit Systems," *New York Times*, October 3, 1920, pg 114.

10.3.2 公共交通委员会（TC）

在 TCC 公布了特纳这项宏大的快速交通系统规划不久，地铁的政治环境再次发生了意想不到的改变。1920 年，阿尔弗雷德·史密斯在竞选连任州长时败给了共和党人内森·米勒。米勒提交了一项立法，这使得纽约市公共交通系统的权利架构再次发生转变。

就在上任后不久，米勒便建议成立一个新的管理机构来取代 TCC，即公共交通委员会（TC）。TC 的成员将由州长任命，但必须是纽约市的居民。新的委员会将拥有广泛的权力，包括车票的定价权。TC 将尽量争取纽约市政府对其规划方案的支持，但即便纽约市拒绝，TC 也有权继续推进其方案。

米勒的提案激怒了海兰市长和大量的民主党人士。经过几个月的激烈辩论后，立法最终于 1920 年 3 月 16 日通过。之后又是长达两周的辩论，州长最终于 1920 年 3 月 31 日签署了该法案，使之成为法律。

为这个新成立的机构寻找负责人是另一个问题。州长想让乔治·麦卡尼来领导这个委员会，开始时麦卡尼对这项提议并不感兴趣，同时他指出曾参与双合同的经历很可能是一个重大的政治障碍。4 月 17 日，TC 正式成立。麦卡尼接受了主席一职；另外两名机构成员分别是勒罗伊·哈克内斯和约翰·奥瑞安少将。为了安抚海兰市长，其中两名委员（麦卡尼和奥瑞安）是民主党人。但是这种方法并没有效果，因为海兰已经恨透了麦卡尼，并以他一贯的传教士般的热情反对 TC。

《纽约时报》在一篇社论中表达了对州长这项选择的赞许：

"米勒州长兑现了他的诺言，他为本市挑选了能力出众且正直无比的人士担任 TC 的委员。很明显他在选择这些人的时候没有考虑政党的因素。因为与之前地铁扩建项目以及双合同之间的关联，三人之中的麦卡尼和哈克内斯对纽约地铁系统存在的问题有着深刻的了解。毫无疑问，这一事实将会被海兰的人拿来说事，因为在他们看来，掌握信息就等同于背叛、谋略和掠夺。"

然而，海兰市长没有这么做。他命令他的市议会成员约翰·奥布莱恩向法院申请禁止令来阻止 TC 的行动。在法庭上，纽约市指责设立 TC 的法案违反了纽约市的宪章，特别是"地方自治"的条款，在其指导下纽约已经在许多原本由州政府管理的方面具备了自我管理的能力。此外，纽约市对于 TC 是否有权更改或撤销该市和轨道公司之前签订的合同提出质疑，它还质疑 TC 是否有权实施地方政府明确反对的规划。1921 年 5 月 17 日，法院驳回了纽约市政府的禁令请求，TC 得以开展它的工作。纽约市政府继续通过上诉与 TC 斗争，但都没有获胜。

1922 年 5 月 12 日，TC 公布其最新的快速交通线路规划。与 TCC 的方案相比，这项规划显得更加保守，预计总费用为 2.18 亿美元。它包括：

- 将 IRT 和 BRT 系统的科罗娜线延伸至法拉盛；
- 延长第 42 街的跨区地铁（现阶段的接驳线），并移动站台设备，以满足曼哈顿现今以及未来所有的南北向地铁和高架的需求；
- 建设一条隧道使第四大道地铁通往斯塔顿岛，并与那里现有的蒸汽机车线路和电车线路连接；
- 将 BMT 系统的百老汇线从第 57 街和第七大道延伸至第 155 街和第七大道；
- 新建一条穿越布鲁克林城区的线路，从皇后区广场出发，并与富兰克林大道和富尔顿街的布莱顿线连通；
- 新建一条下穿东河的隧道，将布鲁克林的富尔顿街高架铁路与曼哈顿市政厅站的百老汇——第四大道线连接起来；
- 新建一条四轨主线，从华盛顿高地出发，沿着第八大道和阿姆斯特丹大道通往曼哈顿下城。

该系统预计将在 6 年内建成。与 TCC 的方案相比，TC 的方案与双合同方案更为接近，因为它强调与现有快速交通系统的整合和连通。

就在 TC 计划公布两天后，海兰市长宣布了他对这项方案的坚决反对。市长宣称他会将该法案上诉至这个国家的每一级法院，他绝对不允许任何包括 IRT 或 BRT 的地铁合同。

麦卡尼和海兰的目标不同。麦卡尼把地铁看作一个综合系统，需要完美的设计来满足纽约大规模人口流动带来的交通运输需求。海兰则希望建立一个单独的并能与 IRT 及 BRT 竞争的系统，最终目的是由市政府买下这两家公司（以优惠的价格），然后在政府的完全控制和运营下形成"统一"的系统。海兰还有一些盟友也反对 TC 的计划。皇后区区长对该计划表示反对，因为它"忽视了皇后区"的利益，而曼哈顿区长则表示不喜欢那条新建主干线的线位。

10.3.3　海兰计划

1922 年 8 月 28 日，海兰市长公布了他自己的纽约市地铁系统计划，一套"独立于" IRT 和 BRT 之外的系统。这一事件低调的有些不同寻常。多年来，海兰一直在公开场合抨击 TC 的地铁计划，并不断推广自己有关"政府所有并运营地铁"的理念。但当他自己的计划正式公布时，他却不在场。他的秘书，同时也是他的女婿，约翰·辛诺特主持了这场正式的发布会。市长当时正和威廉·伦道夫·赫斯特以及纽约的精英们一道，在萨拉托加温泉城参加萨拉托加赛马季的开幕式。他的女婿代为表达了市长对不能出席发布会的遗憾，一位记者以一种俏皮的口吻随即说道："我也希望自己不在这儿！"不管事件的真实原因如何，这次发布的规划方案为后来的独立地铁系统奠定了基础，并首次正式提出了"快速交通系统整合"的问题。该计划包括：

- 根据双合同中的约定，收回 IRT 和 BRT 的运营权；
- 在曼哈顿西区新建一条四轨主干线，从华盛顿高地的最高处出发，沿百老汇、阿姆斯特丹大道和第十大道地下敷设，最终通往巴特利和布鲁克林，并与那里的现有线路连通；
- 在东部新建一条四轨主干线，从布朗克斯区的 181 街和第三大道出发，穿过第一大道和下东区，通往帕克洛和布鲁克林。在第 10 街的位置，轨道将分为两条两轨支线，一条通过第三大道和波威里街进入布鲁克林，另一条则通往市政厅站附近的环形铁路。从哈勒姆河处轨道也分出两条支线，一条通往福特汉姆路和南大街，另一条通往福特汉姆路和韦伯斯特大道，并在那里与现状的 IRT 怀特普莱恩斯线路汇合并通往 241 街；
- 一条起始于第 125 街西段的跨区线，向东延伸并下穿东河，最终与皇后区的阿斯托里亚线连通；
- 一条从猎人角地区出发的新线路，穿过皇后区和布鲁克林后通往拉斐特大道，并在那里分为两条支线，一条继续沿着拉斐特大道延伸，最终与第一大道地铁连通，另一条则通往弗拉特布什大道和富兰克林大道；
- 新建一条从布鲁克林市政厅出发的四轨线路，首先穿过拉斐特大道地铁通往贝德福德大道，然后经由百老汇通往牙买加。这条线路中有一段位于百老汇高架的底下，将直接与 BRT 展开竞争；
- 新建一条 IRT 支线，从东方公园道（尤蒂卡大道方向）通往平地大道；
- 在布鲁克林的弗拉特布什大道下新建一条四轨地铁，先后通往诺斯特兰德大道、科尼岛的埃蒙斯大道和冲浪大道。同时在弗拉特布什大道下建设一条通往弗洛伊德贝涅特机场的支线；
- 延长第 14 街线路，与皇后区第 121 街的牙买加高架铁路连通；
- 新建一条从展望大道通往布鲁克林的密尔顿公园路的新线路，终点站设在第 90 街；
- 第四大道线向南延伸至第 96 街；
- 第四大道线向东延伸至西端高架铁路；
- 建设一条新的双轨线路从第四大道和第 67 街通往斯塔滕岛；
- 把 IRT 的新地段线路延伸至莱福士道；
- 将 IRT 的科罗娜线经由缅街、北大街以及百老汇等延伸至贝尔大道；
- 新建一条从 IRT 科罗娜线到牙买加的支线。

《纽约时报》刊登了一份海兰计划的地铁系统图，如图 10.3 所示。

然而，就连海兰自己都意识到他并没有能力实施这项计划。据《纽约论坛报》报道：

"市长极不情愿的做出回应，他认为 TC 不能对他提交的方案置之不理。他认为立法机关必须进行干预，从而实现对运输系统的控制。这是市长的安全保障，也是他在遇到政治难题时的解决之道。立法机关对于海兰的这套做法早就习以为常，海兰对立法机关也是一样的。当他们之间爆发冲突时，他们只会对彼此说'我的矛没有兄弟'"。

海兰市长想要废除 TC，并由市政府管理的团体取而代之。与此同时，决定地铁建设支出的纽约市评估委员会进行了几次尝试，试图弥合两个计划之间的鸿沟，最终批准了几个在两个方案中都相同的线路，包括第八大道地铁，但没有对外发布招标。纽约市评估委员会还考虑在第六大道修建一条新的地铁干线，以取代现有的第六大道高架铁路。这标志着曼哈顿的高架铁路开始因为环境问题而要逐步走向灭亡。

1922 年，阿尔弗雷德·史密斯重掌州长之位。原以为两个坦慕尼协会的成员都占据重要职位，海兰想要获得州议会的支持不会有什么困难。然

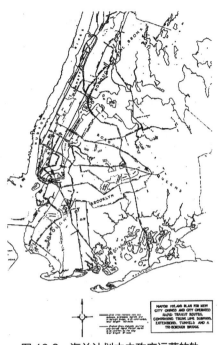

图 10.3 海兰计划中由政府运营的轨道系统线路图

图片来源：*Originally published in* "Hylan Announces Plan for Transit," *New York Times*, August 28, 1922, pg 3.

而，他与史密斯的关系往好了说是不愠不火，往坏了说就是敌对。在 1922 年的选举中，史密斯与海兰结成联盟，共同反对 TC，支持 5 美分的车费政策。最终，他赢得了州长竞选，但州议会仍掌握在共和党人手中，这使得情况更加复杂。因此，关于这两套交通计划的讨论一直到 1924 年都没有结论。

10.3.4 阿德勒法案和交通运输管理局

1924 年，共和党领导人提出了一项折中法案，名为《阿德勒法案》（以国会多数党领袖西蒙·阿德勒的名字命名）。根据该法案，议会将保留 TC 部门，并继续监管现有的快速交通系统，包括 IRT 和 BRT。而开发新快速交通线路的权力则移交给一个市属的新组织，即交通运输管理局。管理局的大多数成员都将由市长任命，并向他汇报工作。这项法案赋予了纽约市政府建造地铁的权力。1924 年 5 月 2 日，该法案由州长史密斯签署成为法律。

该法案还包含了两条不符合纽约市或者海兰市长喜好的规定。一是禁止交通运输管理局收回现有的快速交通系统；二是 5 美分车费政策仅能维持三年，之后需重新确定票价，以保证公共交通系统的自给自足。

海兰市长任命 TCC 的前任主席约翰·德莱尼负责新成立的交通运输管理局。1924年 12 月 9 日，管理局提出了自己的新地铁建设计划。相比之前的计划，它有几个独有的特征。它在曼哈顿设置了两条干线，一条位于第八大道下，另一条位于第六大道下。对于布鲁克林和皇后区现有的 IRT 和 BRT 线路，该方案取消了向城市行政边界的延伸。这项新计划具体包括：

- 新建一条第八大道主线，从第 207 街前往钱伯斯街，然后下穿东河到达布鲁克林，同时建设一条支线从大广场下通往第 205 街，从而服务布朗克斯区；
- 新建一条第六大道主线，从第 53 街通往西 4 街，然后向东转到第二大道，之后下穿东河通往布鲁克林，并与那里的第八大道路线连接；
- 沿第 53 街新建一条线路，下穿东河通往皇后区广场，然后沿皇后大道和希尔赛德大道通往牙买加；
- 在布鲁克林新建一条沿富尔顿街地下通往东纽约的线路；
- 在布鲁克林建设一条从市中心通往红钩区的线路，主要沿着展望公园的边缘敷设；
- 新建一条布鲁克林到皇后区的跨区线，从皇后区广场出发通往富尔顿街。

除了一些细小的差别，这个计划基本与 1940 年建成的独立地铁系统一致。

在这套独立的地铁系统建成之前，还曾经历了一些其他的障碍。根据 1924 年的法律，地铁必须经过评估委员会的审核才能建设。评估委员会要求针对这项计划进行财务分析。这项地铁计划的建设和设备采购预计需耗费 6.74 亿美元，纽约市政府计划通过发行债券的方式来筹集这笔资金。

然而，财务分析的结果并不令人振奋。要想满足自给自足的要求，独立地铁系统的票价必须定为 8 美分。若要将系统运营前三年的票价定为 5 美分，则政府税收需要增加 1.87 亿元，而沿线地产的评估价需要增长 1.38 亿元。此外，由于地铁建设耗尽城市的融资额度，像学校、码头、医院、排水管道、桥梁等其他重要的工程都可能被迫延后。如果要建设这套系统，纽约市必须大幅提高其债务限额。

第八大道干线在 1924 年的法案通过之前就获得了批准，所以可以在债务限制问题解决之前便启动建设。1925 年 3 月 14 日，海兰市长在这条线路的华盛顿高地段宣布正式动工。为了强调这是一条"人民的地铁"，开工仪式选在约翰汉考克公园举行。与他之前的反对立场一致，海兰市长利用这个机会再次对 IRT 和 BRT 公司以及 TC 进行了抨击。

1926 年初，州议会批准将纽约市的债务限额提升 3 亿美元，这使地铁系统的其他部分得以启动。

10.4　独立地铁系统（IND）

等到地铁开工建设时，海兰市长的任期只剩下了几个月的难熬时光。1924 年夏天，BMT 系统发生了一起事故，造成 1 人死亡，30 多人受伤。海兰抓住这一不幸事件，再次对私营铁路公司发动了严厉的攻击。在给史密斯州长的信中，海兰要求解除 TC 委员们的职务，包括麦卡尼、勒罗伊·哈克尼斯和约翰·奥瑞安，并指控他们玩忽职守和严重渎职。他还对哈克尼斯提出了腐败指控。此时的史密斯州长已经受够了海兰，他授权对纽约的快速交通系统进行全面调查。事实上，这次调查只是突出了市长在公共交通相关事务上的不合理行为。海兰对哈克尼斯的指控被证明是毫无根据的，没有人能将任何一位委员与这起事故联系起来。

坦慕尼协会决定让另一位候选人参与下一任市长竞选，并与海兰展开竞争。他们的选择是吉米·沃克，一位将继续受贪污狡诈的特威德老板控制的傀儡。当时的沃克看起来风度翩翩，而且是一位天才演说家，这些都是海兰不具备的特点。

沃克最终轻松获胜，并当上了市长。而海兰却在取得最大成就的时刻，也就是在独立地铁系统（IND）即将成为现实之时，带着苦涩的心情离开了市长办公室。

IND 系统在很多方面都不同于之前的地铁系统，它所处的政治环境以及地铁本身的现状都发生了变化。IND 系统的规划并不是为了进一步分散纽约市的人口，事实上它也起不到这样的作用。因为它是一套与 IRT 以及 BMT 竞争的独立系统，优先建设于建成区，以确保足够的载客量来满足其运营成本。

实际上，促进城市外围地区发展的任务现在已经转移到了汽车的身上。当 IND 系统开始运行时，罗伯特·摩西才刚开始作为一名建筑师开启他的职业生涯。他最终成为主导纽约市和纽约州城市规划的重要力量。

就像海兰对"人民的地铁"有着近乎宗教般的狂热一般，摩西也有一个基本的信念，即交通运输的未来是属于汽车的，而且只能是汽车的。在他的职业生涯中，他始终积极倡导道路的建设和扩张，并反对公共交通。

IND 系统中包含了第一批替代老旧高架铁路的地铁线路。这将直接导致曼哈顿第 6 大道和第 9 大道高架线路以及布鲁克林的富尔顿街高架线路拆除。

IND 系统给 BRT 系统留下了一个难以解决的重大问题，即德卡尔布大道的瓶颈问题。1924 年时，BMT 有 16 条轨道线路汇聚于德卡尔布大道，包括布莱顿线、卡尔弗线和西端高架线、海滨线和第四大道地铁。但建设 IND 系统后，德卡尔布大道只剩下 6 条轨道了，其中两条通过隧道通往曼哈顿的百老汇地铁，四条则通过曼哈顿大桥。尽管随着时间的推移，这个问题有所改善，但德卡尔布大道仍然是整个系统最主要的瓶颈。

不管怎样，IND 系统与之前的快速交通系统相比存在很大不同：

- IND 系统采用了当时最先进的技术，而且是第一个几乎不完全依靠人力完成的建设。尽管如此，在全国经济陷入困境，尤其是在 1929 年股市崩溃时，IND 系统仍旧提供了将近 1 万个就业机会。

- 在建设同时提供普线和快线服务的四轨线路时，IND 系统采用了一种不同以往的方式。这一点在皇后区表现得尤为明显，快线地铁往往采用两座快线车站之间的最短线路进行敷设，而普线的路径则相对曲折，以便为更多的普线车站提供服务。

- IND 系统的车辆非常先进，综合了时下最新的操作技术，但一些 BMT 已经申请专利的技术并未被采用。在之后近 10 年的时间里，IND 系统的车辆都保持了一种标准化的基础设计。这些车辆采用数字序列进行编码，现在仍在使用。最开始的车辆编码为"R-1"车型（图 10.4），随后 9 年的订单编号为 R-2 到 R-9。这些车的基本设计一直到 R-10 出现后才有所改变。

在施工过程中采用了一种提升效率的方式，那就是建设连接街道和施工层的坡道（图 10.5）。这使得卡车可以直接将泥土、岩石和其他被需要移走的材料从现场运走，而不需要一个单独的系统将这些材料移到地面。同时，它还为运送物资提供了直接的通道。

和之前的 IRT 系统一样，第八大道地铁的曼哈顿上城段有四个车站位于地下较深的部位，需要为乘客设置电梯。其中，第 181 街的车站设计很独特（图 10.6），它位于地面以下 120 英尺的地方。车站外部的地面是一

（a）IND 系统最早的 R-1 车辆——100 号车

（b）R-1 车辆内景

图 10.4　IND 系统的标准车型

图片来源：*Courtesy of* New York Transit Museum.

图 10.5　采用卡车坡道解决材料运输的施工现场

图片来源：*Courtesy of* Frederick A. Kramer, *from* Kramer, *Building the Independent Subway*, Quadrant Press Inc., New York, NY, 1990, pg 20.

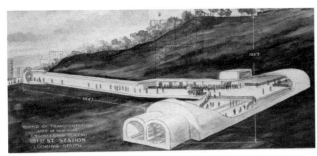

（a）尽管第 181 街车站距离华盛顿大道地面的深度为 122 英尺，但它　（c）第 181 街车站的电梯入口
与观景平台的高度差只有 12 英尺，这使得两者之间可以实现一条接
近水平的通道

（b）第 181 街车站在第 184 街和班尼特大街上的出入口

图 10.6　IND 系统第 181 街车站的独特设计

图片来源：*Courtesy of* Frederick A. Kramer，*from* Kramer，*Building the Independent Subway*，Quadrant Press Inc.，
New York，NY，1990，pg 28.

条陡坡，一条长 264 英尺的近乎水平的隧道从地面进入，然后通往车站。乘客可以从
观景台穿过一条长隧道进入车站，也可以从华盛顿大街的电梯进入车站。

　　由于 IND 系统的复杂性和冗长的审批程序，它的线路并不是同时开工建设的。第八
大道地铁最早开工，也是第一条运营的线路。因为纽约市评估委员会在 1924 年法案成
立交通运输管理局之前就已经批准了它的建设，这给了第八大道地铁先行一步的条件。

　　最难建造的线路是位于第八大道和第 53 街之间的第六大道干线。最大难点在于它
将建在现有的第六大道高架线路之下，而且第六大道高架在整个建设期间都将保持运
行。它还将下穿 BMT 的第 14 街线和百老汇线，然后上跨卡茨基尔渡槽、IRT 系统的皇
后区连接线、长岛铁路隧道以及哈德逊和曼哈顿铁路在第六大道下的隧道和车站。此外，
由于与第六大道上的一家主要有轨电车运营商就停止服务进行了复杂的谈判，整项工
程被推迟了。最终，双方达成了一项协议，即在建设期间电车停止服务，待建设完成
之后，电车将重新恢复运行，或者给该公司一条巴士线路的特许运营权。

10.5 独立地铁系统的开通

第 8 大道地铁于 1932 年 9 月 10 日午夜首次向公众开放（图 10.7）。该线路最初的轨道里程长约 57 英里，并拥有当时世界上最长的站台，位于第 42 街和第八大道之间，长达 1200 英尺。与 1904 年 IRT 开通时的大张旗鼓不同，IND 系统并没有举行盛大的开通仪式。此时，海兰市长和他的继任者吉米·沃克早已离任。几个月前，有媒体曝光沃克参与了贿赂和其他非法活动，他因为这起丑闻事件而辞职。

图 10.7 等待独立地铁系统开通的人群（1932 年 9 月 9 日）

图片来源：*Courtesy of* Frederick A. Kramer, *from* Kramer, *Building the Independent Subway*, Quadrant Press Inc., New York, NY, 1990, pg 43.

现任市长是约瑟夫·麦基，他被任命在选举之前担任市长一职，直到完成沃克的剩余任期。当时他正在调查一起造成 35 人死亡的汽船爆炸事故，所以没有时间参与第八大道地铁的开通仪式。为了测试系统，地铁列车已经运行了数周，所以并没有举行正式的开通仪式。午夜钟声敲响的时候，所有的车站同时开放，列车也排好了时刻表整装待发。

由于 IND 系统没有发布特许运营权的招标，所以它将完全由政府运营。本来由政府运营还有一些阻碍，但经过一场法律诉讼，这个问题得以解决。唯一出席 IND 系统开通仪式的政府官员是交通运输管理局的主席约翰·德莱尼。

迫于经济大萧条期间的财务困境，IND 系统的建设断断续续。大部分线路于 1937年完工，但关键的第六大道地铁直到 1940 年才开通（尽管只开通了普线服务）。表10.1 给出了 IND 系统各线路开通的时间序列。

IND 系统的分段开通时间	表 10.1

日期	区段
1932 年 9 月 10 日	第八大道地铁开通仪式
1933 年 2 月 1 日	布鲁克林线路延伸至杰伊街
1933 年 3 月 20 日	布鲁克林线路延伸至卑尔根街
1933 年 7 月 1 日	布朗克斯区线路通过大广场街延伸至第 205 街和班布里奇大街
1933 年 8 月 19 日	皇后区线路延伸至罗斯福大道
1933 年 10 月 7 日	布鲁克林区线路延伸至教堂大道
1936 年 1 月 1 日	西四街和东百老汇之间的联络线开通
1936 年 4 月 9 日	布鲁克林线路从东百老汇延伸至杰伊街；富尔顿街线路从杰伊街延伸至罗克威大道；法院街接驳服务投入运营
1936 年 12 月 20 日	皇后区线路延伸至联和大道
1937 年 4 月 24 日	皇后区线路延伸至第 169 街
1937 年 7 月 1 日	拿骚大道和霍伊特·谢尔默恩街之间的连通——布鲁克林和皇后区的跨区线开通
1939 年 4 月 30 日	世博会专线开通，于 1940 年 10 月 28 日停止运营
1940 年 12 月 15 日	第六大道专线首发

　　图 10.8 显示了 1936 年年中时的 IND 系统线路图。它没有包括尚未完工的第六大道地铁以及其他后来才开放的线路。

　　尽管在之后的几年中还会补充新的线路，但到 1940 年时，IND 系统的大部分已经完成。1941 年，IND 系统从纽约–威彻斯特–波士顿（NYW&B）铁路公司购买了一辆列车，并开始在戴尔大街提供接驳服务。到 1957 年时，这条线路成为 IRT 系统的一部分。

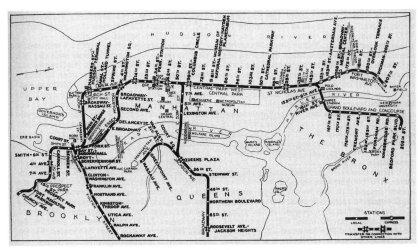

图 10.8　IND 系统线路图（1936 年中）

图片来源：*Courtesy of* Frederick A. Kramer, *from* Kramer, *Building the Independent Subway*,
Quadrant Press Inc., New York, NY, 1990, pg 25.

1956 年，IND 系统开始在长岛铁路之前的轨道上提供前往洛克威的服务。

1940 年之后，纽约庞大的快速轨道交通系统又增加了几条重要的线路。从 1940 年 IND 系统建成后，纽约快速交通系统的大规模发展时代就此结束。

10.6　通往世博会的地铁

在大萧条最黑暗的日子里，1934 年，一位名叫约瑟夫·沙德根的工程师与爱德华·罗斯福沟通，提议在纽约市举办一场世界博览会。爱德华·罗斯福是富兰克林·德拉诺·罗斯福的支持者，也是他的远房亲戚。纽约从来没有举办过这样的活动，沙德根认为这有助于提振城市的经济，同时增加纽约的知名度。

罗斯福与新成立的区域规划协会举行了一次会晤，该协会的领导人正是乔治·麦卡尼。这个想法得到了协会的支持，很快罗伯特·摩西就全身心地投入到活动的策划中。当然，摩西也必须参与其中，因为他是新任纽约市长菲奥雷洛·拉瓜迪亚任命的公园事务专员。

博览会将在法拉盛草地公园举行，当时那里还只是一片沼泽。选在这里主要是考虑了交通可达性的因素。由 IRT 和 BMT 联合运营的法拉盛线，已经在威利特角大道的公园中央设立了一个车站（图 10.9）。IND 只要修一条两公里的支线，就能将车站出入口与博览会的场地连通。罗伯特·摩西的中央公园大道为机动车提供了直通展会场馆的通道，轮渡则可以停靠在展会附近的码头。

通往博览会的快速交通系统非常重要，尽管存在一些工程和经济上的困难，但各方都能通力合作以促进项目的实施。这条快速交通线路涉及三个主要的工程：

- 完成威利特角大道现有车站的翻新及扩建工程（图 10.10）；

图 10.9　世博会之前的威力特角车站

图片来源：*Courtesy of* Frederick A. Kramer，*from* Kramer，*Subway to the World's Fair*，Bells & Whistles，Westfield NJ，1991，pg 9.

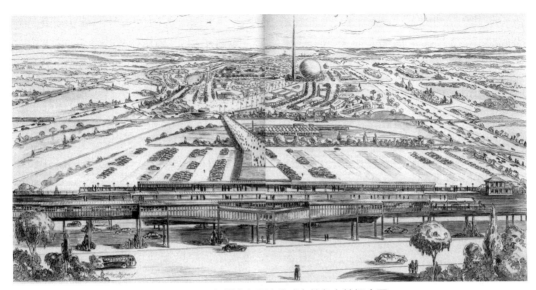

图 10.10　为世博会设计的威力特角车站概念图

图片来源：*Courtesy of* Frederick A. Kramer, *from* Kramer, *Subway to the World's Fair*, Bells & Whistles, Westfield NJ, 1991, pg 4–5.

- 额外购买 50 辆列车来为 IRT 和 BRT 的法拉盛线的新增需求提供服务；
- 修建一条两英里长的临时支线，将 IND 系统与为世博会新建的终点站连通。

　　在整个纽约市公共交通系统的历史中，因为世博会而做的一些安排似乎很不起眼。然而，它证明了一件事，当政府和个人为了一个共同目标而齐心奋斗时，他们可以做些什么。这条 IND 线路的确是临时的，在 1940 年世博会结束后，它立马就被拆除了。当然，威力特角车站的改造保留了下来，直到今天仍被使用，从这里可以通往法拉盛草地公园、希叶露天体育馆（后来改为花旗球场）和网球中心。

　　为世博会购买的新列车几乎没有未来感（图 10.11）。当时 IRT 处于破产管理阶段，购买的车辆形式尽可能简单，但依然是全新的、有吸引力的。这是 IRT 系统第一次放弃它传统的车门布局形式，之前它的车辆都是在两端设置两个前厅，在中间设置一扇门。

图 10.11　为 1939 年世博会准备的 IRT 新车

图片来源：*Courtesy of* Frederick A. Kramer, *from* Kramer, *Subway to the World's Fair*, Bells & Whistles, Westfield NJ, 1991, pg 17.

新的车辆在车身布局了三扇门，与最新的 BMT 车辆采用了类似的设计。IND 没有特地为世博会购买新车，因为它原本的车队就很新，车身采用了 4 门的布局形式。

10.7　新时代的来临

20 世纪 20 年代后期，区域规划协会发布了其具有里程碑意义的《纽约及其周边区域规划（1929—1931 年）》。规划提出建设一个庞大的干线和环形高速公路网络，包括横跨哈德逊河和东河的桥梁与隧道，以及贯穿城市和郊区的公园道路。当然，快速交通系统规划也是必不可少的内容。这里包含了丹尼尔·特纳提出的交通系统整合规划，综合了早期 TCC 计划中的许多元素。该方案提出建设 297 英里的新轨道来取代高架铁路，并在上东区新建一条地铁，同时将所有快速交通线路延伸至城市边缘。

这项规划最令人称道的便是对庞大高速公路网络的预判，因为只有这部分内容后来实现了。在短短几年内，罗伯特·摩西将获得监管和实施高速公路的权力，他认为高速公路是疏散城市人口的主要方式。这就导致没有多少钱可用于其他领域，包括快速交通系统。

利用快速交通来塑造城市形态和促进未来发展的时代已经结束了。然而，这种观点是极其短视的，因为缺少了快速交通系统，纽约的城市功能就不能正常运转。当整个国家和整个城市都因为汽车而疯狂的时候，它的快速交通系统只能自生自灭，导致了 20 世纪 70 年代和 80 年代初的恶性循环。

参考文献

1. Tammany Still Seeks a Man for Mayor. New York Times，4（August 14，1917）

2. Pick Judge Hylan to Head Ticket Against Mitchel. New York Times，1（August 15，1917）

3. Hylan Picked by Tammany for Mayor. New York Tribune，1（August 15，1917）

4. Triangle Fight for N.Y. Mayor Splits Tammany. Chicago Daily Tribune，7（August 24，1917）

5. For Mayor of New York. Outlook，639（August 29，1917）

6. Hearst Declines to Run for Mayor；Supports Hylan. New York Times，1（September 1，1917）

7. Hylan for Suffrage，Just Like Mitchel，He Asserts. New York Tribune，9（October 12，1917）

8. City's Most Complex Election. New York Times（November 4，1917）

9. Hylan Victor Over Mitchel by 145，000. New York Tribune，1（November 7，1917）

10. Says Bankers Run Nation. The Washington Post，3（March 27，1922）

11. Hylan Shies Hat Toward Next Presidential Ring. New York Tribune，1（March 27，1922）

12. Scores Killed or Maimed in Brighton Tunnel Wreck. New York Times，1（November 2，1918）

13. Two Inquiries to Fix Blame For "L" Wreck；89 Are Dead. New York Tribune，1（November 3，

1918 ）

14. The Mayor to Begin B.R.T. Inquiry Today. New York Times，24（November 4，1918）

15. Mayor Fails to Find 'Doe' or 'Roe' In Wreck Inquiry. New York Tribune，16（1918）

16. Wreck Jury Indicts Five B.R.T. Heads. New York Tribune，16（December 21，1918）

17. Find Blewitt Not Guilty in B.R.T. Case. New York Tribune，1（March 19，1919）

18. Trial of Motorman in B.R.T. Wreck Started. New York Tribune，8

19. Lewis Acquitted of Manslaughter in B.R.T. Wreck. New York Tribune，6（April 5，1919）

20. Lewis Hints That Hylan Mind His Own Affairs. New York Tribune，6（April 12，1919）

21. Menden Acquitted in B.R.T. Trial. New York Times，3（January 27，1920）

22. J. J. Dempsey Acquitted. New York Times，22（April 15，1920）

23. Malbone Cases Are Dropped. New York Tribune，7（January 18，1921）

24. Legislature Ready to Adjourn Today After Final Rush. New York Times，1（April 15，1919）

25. Makes Delaney Transit Builder. New York Times，17（May 27，1919）

26. City May Take Over Interborough Lines. The Christian Science Monitor，6（March 18，1920）

27. $350,000,000 Plan For Subway Routes Has Been Completed. New York Times，1（September 26，1920）

28. Plans to Double Subways for $350,000,000. New York Tribune，16（September 26，1920）

29. City's Growth Discounted in Plans for Adding 830 Miles of Track to Rapid Transit Systems. New York Times，114（October 3，1920）

30. Miller to Tell Plan on Traction Monday. New York Times，4（January 22，1921）

31. Full Power Over Fares and Franchises Given to the New Transit Commission Bill Made Public by Gov. Miller.New York Times，1（February 15，1921）

32. Miller's Transit Bill Put Through Senate，33 to 18. New York Times，1（March 17，1921）

33. Traction Bill Signed by Gov. Miller. New York Tribune，1（March 31，1921）

34. Miller in Quandry Over Transit Heads. New York Times，30（April 4，1921）

35. Transit Board Named，McAneny is Chairman，Prendergast Heads P.S.C. New York Tribune，1（April 17，1921）

36. The New Transit Commission. New York Times，9（April 18，1921）

37. Transit Injunction Argued in Court. Wall Street Journal，6（April 28，1921）

38. Court Denies City Injunction Against Transit Commission. New York Tribune，1（May18，1921）

39. Seven More Lines in Transit Plan. New York Times，1（May 12，1922）

40. Transit Board Announces $218,000,000 Plan. Wall Street Journal，6（May 12，1922）

41. Hylan Out to Block New Subway Lines. New York Times，12（May 14，1922）

42. Hylan Announces His $600, 000, 000 Plan for Transit. New York Times, 1（August 28, 1922）

43. Mayor Explains His Plan. New York Times, 2（August 28, 1922）

44. Mr. Hylan's Vision. New York Tribune, 8（August 2, 1922）

45. Republicans Offer Home Rule; City to Pick Board. New York Times, 1（February 24, 1924）

46. New Transit Plan Approved by Smith. New York Times, 2（May 3, 1924）

47. Hylan Swears In His Subway Board. New York Times, 21（July 22, 1924）

48. Hylan Subway Plan Links Four Boroughs at $450,000,000 Cost. New York Times,1（December 10, 1924）

49. Hood, C.: 722 Miles: The Building of the Subways and How They Transformed New York. The Johns Hopkins University Press, Baltimore（1993）

50. Kramer, F.: Building the Independent Subway. Quadrant Press Inc., New York（1990）

51. Feinman, M.: History of the Independent Subway, http: //www.nycsubway.org

52. Kramer, F.: Subway to the World's Fair. Bells & Whistles, Westfield（1991）

第 11 章
斯塔滕岛捷运系统

斯塔滕岛在纽约市的五个行政区中是独一无二的存在。与其他行政区相比，它要偏远许多。1964 年 11 月 21 日费雷泽诺大桥通车之前，斯塔滕岛只能通过轮渡与曼哈顿以及纽约市的其他区域连通。

尽管做过许多规划，但直到现在，斯塔滕岛与纽约市的其他区域依旧没有轨道系统连接（现在有快速巴士服务），不过很多年前斯塔滕岛内部就有了自己专属的"铁路"。本章主要探讨斯塔滕岛捷运系统（SIRT）的背景和历史，以及它对这座岛屿的影响。

11.1　引言

这座岛屿的命名源于亨利·哈德逊，他给岛屿起名为"Staten Eylant"（荷兰语）。1670 年，当时被称为"美国最大、最富饶的岛屿"的斯塔滕岛被卖给了约克公爵。《纽约论坛报》在 1860 年 6 月 15 日刊登的一篇文章中，将该岛描述为一座知名的休闲岛屿：

"我们现在所享受的夏日好天气，是建立在这周围各类丰富的水资源基础之上的。每天都有成千上万的纽约人光顾约翰逊森林、榆树公园、中央公园和斯塔滕岛等。"

为了满足人们从曼哈顿前往斯塔滕岛的旅行需求，马丁·达克特于 1755 年推出了一种半定期的轮渡服务。科尼利厄斯·范德比尔特是最早的轮渡经营者之一，他的渡船包括"惊悚号"和"鹦鹉螺号"。1810 年，范德比尔特创办了斯塔滕岛轮渡公司，并完成其初始的资本积累，从此开启了他的金融帝国之路。范德比尔特也因此成为岛上最早的一批知名人士。

与外部相对隔绝的地理特点对斯塔滕岛的发展产生了巨大的影响，至今，它仍旧是一个与纽约市其他行政区截然不同的地方。斯塔腾岛与人们印象中的纽约市非常不同，它的居住密度远低于曼哈顿、布鲁克林、布朗克斯以及皇后区。岛上大部分地区看起来更像是郊区，与长岛拿骚和萨福克类似，还有一些更加偏远的地方看起来和农村别无两样。

图 11.1 为纽约市行政区划图。如果将纽约市的边界去掉，你可能会认为斯塔滕岛是新泽西州的一部分，因为它紧挨着新泽西州的海岸线，中间只隔着一条狭窄的阿瑟溪。

斯塔滕岛归属于纽约市本身就是历史的一个意外。英国统治时期，纽约和新泽西的殖民者都宣称拥有斯塔滕岛的主权。约克公爵被国王任命来监管这两个地区，他宣布，谁能在 24 小时内乘船环绕该岛，谁就能获得该岛的管辖权。1687 年，克里斯托弗·比洛普船长代表纽约殖民者完成了这项任务，纽约正式获得了斯塔滕岛的管辖权。不久之后，公爵将它命名为"里奇蒙"。直到今天，

图 11.1　与新泽西州紧邻的斯塔滕岛
图片来源：*Courtesy of Wikimedia Commons*，Map by Julius Schorzman，used under Creative Commons Share-Alike 2.5 Generic.

这两个名字仍然存在：斯塔滕岛是纽约市的一个行政区，而里奇蒙则属于纽约州的一个县。

在之前的章节中，有关公共马车、有轨马车、有轨电车、高架铁路和地铁的历史中都很少提及斯塔滕岛。事实上，斯塔滕岛内部有几条独立的有轨马车线路和一个小规模的电车系统，只是无法与其他行政区连通。

在"双合同"签订前的几年里，纽约市曾规划过一条地铁隧道，希望将布鲁克林的第四大道地铁（BRT/BMT）和斯塔滕岛的圣乔治车站进行连通。该设想在有关纽约地铁扩建的许多提案中都曾有所涉及，但受制于成本因素，最终都没能实施。

但这并不意味着斯塔滕岛没有快速运输服务。事实上，所有计划连接布鲁克林的规划方案都是考虑与斯塔滕岛已有的捷运系统进行连通，即斯塔滕岛捷运系统（SIRT）。该系统起初只是一条普通铁路，经过多年发展慢慢成为一条类似于"快速交通系统"的线路。由于铁路服务的效率在很大程度上取决于与各种轮渡服务（通往曼哈顿和其他行政区）换乘的便利性，因此斯塔滕岛的铁路和轮渡在历史上总是交织在一起的。历史上，这条铁路曾经历过数位运营者，他们中的一些人还同时运营过轮渡服务。

与斯塔滕岛捷运系统相关的人都是一些知名人士，包括科尼利厄斯·范德比尔特和雅各布·范德比尔特、乔治·劳（圣乔治镇就是以他的名字命名的）、埃拉图斯·威曼（曾经的斯塔滕岛公爵）和 B&O 铁路公司的罗伯特·加勒特。与纽约市的高架铁路、地铁系统一样，当时主要的金融家和商人从一开始就参与到了斯塔滕岛铁路、轮渡系统以及岛屿本身的发展建设当中。

11.2　早期的运输系统

1836 年，斯塔滕岛颁发了第一份建设铁路的许可证，要求沿岛屿东岸修建一条从托滕维尔到圣乔治镇的铁路。然而由于融资困难，这条铁路一直未曾动工。

1860 年 4 月 23 日，斯塔滕岛开通了第一条铁路，由科尼利厄斯·范德比尔特提供资金支持。

"昨天，斯塔滕岛铁路向公众开放，从范德比尔特码头通往埃丁维尔，大约 8 英里长。通往托滕维尔的延长线预计会在一个月之内完工，长 16 英里。这条线路能够与轮渡码头连通，然后再经卡姆登和安博伊线前往费城。"

通往托滕维尔的延长线于 1860 年 6 月 2 日投入使用。从托滕维尔可以乘坐轮渡到达新泽西，在那里能够换乘铁路通往费城，而范德比尔特码头则拥有通往曼哈顿的轮渡。

最初，这条线路的运输服务仅靠两辆机车维持。1861 年，当新泽西机车制造厂威胁要收回机车的使用权时，范德比尔特让他的儿子威廉将车辆买了下来，从而保证了该铁路运输服务的延续。

这条铁路的财务状况非常良好，这取决于铁路和轮渡之间的完美配合，即每天为数不多的几趟火车恰好能够与班次同样稀疏的往来曼哈顿的轮渡衔接。但在最初的几年里，这种运营非常困难，因为当时码头的轮渡归乔治·劳所有。1860 年 8 月份刊登在《纽约时报》的一篇文章中提到了范德比尔特打算加入轮渡运输行业：

"我们也在考虑开设一条通往纽约的新轮渡线路，与铁路连接起来，而且能为公众提供比现在乔治·劳先生经营的船只更好的食宿条件。"

随之而来的是一场特许经营权的争夺战，范德比尔特最终不得不把他的轮渡服务卖给了乔治·劳：

"看来范德比尔特准将已经把他的渡船卖给了乔治·劳，后者已经获得了该岛东岸轮渡的垄断权。"

这篇文章接着指出，为了与轮渡实现更好的衔接，斯塔滕岛铁路的运营时刻进行了调整。但由于轮渡航行时间的不确定性，在固定时间段实现两者的换乘仍然是一个问题。1864 年 3 月，范德比尔特从乔治·劳手中买下了轮渡，铁路和轮渡的控制权第一次统一起来。

11.3　韦斯特菲尔德渡船事故

1871 年 7 月 30 日，刚刚在曼哈顿白厅街码头载满乘客的韦斯特菲尔德轮渡发生了爆炸。这起可怕的事故发生于当日下午 1 点 30 分左右，轮渡即将离开码头时，轮渡的锅炉发生了爆炸，造成了巨大破坏和严重人员伤亡。图 11.2 描绘了当时爆炸的场景。

这艘轮渡归斯塔滕岛铁路公司所有，由布鲁克林的一家造船厂在 1862 年生产。据说，爆炸的锅炉长 24 英尺，直径 10 英尺，前端 12 英尺，是一台低压锅炉，设计压强为每平方英寸 25 磅。

对于锅炉爆炸时船上的人数存在不同说法，有的报道说是 800 人，有的说是 200~300 人，也有的说是 300~400 人。同样，对伤亡人数的报告也大相径庭。《纽约论坛报》在 1871 年 8 月 1 日刊登的一篇文章中总结了一些已发表的数字，并进行了评论：

图 11.2 韦斯特菲尔德渡船爆炸
图片来源：*Originally published in* Frank Leslie's Illustration Newspaper，New York，NY，August 1871.

"《论坛报》本着严谨的态度尽可能准确地公布了一份受难者名单和人数，也刊发了所有遇难者的名字和地址，尽管这一伤亡名单比其他主流期刊更长、更多，但不幸的是，它似乎更正确。《先驱报》上的数字是：45 人死亡，78 人受伤；《泰晤士报》：82 人死亡，103 人受伤；《世界报道》：91 人死亡，208 人受伤；《论坛报》：67 人死亡，121 人受伤。"

事故发生后，有关部门立即展开调查和审讯，以查明事故原因和责任人。最初的调查结果于 1871 年 8 月 2 日刊登在《纽约论坛报》上：

"（1）锅炉存在安全隐患，虽然最近才检查过而且声称绝对安全；（2）安全阀坏了；（3）蒸汽气压超过了规定值；（4）工程师不在岗。"

然而，证词和公开言论有很大的不同，提问者不同、回答者不同，答案就不一样。《纽约论坛报》于 1871 年 8 月 8 日刊登的一篇文章似乎说明了公众对调查结果的失望情绪：

"到目前为止，汽船检查委员会取得的证据已经确定，韦斯特菲尔德轮渡的锅炉有裂缝，但又没有裂缝；炉体钢材很好，但又很差；水位很低，但又不低；那个工程师疏忽了他的职责，但他又像往常一样，尽职关注着锅炉状况；爆炸时的初始裂缝发生在烟道低端的对面，但又在顶部的'人孔'附近；蒸汽正从安全阀中逸出，但又没有；罪魁祸首是煤气，又不是煤气。"

文章接着说，大家一致认为爆炸是由"超压"引起的，但指出这个结论意义不大，因为超压的原因还没有查明。同样，也谴责了行使职责的专家证人与汽船业有某种关联。最终，据此调查得出的结论将会是"上帝的惩罚"。

1871 年 8 月 10 日，《旧金山纪事报》发表了一篇文章，直接对范德比尔特家族进行了抨击。文章指出，长期以来，因为"设施差，服务差"，轮渡一直是斯塔滕岛民众抱怨的对象，而且范德比尔特家族企业是一个"封闭的垄断企业"。不过，事实上，这些年斯塔滕岛的所有轮渡服务都遭到过类似的控诉。在这方面，并不只有范德比尔特家族一家。

8 月 17 日，验尸官公布了对安德鲁·科伊尔及其他乘客死亡的调查结果：

"我们发现安德鲁·科伊尔及其他已故乘客死于 1871 年 7 月 30 日韦斯特菲尔德轮渡锅炉破裂或爆炸，据说爆炸或破裂是由于钢材上的一个裂纹以及工程师罗宾逊在输送过压蒸汽时的疏忽造成的；该公司应对此次灾难负责，因为如果斯塔滕岛轮渡公司任命了称职的负责人、工程师和机械师，就可能发现这一缺陷，因此存在刑事过失。"

"我们建议地方检察官立即对此事采取行动。我们也认为政府目前例行的检查是非常不完善的。"

根据该判决，雅各布·范德比尔特（斯塔滕岛轮渡公司董事长）、詹姆斯·布雷斯蒂德（公司负责人）和哈里·罗宾逊（爆炸时的值班工程师）被逮捕。

虽然进行了几次审判，但没有一位高管被判刑。最终，韦斯特菲尔德轮渡在经过翻修后又再次投入了运营。然而，韦斯特菲尔德事故对斯塔滕岛轮渡公司和斯塔滕岛铁路公司的财务产生了巨大的影响。到 1872 年 7 月，铁路公司（包括轮渡公司）接受了破产管理。当年下半年，乔治·劳将这条铁路买下，并从 L.H. 梅耶尔手中接管了轮渡。

乔治·劳将公司更名为斯塔滕岛铁道公司，并着手和范德比尔特计划在圣乔治镇建设一座集铁路和轮渡于一体的综合枢纽站。没多久，范德比尔特便开始了枢纽站的建设，但由于一系列的诉讼缠身和一场预料之外的暴风雨（摧毁了车站的结构），这个项目最终被放弃。之后的公司仍然处于破产管理状态，而雅各布·范德比尔特仍是名义上的董事长。

11.4　斯塔滕岛公爵

1867 年，加拿大商人埃拉斯图斯·威曼来到纽约，成为邓－巴洛集团（后来的邓白氏集团）纽约办事处的负责人。1880 年巴洛去世后，威曼成为该集团的合伙人。威曼在加拿大的电报产业帮助其积累了巨大的财富，并开始频繁参与美国电报行业的相关事务。

来到纽约后，威曼定居于斯塔滕岛的一座豪宅内，并很快成为斯塔滕岛的知名人士。由于致力于开发建设斯塔滕岛，威曼被授予了"斯塔滕岛公爵"的称号。他认为斯塔滕岛发展的首要条件便是拥有一座能够分别连通纽约市和新泽西州的综合交通枢纽。

到 1880 年中期时，斯塔滕岛铁道公司基本上已经停止运营。1880 年 5 月，司法部长代表纽约州政府向该公司提起诉讼，要求其破产解散。诉讼书中要求该公司于 1872

年 9 月前破产，并完成相关权利授让程序。随后，法庭通过了强制破产令，只是法律程序的履行尚需时日。这使得斯塔滕岛铁道公司的处境更是雪上加霜。

1880 年 4 月，为了改善斯塔滕岛的运输条件，威曼重组并建立了斯塔滕岛捷运公司。这是"捷运"一词首次与斯塔滕岛的铁路系统联系起来。根据威曼的设想，斯塔滕岛的捷运系统是一条贯穿岛屿南北的铁路线，在线路的最北端（圣乔治镇，这里距离曼哈顿最近）将建设一座铁路与轮渡的换乘枢纽，且未来岛上所有的轮渡都将从圣乔治镇的码头出发。当时斯塔滕岛的轮渡分别在岛上的若干个码头停靠，连接各码头需要耗费大量的资金和时间，而威曼的捷运系统能够方便地解决这些问题。

为了推进计划的实施，威曼的公司开始向议会寻求帮助，以期望获得各项实施许可。事实上，当时威曼的公司尚未获得任何一条铁路的所有权或控制权。即便能获得建设连接线的许可，威曼也没有线路可以连接。尽管如此，公司还是继续推进相关事项，甚至开始对部分规划中的路线进行勘测。1881 年 4 月，公司从乔治·劳那里直接获得了 1.5 英里的关键路权。1882 年 10 月，威曼申请建设一座码头，计划为通往曼哈顿的新轮渡提供服务。

1883 年 4 月 3 日，威曼最终获得了斯塔滕岛铁路的控制权。在斯塔滕岛铁道公司的年会上，埃拉斯图斯·威曼和他的两个得力助手被选为该公司的董事会成员。这项任命决策是经过深思熟虑之后做出的，但依然让公司的许多董事感到意外。这只是推进斯塔滕岛铁道公司与斯塔滕岛捷运公司合并的第一步。为了避免可能产生的利益冲突，威曼在当月月底从斯塔滕岛捷运公司辞职。1883 年 6 月 27 日，两家公司的董事会正式批准两家公司进行合并，埃拉斯图斯·威曼被任命为新公司的董事长。在铁路和轮渡都被威曼控制后，他终于可以继续其雄心勃勃的计划了。

控制了铁道公司意味着控制了范德比尔特轮渡公司，但当时的北岸轮渡则是由约翰·斯塔林独家运营，他的租约要到 1884 年 5 月 1 日才能到期。因此，直到 1884 年 7 月 18 日，斯塔滕岛捷运公司才获得了北岸轮渡的新租约。斯塔林先生则因为租约一事闹上了法庭，诉讼持续了好几年。

威曼计划中最难实施的环节是获取政府和私有土地上的线路通行权，因为威曼需要将原先从范德比尔特码头车站（位于克利夫顿附近）驶出的铁路延伸至圣乔治镇的新轮渡码头。1884 年 3 月 17 日，在经历一系列的法律程序后，扩建工程终于拉开了序幕：

"昨天，斯塔滕岛捷运系统正式启动建设，它将沿着纽约湾的海岸线从克利夫顿到达新布莱顿。测绘师们已经完成了地表坡度的测量，并挖开了地表为下一步的地基工程做准备。下周，施工承包商将会投入大批工人。"

1884 年 8 月 1 日，威曼正式开通其快速运输服务，由汤普金斯维尔出发，沿岛屿东部海岸线运行。1884 年 11 月 16 日，威曼等人共同创建了圣乔治开发公司；新公司的成立是为了开发从乔治·劳手中购买的土地和海滨资源。《纽约时报》对新公司进行了如下报道：

　　"所经营的范围……看起来非常广泛，不仅包括在斯塔滕岛建造和出租码头、仓库和住宅，还包括建造赌场、剧院、溜冰场，以及运营板球、棒球、草地网球、长曲棍球等的运动场地。公司的产业主要位于新布莱顿，但运营总部位于圣乔治镇，即斯塔滕岛捷运系统的终点站。"

　　新公司将负责在圣乔治镇建造一座新的轮渡码头枢纽站，这是该地区总体规划中最具吸引力的项目之一。

11.5　罗伯特·加勒特以及与 B&O 铁路公司的合作

　　1885 年 11 月 21 日，斯塔滕岛捷运系统出租给巴尔的摩和 B&O 铁路公司（巴尔的摩 – 俄亥俄铁路公司）运营，租期为 99 年。作为交换条件，B&O 铁路公司将提供一笔价值 250 万美元，年化利率为 5% 的 40 年期债券。威曼需要这笔钱来建设圣乔治镇的铁路及码头换乘枢纽，而 B&O 铁路公司的总裁罗伯特·加勒特需要进入纽约市场的路权。在这项租约有效期内，斯塔滕岛的总体规划中又新增了一项设施，即一座跨越阿瑟溪连通伊丽莎白港的桥梁，它能够为"煤炭码头、调度中心以及其他枢纽配套设施"服务。

　　大约一个月之后，在新布莱顿圣廷苑酒店的一场奢华晚宴中，威曼将罗伯特·加勒特介绍给了斯塔滕岛的权势人物们。此后，加勒特、威曼和一些高级官员通常会从白厅街轮渡码头坐船前往斯塔滕岛，并开始他们的夜生活。加勒特也在斯塔滕岛购买了一处住所，开始积极参与斯塔滕岛的政治和社会活动。

　　1886 年 3 月 7 日，威曼捷运系统规划方案中最主要的部分全部投入运营。当天的《纽约时报》进行了报道：

　　"今天斯塔滕岛捷运公司在北部和东部海岸的码头即将开放，所有旧的轮渡码头将即刻关闭。乘客们可以从纽约白厅街的尽头乘坐新渡轮到达圣乔治镇。火车将分别在圣乔治镇—埃尔姆公园、圣乔治镇—克利夫顿、圣乔治镇—珀斯安博的海岸线上运行。"

　　《纽约时报》在 3 月 9 日的报道中记录了这项新服务带来的改变：

　　"五年前，纽约与斯塔滕岛之间每天往返的轮渡只有 12 趟，而新系统的引入给这一切带来了巨大改变。就在周日和昨天，每条线路上的轮渡班次达到了 84 趟。之前，从纽约到里奇蒙港只要 1 小时，每小时就有一班船出港。现在航程只要 36 分钟，而且每小时有三艘船从巴特里出发。在东海岸，原来乘坐渡船前往克利夫顿需要 45 分钟，采用新系统后时间缩短到半小时，而且每 25 分钟就有一趟列车。岛屿内部各区域之间的交通联系更是获得了显著的提升。一年前，从珀斯安博伊到托滕维尔的时间是 1 小时 45 分钟；昨天，这段旅程按照计划在 1 小时 10 分钟内完成。等到夏季时，列车的运行频次还将继续提升。"

几天之后，南岸海滩线的运输服务也启动了。最后两个重要的改变花费的时间要稍长一些。通过与竞争对手长期的法律拉锯战，B&O 铁路公司跨越阿瑟溪的货运连接线终于在 1889 年 6 月 13 日开通，而圣乔治镇的铁海换乘枢纽（实现斯塔滕岛铁路和跨海轮渡的换乘车站）直到 1897 年才建成并投入运营。

不幸的是，罗伯特·加勒特和埃拉斯图斯·威曼都没能亲自参与后者的建设，因为他们俩在 19 世纪 80 年代末和 90 年代期间遇到了一些麻烦。

图 11.3 显示了斯塔滕岛捷运公司的所有客运服务线路和克兰福德货运连接线，它代表了斯塔滕岛捷运公司的巅峰时期。

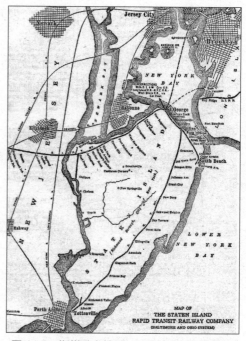

图 11.3　斯塔滕岛捷运公司巅峰时期的运营线路图（该线路图出自 1952 年，之后有一些服务被取消）

图片来源：*Courtesy of* Wikimedia Commons.

11.6　罗伯特·加勒特和 B&O 铁路公司出售

B&O 铁路公司是一家非常有价值的公司，它拥有并经营着东海岸重要的铁路，并对其他公司进行掠夺式的打压，为了将竞争对手从市场中赶走，它经常会采用更低的运费策略。因此，这家由加勒特父亲创立的 B&O 铁路公司，变成了其他铁路公司或者商业集团竞相收购的目标。B&O 铁路公司还有一家从事电报业务的子公司，也极具价值。但罗伯特·加勒特是 B&O 铁路公司的第一大股东，少了他的支持，任何收购都不可能发生。

1887 年 3 月 8 日，《芝加哥每日论坛报》宣布 B&O 公司已经完成了转让。声明称，经过与加勒特的漫长谈判，该公司的控制权现已被纽约的阿尔弗雷德·萨利获得。这份不同寻常的声明中提到，"明天，萨利先生将能够在华尔街展示有关加勒特先生向他转让公司的书面合同。"这听起来似乎交易尚未完成，所以这则新闻不能完全相信。

1887 年 3 月 14 日，《纽约时报》报道了一则关于杰伊·古尔德计划购买 B&O 铁路公司的传闻。事实上，加勒特根本看不起古尔德，也不打算把公司卖给他。同一天，《旧金山纪事报》报道了罗伯特·加勒特即将退休的新闻，并引用他的口述：

"我的钱已经多到花不完了；我现在最值得做的事情就是过好我的生活，何必到死都被这些纷繁的商务事宜烦扰呢？"

3 月 22 日，《纽约时报》证实，出售 B&O 铁路公司的交易实际上正在等待最后定案。然而，它也说"……B&O 铁路公司将依然由罗伯特·加勒特管理，杰伊·古尔德在新的安排中将没有发言权。"1887 年 7 月 20 日，罗伯特·加勒特在《芝加哥时报》上发表了一封公开信，明确表明这笔交易已经取消。9 月 3 日，《纽约时报》报道一个大财团已经与 B&O 铁路公司达成了收购协议，而罗伯特·加勒特也将辞去总裁一职。

1887 年 10 月 13 日，《华盛顿邮报》报道说，罗伯特·加勒特已经在月度的董事会议上辞去了总裁一职，但依旧担任董事一职。在该会议中，董事们还投票否决了其主业铁路公司的派息，这导致公司的股价急剧下跌。

1887 年 10 月 24 日，《纽约时报》报道说罗伯特·加勒特患有"精神疾病"。10 月 26 日，《华盛顿邮报》指出，关于加勒特精神问题的报道是杰伊·古尔德捏造的，因为他当时试图收购 B&O 电报公司。然而，关于加勒特病情的报道仍然持续了一段时间。不管如何，罗伯特·加勒特仍旧以大股东的身份阻止任何有关 B&O 铁路公司转让的行动。

1888 年 6 月 8 日，罗伯特的弟弟哈里森·加勒特在帕塔普斯科河的一次游艇事故中溺水身亡。关于罗伯特·加勒特精神疾病的报道再次出现，之后他便开始了一段漫长的欧洲康复之旅。尽管也有健康状况好转的时候，但他的余生都在医院的进进出出中度过，并于 1896 年 7 月 19 日去世。

1896 年初，B&O 铁路公司进入破产管理阶段，当时预计破产管理期将维持 5 年。需要说明的是，尽管 B&O 铁路公司持有 51% 的股份，但斯塔滕岛捷运公司被排除在破产管理的名单之外。

11.7　威曼和斯塔滕岛捷运系统的困境

1888 年 6 月 14 日，埃拉斯图斯·威曼出席了阿瑟溪大桥的竣工庆典，这座转体桥于当日正式投入运营。尽管这座桥还有将近一年的时间才能与斯塔滕岛捷运系统或 B&O 铁路连通，但这一事件代表了威曼最后的高光时刻。就在同一天，圣乔治镇为新引进的钢制轮渡"罗伯特·加勒特"号举行了首航庆典。

接下来的十年里，一系列事件的发生导致斯塔滕岛捷运系统（SIRT）陷入困难重重的处境：

- 罗伯特·加勒特辞职后，B&O 铁路公司的新老板不再像加勒特那样致力于斯塔滕岛捷运系统的发展。
- 自 1895 年起，斯塔滕岛内部开始出现各种电车服务，且彼此之间竞争异常激烈。

威曼其实也获得了一项电车运营的特许权。但是，大多数电车服务与 SIRT 展开直接竞争，他们将乘客直接运送至圣乔治镇和轮渡码头，而不是为 SIRT 提供接驳服务。

- 威曼在 1893 年的美国金融危机中损失惨重。由于担心其偿债能力，1895 年，威曼的一些资产被查封、拍卖，用以偿还债权人的债务。

1894 年 6 月 15 日，埃拉斯图斯·威曼被判伪造罪，并被邓白氏集团解雇。他对判决结果提出上诉，之后案件被判重新审理。1896 年 2 月 11 日，重新审判的起诉书被驳回，威曼被宣告无罪，但他的名誉和地位已经受到了严重的损害。多年来徘徊于定罪和上诉之间，导致威曼在邓白氏集团的职位丢失。而 1893 年的经济损失，更是进一步加剧了他的经济困境。

1895 年 10 月 25 日，圣乔治镇的铁海联运枢纽签订建设合同，但威曼并没能参与其中。1901 年，威曼中风，并于 1904 年去世。

电车行业的激烈竞争，母公司 B&O 铁路的困境，以及威曼个人的衰败都影响了 SIRT 公司的偿付能力。1897 年，该公司的运营赤字达到了 72455 美元。1898 年 10 月 2 日，在 B&O 铁路公司接管人的策划下，SIRT 公司因拖欠债券月利息而进入破产管理程序。4 月 21 日，SIRT 以 200 万美元的价格被拍卖给 B&O 铁路公司。此时的 B&O 铁路公司仍处于破产管理状态，但它拥有了 SIRT 公司的全部股权，并首次获得了之前属于 SIRT 的轮渡所有权。

1899 年 7 月 30 日，SIRT 正式重组。虽然与埃拉斯图斯·威曼不再有关，但 SIRT 的管理模式没有变化。据报道，重组后的公司资本总额为 50 万美元。

11.8 "诺斯菲尔德号"轮渡事故以及政府接管

之后几年里，斯塔滕岛捷运系统和轮渡一直由 B&O 铁路公司运营。直到 1901 年 6 月 14 日，"诺斯菲尔德号"轮渡发生碰撞事故。《纽约论坛报》报道了这场灾难：

"昨晚 6 点刚过几分钟，诺斯菲尔德号，这艘载着大约 1000 名乘客的斯塔滕岛渡轮，被拥有钢制螺旋桨的毛奇·丘恩克号冲撞，后者是新泽西州中央铁路公司的一艘轮渡。诺斯菲尔德号的船身燃起了熊熊大火，但在蒸汽机的驱动下，它依然向着东河 10 号码头（靠近 Old Slip）驶去，不到 20 分钟的时间，它就在 10 号码头附近沉到了 30 英尺深的海底。"

"……100 多名乘客被沿岸的居民和拖船队的船员救起，并迅速向轮渡公司发出了求救信号。"

关于这起事故的死亡人数，该篇报道给出了一些不同的观点。在报道"死亡人数不详"时，该报道援引了一名拖船船长的话，"许多人被淹死了。"然而，直到 6 月 16 日，潜水员只发现了一具尸体，还有 6 名乘客失踪。

这起事故引起了纽约市政府对于现有轮渡运营是否安全的关注。迫于压力，B&O 公司于 1905 年放弃了通往纽约市区轮渡的控制权。1905 年 2 月 1 日，纽约市政府批准了一项收购圣乔治码头的计划。同时，当局订购了 5 艘新船，分别命名为里奇蒙号、曼哈顿号、布鲁克林号、布朗克斯号和皇后号。经过三年多的谈判，纽约市政府最终于 1905 年 5 月 29 日获得了轮渡公司的所有权。

政府接管以后的轮渡运营也并非一帆风顺。在 5 艘新船投入使用前，斯塔滕岛必须先建设新的引桥以满足其使用需求。1905 年 10 月 26 日，使用了新船、新引桥的全新轮渡服务开启，市长麦克莱伦和一些政要参加了通往曼哈顿轮渡码头的首航。

我们现在见到的斯塔滕岛轮渡便是从 1905 年开始运营的。而斯塔滕岛捷运系统则继续在 B&O 铁路公司的管理下运营了 65 年。

11.9　1905~1970 年的斯塔滕岛捷运系统

在 1970 年之前，B&O 铁路公司一直运营着斯塔滕岛捷运系统，期间有过繁荣，也有过衰败。在第一次世界大战期间，这条铁路基本未受影响，保持了稳定的发展。1909 年，SIRT 取消了针对学龄儿童的票价优惠，引发了一些小的争议。但同年，SIRT 的财报显示其利润创造了历史之最。

11.9.1　第一次世界大战期间的运营情况

第一次世界大战开始后的 1917 年，SIRT 的运营受到了一些外部条件的制约，其中国家对煤炭的管控影响最为严重。8 月 2 日，SIRT 公司向公用事业委员会（PSC）提出申请，要求将其每日运行的列车班次减少 89 趟，包括所有的夜间班次和大量的非高峰班次。之所以做出这项决定，一方面是由于煤炭成本和定量配给的原因，另一方面也是希望提高货运能力并减少人力成本。这项计划遭到了各类民间团体的反对，但最终获得了批准。据说，由于战争的原因，仅斯塔滕岛的煤炭缺口就达到了 9 万吨。

尽管 SIRT 公司已经停运了部分车次，但问题依然严峻。由于煤炭短缺，SIRT（和其他用户）被迫使用了大量的软煤来满足其需求，这使得岛上的污染显著增加。斯塔滕岛市民联盟就此向卫生专员发起了投诉：

"在整个战争期间，斯塔滕岛的居民默默忍受着让煤烟和煤渣笼罩整座岛屿，但我们认为，现在是时候从这种令人窒息和污染性的烟雾中解脱出来了。"

1920 年 4 月，一场罢工导致岛上的电车系统彻底瘫痪，市政府宣布收回所有电车线路的运营权。从此，斯塔滕岛的电车业务由市政府接管。

尽管遭遇了战争时期的各种困难，但 SIRT 挺了下来，并在战后恢复了全部列车班次的运行。

11.9.2　电气化改造

在前面的章节中，双合同系统曾提出利用海底隧道将 SIRT 与 BRT 在布鲁克林建设的新地铁连通，但它从未获得资金支持。此外，在 IND 系统的早期规划方案中，也曾提出与 SIRT 进行连通。

但是，SIRT 与纽约市地铁系统直接连通存在两个问题：（1）纽约市禁止在隧道内运行蒸汽机车；（2）B&O 是一家州际铁路公司，它的车辆按照联邦铁路标准进行设计，比纽约市地铁的车辆更大、更重。

此外，B&O 铁路公司希望斯塔滕岛和纽约市之间的连通隧道能够同时满足货物和旅客的运输需求。

以上这些问题中，只有电气化改造这个问题可以由铁路公司自行解决。1923 年12 月 29 日，B&O 公司公告了其对所有客运线路进行电气化改造的计划，并从东岸线开始改造，预计整个项目耗资 1500 万美元。1924 年 5 月 23 日，B&O 公司发布了 80辆电气化列车的采购计划。这些列车的尺寸与 BMT 的车辆相当（长 67 英尺，宽 10 英尺），且都采用第三轨供电。一旦规划的海底隧道修通，SIRT 的车辆将能与第四大道地铁兼容。1924 年 8 月 25 日，SIRT 确认正在推进 17 英里长的双轨客运线路电气化改造，并向标准钢铁列车公司订购了 80 辆列车。这些车辆的发动机将由通用电气提供。

1925 年 7 月 1 日，SIRT 正式开通其电气化铁路运营业务。《纽约时报》对此进行了报道：

"根据里奇蒙行政长官约翰·林奇发布的公告，为了庆祝斯塔滕岛捷运系统实现电气化改造，昨天全岛放假半天。要知道，在过去 40 年的运营历史中，斯塔滕岛捷运系统一直采用蒸汽机车驱动。"

实施电气化改造的线路包括东岸线和南岸海滨线。然而，就在当天夜间，B&O 公司的副主席发出了警示：

"公共汽车行业的竞争对新的电气化铁路的财务稳定构成了严重威胁。公共汽车已经在波提蒙德和新布莱顿抢走了 19000 名乘客。除非你们愿意充分利用这些铁路带来的好处，否则我们将不会对岛上的其他铁路实施电气化改造。"

北岸线的电气化改造于 1925 年完成，这也预示着斯塔滕岛捷运系统的财务困难即将到来。图 11.4 为 SIRT 使用的电气化列车。

11.9.3　取消铁路平交道口

电气化改造过程中，SIRT 的站台形式全部调整为高站台。同时，几处平交道口被取消，但仍有一些在电气化改造后继续运行。这也成为之后多年来安全问题和争议的根源。

图 11.4　SIRT 的电气化列车（ME-1），建于 1925~1928 年

图片来源：*Courtesy of* New York Transit Museum.

1926 年，州议会通过了《纽约州平交道口法》，要求在人口稠密地区的大量铁路取消平交道口。按照该法律，斯塔滕岛捷运系统共需拆除 73 个平交道口。虽然州政府将提供一部分资金，但 SIRT 要完成这项工程还需花费 600 万美元。SIRT 表示它无法负担该费用，并威胁要对该法案的合宪性提出质疑。

1926 年 6 月 25 日，公共交通委员会要求取消海湾街、克利夫顿、希望大道和汤普金斯大道上的四处平交道口。这项改造预计将花费 100 万美元，其中 SIRT 需要承担一半的费用，州政府和市政府各承担 25%。于是 SIRT 提起诉讼，它认为公共交通委员会没有权力提出这些要求。1926 年 7 月 23 日，上诉法院做出了有利于公共交通委员会的裁决。但是，SIRT 不服判决，并将该案件上诉至美国最高法院。1928 年 3 月 20 日，最高法院以"缺乏管辖权"为由驳回了上诉。

由于铁路公司拒绝配合，公共交通委员会同时对斯塔滕岛捷运系统公司和长岛铁路公司提起法律诉讼，迫使其提交拆除平交道口的计划。1929 年 12 月 4 日，公共交通委员会向州议会申请了 2600 万美元的额外拨款，用于斯塔滕岛、皇后区和曼哈顿的铁路平交道口拆除工程。

有了政府的额外资助，拆除行动于 20 世纪 30 年代初正式启动。1937 年 2 月 25 日，斯塔滕岛捷运公司启动了其最大的铁路道口拆除工程——里奇蒙港—塔山高架铁路工程。这条高架铁路长度超过 1 英里，横跨了 8 个平交道口。该工程是耗资 600 万美元的拆除工程中的最后一部分，整个项目最终拆除了 34 个平交道口。

1938 年 7 月 14 日，SIRT 宣布了另一项价值 200 万美元的平交道口改造项目，计划拆除大基尔和安博路之间的 7 个平交道口。1948 年 12 月 13 日，罗伯特·摩西宣布，除了"两大七小"外，由州政府资助的纽约市平交道口拆除工作已经完成。"两大"之一是拆除 SIRT 上另外 13 个平交道口，这个项目直到 20 世纪 60 年代才完成。

SIRT 的最后一个平交道口位于纽多尔普（图 11.5），直到 1966 年才拆除。11 月 8 日，SIRT 的列车与一辆校车相撞，导致一名 8 岁女孩死亡，并造成 30 人受伤。于是，

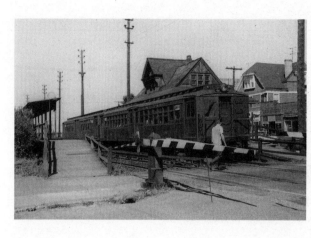

图 11.5　SIRT 在纽多尔普的最后一个平交
道口，1963 年时仍在运行

图片来源：*Courtesy of* New York Transit Museum.

斯塔滕岛行政长官阿尔伯特·马尼斯卡尔科下令"关闭"纽多尔普的平交道口。州长和纽约市官员都曾指责对方没能将剩余的 13 个平交道口拆除（与 1948 年罗伯特·摩西提出的一样）。1964 年 8 月 29 日，纽约州公共事业委员会批准拆除这些平交道口的项目。纽多尔普这起校车事故的发生地，成为最后一个被拆除的铁路平交道口。

11.9.4　圣乔治码头的火灾

1946 年 6 月 25 日，一场大火烧毁了圣乔治码头和与其紧邻的 SIRT 车站。大火共造成 3 人死亡，22 人入院治疗。幸运的是，火灾发生时，搭载 400~500 名乘客的"纽约小姐"号轮渡已经驶离码头。这场大火最初从铁路车站烧起，然后蔓延至轮渡站及其四座引桥。

大火阻断了斯塔滕岛上班族的交通服务。轮渡服务停运了好几天，通勤者被迫使用其他方式上班，其中大多数采用了转道新泽西州的路线。6 月 29 日，通过使用之前为布鲁克林 39 号街服务的线路引桥，部分轮渡服务恢复。经过详细的安全检查，消防官员宣布圣乔治码头轮渡上的一些引桥仍可以安全使用，因此轮渡服务得以恢复，不过只对步行乘客开放。6 月 29 日，斯塔滕岛捷运系统也恢复了通往圣乔治车站的服务。

圣乔治码头的正常服务（包括车辆服务）一直到 1946 年 7 月 13 日才恢复，轮渡通过 4 号和 5 号引桥进行停靠，它们之前都是用来连接停运船只的。其中，4 号引桥必须经过改造才能满足车辆驶入轮渡的需求。

建造码头临时换乘枢纽的招标公告于 1946 年 8 月 21 日正式发出，很快便落实了合同。永久性换乘枢纽的重建工程需要更长的时间来完成。1948 年 2 月 10 日，在斯塔滕岛商会的年度晚宴上，市长威廉·欧德怀尔承诺将投资 1500 万美元新建一座码头枢纽。三年后，新枢纽于 1951 年 6 月 8 日正式启用，实现了这一承诺。新的枢纽更加高效，能在单一建筑内实现铁路、公共汽车和轮渡的换乘。

11.9.5 政府接管之路

与其他四个行政区的公共交通系统一样,由于各种不利因素,SIRT 的财务状况每况愈下。最终,SIRT 不得不像别的行政区一样,由公共部门接管并运营。

1947 年 2 月,斯塔滕岛上每天为 6 万名乘客提供服务的 24 条巴士线路面临停运的风险。纽约市预算委员会争取了一周的时间来为巴士选择替代停运的方式。现有的巴士车辆由艾尔运输公司运营,每月亏损约 4000 美元。这家公司还拖欠了市政府 3 万美元的特许经营权费。工人们在罢工一周后,艾尔公司同意将雇员们的工资上浮 11%,这进一步恶化了公司的财务状况。1947 年 2 月 22 日,预算委员会批准了由市政府接管该公司资产,预计每年将亏损 60 万美元。

政府接管巴士业务后造成了一个意想不到的情况。当时巴士票价采取每区 5 美分的定价策略,这导致那些经过 4 个行政区的巴士线路票价将高达 20 美分。在政府接管巴士业务后,斯塔滕岛的居民要求巴士服务采用与其他城市交通系统一致的定价策略,即 5 美分的统一票价。在民意压力下,政府被迫同意了降低票价,但随之而来的是巴士旅客发送量的激增,并与 SIRT 展开了直接竞争。短短一年之内,SIRT 的营收便下降了 60%。

由于无法与低票价的巴士竞争,SIRT 开始减少其运营列车数来节省成本。但是,服务的压缩自然会导致客流和收入的进一步减少,从而形成恶性循环。

1952 年 6 月 4 日,SIRT 向公共事业委员会(PSC)发出请求,表示其将于 7 月 7 日起停止三条线路的所有客运服务。6 月 17 日,PSC 表示将对其请求进行研究,但期间 SIRT 必须继续其所有的客运服务。在 1952 年 12 月 19 日,PSC 同意 SIRT 于 1953 年 3 月 31 日结束其北岸线和南岸线的客运服务。同时,为了给斯塔滕岛居民提供更多的出行选择,PSC 决定对巴士线路进行重新规划,其中一些线路将作为 SIRT 的接驳线路而服务。

一年之后,1954 年 9 月 8 日,SIRT 再次提交申请,希望从当年 10 月 5 日起停止东海岸线路的运营服务。最终双方达成协议,减少东岸线路运营列车数量,同时增加更多接驳线路以保留 SIRT 的继续运营。

到 1955 年时,SIRT 显然已经无法靠运营维持下去,于是有关纽约市政府接管 SIRT 的讨论正式提上议程。1955 年 8 月 20 日,《纽约时报》报道了一项已达成的协议:

"市政府已经制定了一项临时协议,以确保斯塔滕岛捷运系统的继续运营。"

"根据这项协议,铁路公司将把自己的资产租给市政府,每年的租金与每年其需缴纳的最低税额相等。但是铁路的运营管理仍由公司负责。"

1956 年 12 月 13 日,PSC 批准了该协议。根据协议,在为期 20 年的租约下,SIRT

公司将继续提供运输服务，而市政府将向该公司返还所有税款和营业收入，包括特许经营税、给水和排水费用、不动产税以及城市销售税和消费税。

这份协议实际上是市政府向 SIRT 提供的一份为期 30 年的援助保障。如果铁路的收入与 1955 年估计的 65.5 万美元的亏损额相差巨大，该协议可以在两年后重新谈判，但租约仍将持续到 1966 年 6 月 30 日，到期后自动延长 10 年。事实上，这笔交易并没有持续那么久。

1958 年，SIRT 的财务亏损已经超过 150 多万美元，于是 PSC 批准将 SIRT 的票价提高 28%~43%。同年 10 月，市政府和 SIRT 宣布他们将尝试重新谈判一项新协议，"根据该协议，在获得额外税费减免和政府补贴的前提下，铁路公司将继续保证通勤服务"。1960 年 8 月，协议终于达成，在未来十年内 SIRT 获得的政府补贴将翻倍。

到这个十年结束时，大都会运输署（MTA）已经成立，并准备将纽约市公共交通管理局（NYCTA）作为其附属机构。MTA 主席威廉·罗南曾多次公开讨论由政府接管SIRT 的事宜。根据 1960 年的协议，1970 年 1 月 1 日后，政府有权以 1 美元的价格收购 SIRT。此外，罗南还提出了一项价值 2500 万美元的铁路现代化改造计划，其中 75%的资金将由 1969 年 11 月批准发行的纽约州运输债券提供。当时，SIRT 运营的所有车辆都生产于 1923 年之前。1970 年 5 月，城市规划委员会公布了纽约市城市总体规划中的斯塔滕岛部分，其中提到了恢复 SIRT 北岸线的客运服务。

1970 年 5 月 17 日，《纽约时报》刊登了一篇威廉·罗南的专访，题目为《罗南的交通帝国》，罗南在文中表示 MTA 将在夏天快结束的时候正式接管 SIRT。又过了一年，1971 年 7 月 1 日，SIRT 正式被 MTA 接管。同时，斯塔滕岛捷运系统管理局（SIRTOA）作为 MTA 的下属机构成立，专门负责该系统的运营。

11.10　政府接管时期

接管 SIRT 之后，MTA 立刻开始处理车辆老旧的问题。1972 年，作为一项临时措施，一批来自长岛铁路的电气化车辆被转移到斯塔滕岛的捷运系统上使用。经过与联邦铁路管理局谈判，MTA 获准对城际铁路的客车标准进行适当修改。这使得 MTA 可以购买基于 R–44 车型改装的列车，R–44 列车是专为纽约市公共交通管理局（NYCTA）研发的新车型。这些车辆对结构进行了加固，并在其他方面进行了改进。

1973 年初，第一批改装的 R–44 列车（图 11.6）投入使用，到 1974 年底，SIRT 共运营了 52 辆新车。此外，作为 NYCTA 全面检修计划的一部分，SIRT 对于该车型又增加了 12 辆。

由于缺乏足够的业务量，跨越阿瑟溪大桥的货运服务于 1991 年被迫中断。这座桥在 2004~2006 年进行了翻修，新的货运轨道是沿着著名的特拉维斯支流建设的，历史上这条路径能够通往弗莱士河，同时这条轨道有一部分是沿着旧的北岸线建设的。正常的货运服务于 2007 年 4 月 2 日恢复，直到今天仍在运行。CSX 运输公司（前身为 B&O 公司）、诺福克南方铁路公司和联合铁路公司之间达成协议，负责运输斯塔滕岛中转站的垃圾以及豪兰胡克海运码头和其他行业的集装箱货运。斯塔滕岛垃圾填埋场曾是纽约市唯一的垃圾填埋场，而这个填埋场的关闭使得

图 11.6 为 SIRT 改造的 R-44 列车

图片来源：*Courtesy of* New York Transit Museum.

垃圾转运的安排非常重要。如今，所有的城市垃圾必须运到全美各地的垃圾场进行处理。

2001 年，SIRT 增加了一条小型客运支线和一座车站，专门为斯塔滕岛洋基队小联盟球场提供比赛日服务。该服务目前已经中断。

11.11　如今的斯塔滕岛捷运系统

如今，SIRT 依然在运营着东岸线的快速交通线路，从圣乔治镇通往托滕维尔。乘客在这里能够享受到整个纽约市最划算的交通服务：一张车票即可以乘坐 SIRT、斯塔滕岛轮渡和通往曼哈顿的地铁。

11.12　展望

SIRT 目前仍在依靠其老化的 R-44 车队提供服务。不久之后，这些车辆将被替换成地铁车辆、通勤铁路车辆或者其他混合动力车辆。一方面，美国联邦铁路管理局也批准了 SIRT 的车辆可以不遵循标准快速运输车辆的相关规定。但除了地铁车辆，使用其他车辆都不能与纽约市公共交通管理局的交通系统连通。另一方面，要想实现与一些重大工程（第二大道地铁、东区地铁、7 号线支线）的连接很困难，因为它们自身都出现了预算超支和工期延后的问题。此外，如今斯塔滕岛的居民是否希望实现这些连通工程尚且存疑。费雷泽诺大桥通车后，斯塔滕岛获得了极为快速的发展，但居民开始关注如何保留岛上原有的乡村风貌。

南岸线已经从地图上彻底消失，所有的轨道都已被拆除，大部分土地已作为住宅或其他用途进行开发。但北岸线的线位和部分轨道目前依然保留着，相关部门也针对其进行了认真的讨论和规划，以后可能会以某种服务形式重新启用。这些规划囊括了北岸线整体的修复计划，包括使用北岸线提供轻轨服务，使其成为斯塔滕岛轻轨系统的一部分。

11.13 历史的脚注

尽管与纽约地铁系统之间没有直接的联系通道，但是 SIRT 的车辆最终还是到达了布鲁克林。当北岸线和南岸线关闭时，SIRT 把 30 辆列车卖给了纽约市公共交通管理局，然后这批列车在布莱顿海滩线运营了几年。麦卡尼、约翰·海兰和纽约几代交通规划者所不能完成的任务最终靠经济学实现了（图 11.7）。

（a）1880 年前后斯塔滕岛铁路上的蒸汽火车　　　　　（b）1875 年前后维修厂的蒸汽火车

（c）1952 年的南滩站　　　　　（d）1914 年斯塔滕岛铁路的圣乔治站

（e）北岸线阿灵顿终点　　　　　（f）东岸线车站

图 11.7　斯塔滕岛快速轨道交通历年图

图片来源：*Courtesy of* New York Transit Museum（a–f）.

参考文献

1. Staten Island's Beauties. New York Tribune，8（August 26，1895）

2. City Items. New York Daily Tribune，7（January 16，1860）

3. Leigh，I.Matus，P.：Staten Island Rapid Transit：The Essential History（January2002），http：// www.thethirdrail.net

4. Staten Island；Staten Island Railroad. New York Times，8（April 24，1860）

5. City Intelligence；Railroad in Staten Island. New York Times，8（June 2，1860）

6. Staten Island News；The Staten Island Railroad. New York Times，5（August 25，1860）

7. City Items；Change in Ownership of the Staten Island Ferry. New York Daily Tribune，8（June 18，1862）

8. Domestic. New York Observer and Chronicle 42（9），70（1864）

9. New York；Explosion of the Boiler of the Ferryboat Westfield. Chicago Tribune，1（July 31，1871）

10. Appalling Disaster. New York Times，1（July 31，1871）

11. Yesterday's Boiler Explosion. New York Times，4（July 31，1871）

12. The Westfield Disaster. New York Tribune，1（August 1，1871）

13. Awful Calamity at New York. Massachusetts Ploughman and New England Journal of Agriculture 30（45），3（August 5，1871）

14. Who Was to Blame? New York Tribune，4（August 2，1871）

15. Where Are the Savants? New York Tribune，4（August 8，1871）

16. New York；The Vanderbilt Family to Blame for the 'Westfield' Disaster. San FranciscoChronicle，1（August 10，1871）

17. Verdict in the Westfield Disaster. Chicago Tribune，1（August 17，1871）

18. The Westfield Disaster. New York Times，2（August 18，1871）

19. Metropolitan Suburbs；The Staten Island Railroad. New York Tribune，3（July 11，1872）

20. Transit to the Suburbs；The Staten Island Railroad. New York Tribune，4（March 29，1873）

21. A Railroad Charter in Peril. New York Times，3（May 14，1880）

22. Rapid Transit on Staten Island. New York Times，8（April 20，1880）

23. Local Miscellany；Rapid Transit in Staten Island. New York Tribune，8（August 20，1880）

24. Staten Island Rapid Transit. New York Times，2（June 1，1880）

25. Railroad Projects；Rapid Transit on Staten Island. New York Tribune，1（August 12，1880）

26. Railway News；Staten Island's Rapid Transit Scheme. New York Tribune，1（April12，1881）

27. Railway Interests；Rapid Transit on Staten Island. New York Tribune，2（April 17，1881）

28. The New Staten Island Ferry. New York Times, 8（October 5, 1882）

29. To Staten Island; The Rapid Transit Men Secure Possession of the Railroad and Ferry.New York Times, 5（April 4, 1883）

30. Railroad Interests; Staten Island Rapid Transit. New York Tribune, 1（April 29, 1883）

31. Railroad News; Staten Island Rapid Transit. New York Tribune, 5（June 27, 1883）

32. The North Shore Ferry. New York Times, 8（July 18, 1884）

33. City and Suburban News; Staten Island. New York Times, 6（March 18, 1884）

34. City and Suburban News; Staten Island. New York Times, 6（August 13, 1884）

35. Improvements on Staten Island. New York Times, 13（November 16, 1884）

36. Affairs of Railroads; The Baltimore and Ohio Railroad to Enter New York. NewYork Times, 2（November 22, 1885）

37. Robert Garrett Dined. New York Times, 1（December 12, 1885）

38. City and Suburban News; Staten Island. New York Times, 7（March 7, 1886）

39. Staten Island's Rapid Transit. New York Times, 8（March 9, 1886）

40. A Red–Letter Day for Staten Island. New York Tribune, 8（March 9, 1886）

41. A Great Railroad Sold. Chicago Daily Tribune, 1（March 9, 1887）

42. Betting on Jay Gould. New York Times, 1（March 14, 1887）

43. Garrett to Retire. San Francisco Chronicle, 1（March 14, 1887）

44. The Deal Accomplished. New York Times, 1（March 22, 1887）

45. The B&O Deal Off. Chicago Daily Tribune, 1（July 21, 1887）

46. Mr. Garrett Stepping Out. New York Times, 1（September 3, 1887）

47. Garrett Resigns. The Washington Post, 1（October 13, 1887）

48. Mr. Garrett's Queer Ways. New York Times, 1（October 24, 1887）

49. Did Gould Euchre Garrett? The Washington Post, 1（October 26, 1887）

50. A Yacht Sunk; A Brother of Robert Garrett Loses His Life. Los Angeles Times, 1（June 9, 1888）

51. Robert Garrett Dead; His Long Mental and Physical Illness Ended At Last. New York Times（July 30, 1896）

52. The Baltimore and Ohio. San Francisco Chronicle, 4（March 2, 1896）

53. Swinging the Arthur Kill Draw; Erastus Wiman Views the Result of His SevenYears' Effort with Satisfaction. New York Tribune, 2（June14, 1888）

54. Erastus Wiman Gets a Franchise. New York Times, 10（March 12, 1895）

55. Large Sale of Lots at Rosebank. New York Tribune, 8（July 17, 1895）

56. Wiman's Appeal Argued. New York Tribune, 4（June 9, 1895）

57. He Gets a New Trial. Chicago Daily Tribune, 1（March 16, 1895）

58. In Favor of Erastus Wiman. New York Tribune, 12（February 11, 1896）

59. Erastus Wiman Free. New York Tribune, 12（February 11, 1896）

60. New Ferry Boats on Staten Island. New York Tribune, 9（October 25, 1895）

61. Staten Island Rapid Transit. Wall Street Journal, 1（September 13, 1897）

62. Railroad Interests; Staten Island Rapid Transit Bonds. New York Tribune, 10（October2, 1898）

63. Staten Island Rapid Transit. New York Times, 2（April 21, 1899）

64. Staten Island Rapid Transit Sold. New York Tribune, 2（April 21, 1899）

65. Added to the B&O System. The Washington Post, 9（April 21, 1899）

66. Staten Island Rapid Transit. New York Times, 4（July 30, 1899）

67. Ferry Boats in Collision. New York Tribune, 1（June 15, 1901）

68. Divers Find One Body. The Washington Post, 1（June 16, 1901）

69. Staten Island Ferry Sites Bought By City. New York Times, 10（February 1, 1905）

70. Names for the City's New Ferryboats. New York Tribune, 16（February 4, 1905）

71. City Takes S. I. Ferry. New York Tribune, 7（May 30, 1905）

72. Anger at Ferry Delay. New York Tribune, 9（September 1, 1905）

73. City's Ferry Fleet Ready. New York Times, 18（October 24, 1905）

74. Twenty–Minute Ferry to Staten Island Now. New York Times, 18（October 26, 1905）

75. Staten Island Fares Jump. New York Times, 1（June 4, 1909）

76. Staten Island's Growth. New York Times, XX2（December 12, 1909）

77. Staten Island Road Asks Permission to Cut Off 89 Trains. New York Tribune, 12（August 2, 1917）

78. Staten Islanders Want More Trains. New York Times, 74（September 9, 1917）

79. Coal Shortage Acute. New York Times, 8（October 15, 1917）

80. Complaints on Soft Coal. New York Times, E6（November 30, 1919）

81. Asks City to Seize Staten Island Cars and Lighting Plant. New York Times, 1（April19, 1920）

82. B&O to Electrify Staten Island Line. New York Times, 7（December 29, 1923）

83. 80 Electric Cars for Staten Island. New York Times, 29（May 24, 1924）

84. Staten Island Rail Electrification Begun. Wall Street Journal, 5（August 25, 1924）

85. Opens New Service on Electrified Line. New York Times, 11（July 2, 1925）

86. Railroad Fight Grade Crossing Act. New York Times, 40（May 20, 1926）

87. Four Grade Crossings Will be Eliminated. New York Times, 15（June 26, 1926）

88. Power to Abolish Crossings Proved. New York Times, 2（July 23, 1927）

89. Crossing Appeal Lost by Staten Island Line. New York Times, 16（March 20, 1928）

90. Plans Suits to End 44 Grade Crossings. New York Times, 2（November 22, 1928）

91. Asks $26, 000, 000 for Crossing Work. New York Times, 19（December 4, 1929）

92. Staten Island Opens Mile-Long Viaduct; Thirty Four Grade Crossings Are Eliminated.New York Times, 3（February 26, 1937）

93. Crossing Job Begun on Staten Island. New York Times, 7（July 14, 1938）

94. Grade Crossings Nearly All Gone. New York Times, 38（December 13, 1948）

95. Fatal Crossing Closed on S.I. New York Times, 33（November 11, 1960）

96. $10, 923, 000 Job Authorized to End S.I. Grade Crossings. New York Times, 45（August29, 1964）

97. Staten Island Fire Wrecks Ferry Terminal, Kills 3; Damage Put at $2, 000.000. NewYork Times, 1（June 26, 1946）

98. Ferryboat Travel is Nearing Normal. New York Times, 33（June 28, 1946）

99. Staten Island Ferries Normal, Take Vehicles. New York Times, 12（July 13, 1946）

100. Ferry Terminal Bids Opened. New York Times, 48（August 21, 1946）

101. Aid for Staten Island. New York Times, 48（February 10, 1948）

102. Terminal Opening June 8. New York Times, 18（May 29, 1951）

103. Bus Halt Put Off on Staten Island. New York Times, 3（February 15, 1947）

104. City to Run Buses on Staten Island. New York Times, 1（February 21, 1947）

105. Staten Islanders Seek 5c Bus Fare. New York Times, 23（May 10, 1947）

106. Staten Island Road, Scoring Buses, Files to End Passenger Service Runs July 7. NewYork Times, 1（June 4, 1952）

107. Staten Island Road Ordered to Continue Service Pending Study. Wall Street Journal, 5（June 17, 1952）

108. Train Service Cut on Staten Island. New York Times, 19（December 20, 1952）

109. Staten Island Line Would Cease Runs. New York Times, 33（September 8, 1954）

110. Transit Deal Due on Staten Island. New York Times, 19（August 20, 1955）

111. City Pact Approved on Tottenville Line. New York Times, 52（December 14, 1956）

112. Rail Fare to Rise on Staten Island. New York Times, 28（June 19, 1958）

113. Transit Pact Sought. New York Times, 34（October 9, 1958）

114. Staten Island Rail Line Subsidy Doubled by City for Next Decade. New York Times, 13（August 26, 1960）

115. City Urged to Take Over Staten Island Railway. New York Times, 43（May 8, 1968）

116. Expansion Plans for Staten Island. New York Amsterdam News, 32（March 7, 1970）

117. Shapiro, F.: The Wholly Ronan Empire. New York Times, 220（May 17, 1970）

第12章
纽约市的公共汽车

公共汽车是地面公共交通系统中的后来者，它是在公共马车、有轨马车和电车技术的基础上逐渐发展起来的。

公共汽车通常在城市街道和高速公路上提供公共运输服务，有时会为其提供专有路权（公交专用道）以寻求更快的运营速度。每辆巴士的载客量因其具体设计而异，通常额定载客量50人的公交车每小时最多可运送7000~8000名乘客。因为在街道上运行，相比快速交通系统而言，公共汽车能够在距离乘客出行起讫点更近的位置提供接送服务。而且对于农村地区，公共汽车是唯一的，或者最主要的公共交通方式。

纽约是世界上地铁系统最庞大的城市之一，而且地铁在整个城市的出行中占主导地位，尽管如此，这并未妨碍纽约拥有世界上最为庞大的地面公交系统。在普通工作日，纽约市公共汽车每天运送的旅客超过240万人次。

12.1 最早的公共汽车

英国的戈德沃斯·格尼爵士是公共汽车最早的发明家之一。作为一名专业的外科医生和发明家，他最著名的发明是"轮床"（护理床），在世界各地的医院和诊所中普遍使用。1825~1829年，格尼开始设计一种由蒸汽机车驱动的客运/货运车辆。1829年7月，一辆原型车从伦敦驶往巴斯，期间没有发生任何安全事故，只是在巴斯时有一群不守规矩的人试图拆掉这辆车。之后，查尔斯·丹斯爵士使用了三辆由格尼设计的车辆，在切尔滕纳姆和格洛斯特之间开展定期的运输服务。由于这项新服务对公共马车构成了竞争威胁，很快一项被称作《收费公路法》（Turnpike Act）的法案出台，对蒸汽驱动的车辆征收一系列的税费，直接导致了这项新业务的终结。

人们对蒸汽发动机不稳定性的担忧，是早期蒸汽驱动车辆面临的主要困难之一。许多人担心蒸汽发动机驱动的车辆随时会爆炸。为了解决这个问题，格尼设计了一种两节车厢的蒸汽驱动车（图12.1），其中蒸汽发动机设置于一节单独的铰链车上，并拉着后面的载客车厢前进。然而这个设计并没有真正投入使用。因为在一次试运行中，

（a）格尼的蒸汽车（1827 年）

（b）格尼的蒸汽机牵引车（约 1830 年）

图 12.1　格尼对蒸汽动力车厢的早期尝试

图片来源：*Courtesy of* Wikimedia Commons.

车辆发生了爆炸，直接导致 2 人重伤。

　　在设计专用于道路行驶的蒸汽机车方面，格尼并非最早的。早在 1805 年，理查德·特里维希克就建造了一辆蒸汽运输车（图 12.2），但并未取得商业上的成功。而在格尼之前或者是与格尼同时期，也有其他人在进行类似的设计。但与他人不同的是，格尼是唯一一个使用蒸汽机车实现常规公共运输服务的人。

图 12.2　特里维希克的蒸汽车（约 1805 年）

图片来源：*Courtesy of* Wikimedia Commons.

12.2　第五大道的公共汽车

　　纽约是第一个大规模使用公共汽车的城市，在 20 世纪初这里成为各类车辆的试验场所。

　　最早的"公共汽车"在曼哈顿第五大道投入运营。当时，第五大道上既没有有轨马车，也没有有轨电车。因为这条精英大道沿线的居民和企业主长期以来都反对在街道上铺设铁轨。所以，在公共汽车引入前，公共马车是第五大道上唯一的公共交通方式。

　　第一辆"公共汽车"于 1902 年投入使用，这是一辆采用蓄电池供电的公共汽车，但事实证明其稳定性极差。1905 年，第五大道客车公司购买了 15 辆由法国德·迪翁·布通公司生产的双层公共汽车，并将其投入到第五大道的运输服务中（图 12.3）。这种车型取得了巨大的成功，几年之内，132 辆德·迪翁·布通公司的公共汽车取代了所有的公共马车。为了进一步完善车队的配置，第五大道客车公司还从戴姆勒公司购买了类

图 12.3　第五大道的德·迪翁·布通公司的公共汽车

图片来源：*Courtesy of* William A. Luke，from Luke，W.，and Metler，L.，*City Transit Buses of the 20th Century*，Iconographics，Hudson，WI，2005，pg 9.

图 12.4　早期运行于第五大道的戴姆勒公共汽车

图片来源：*Courtesy of* William A. Luke，from Luke，W.，and Metler，L.，*City Transit Buses of the 20th Century*，Iconographics，Hudson，WI，2005，pg 8.

似车型的公共汽车（图 12.4）。

其实最早的这批公共汽车并不是真正的机动车，而是混合动力车。车辆采用一个小型汽油发动机来带动发电机转动，从而为车轴提供动力。车辆的第二层采用敞篷设计，车轮则使用了实心橡胶，所以乘坐起来有些颠簸，但比采用木制车轮的公共马车要平稳很多。

公共汽车在第五大道的成功运营引发了全美范围内使用公共汽车取代公共马车的浪潮。这一事件直接推动了美国几家重要车辆制造商的发展，并促进了大量的技术革新。到 1940 年时，纽约市几乎所有的地面公共运输服务都被公共汽车取代，仅有少数外围行政区还保留少量电车服务。

20 世纪 30 年代初，在市长菲奥雷洛·拉瓜迪亚的主导下，曼哈顿的电车运输服务迅速转变为了公共汽车。拉瓜迪亚和罗伯特·摩西（拉瓜迪亚曾任命其担任了许多有权利和影响力的职位）都认为，未来城市的发展需要满足快速增长的机动车使用需求。因此，拉瓜迪亚制定了一项政策，要求将曼哈顿的高架铁路和有轨电车全部拆除。之后，第六大道和第九大道的高架铁路随着第八大道和第六大道地铁的建设而被拆除；而第二大道和第三大道的高架铁路则在没有替代交通工具的前提下直接被拆除。在淘汰有轨电车方面，市长也投入了相当高的热情，全部用公共汽车取代。

12.3　制造更好的公共汽车

美国最早投入运营的公共汽车都采用了外国公司制造的车辆。在 19 世纪与 20 世纪更替之际,美国的汽车制造商还不能大量生产这种运输车辆。直到 20 世纪 20 年代初,这种情况才发生了转变,许多大公司开始专注于公共汽车的研发和生产。

12.3.1 法乔尔汽车、法乔尔卡车和客车以及双胞胎客车公司

第一辆专门用于城际或城市内部运输服务的客运车辆由法乔尔兄弟设计和制造。该公司成立之初主要生产豪华轿车和卡车,但公共汽车却成为其最成功的业务。早期公共汽车的设计基本上就是将旅客车厢固定于轻型卡车或房车的底盘之上,这种车辆的舒适性较差,且运行效率不高。

第一辆专为公共客运交通设计的车辆被称作"法乔尔安全客车"(图 12.5),于 1920 年面世,并取得了巨大的成功。与以往的车型相比,这辆车的轴距更宽,车身更低(离路面只有 2 英尺高),可容纳 22 名乘客,由一台四缸汽油发动机驱动。在这款车型推出后不久,该公司又推出了另一款配备六缸发动机且能容纳 29 名乘客的车型。1922 年,法乔尔汽车公司又在其产品中引入了气动刹车技术。法乔尔安全客车主要运用于城际巴士服务,但也大量运用于市区的客运服务。

图 12.5 新泽西州公共服务部门运营的法乔尔安全客车(1923 年)

图片来源:*Courtesy of* William A. Luke,from Luke,W., and Metler, L., *City Transit Buses of the 20th Century*, Iconographics, Hudson, WI, 2005, pg 17.

1925 年,美国汽车铸造公司(ACF)收购了 J.G. 布里尔公司和法乔尔公司,法乔尔兄弟成为 ACF 的副总裁。由于新公司对其创新想法不感兴趣,两人于 1927 年离职,并成立了双胞胎客车公司。

双胞胎客车公司推出的第一款车型为 M-40(图 12.6),它是历史上设计最为成功的客运车辆之一。这款车型在全美范围内被广泛使用。"M-40"的命名源于其 40 人的载客量,它具备以下新特征:

- 车辆由安装在车身两侧的两台汽油发动机提供动力,每台发动机都拥有动力传动装置和差速器;
- 车辆入口和驾驶位被调整到前轮的位置;
- 由于发动机安装位置的变化,车厢的任何位置都可以坐人,包括发动机舱上方。

之后 50 年的公共汽车基本都是双胞胎客车公司 M-40 车型的变种。事实证明,双胞胎客车公司的车辆稳定性极好,许多车辆运行时间长达 20 年或更久。

法乔尔兄弟最初于 1916 年成立了法乔尔汽车公司。该公司于 1932 年破产,之后他们成立了法乔尔卡车和客车公司。即便在 1925 年与美国汽车铸造公司合并,法乔尔兄弟依然在奥克兰保留了一处独立的生产基地。双胞胎客车公司一直运营至 20 世纪 50

图 12.6　双胞胎客车公司的两辆 M-40 型客车，一辆由布鲁克林巴士公司运营（1930 年），另一辆由牙
买加巴士公司运营（1933 年）

图片来源：*Courtesy of* William A. Luke，from Luke，W.，*Fageol & Twin Coach Buses：1922 Through 1956 Photo Archive*，Iconografix，Hudson WI，2002，pg 23 and 30.

年代中期，之后卖给了福莱西宝公司。他们的卡车生意则在 1939 年卖给了 T.A. 彼得曼，公司名则改为"彼得比尔特"。

12.3.2　黄色客车制造公司

黄色客车也是早期公共汽车设计和制造领域非常重要的一家公司。它起源于芝加哥的黄色出租车公司，1915 年由约翰·D. 赫兹（因汽车租赁业务出名）和另外一名合伙人组建成立。1920 年，赫兹创建了黄色出租车制造公司，为美国和国外迅速增长的出租车行业制造车辆。1922 年，赫兹和他的合伙人收购了几家在芝加哥从事公共汽车制造的小公司。1923 年，黄色客车制造公司成立，专门从事公共汽车制造的业务。

成立不久，黄色客车制造公司就在销售公共汽车方面取得了相当大的成功。大量来自费城的订单引起了通用汽车总裁阿尔弗雷德·斯隆的注意。1925 年，斯隆提议与黄色客车制造公司合并，成立黄色卡车和客车制造公司，通用卡车公司成为新公司的子公司。1943 年，公司的控股权由通用汽车公司获得。之后，该公司继续以通用汽车公司卡车和客车部门的名义继续经营。

最早的黄色客车在芝加哥制造并投入运营。这批公共汽车采用油电混合动力，类似于早期的法乔尔车型。公司最早为纽约提供的公交车是第五大道客车公司运营的双层巴士车队（图 12.7）。这种双层巴士可以坐 62 名乘客，为了保证舒适性，第二层空间完全封闭。这批车辆的底盘由黄色客车公司提供，车身则由第五大道客车公司自己的设备制造。

黄色客车制造公司在客车设计和制造方面进行了许多重大的技术创新。1932 年，他们将发动机设置于公交车尾部（图 12.8），成为最早采用该设计的公司之一。这种后置引擎设计比过往的前置引擎设计更高效，但它会占用部分车厢空间，而且会使车厢内产生大量余热和噪声。此外，后置发动机的维修需从车厢内部进行操作。

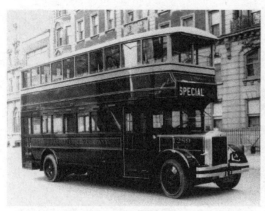

图 12.7 第五大道客车公司运营的双层黄色客车
（1932 年）

图片来源：*Courtesy of* William A. Luke，from Luke，W.，
and Metler，L.，*City Transit Buses of the 20th Century*，
Iconographics，Hudson，WI，2005，pg 18.

图 12.8 黄色客车公司的后置发动机（1933 年）

图片来源：*Courtesy of* William A. Luke，from Luke，W，
Yellow Coach Buses 1923-1943 Photo Archive，Iconografix，
Hudson WI，2001，pg 42.

　　1934 年，黄色客车制造公司聘请了发明家德怀特·奥斯汀。他为公共汽车发明了一种新型的后置发动机角传动装置，并申请了专利。通过这项发明，后置发动机和变速器可以都采用横向安装，然后通过角传动装置将变速器连接到传动轴上（图 12.9）。采用这种设计后，发动机和变速器就可以在车厢空间内实现分离了。

　　纽约市共订购了 360 辆配备角传动装置的公共汽车，并投入其公共运输业务中。麦迪逊大道客车公司是最早购买这种车型的公司之一，1934 年底，该公司将 76 辆该车型投入运营（图 12.10）。麦迪逊大道客车公司存在的时间很短，它只运营一条公交线路，该线路原本是纽约和哈莱姆铁路公司的有轨电车线路，电车线路废弃后，麦迪逊

图 12.9 带有横向安装的汽油发动机的黄色客车

图片来源：*Courtesy of* William A. Luke，from Luke，
W，*Yellow Coach Buses 1923-1943 Photo Archive*，
Iconografix，Hudson WI，2001，pg 60.

图 12.10 一辆横置发动机的黄色客车
（麦迪逊大道客车公司运营，1934 年）

图片来源：*Courtesy of* William A. Luke，from Luke，W，*Yellow Coach Buses 1923-1943 Photo Archive*，Iconografix，Hudson WI，2001，pg 55.

大道客车公司开始利用该线路的特许权进
行公共汽车运营。1936 年之前，麦迪逊大
道客车公司一直属于纽约铁路集团的子公
司，之后被并入纽约市公共汽车公司。

图 12.11 黄色客车公司的柴油动力一体化的公交
车（特里博罗客车公司运营，1939 年）

图片来源：*Courtesy of* William A. Luke，from Luke，
W，*Yellow Coach Buses 1923-1943 Photo Archive*，
Iconografix，Hudson WI，2001，pg 62. Figure Sources 279.

　　黄色客车制造公司也是公共汽车变速
器研发行业的领头企业。1936 年之前，所
有的公共汽车都采用手动变速装置。车辆
在驾驶员手动变速（换挡）的过程中往往
会发生"突兀"的加速运动，给乘客带来
不适的乘坐体验。1936 年，黄色客车制造
公司推出了一种半自动的变速器，但并没有特别成功。1938 年，公司开始生产全自动
液压变速器，很快便成为全美公交的主流配置。

　　黄色客车制造公司在柴油公共汽车的研发方面也投入了大量精力。1938 年，该公
司生产了第一批柴油动力公共汽车，使用的是通用汽车公司的双缸柴油发动机。

　　早期的公共汽车都采用了车身与底盘分离式设计。1938 年，黄色客车制造公司提
出一体化设计理念，将所有的车辆组件集成设置于车身框架内（图 12.11）。这样，分
离式的车架就不再需要了。

　　黄色客车制造公司于 1943 年并入通用汽车公司，之后所有的客车都以通用汽车的
品牌进行出售。

12.3.3 ACF–Brill 公司

　　美国汽车铸造公司（ACF）是一家知名的轨道车辆生产商。1899 年，它由 13 家铁
路制造公司合并而成。J.G. 布里尔是与 ACF 同时期的公司，它生产有轨电车、电气化
城际列车以及铁路车厢。通过一系列复杂的合并和收购，1925 年时，ACF 公司获得了
对布里尔、霍尔－斯科特汽车公司（一家发动机制造商）和法乔尔汽车公司的控制权。
但 ACF 与法乔尔兄弟的联合很短暂，1927 年，法乔尔兄弟俩便从 ACF 离开并组建了
双胞胎客车公司。

　　ACF 在轨道车辆制造方面的成功要远胜于公共汽车制造业务。IRT 的第一批全钢
制列车便是由 ACF 制造。尽管多年来 ACF 的公交车业务一直盈利，但它从未成为这个
领域的领头者或者创新者。比起专用于城市内部公共运输的公交车，ACF 卖出的城际
巴士数量要多得多，但仍不及早期的双胞胎客车公司。后来由于未能顺应柴油动力巴
士的发展趋势，ACF 的大量业务被通用汽车公司抢走。1953 年，ACF 放弃了公共汽车
和电车业务。

　　ACF 公司曾获得过纽约公交运营商的大规模订单。在 1935 年和 1936 年，该公司

（a）斯塔滕岛的 ACF 公共汽车（1934 年）　　（b）皇后区运营的 ACF-Brill 公共汽车（1943 年）

图 12.12　纽约市使用的 ACF-Brilliant 公交车

图片来源：*Courtesy of* William A. Luke，from Luke，W.，*Buses of ACF Photo Archive*，Iconografix，Hudson WI，pg 27 and 63.

为斯塔滕岛客车公司提供了 54 辆载客量为 22 人的燃油公交车。第二次世界大战期间，整个公交车制造行业都受到配给供应的影响，皇后区的一家私人运营商（三区客车公司）向 ACF 购买了 24 辆公交车（图 12.12）。

根据早前的协议，在 ACF 退出公共汽车制造领域后，该公司在战后设计的 ACF-Brill 车型得以在加拿大境内继续生产。在加拿大生产的车辆更名为 CCF（加拿大汽车铸造公司）-Brill，并一直持续到 20 世纪 60 年代。但 CCF-Brill 车型从未在美国境内的公共交通服务中使用。

12.3.4　马克公司

马克公司是一家知名的卡车生产商，现如今仍然在该行业扮演着重要的角色。然而，在公司的整个发展历程中，它也曾生产过轨道列车的机车头和车厢、消防车以及公共汽车。

马克公司早期的一则广告曾提到："第一辆马克牌汽车是一辆公交车，而第一辆公交车也正是由马克公司出品。"这句口号的后半句有些夸张，因为在世纪交替之前，已经有几家外国制造商生产了巴士样式的汽车。1900 年，第一辆马克牌公交车被卖给了艾萨克·哈里斯，他将车辆作为公园观光车使用（图12.13）。试用期过后，哈里斯又买了更多的车。

马克牌公交车的生产设备最初位于纽约市布鲁克林区，但在 1905 年搬到了艾伦镇，将卡车和巴士的生产线进行整合。一直到 1920 年初期，该公司生产的公交车和卡车都采用相同的底盘。

图 12.13　马克牌公交车的第一则广告——观光客车（1903 年）

图片来源：*Courtesy of* Mack Museum，Detroit MI.

第二次世界大战期间，海军接管了艾伦镇的车辆工厂，并用于制造鱼雷轰炸机。直到 1945 年，马克牌公交车才恢复生产，并持续到 1960 年，之后马克公司便退出了公交车制造行业。

多年来，马克公司的公交车一直以耐用性和可靠性闻名，在 1960 年之前，马克牌公交车（图 12.14）在纽约市公交车行业占据统治地位。曼哈顿的第五大道客车公司以及布朗克斯区的地面交通系统都大量使用了该公司的车辆，有几家皇后区的运营商也使用了马克公司的产品。

图 12.14　布鲁克林区运营的马克牌公交车

图片来源：*Courtesy of* New York Transit Museum.

1960 年，马克公司退出了城市公交车业务。该公司的城际巴士业务在几年后也被放弃。1985 年，该公司曾试图与一家法国制造商合作并重新进入城际巴士业务，但这一尝试很短暂。

12.3.5　福莱西宝公司

福莱西宝公司是一家非常老牌的企业，但直到 1951 年收购双胞胎客车公司后才开展巴士制造业务。福莱西宝公司成立于 1913 年，当时主要制造三轮摩托车。公司名称来源于单词"flexible"，由于该单词过于常用，不受版权保护，也不能作为商标使用，因此公司名称最终取消了一个字母"e"。

在福特公司以 360 美元的价格推出其"T 型车"后，福莱西宝的三轮摩托车业务开始萎缩，因为"T 型车"的价格更低。20 年代初期，福莱西宝公司决定进入城际客车市场。与大多数客车制造商不同，福莱西宝公司专注于客车车身的制造，然后将其安装在从各家汽车制造商（包括斯蒂庞克、别克和雪佛兰）购买的底盘上。

在与法乔尔双胞胎客车公司进行过多次合作后，福莱西宝公司于 1951 年从双客车公司购买了其公交车制造业务，当时法乔尔双胞胎客车公司正打算放弃公交车业务，专注于卡车和飞机零部件业务。芝加哥交通运输管理局（CTA）成为新公司的第一个大客户，购买了 300 多辆公交车，这些车被称为"福莱西宝 – 特温"巴士（图 12.15）。CTA 购买的这些公交车都采用丙烷提供动力。1956 年，布朗克斯区地面运输系统曾购买过一辆二手的柴油驱动版"福

图 12.15　纽约市运营的福莱西宝 – 特温公交车（1956 年）

图片来源：*Courtesy of* Motor Bus Society.

莱西宝－特温"公交车,但在整个纽约市范围内并没有看到该公司公交车的大规模使用。

1961 年,福莱西宝公司停止生产"福莱西宝－特温"型号的巴士,并推出了自己的"new look"公交车型,通用汽车在更早之前便推出了"new look"系列公交车(图 12.16)。在整个 20 世纪 60 年代和 70 年代,纽约市公共交通系统购买的公交车都采用了"new look"设计。尽管通用汽车占据了销售中的最大份额,但许多私人运营商和纽约公共交通管理局都使用了福莱西宝公司的车辆。

图 12.16 皇后区地面运输公司和三区客运公司运营的福莱西宝牌"new look"公交车(1980 年)

图片来源:*Courtesy of* Motor Bus Society.

1969 年,福莱西宝公司被罗尔工业收购。罗尔公司继续生产"new look"系列公交车,直到 1978 年该公司将福莱西宝卖给了格鲁曼联合工业公司。格鲁曼没有继续生产"new look"巴士,而是推出了改良版的车型"ADB"(advanced design bus,图 12.17)。ADB 车型拥有几项创新:首先,驾驶位挡风玻璃的角度设计具备防眩光功能;第二,车身采用一体化的框架式设计(非拼接而成),地板高度降低至离地 30 英寸;第三,车辆的发动机、变速箱和空调等设备采用了易于操作的设计,这使得定期更换零部件比以前的公共汽车更简单、快捷。

1980 年,纽约市公共交通管理局从格鲁曼－福莱西宝公司订购了 1000 多辆 ADB 公交车。然而,这批车辆在纽约市的街道上运行时,车身出现了大量的裂缝。最终,有一辆车的转向轴断裂并从车上掉了下来,导致整个 ADB 车队都停止了服务。为了维持基本的公共交通服务,纽约市公共交通管理局被迫从其他系统租用和购买了大量的二手公交车。尽管经过了耗时长久的法律诉讼,但纽约市始终无法证明裂

图 12.17 纽约市的福莱西宝 ADB 公交车

图片来源:*Courtesy of* New York Transit Museum.

缝以及其他问题的产生是由车辆本身的设计缺陷和制造瑕疵造成的。最终，纽约市公共交通管理局向联邦政府退回了 5600 万美元（这笔钱是联邦政府向纽约市提供的用于购买公交车的资金），并将这批公交车卖回给了格鲁曼 – 福莱西宝公司。这些巴士经过翻新，又被卖给了包括新泽西州在内的全美多家公交运营商。之后，纽约市公共交通管理局再也没有购买过福莱西宝公司的公交车，这在一定程度上打击了格鲁曼 – 福莱西宝公司的财务状况。

1983 年，福莱西宝公司被通用汽车公司收购，并开始制造福莱西宝地铁，成为 ADB 之后的新产品。此外，新公司还启动了一个重要的项目，即恢复和完善福莱西宝和通用汽车的 "new look" 车型。尽管付出许多努力，但福莱西宝公司还是于 1995 年宣布破产，并变卖了资产。围绕该公司破产处理和资产分配的法律诉讼相当持久，一直持续到 21 世纪初。

12.3.6　通用汽车公司

通过与黄色客车公司合作，通用汽车得以进入公共汽车制造业。1943 年，通用汽车直接收购黄色客车，成为此后 45 年美国最大的公交车制造商。

纵观其历史，通用汽车生产的各种车型主要是基于三种基本设计形成的：
- 通用汽车 "old look" 公交车（1943~1959 年）；
- 通用汽车 "new look" 公交车（1959~1977 年）；
- 通用汽车 "advanced design" 公交车（1977~1986 年）。

"old look" 公交车（图 12.18）其实是早前黄色客车公司车型的延续。直到 1959 年通用汽车公司推出 "new look" 车型后，之前的车型才被命名为 "old look" 公交车。为了与新的车型进行区分，所有以前的设计都被贴上了 "old look" 的标签。但实际上一些小尺寸的 "old look" 公交车在 1969 年才真正投产。

由于其外观的独特性，通用汽车公司的公交车辆通常被称作 "面包车"。这些车辆采用了一体化的整车设计，而不是早期那种车身和底盘分离的形式。几乎所有的 "old look" 公交车都采用六缸柴油发动机驱动，只有很少的车型采用了汽油发动机，但在售时间都很短。这些公交车可选手动挡和自动挡，但大多数都采用了自动式双挡变速器。从 1953 年开始，空气悬挂系统成为公交车的标准配置。1958 年起，空调成为公交车的选配装置。纽约市大多数私人和公共运营商都使用了通用汽车公司的 "old look" 公交车。

图 12.18　通用汽车公司的 "old look" 公交车（1956 年）

图片来源：*Courtesy of* New York Transit Museum.

图 12.19　通用汽车的"new look"公交车，一辆由 NYCTA 公司在布鲁克林运营，另一辆由皇后区－施坦威运输公司在一条公交快线上运营

图片来源：*Courtesy of* Motor Bus Society.

"new look"公交车（图 12.19）于 1959 年推出，这种车型也被称为"鱼缸车"，因为它拥有六片圆形的挡风玻璃。"new look"公交车采用了与飞机类似的蒙皮结构。通过这个设计，一个铆接铝制外壳能够支撑整辆巴士的重量。大多数"new look"公交车都是由两冲程循环柴油发动机提供动力。车辆的发动机、变速箱和散热器组件安装在支架上，便于快速拆卸、维修或更换。

通用汽车的"new look"公交车是有史以来最成功的车型。1959~1977 年，共有 41000 多辆"new look"巴士投入公共交通运输服务当中。1977 年，"new look"公交车在美国本土停产，取而代之的是"RTS"公交车。不过，"new look"车型在加拿大的生产仍在继续，因为加拿大的许多公交运营商不喜欢 RTS（Rapid Tromsit Series）的设计。

通用汽车公司的"new look"公交车是纽约市最受欢迎的车型，在这款产品的整个生产周期内，纽约市的私人和公共运营商都进行了广泛使用。人们发现，这款巴士经久耐用，运行效率高，最后生产的一批巴士在运行十年之后仍有许多运营商继续在使用。

RTS（图 12.20）是通用汽车公司生产的最后一款公交车型。通用汽车公司参与了美国运输部（USDOT）的运输车辆项目，政府向该项目提供资助以研发一种专门用于城市公共交通的改良版巴士，于是 RTS 应运而生。RTS 巴士有一个更流线形的外观，带有弧度的车身和玻璃是其标志性特征。20 世纪 80 年代到 90 年代，RTS 巴士在纽约广泛使用。1987 年 5 月，通用汽

图 12.20　牙买加巴士公司运营的一辆通用汽车制造的 RTS 公交车（1985 年）

图片来源：*Courtesy of* Motor Bus Society.

车公司将 RTS 的设计和专利卖给了新墨西哥州罗斯韦尔的交通运输制造公司（TMC），之后便退出了公交车制造行业。1994 年，TMC 又将设计和专利卖给了 NovaBus 公司。2002 年，NovaBus 公司退出美国市场，千禧年运输服务公司接手了该产品，不过该公司也于 2009 年退出了公交制造行业。

12.4　后通用汽车时代的公交车

随着通用汽车公司于 1986 年退出公交车制造行业，公交运营商开始依赖一些外国制造商，其中一些还在美国设立了小型生产线，但其成就各不相同。

早在 1976 年，德国的一家主要客车制造商，曼恩公司就在美国成立了一家合资企业，主要生产铰接式公交车。该公司的工厂设置在得克萨斯州的马歇尔市，用于组装在德国制造的车身。这家工厂生产的公交车最终以"美国重型汽车公司"的名义进行销售。纽约市的施坦威运输公司曾向该公司购买了 10 辆非铰接式巴士。但这些车辆的表现很差，也都停止了服务。

1984 年，瑞典的斯堪尼亚公司与萨博公司合作，开始在康涅狄格州的奥兰治市开展公交整车组装业务。四年后，萨博－斯堪尼亚工厂关闭。

沃尔沃公司也在弗吉尼亚州的切萨皮克建设了一条短期的公交车生产线，并以"Nova Bus"的名义生产公交车辆。但工厂只维持了两年，之后转战加拿大开展业务。2008 年，Nova Bus 公司宣布将在美国开设新工厂。

德国尼奥普兰公司于 1981 年成立了美国尼奥普兰公司，并在科罗拉多州的拉马尔开设了一家工厂。有段时间，尼奥普兰公司在美国的运输市场上取得了不错的反响，但该公司最终于 2006 年倒闭了。

纽约市向许多外国厂商购买了大量的公交车。纽约市最新款的公交车由北美戴姆勒巴士公司在加拿大的工厂制造。1975 年，加拿大安大略省政府成立猎户座国际公司，1993 年该公司私有化后被戴姆勒－克莱斯勒公司收购。在戴姆勒公司与克莱斯勒公司剥离后，巴士业务归戴姆勒公司所有，不过巴士品牌名称仍然使用"猎户座"。最近，纽约市购买的猎户座公交车都是油电混动车。

自 1995 年以来，纽约市分别向 Nova Bus、New Flyer 工业集团（一家加拿大制造商）和戴姆勒 / 猎户座等几家公司购买了公交车。目前运营中的公交车辆多种多样，包括常规的柴油动力公交车、使用压缩天然气（CNG）作燃料的公交车以及混合动力公交车。此外，NYCTA 还运营着大量的铰接式公交车。快速公交线路上运行的公交车，都是 NYCTA 向长途客车工业公司（Motor Coach Industries，简称 MCI）以及普雷沃斯特（Prevost）公司购买的城际客车。

如前所述，纽约市最早的公交车就是油电混合动力车。当然，如今的混合动力技术要比 20 世纪初的技术先进很多，但其基本原理是相同的。

在撰写本书时，纽约正在考虑购买三种采用不同技术的公交车：

- 压缩天然气动力公交车：这种公交车能够提供可靠的服务和更清洁的排放。但是，事实证明，改造维修设施以适应这些车辆的成本很高。
- 柴油 - 电动混合动力公交车：这类车辆的优点是柴油发动机较小，电池能够回收以热能形式损失掉的制动能量，而且由于取消庞大的差速器，车辆的地板可以做得更低。更高的购买费用和养护成本依然是个问题，尤其是电池和其他电子元件的使用寿命较短。
- 柴油动力公交车：标准柴油发动机在燃油效率和排放方面都有了很大的提升。

纽约仍然在考虑和分析这些备选方案。从成本效益方面看，新型柴油发动机公交车可能是未来几年最经济的方案。

12.5　公交运营公司

公交运营商的历史是由公共马车、有轨马车以及电车等运营商之间一系列错综复杂、格格不入却又环环相扣的历史演变而来。就像纽约的轨道交通系统一样，最初的公交服务完全由私人企业运营。由于面临与地铁一样的财务困难，大多数的公交服务都逐渐由私人运营转为了政府运营。在这个过程中，有几家私人公交运营商一度需要依靠政府的补贴才能维持运营。

以下章节中讨论的公交运营商包括了许多历史悠久的大型运营商。一些只经营少数线路的运营商存在时间较短，并没有包含在讨论中。

由于各行政区的公交运营历史不同，因此本节讨论的内容将按照行政区的顺序进行。曼哈顿和布朗克斯区可以被视为一个整体，因为这两个行政区的公交运营商多数是相同的。图 12.21 展示的是纽约市巴士车队当时运营的车型。

12.5.1　曼哈顿和布朗克斯区的公交运营商

第五大道客车公司（Fifth Avenue Coach Corporation）：第五大道客车公司是最早在纽约市运营公共运输业务的公司之一。1885 年 10 月，它开始沿着第五大道运营公共马车业务。由于沿线居民强烈反对在第五大道上铺设铁轨，第五大道的公共马车只能与周边街道上运行更快的有轨马车直接竞争。为了维持运营，第五大道客车公司收取 10 美分的票价，而其他公共马车和有轨马车的运营商只收取 5 美分。到 1901 年时，第五大道客车公司又拿到了其他线路的特许经营权，共经营 7 条线路，其中大部分位于曼哈顿上城区。

在经历过蓄电池公交车辆运营的失败后，第五大道客车公司成为一家主要使用燃

（a）Nova Bus 公司制造的 RTS 巴士

（b）New Flyer 公司制造的 CNG 燃料巴士

（c）New Flyer 公司制造的铰接式巴士

（d）猎户座七系油电混动巴士

（e）MCI 公司制造的快速公交巴士

（f）普雷沃斯特公司制造的快速公交巴士

图 12.21　纽约市巴士车队当前运营的车型（2011 年）

图片来源：*Courtesy of* Wikimedia Commons，all photographs by Adam E. Moreira，used under the Creative Commons–Share Alike 3.0 unported license.

油车辆的公交运营商，到1907年时，该公司所有的线路都使用了燃油机动车辆。

1925年，第五大道客车公司重组，成为公共交通集团的一家子公司，该集团由一群芝加哥投资者领衔，包括约翰·赫兹。1954年，第五大道客车公司与曼哈顿的纽约市公共汽车公司合并。1956年，它收购了布朗克斯区的地面运输股份有限公司。合并之后的公司以第五大道客运线路公司的名字运营，而纽约市公共汽车公司则作为其子公司运营。1962年，该公司经历了一场代价惨重的大罢工事件，并因为公司控制权与金融家哈里·温伯格进行了一场争夺战，之后该公司的公交业务由政府接管。为了完成这些公交线路的接管，纽约市专门成立了曼哈顿区和布朗克斯区地面公共交通管理局（MABSTOA）。该机构隶属于大都会运输署（MTA）的区域巴士运营部门，将负责原属于第五大道客车公司的巴士线路运营。

在政府接管前，第五大道客运线路公司已经成为纽约市最大的公共汽车运营商，并处于盈利状态。

1953年之前，第五大道客车公司一直以第五大道上运行的双层巴士车队而闻名，之后，由于加速装置老化以及上下客速度慢等原因，这些车辆逐渐被单层巴士所取代（图12.22）。20世纪40年代末和50年代的这些公交车都拥有一个标志性的彩色外观，即乳白色的车顶和双色调的绿色车身。

纽约市公共汽车公司（New York City Omnibus Corporation）：纽约市公共汽车公司成立于1923年，并以控股公司的身份收购了纽约的公交线路经营权。1936年，在该公司成立14年之后才开始直接运营公交线路。短短一年之内，纽约市公共汽车公司便成为纽约市最大的巴士运营商，而第五大道客车公司位居第二。

尽管纽约市公共汽车公司和第五大道客车公司是两家相互竞争的企业，但它们

（a）世界著名的第五大道双层巴士（1940年）　　（b）一辆GM牌"old look"款巴士车采用了第五大道客车公司的标志性三色外观

图12.22　第五大道客车公司的历史上使用过的公交车

图片来源：*Courtesy of* Motor Bus Society.

都是公共交通集团的子公司，甚至两家公司的公交车辆外观也很相似（图 12.23）。1954 年，两家公司的管理层买下了母公司的资产。之后两家公司仍独立运营，并在其公交车辆上保留了各自公司的名字。最初，这两家公司以"纽约市公共汽车公司"的名义进行了合并，但 1956 年更名为"第五大道客运线路公司"。1962 年，合并后的公司被 MABSTOA 接管。

图 12.23　纽约市公共汽车公司的这种"old look"巴士车与第五大道客运公司的车辆几乎没有区别，其标志和颜色几乎是一样的

图片来源：*Courtesy of* Motor Bus Society.

B 大道和东百老汇公共交通公司（Avenue B and East Broadway Transit Corporation）：B 大道和东百老汇公共交通公司只在曼哈顿下东区经营两条线路，但它们属于纽约市最为繁忙的线路。这两条线路源于干船坞、东百老汇和巴特里铁路的有轨马车线路。1905 年电气化改造后，B 大道线路在 1911~1932 年运营蓄电池动力有轨电车，之后这条有轨电车线路被废弃。

纽约市的公交运营业务始于 1932 年。1934 年，伯纳德·格林伯格买下这两条线路的运营权，B 大道和东百老汇公共交通公司就此诞生了。与曼哈顿其他的公交运营商相比，该公司存活的时间较久。1980 年 3 月 29 日，随着经营权和运营业务归 MABSTOA 所有，该公司的公交运营服务终止。图 12.24 为 B 大道和东百老汇公共交通公司运营的马克牌公交车。

地面运输系统公司（Surface Transportation System）：地面运输系统公司的历史可以追溯到 1853 年，当时布朗克斯区所有的街道铁路都由第三大道铁路公司运营。到 20 世纪 20 年代初，IRT 系统的竞争严重侵蚀了有轨电车业务。为了将布朗克斯区的公共交通系统控制在一家运营商手中，第三大道铁路公司成立了一家子公司来运营公交车。1924 年，地面运输系统公司正是在此背景下成立。到 1935 年，地面运输系统公司又获得了其他线路的专营权，基本上实现了布朗克斯区公交服务的垄断。

20 世纪 40 年代初，该公司陷入财务危机。1948 年，公司进入破产管理程序。1956 年，第五大道客车公司收购了地面运输系统公司，并成立了一家子公司（地面运输股份有限公司）来运营其巴士服务。1962 年，随着 MABSTOA 的成立，该公司的公交运营结束。图 12.25 为地面运输公司运营的马克牌公交车。

曼哈顿区和布朗克斯区地面公共交通管理局（Manhattan and Bronx Surface Transit Operating Authority，简称 MABSTOA）：MABSTOA 于 1962 年成立，隶属于 NYCTA。它的成立是为了接管已经破产的第五大道客车公司的业务，其中包括前纽约市公共汽车公司和地面运输股份有限公司的业务。

第五大道客车公司公交帝国的结局相当戏剧化。该公司新当选的董事会主席哈

图 12.24　B 大道和东百老汇公共交通公司的马克牌　图 12.25　马克牌公交车：采用地面运输公司传统的
公交车（1955 年）　　　　　　　　　　　　　　　　红色和奶油色标记（1951 年）
图片来源：*Courtesy of* Motor Bus Society.　　　　　图片来源：*Courtesy of* Motor Bus Society.

里·温伯格与纽约市政府出现了争执。他威胁道，如果第五大道线路的票价不能从 15 美分提高到 20 美分，他将取消所有夜间班次以及周日班次的服务。几周内，这起事件又引发了劳资纠纷。1962 年 3 月 1 日，一场大罢工发动，曼哈顿大部分地区和整个布朗克斯区的公共汽车服务都陷入停摆。NYCTA 在市长的支持下，通过法律和行政手段接管了第五大道客车公司的大部分资产和线路专营权。到 3 月 30 日，NYCTA 基本上恢复了第五大道客车公司所有的线路服务，仅有两条线路在当年 7 月 1 日才恢复运营。

　　MABSTOA 是以一家独立运营的子公司身份成立的，这样能够避免将第五大道客车公司的雇员纳入公务员体系，还能为该公司的雇员设立一个单独的养老基金。

　　到 1984 年时，MABSTOA 不再作为一家独立的运营单位存在。曼哈顿和布朗克斯区的公交服务目前由 MTA 的区域公交运营部管理。

12.5.2　布鲁克林区的公交运营商

　　布鲁克林 – 曼哈顿公共交通公司（Brooklyn–Manhattan Transit Corporation，简称 BMT）：该公司成立于 1923 年，距离它的前身——布鲁克林快速交通公司（BRT 公司）破产刚好 5 年。

　　BRT 公司最初成立是为了实现由一家公司统一运营高架铁路、电车、有轨电车等公共运输系统。1902 年，BRT 公司控制了所有的高架铁路和大部分的有轨电车线路（两条线路除外）。由于 5 美分车费政策的限制以及双合同地铁系统导致的成本急剧攀升，1918 年，BRT 公司被迫进入破产管理程序。尽管不是唯一的导火索，但马波恩街撞车事故无疑加速了该公司的破产之路。

　　1924 年，BMT 成立了一家子公司——布鲁克林公交公司。它的目标是获得尽可能多的公交线路专营权，从而维持对布鲁克林区运输系统的统一运营。但是，处于任期尾声的市长约翰·海兰反对将布鲁克林区的任何公交运营权授予 BMT。海兰市长对 BMT 公司以及它的前身（BRT 公司）抱有深深的敌意，因为在他还是一名工程师时，因为驾车差一点撞到 BRT 公司的高管而被解雇。

BMT 公司在临时许可的情况下进行了一年的公交运营，该公司甚至通过免票的方式来证明其运营线路的必要性。1925 年，纽约市交通运输委员会决定在布鲁克林区发放 23 条永久性的线路运营权。BMT 公司提交了运营权申请。

1927 年，纽约市交通运输委员会将行政区内所有新增的公交线路运营权授予了公平客车公司（Equitable Coach Corporation）。此举的目的是防止街道铁路公司控制公交运营。但是，公平客车公司拒绝在无法确保盈利的前提下开启公交线路的运营。1929 年，纽约市交通运输委员会撤销了这些特许经营权。经过长时间的谈判以及法律手续，BMT 公司最终于 1931 年获得了 20 条公交线路的永久经营权。

纽约市交通运输委员会（New York City Board of Transportation）：作为统一化运营进程的一部分，BMT 公司于 1940 年 6 月 1 日被纽约市交通运输委员会收购。BMT 公司实际上是被迫出售的，因为它受到双合同中 5 美分票价和"收回"条款（政府基于该条款可以收回快速交通系统的任何资产）的约束。因此，交通运输委员会在收回快速交通系统的同时，也获得了 BMT 公司所有的公交业务。

1940 年收购 BMT 公司是纽约市政府第一次直接涉足公共交通运营业务。之后，一些皇后区和斯塔滕岛的公交线路也被接管。20 世纪 40 年代中后期是纽约市公交车队以及车辆停保设施①大范围更新换代的时期。1953 年，随着纽约市公共交通管理局（NYCTA）的成立，纽约市对公共运输服务长达 13 年的直接运营结束。

纽约市公共交通管理局（New York City Transit Authority）：1953 年，议会设立纽约市公共交通管理局来接管纽约市所有的公共交通服务运营和设施维护。议会还要求，在私人买家接手之前，所有的电车和巴士线路都必须保留。由于缺乏有竞争力的对手参与竞标，NYCTA 保留了几乎所有的巴士线路运营权。随着时间的推移，还将有更多的私人巴士运营线路会被 NYCTA 接管，这其实与议会最初的想法是违背的。如今布鲁克林区的公交运营由 MTA 的区域公交运营部门负责。

12.5.3 皇后区公交运营商

皇后区的公交服务历史与其他行政区有所不同。曼哈顿的公交服务由大量靠电车线路运营发家的私人企业把控，布朗克斯区和布鲁克林区则是统筹个人和公共部门的利益之后形成了单一的公交运营商。

皇后区最初由许多小规模的运营商提供公交服务。当时政府提出一项计划，将皇后区划分为四个区域，每个区域由一家运营商提供公交服务。1936 年，这项"四区"计划正式采纳：三区客运公司获得了 A 区（伍德赛德及周边地区）的所有公交线路经

---

① 车辆停保设施是指公交车辆停放、维修和保养的设施。

营权；B区（法拉盛及周边地区）的运营权由北岸巴士公司获得；C区（臭氧公园及周边地区）和D区（牙买加及周边地区）的运营权则被授予Bee Line公司。没过多久，北岸巴士公司收购了Bee Line公司，并最终成为NYCTA接管的第一家私人运营商。1936年以后，除了牙买加等少数地区外，皇后区的巴士运营格局并没有变化。

北岸巴士公司（North Shore Bus Company）：北岸巴士公司在东皇后区经营多条公交线路，其中许多线路为牙买加和法拉盛的轨道交通系统站点提供接驳服务。

1923年，约瑟夫·劳奇沃格创立了劳奇沃格公交公司，并收购了纽约–北岸电车公司运营的两条路轨线路。1926年，他成立了北岸巴士公司，并增加了新的线路（图12.26）。

（a）北岸运营的REO巴士（纽约仅有两辆）　　（b）纽约市少有的白色巴士车辆

图12.26　北岸巴士公司运营于梅恩街的特殊公交车（法拉盛线路）

图片来源：*Courtesy of* Motor Bus Society.

北岸巴士公司的公交线路普遍较长，且其服务区域内缺少其他交通方式，所以这些线路的上座率很高。二战期间，由于车辆和零部件难以获取，许多战前购买的公交车辆年久失修，直接导致该公司陷入困境。随着法院介入和仲裁，NYCTA于1947年接管了该公司的公交线路。目前，这些线路由MTA的区域公交运营部门管理。

三区客运公司（Triboro Coach Corporation）：三区客运公司于1919年由萨尔瓦多·福纳托拉成立，最初名为伍德赛德–阿斯托里亚运输公司。1931年4月10日正式更名为三区客运公司。

三区客运公司是最成功的私人公交运营商之一，几十年来，皇后区西北部的多数公交线路都由该公司运营。1936年，该公司新增了9条线路的经营权。其运营中心位于第74街和罗斯福大道的交汇处，也是科罗纳/法拉盛地铁线和皇后区IND线路的交汇处。该运营中心位于一座建筑的底部，是一个拥有三条车道及多个站台的枢纽站，目前仍在使用中。

第二次世界大战后，三区客运公司被另一家私人运营公司——绿色公交线路公司收购，但仍以"三区客运公司"的名义进行独立运营。三区客运公司一直以来都在试图扩张其服务范围，当拉瓜迪亚机场开通时，它便将 Q33 线路延伸至了机场。该公司也是第一家进入快速公交领域的私人运营商。1956 年，第一条"快速公交"线路取代了被废弃的长岛铁路洛克威支线。直到长岛铁路作为地铁 A 线延伸线而重启服务之后，这条快速公交线路才停止服务。

1961 年，三区客运公司接管了一条由 NYCTA 运营的线路——B72，并将线路名调整为 Q72，因为这条线路完全位于皇后区的行政范围内。20 世纪 70 年代和 80 年代，三区客运公司又获得了 6 条快速公交线路的特许经营权。

三区客运公司是最后的私营巴士企业之一。该公司一直运营至 2006 年 2 月 2 日，之后由 MTA 的区域公交运营部门接管。在被接管前的十多年里，该公司一直在接受政府对其业务的补贴。图 12.27 为三区客运公司运营的通用汽车"old-look"巴士。

牙买加巴士股份有限公司（Jamaica Buses Inc.）：1931 年，一项拓宽牙买加大道的规划导致牙买加中央铁路公司倒闭，该公司之前在牙买加大道上运营了数条电车线路。为了用燃油公交车取代电车服务，1933 年，牙买加巴士股份有限公司成立。

牙买加巴士公司的运营规模不大，它运营 4 条常规公交线路和一条快速公交线路（图 12.28），这条快速公交线路始于 20 世纪 70 年代初。二战后，该公司由绿色公交线路公司收购，但继续以"牙买加巴士公司"的名义独立运营。2006 年 1 月 30 日，MTA 区域公交运营部门接管了该公司所有的线路。

绿色公交线路公司（Green Bus Lines）：绿色公交线路公司于 1925 年 4 月 3 日成立，为多个行政区提供常规公交服务。1933 年，该公司收购了几条曼哈顿的线路。1936 年，该公司将这些线路转让给了纽约市公共汽车公司，以换取皇后区中南部线路的特许经营权。

图 12.27　三区客运公司的通用汽车牌"old look"　　　图 12.28　牙买加巴士公司的一辆快速公交线路车辆
　　　　　　巴士　　　　　　　　　　　　　　　　　　　　　　　行驶在从牙买加大道到曼哈顿中城的路上

图片来源：*Courtesy of* Motor Bus Society.　　　　　　图片来源：*Courtesy of* Motor Bus Society.

二战后不久，绿色公交线路公司分别收购了三区客运公司、牙买加巴士股份有限公司和公交调度公司（一家位于布鲁克林的小型私人运营商）。每家公司都继续以各自的品牌进行运营。

与三区客运公司一样，绿色公交线路公司对于新形式的公交服务也充满野心。该公司于 20 世纪 50 年代初开始提供往返布鲁克林庄园站的快速公交服务，以取代长岛铁路废弃的洛克威海滩支线。70 年代，该公司又新增了 4 条快速公交线路。2006 年 1 月 9 日，该公司的公交线路由 MTA 区域公交运营部门接管。图 12.29 为皇后大道上运行的绿色公交线路公司的 RTS 车辆。

图 12.29 皇后大道上运行的绿色巴士公司的 RTS 车辆

图片来源：*Courtesy of* Motor Bus Society.

皇后区公共交通公司 / 施坦威公共交通公司（Queens Transit/Steinway Transit）：皇后区公共交通公司和施坦威公共交通公司的运营历史都可以追溯到 20 世纪初的街道铁路和电车线路。1937 年，皇后区 – 拿骚郡公共交通公司成立，目的是使用公交取代纽约 – 皇后区公共交通公司的电车线路。

1892 年，施坦威铁路公司成立，它租用了里克斯大道和桑福德角铁路，并收购了施坦威和猎人角铁路公司。该公司后来并入纽约 – 皇后区铁路公司。1932 年，施坦威铁路公司重组，并由纽约 – 皇后区公共交通公司控制，后者是皇后区 – 拿骚郡公共交通公司的母公司。1938 年，施坦威铁路公司的业务被皇后区大桥铁路公司收购，后者成立了一家名为施坦威公共交通公司的子公司。皇后区大桥铁路公司是纽约最后一家运营电车业务的公司，在 1957 年之前，该公司一直运营着往返于第 59 街大桥上的电车线路。

1986 年，皇后区公共交通公司和施坦威公共交通公司合并为一家公司，并命名为皇后区 / 施坦威公共交通公司。1988 年，也就是两年之后，该公司被林登巴士公司收购。然而，在开始运营之前，林登公司便将其更名为皇后区地面交通公司。

不同于它的竞争对手，皇后区公共交通公司最开始使用了 41 辆 ACF 牌公交车进行运营。二战后，该公司成为唯一一家拒绝使用通用汽车或马克牌公交车标准化车队的公司。1947 年，该公司购买了 15 辆 ACF–Brill 牌公交车，这是纽约市在战后购买的仅有的一批该品牌车辆（图 12.30）。施坦威公共交通公司的选择则比较常规，其最初配备的车辆选用了双胞胎客车公司和马克公司的产品。

该公司主要在皇后区西北部经营常规公交线路。与其他皇后区的运营商一样，它也运营了许多快速公交线路。2005 年 2 月 27 日，当被 MTA 区域公交运营部门接管时，该公司共运营着 11 条常规公交路线、9 条进出曼哈顿的快速公交线路以及 1 条横跨白石桥的跨区常规线路。

（a）皇后区 – 拿骚郡公共交通公司运营的 ACF–Brill 巴　（b）皇后区 – 拿骚郡公共交通公司运营的 ACF H16 巴士
士（1947 年）　　　　　　　　　　　　　　　　　　　（1945 年）

图 12.30　皇后区 – 拿骚郡公共交通公司（皇后区运输 / 施坦威公共交通公司前身）使用的特殊巴士

图片来源：*Courtesy of* Motor Bus Society.

12.5.4　斯塔滕岛上的公交运营商

即便在今天，斯塔滕岛仍然是纽约市人口密度最低的行政区。直到 1964 年维拉萨诺大桥开通之前，斯塔滕岛与其他行政区之间唯一的联系就是轮渡，其中大部分都在圣乔治镇以外的地方运营，主要通往曼哈顿。

从 1867 年开始，岛上的公共马车和有轨马车线路主要将圣乔治的轮渡码头与其他地区进行连接。如今，尽管新增了许多本地公交线路以及大量跨维拉萨诺大桥通往曼哈顿和布鲁克林的快速公交线路，但斯塔滕岛公交线网的总体结构仍然体现这一特征。

汤普金斯公交公司（Tompkins Bus Company）：1925 年，该公司以美国旅游公司的名义成立，计划申请斯塔滕岛的公交线路经营权。1927 年，该公司获得了 18 条公交线路，并被允许收取 10 美分的票价，是其他行政区票价的两倍。这样的决定到底是如何做出的不得而知，或许是因为斯塔滕岛的公交线路里程更长，也或许是因为政府相关部门的疏忽。由于在获取运营资质时遇到了一些大麻烦，该公司有 4 条线路直到 1931 年才开始运营。汤普金斯公交公司的运营期很短。1937 年，由于财务问题，该公司将其特许经营权转让给了斯塔滕岛客运公司。

斯塔滕岛客运公司 / 伊勒交通运输公司（Staten Island Coach Co./Isle Transportation Co.）：1902 年，里奇蒙轻轨公司成立，并在斯塔滕岛经营路轨运输服务（实际的运营业务是出租给米德兰电力铁路公司完成）。1920 年，该公司的路轨运输业务终止后，大量的私人巴士公司开始在这些线路上开展业务运营。1927 年，里奇蒙铁路公司（里奇蒙轻轨公司的继承者）成立了斯塔滕岛客运公司，并购买了 25 辆公交车，它希望获得纽约市政府发布的 18 条公交线路经营权。不幸的是，纽约市将 18 条线路的运营权都授予了汤普金斯公交公司。

直到 1933 年，里奇蒙铁路公司继续运营着大量的电车线路，之后该公司重组斯塔滕岛客运公司，计划用燃油车辆取代仍在运行的电车服务。如前所述，1937 年，该公司接管了汤普金斯公交公司的所有业务。之后，公交车费从 10 美分降到了 5 美分。

由于财务问题，1946 年，斯塔滕岛客运公司没有续签他们的特许经营权。伊勒交通运输公司接管了这些线路的经营权和运营事务，但事实证明并不成功。1947 年，该公司被交通运输委员会接管。

在 1964 年维拉萨诺大桥开通之前，斯塔滕岛的大部分公交线路都与轮渡连接。大桥开通后，大量的快速公交线路开通，同时也包括连通布鲁克林和曼哈顿的普通线路。

12.6　政府运营时期

事实上，如今纽约市乃至全美国的公交服务都是由地方政府或政府代理机构直接运营。纽约的确是与众不同的：皇后区有大量的私人公交线路一直运营至 2006 年，尽管它们获得了来自政府持续十余年的财政补贴。

自二战结束以来，公交公司的运营状况不断恶化，包括人力、设备、维护和燃料在内的运营成本继续上升，但票价却受制于约束协议而没有变化。一直以来，公交票价都被认为应尽量保持低位，以使其与人们的支付能力匹配。因此，公交系统已成为低收入居民出行的主要选择。但面对无法通过提高票价来满足其运营支出的现实，私营公交企业开始消亡。

由于财务状况持续恶化，私营公交企业的服务要想满足出行需求的增长几乎不可能，甚至连维持已有的公交服务都很困难。

1961 年，《住房法》批准向公共交通示范项目提供约 2500 万美元的资助，于是联邦政府开始向公交企业提供设备成本方面的帮助。这些示范工程为一些重要的技术改进提供了规划和贷款支持。例如快速公交、可变公交线路以及其他一些新的想法都得到了这些项目的资金支持。

1964 年，交通运输部成为美国内阁机构。同年，《城市公共交通运输法案》通过。1968 年，原本属于住房和城市发展部（HUD）的城市交通运输管理局划归交通运输部。1964 年的法案中用于交通运输资产投资的资金占到了总投资的三分之二。

联邦政府用于公共交通系统的资金主要来源于定期更新的国会预算，但行政管理和政治环境的变化都会使得政府用于交通系统的资金投入计划发生变化。

20 世纪 70 年代中期，联邦政府设立了公共汽车发展计划，为制造商开发更高效的公共汽车设计提供资金。共有三家公司同意参与到这项计划中，分别是通用汽车公司、美国重型车生产公司和罗尔－福莱西宝公司。每家公司都生产了一台模型车，但由于计划被认为不成功，三个车型都被放弃了。不过，通用汽车和福莱西宝公司都在 1977 年推出了新的公交车型。通用汽车的快速公交巴士（RTS）和福莱西宝 ADB 公交车显然继承了之前联邦政府计划的设计。

从 1983 年开始，联邦运输资金被并入公路资金项目（自 1916 年以来一直存在），成为其子项。1983 年的联邦公路援助法引入了"州际置换"的条款，允许州政府和地方政府将原本建设跨州交通系统的资金用于城市内部公共交通系统。波士顿和纽约是最早使用这项规定的城市。

1991 年，《陆路复合运输效率法案》（ISTEA，亦称冰茶法案）成为有史以来改动最大且由联邦政府资助的公路项目。在公共运输方面，该法案为州政府和地方政府在公路和公共交通项目的资金分配方面提供了极大的灵活性。1998 年，《面向 21 世纪的运输平衡法案》（TEA–21）作为该法案的后续法，继续并扩大了这一趋势。

在撰写本书期间，《安全、可靠、灵活和高效的运输平衡法案：留给使用者的财产》（SAFETY–LU）于 2005 年通过，该决案将联邦政府向公共交通系统援助的资金都囊括其中。尽管这项法案只延续到 2008 年，但在对后续法案进行辩论和撰写期间，继续执行该法案的决议使得相关建设计划得以实施。截至 2011 年底，尚未有任何后续法案通过，不过国会正在讨论这一法案，以应对美国基础设施普遍恶化的问题。

由于联邦政府为公共运输系统基础设施提供了大量的资金支持，包括购买公共汽车，因此州政府和地方政府可以将精力投注于运营方面的问题。纽约市政府接管私营公交企业已经长达数十年。1940 年，通过收回 BMT 公司的管理权，纽约市在布鲁克林区第一次实现了公交的直接运营管理。到 1947 年时，斯塔滕岛的大部分公交服务都由政府提供。曼哈顿和布朗克斯的公交业务分别于 1962 年和 1980 年被政府接管。皇后区的私营公交企业则在政府的补贴下持续到了 2005 年和 2006 年。

12.7　双层巴士的纠结

1976 年 9 月 15 日，MTA 在第五大道和滨河大道上开启了新型双层巴士的试运行。这次试运行是为了唤起民众对第五大道客车公司双层巴士车队的记忆，该车队在 1953 年 4 月之前一直沿着第五大道行驶。MTA 从英国制造商利兰公司（Leyland）购买了 8 辆新车（AN682K 型），并将其投入由 MABSTOA 运营的 M4 线和 M5 线中。这些双层巴士配有空调，可容纳 69 名乘客，其中二层车厢可容纳 44 人。如果这次试运行被认为是成功的，车队将会增加更多的双层巴士。

这些双层巴士在许多方面具有优势，它拥有更高的载客量，更受大众欢迎，也更吸引游客。然而，有几个问题注定了双层巴士的失败。这种双层巴士太高，无法进入第 132 街的公交停车场，所以它们不得不被重新分配到第 146 街的公交停车场，而且沿着第五大道和麦迪逊大道的交通信号灯也必须增高。1981 年,在完成最后一次运行后,这些双层巴士被卖给了旧金山的灰线公司,在那里继续用于旅游服务。

这次的双层巴士试运行属于城市公共交通运输管理局(UMTA)资助的示范项目。

12.8 老旧系统面临的新问题

如前所述,纽约目前的公交系统源自最初授予公共马车和有轨马车运营商的特许经营权,以及其他以随意和不协调的方式授予的特许经营权。

特别是在皇后区和斯塔滕岛,自从地铁系统的扩张于 20 世纪 40 年代停止后,运营长距离的巴士线路成为必不可少的方式。从斯塔滕岛到布鲁克林第四大道的地铁连接线规划多年,但迟迟未建;皇后区大部分地铁和高架铁路延伸至城市边界的计划也被搁置。在这种情况下,公共汽车只能尝试提供大客流、长距离的运输服务,但这种服务更适合使用轨道交通。

在曼哈顿,公共汽车承担起了处理东区交通问题的责任,特别是下东区,由于高架铁路的缺失使得曼哈顿岛的这个区域缺失轨道交通服务。快速公交线路主要向那些不能乘坐轨道线路进出曼哈顿的乘客提供服务。

在美国的许多小城市,公共汽车是唯一的公共交通方式,而且车辆的载客密度适中。但纽约的情况比较特别,公交的行驶距离越短、乘客越少时,其运行效率越高。因为在纽约,公交主要作为轨道系统的接驳工具存在。

皇后区的公交系统为只覆盖该行政区三分之一的轨道系统提供接驳服务。在布鲁克林,许多公交线路主要为覆盖该行政区大部分范围的轨道系统提供接驳服务,其他路线则为区域内距离较短但不方便利用轨道的区域提供连通服务。斯塔滕岛的快速公交线路弥补了地铁连接线缺失带来的不便,岛上的普通公交线路则提供前往斯塔滕岛轮渡码头的接驳服务。布朗克斯区的公交接驳服务更加高效,尽管当地有一些区域至今仍无轨道交通服务。

纽约公交是世界上最庞大的公交系统之一。每天有超过 4400 辆公交车辆在街道上行驶,每天载客量达到 240 万人次。尽管与地铁的载客量相比有点小巫见大巫,但它在保持城市和居民出行方面的作用仍然是不可或缺的。

参考文献

1. Martin, G.E.: New York City Transit Buses: 1945–1975 Photo Archive, Iconografix, Hudson WI (2005)

2. Luke, W.A., Metler, L.L.: City Transit Buses of the 20th Century, Iconografix, Hudson WI (2005)

3. Luke, W.A.: Yellow Coach Buses: 1923 Through 1943 Photo Archive. Iconografix, Hudson

WI（2001）

  4. Luke，W.A.：Buses of ACF Photo Archive. Iconografix，Hudson WI（2003）

  5. McKane，J.：Flxible Transit Buses：1953 Through 1995 Photo Archive. Iconografix，Hudson，WI（2001）

  6. Exckart，H.：Mack Buses 1900 Through 1960 Photo Archive. Iconographix，Hudson WI（2000）

  7. Luke，W.A.：Fageol & Twin Coach Buses：1922 Through 1956 Photo Archive. Iconografix，Hudson WI（2002）

第 13 章
运营模式的统一、战争以及纽约市公共交通管理局

1932 年，当 IND 系统的第八大道线路向公众开放时，公共交通的经济状况已经发生了根本性的改变。由于 5 美分车费政策的政治绑架，公共交通系统注定亏损，而轨道交通系统尤甚。很显然，政府必须提供大量的资金来维持该系统的运行，而私营企业家则不愿意踏入这个行业。那些身在其中的企业，IRT 和 BMT 公司，则在四处找寻出路。1932~1953 年，纽约市一直在努力找寻一套有效的方法来应对公共交通系统供给和运营的责任。

13.1 引言

1932 年，IRT 公司刚刚才因破产被接管，BMT 公司便深陷财务困境。由于票价受政府部门管制，两家公司没有办法通过提高营收来应对急速攀升的运营成本。为了挺过 20 年代末糟糕的经济环境，IRT 和 BMT 两家公司都引进了一些新技术，并推出一些不太受欢迎的政策（主要是减少人力）来降低运营成本。有两项措施至关重要：

- 自高架铁路和地铁开通以来，车票都是在乘客进入站台前由工作人员人工收取。自动闸机是一种只需将特制硬币塞入投币口即可开启的装置，该装置发明后被安装在整个轨道交通系统中，取代了大量的人工岗位。
- 高架铁路和地铁的另一个低效之处在于车厢舱门的开启。起初，每两节车厢都需要设置一个门卫来负责车门的开关。自动门技术出现后，一列六节编组车辆的工作人员便从"1 司机 +3 门卫"的配置缩减为"1 司机 +1 列车员"的配置。

然而，仅仅有这些措施还是不够的。那些有幸保住工作的员工被减少了 10% 的薪水，但是工作时长却增加了。车站和车辆的清洁工作被严重缩减，导致整个系统在很多看得到的方面都呈现出迅速的衰败。老旧、过时的车辆被迫推迟更换，导致车辆严重超期服役。最终的结果就是，故障和延迟事故频发。

新建成的 IND 系统也被证明是这座城市的一项负担。该系统的运营成本约为 9 美分 / 人次，而收入仅为 5 美分 / 人次。由于经济大萧条，纽约市的财政状况原本就很糟

糕。根据双合同的收入分成协议，运营收入将优先分配给 IRT 和 BMT 公司，纽约市政府不能得到任何收入，但它仍然要为建造双合同地铁系统而发行的债券支付利息。因此，这笔钱不得不直接从城市的财政收入中划拨。

13.2　从海兰到拉瓜迪亚：政治环境的悄然改变

1925 年，坦慕尼协会不打算支持约翰·海兰连任第三届市长，因为坦慕尼协会的领导人认为约翰·海兰过于独立。在坦慕尼协会的操控下，约翰·海兰在民主党初选中就被吉米·沃克击败，后者最终轻松赢得市长选举。

13.2.1　吉米·沃克

吉米·沃克（图 13.1）的性格与约翰·海兰完全相反。他个性张扬，英俊潇洒，是个十足的"城里人"。在当选市长之前，他曾在州议会任职四年，之后又在州参议院任职四年。最重要的是，他是坦慕尼协会的一名虔诚追随者。

年轻时，沃克曾涉足音乐圈，并创作了几首流行歌曲。他在百老汇圈子中很有名气，婚前他经常与百老汇的各种歌舞女郎混在一起。而且，沃克很有可能没有理会禁酒令，在他的任期内，纽约市的地下酒庄行业非常繁荣。因此，他很快就获得了"风流市长"的绰号。此外，沃克还是一位时尚偶像，各种出版物都对他的着装进行了详细的报道。

沃克的第一届任期以基础设施领域的投资为工作重点，对学校、医院和公园等进行了大量的改善工作。他在公共交通领域并没有太多作为，但延续了 5 美分票价的传统，并支持 IND 地铁系统的建设。1929 年，他以压倒性优势击败了菲奥雷洛·拉瓜迪亚和一名社会党的候选人，再次当选纽约市长。

然而，大萧条终结了兴盛的 20 年代，并将这座城市拖入了财政困境。同时，与经济方面的困难接踵而至的还包括民主党州长富兰克林·罗斯福方面主导的严厉审查。

对沃克政府最初的调查主要集中在纽约和布朗克斯的下级法院。据称，沃克和坦慕尼协会的同僚存在利用法院系统来实现个人意愿的行为。根据指控，这些法院存在以下问题：（1）有人因不存在的"罪行"而被捕；（2）雇用专业证人来提供令人发指的证词；（3）受害者被迫行贿，否则将被送进

图 13.1　吉米·沃克市长（1926 年）

图片来源：Courtesy of Library of Congress，Prints & Photographs Division，NY World Telegram and Sun Collection，LC USZ62–121525.

监狱。这次调查的直接起因是有人指控坦慕尼协会以 10000 美元的价格卖掉了一个法官的职位。

1930 年 8 月 26 日，塞缪尔·西布里法官被任命为本次调查的仲裁人。西布里是一位著名的法学家，以诚实和反对坦慕尼协会而闻名。1930 年 12 月，随着调查范围扩大，州地方检察官托马斯·克莱恩也牵涉其中，他是坦慕尼协会的常任律师。

将克莱恩纳入调查对象直接导致了罗斯福和坦慕尼协会之间的永久性裂痕。当时的罗斯福正在争取 1932 年总统竞选中民主党方面的候选人提名，但他遭到了坦慕尼协会的激烈反对。事实上，这只是坦慕尼协会和罗斯福彼此斗争的开始，这场斗争将持续到 20 世纪 60 年代，直到坦慕尼协会最终灭亡。

1931 年 3 月，沃克前往加利福尼亚州，据说是为了解决一些不明的健康问题。有传言说他不会再回来了，而且很快将辞任市长。也有人认为他打算前往好莱坞，在电影业中寻找一些机会。但沃克市长否认了这些谣言，并表示"……有关腐败的故事实在是过分夸张"。

随着城市事务委员会收到更多针对沃克本人的腐败指控，根据州宪法，罗斯福州长必须亲自审理此案。他任命西布里法官作为特别顾问来对其提供协助。与此同时，立法机关成立了一个调查委员会来处理纽约市政府的整体腐败问题，并任命塞缪尔·西布里为其首席法律顾问。《华盛顿邮报》在报道该委员会的文章中提到：

"启动全市范围的调查是源于最近完成的几次审讯结果。法院和警察局都发现了腐败现象，地方检察官办公室正在接受调查。但所有这些打击腐败的努力都是徒劳的，纽约市目前糟糕的环境并不是由某个人或某个团体造成，而是由坦慕尼协会构建的这套系统造成的。那些坚决反对坦慕尼协会的个人，被各种残忍的手段陷害。对这个隐形政府进行调查是找到纽约腐败根源的唯一希望。"

坦慕尼协会再次因一系列广泛的非法活动而受到审查。此外，城市事务委员会和其他民间团体为调查提供了大量的公众支持。1931 年 3 月 30 日，超过 3000 人聚集在卡内基大厅，聆听多位民间领袖对坦慕尼协会涉嫌腐败的指控。

4 月 6 日，沃克市长结束了在加利福尼亚州的逗留并返回纽约，为其政府团队以及政治盟友面临的大量指控进行辩护。尽管市长与歌舞女郎贝蒂·康普顿之间的浪漫传闻不绝于耳，但其远在迈阿密海滩度假的妻子也赶回纽约为其丈夫提供支持。4 月 18 日，沃克市长已经准备好一份回应城市事务委员会指控的声明，并给州长发送了一份。短暂停留之后，5 月 15 日，沃克再次离开纽约，与一个由 25 位美国市长组成的访问团一道，开启对法国的正式访问。

随着调查的推进，越来越多对沃克和坦慕尼协会不利的证据被挖掘出来。1931 年 8 月，这位市长再次离开纽约前往欧洲，仍然是去解决其尚未查明的健康问题。著名的政治评论家和幽默作家威尔·罗杰斯在致《纽约时报》的信中写道：

"法国政府向吉米·沃克授予了荣誉军团勋章，这或许是因为他没有带上其他 24 位市长。

当共和党人在纽约给他戴上毒葛[①]花环（揭露其罪行时）时，沃克或许正在兴登堡喝着一杯啤酒，或者正和麦克唐纳总理一起掷骰子，又或者正和墨索里尼跳着慢板舞。

从来没有人像他一样，一边接受调查，一边接受宴请。在面对调查委员会时，他始终佩戴着三枚勋章。"

1932 年 5 月 26 日，沃克终于现身西布里委员会接受询问。在询问中，他承认自己在没有任何投资的情况下，从知名出版商保罗·布洛克的经纪账户中获得了 246692 美元的收益。据称，这笔"收益"与某一项公交线路特许经营权的授予有关，但沃克否认了这一指控。法庭上的旁听人员像看到名人般为沃克欢呼。当沃克完成证词后，他被要求签署一份放弃豁免权的同意书，沃克在民众面前表现得很好，他照做了。调查委员会在三天内将整个案件的文件整理完毕，并提交给罗斯福州长。根据州宪法，州长有责任对案件结果进行复核，并有权罢免市长。当时连沃克的支持者也认为他会被解雇，但他们相信沃克会再次当选。

随后沃克又采取了一些策略来拖延州长的最终判决。沃克表示所有关于他的指控都发生在他的第一届任期内，他认为这些都属于"封闭事件"，而且没有任何证据表明他的第二届任期存在问题。1932 年 8 月，最终的审判启动。1932 年 9 月 1 日，在罗斯福还未做出决定的情况下，沃克辞去其职务，并发誓要将自己的执政生涯提交给"任命我为市长的人民——纽约人民"来评判。他宣布打算在即将举行的特别选举中争取连任，以完成他的任期。1932 年 9 月 12 日，沃克再次乘船前往欧洲进行为期 20 天的旅行，同样是寻求身体健康的改善。他的妻子陪他前往码头，但没有和他一起航行。

13.2.2　约瑟夫·V. 麦基

吉米·沃克辞职以后，根据当时的法律，他的职位由市议会主席接替。1932 年 9 月 2 日，约瑟夫·V. 麦基（图 13.2）成为市长。

麦基的任期只持续了 4 个月。州长和麦基原本希望宪法中有关特别选举的规定能够有所放宽，以保证麦基能够完成沃克第二届任期的剩余时间。但是，法院裁定特殊选举必须在下一个选举日举行，也就是 1932 年 11 月。

有关吉米·沃克将在坦慕尼协会的支持下参加特别选

图 13.2　临时市长
约瑟夫·V. 麦基
图片来源：Courtesy of New York Historical Society.

[①] 一种美洲植物具有较强的毒性。

举的谣言不断,但他最终改变了主意,退出了竞选。1932 年 11 月 10 日,像往常一样,沃克再次乘船前往欧洲。贝蒂·康普顿和她的母亲也搭乘了同一艘船。在欧洲期间,沃克与妻子离婚,并与康普顿结婚。在所有的刑事起诉威胁消失前,沃克一直留在欧洲。

在短暂的市长任期内,麦基获得了工作狂的称号。他试图解决这座城市的一些主要问题,其中多数问题因为大萧条和前任们的过度支出而更加严重。因此,他在任期内的主要工作是致力于减少政府开支。

在公共交通方面,他支持 5 美分票价政策,并积极维护该市对 IRT 和 BMT 公司的收回权。IRT 公司当时已经处于破产管理阶段,但纽约市没有足够的财力对其立即实施接管。第八大道地铁在麦基的任期内开通,但他没有参加任何正式的庆典活动。事实上,也几乎没有举行任何与线路开通相关的庆典仪式。由于该系统已经运行了数周测试列车,1932 年 9 月 10 日 12∶01,该地铁所有车站同时开门迎客。

麦基减少开支的方法是削减政府工作人员的工资,先从他自己开始,从每年 4 万美元削减到 2.5 万美元。他撤销了沃克为他的政府高层争取的 200 万美元加薪,并将所有部门主管的年薪降至 1.2 万美元。他还将市长的车永久停放在车库中,乘坐地铁上下班,并将司机重新安置到另一个岗位上。此外,纽约市向各类政府官员提供了 1800 辆车和司机,麦基对每一辆车的需求进行了审核。然后他下令将所有政府机构的预算削减 20%,并进一步削减所有政府工作人员的工资。

坦慕尼协会并不喜欢麦基的各种措施。在接下来的特别选举中,坦慕尼协会拒绝支持麦基,而是提名约翰·奥布莱恩代替他担任市长。

13.2.3 约翰·奥布莱恩

1932 年的大选是坦慕尼协会和民主党的巅峰对决事件。当时,富兰克林·罗斯福以压倒性优势击败赫伯特·胡佛当选美国总统。在纽约,随着赫伯特·雷曼当选州长,约翰·奥布莱恩(图 13.3)当选了市长,坦慕尼协会又重新控制了纽约州和纽约市。吉米·沃克被迫辞职不到两个月后,坦慕尼协会再次执掌纽约。

1932 年 12 月,在奥布莱恩就任之前,仍然由坦慕尼协会控制的市议会恢复了被麦基市长下令裁减的许多支出。

公共交通方面,奥布莱恩延续了支持 5 美分票价的传统,并赞成收回轨道交通系统并进行统一管理。他的政府继续与已经破产的 IRT 和即将破产的 BMT 公

图 13.3　约翰·奥布莱恩市长

图片来源:Courtesy of New York Historical
　　　　　Society.

司进行商讨，但没有得出任何结论。

　　然而，预算削减仍然是该市的首要问题。在推翻麦基的减薪方案后，奥布莱恩和市议会批准了较小幅度的预算削减方案。他主张"行政预算"不能因市议会或者预算委员的决议而改变或削减，但他的提议没被通过。

　　当纽约市警察局长辞职准备去担任州政府的某一职位时，奥布莱恩发表了这座城市历任市长中最令人印象深刻的话语。当被问到新任局长的人选时，他的回答貌似是"我不知道，他们还没有告诉我。"原话事实上没有这么夸张，但公众的反应清楚地表明原话与这个广为流传的版本表达了相同的意思。当被问到这个问题时，他的原话是"我对此无话可说"。奥布莱恩后来也争辩说，他的话被错误地引用了，他实际上说的是"我对你没有什么话可说"，但是有许多在场的人都认为援引的说法没有问题。

　　当选一年后，奥布莱恩在市长定期选举中与融合党候选人菲奥雷洛·拉瓜迪亚以及前市长约瑟夫·麦基展开正面对决。融合党派由共和党人和一些进步的无党派人士组成，而麦基则代表由罗斯福派民主党人组成的一个团体参与竞选，他们都反对坦慕尼协会。最终，拉瓜迪亚以多数票赢得了选举，但民主党继续控制着一些主要的政府部门。

13.3　拉瓜迪亚的策略

　　菲奥雷洛·拉瓜迪亚（图 13.4）毕业于纽约大学法学院，并开设了一家私人律师事务所。他是曼哈顿下城麦迪逊共和党俱乐部的活跃分子。尽管他的思想相当进步，但他加入了较为保守的共和党，这是因为他鄙视坦慕尼协会的腐败，而且他认为自己意大利裔的身份在由爱尔兰裔人主导的纽约民主党中会受到排挤。他曾在国会担任过几届议员，因其雄辩的能力而闻名。他反对禁酒令，并谴责对移民的各种限制根本就是种族主义。1932 年的选举中，在富兰克林·德拉诺·罗斯福以压倒性优势赢得总统选举的大背景下，拉瓜迪亚被民主党人击败。但其实，拉瓜迪亚和罗斯福是亲密的朋友，他后来也从这位新总统的强大影响力中受益。

图 13.4　菲奥雷洛·拉瓜迪亚市长
（约 1934 年）

图片来源：Courtesy of Library of Congress, Prints & Photographs Division，NY World Telegram and Sun Collection，LC USZ62– 132498.

　　尽管受到坦慕尼协会的强力阻击，但拉瓜迪亚还是赢得了选举。坦慕尼协会甚至动用暴力手段来强迫选民支持他们的候选人。《曼彻斯特卫报》在 1933 年 11 月 9 日的报道提到：

"按照美国的标准，纽约的选举相当平静地结束了，因为没有人被杀。然而，坦慕尼协会为赢得选举而不顾一切的做法，最终被指控为大规模窃取选票。有许多选民被恐吓、殴打或被逐出投票站，因为他们被认为有意投票给拉瓜迪亚或麦基。"

拉瓜迪亚上任时，大萧条正处于高潮时期。当时，纽约市民需要的援助和救护越来越多，而纽约市的财政状况则异常糟糕。海兰市长和沃克市长的财政过度支出政策让这座城市背上了沉重的债务，大萧条导致的税收下降迫使该市被迫以未来的收入作抵押，用借款来应对各项支出。

拉瓜迪亚是一个精力充沛的人，他全身心地投入到城市的各项管理事务中，这是之前任何一位市长都没有做到过的。他痛恨有组织的犯罪以及它们给意大利移民带来的负面形象。在整个任期内，他都在竭尽全力地起诉暴徒，并消除他们在纽约的影响力。他摧毁了弗兰克·科斯特洛的非法老虎机帝国，在公开场合亲自销毁了几台被没收的老虎机，并促成了拉基·卢西亚诺接受调查并被成功起诉。

对老虎机的宣战在麦基市长的任期内便已开始。尽管法律上并没有将老虎机归类为"赌博设备"，但实际上它们与赌博密切相关。为了增加营收，纽约市的许多商店和企业都会在营业场所内安装老虎机。拉瓜迪亚开始没收老虎机，特别是在老虎机可能诱发其他犯罪的地方。1934年2月18日，拉瓜迪亚下令对三个著名场所进行公开突袭行动，并收缴了360台老虎机。然而，收缴行动的合法性受到质疑。1934年4月3日，美国最高法院同意听取关于地方政府禁止和收缴老虎机合法性的辩论。但只要纽约州的法律明确规定老虎机非法（在此之前，只有当老虎机实际用于赌博时才被宣布为非法），那最高法院对该案的裁定已无关紧要，市政府有权在任何情况下没收老虎机。1934年10月12日，政府将1155台收缴的老虎机砸碎并扔进长岛海峡，市长也亲自拿起大锤砸了几台老虎机，这引发了极大的公众反响。

拉瓜迪亚对地铁系统并没有太多兴趣，他认为这只是一项必须要解决的问题。他支持5美分的票价政策，并希望IND地铁系统尽快建成。他还极力主张轨道交通系统由政府收回并进行统一化的运营管理。

在拉瓜迪亚看来，机动车才是未来的发展方向。在他的领导下，罗伯特·摩西脱颖而出，并建设了庞大的道路网络系统，其中的一些道路和桥梁现在仍然是纽约公路网系统的重要组成部分。

由于大萧条对城市财政的影响，IND地铁系统的建设完全没有办法保证，政府根本不清楚是否还有足够的资金来支持这项额外的建设支出。同时，政府显然也没有资金来收回IRT和BRT的管理权。

然而，拉瓜迪亚手中还握有一张王牌。他与现任总统富兰克林·罗斯福关系密切，并认同总统的新政。由于这种关系，拉瓜迪亚得以从罗斯福设立的公共工程局（PWA）获得大量援助，用于建设基础设施项目和刺激就业。在市长选举期间，拉瓜迪亚就曾拜访罗斯福，游说其给予纽约一笔来自 PWA 的拨款，以援助 IND 地铁系统的建设。这次拜访之后，纽约市获得了一笔高达 2316 万美元的援助款，用于建造新地铁的剩余部分。

拉瓜迪亚是轨道交通系统统一化运营的坚定支持者。他认为由政府统一运营管理公共交通系统，是在保持 5 美分票价政策下唯一能够解决其财务问题的方式。统一运营在经历了海兰、沃克、麦基和奥布莱恩任期的讨论后，终于在拉瓜迪亚的任期内得以实现。然而，就像纽约政坛的其他事情一样，统一化运营并不是轻易能实现的。

13.4　合并之路

拉瓜迪亚认为，由政府对地铁和高架铁路进行统一运营是纽约市为恢复财政状况而迈出的重要一步。他认为统一化运营具有以下优点：

- 取消双合同中的优惠条款，允许利息和本金使用地铁营收进行支付，而不是从税收中支出，这样可以节省数百万美元；
- 允许城市以更低的利率为企业证券再融资，显著降低城市的债务压力；
- 系统合并后的管理效率更高，能够降低运营和投资成本，减少重复和浪费。

合并的前提其实是 IRT 和 BMT 公司都由政府进行收购。双合同确实包含了一则"收回"条款，但收购价格必须经过谈判或诉讼。另外，这两家公司的任何重组都必须得到州政府控制的公共交通委员会（TC）的批准。1932 年时，该委员会再次被坦慕尼协会控制。

其实 IRT 和 BMT 两家公司都希望能够合并运营。他们希望通过谈判争取最好的协议，而不是直接按照双合同的收回条款被政府接管。因为在后一种情况下，政府可以选择性地接管系统的一部分，留给他们自己的只能是一些支离破碎的、财务状况糟糕的线路或部分线路段。

尽管麦基和奥布莱恩总的来说都支持合并运营，并已开始与 IRT 和 BMT 公司进行商讨，但他们对 IND 系统的立法持谨慎态度，因为 IND 系统在最初的三年运营期满后，必须采用自给自足的票价政策。在拉瓜迪亚的竞选期间，坦慕尼协会仍然控制着公共交通委员会（TC），他们对合并运营的态度也由不愠不火的支持转向积极的反对。正因如此，拉瓜迪亚的第一项任务便是从公共交通委员会手中夺取对合并进程的控制权。而这项工作必须在州立法机构完成，并由新上任的州长雷曼签署，雷曼是坦慕尼协会的中坚分子。

1934 年 1 月，拉瓜迪亚与轨道公司进行了协商，这次谈判由纽约市的财政大臣贝勒主导。IRT 和 BMT 公司股东们的律师坚持认为，任何"收回"都必须按照所持债券的票面价值计算，估值为 3.63 亿美元。1934 年 1 月 26 日，塞缪尔·西布里被任命为特别顾问,负责与轨道公司就合并以及相关问题进行谈判。西布里的这项工作是无偿的,他将与贝勒以及该市的公司法律顾问保罗·温德尔斯组成工作团队,代表政府在合并进程中争取利益。

同年 2 月份,拉瓜迪亚市长下令拒绝支付公共交通委员会(TC)成员工资中由纽约市负责的部分。公共交通委员会向法院申请了一项限制令,禁止纽约市扣留其应付款项。作为回应,纽约市声称由城市支付州机构薪水的法律违反了州宪法的"自治"条款,因为纽约市的人口已经超过 100 万人,能够发挥许多原本属于州政府的职能。然而,这一论点未能得到支持,该市被迫继续向公共交通委员会付款。

之后,纽约市继续向州立法院施压,要求取消公共交通委员会,并赋予纽约市合并轨道系统的直接权力。然而,直到 1934 年 4 月,这项立法都没有通过。

随着 1935 年的临近,IND 系统三年的运营期接近尾声。根据之前批准的法案,IND 系统运营的前三年可以获得来自政府的补贴,之后则必须通过提高票价来支付自身的运营成本。拉瓜迪亚是 5 美分票价政策的坚定支持者,他认为应该在截止日期到来之前为该政策找到法律支持。最后,纽约市将争论的焦点放在了三年运营期的开始时间点上。他们认为,三年运营期的起算点不应该是第八大道地铁线的开通日(1932 年 9 月 10 日),而应是 IND 系统全部建成开通时,距离当时还有 6 年的时间。此外,他们还对不能使用税收支付债券利息的规定进行了辩论。当这些法律挑战失败后,州议会开始寻求让纽约市在 1937 年之前继续补贴运营 IND 系统的权利。

1935 年 5 月 5 日,州议会通过了《公共交通合并法案》,该法案包含了拉瓜迪亚市长想要的一些内容,但并非全部。法案中也包含了一些难以实施的条款。法案规定纽约市有权继续通过补贴运营来维持 5 美分的票价政策,但同时要求在做出提价申请时进行全民公投。法案要求成立一个由 15 名成员构成的交通管制委员会,其中 11 名由市长任命,且四分之三的成员需获得预算委员会的批准。新的委员会将负责 IND 系统的实际运营,并运营其他由政府通过收回或合并的轨道公司。公共交通委员会则继续负责核准有关 IRT 和 BMT 公司回购的相关协议。

1935 年 11 月 1 日,与 IRT 以及 BMT 公司的谅解备忘录协议终于达成。纽约市将以总额 4.3 亿美元收购这两家公司,其中包括这两家公司的某些流动资产,净成本为 4.16861 亿美元。新的交通管制委员会将通过发行债券的方式来筹集此次交易所需的资金。但是,由于 IRT 和 BMT 公司都处于破产保护状态,协议必须得到纽约州地方法院和公共交通委员会的批准。经过三个月的研究,公共交通委员会于 1936 年 2 月 4 日否决了这项计划。在拒绝该协议时,公共交通委员会争辩说,它不能根据备忘录协议审核方案,只能根据最终合同进行审核,但是它现在还没有看到。它还声称,这笔交易只是对 IRT 和 BMT 公司的紧急救助,并有可能会终结 5 美分的票价政策。

坦慕尼协会控制的公共交通委员会希望利用合并提案的机会,将拉瓜迪亚在 1937

年的选举中拉下市长的位子，但最终拉瓜迪亚以压倒性优势获胜。在这次选举中，融合党还控制了预算委员会。

约翰·德莱尼仍然是该市交通运输委员会的主席，他领导了一个新的谈判团队，与 IRT 和 BMT 公司达成了一项新的合并协议。合并的延迟实际上帮助了这座城市：由于 1937 年的经济衰退，IRT 和 BMT 公司的股票价值急剧下降。购买他们的轨道交通线路已经成为一项更具经济吸引力的提议。

1939 年 7 月 1 日，市长与 BMT 公司总裁威廉·门顿签署了一份合同，以 1.75 亿美元的价格收购该公司的财产，包括有轨电车和公交线路。1939 年 11 月 1 日，IRT 公司签署了一项价值 1.51 亿美元的协议。根据这些协议，纽约市交通运输委员会将获得这些系统的直接控制权。剩下的唯一障碍就是找到提高或绕过城市债务上限的方法。这点最终是通过当时正在召开的州宪法大会解决的。修订后的州《宪法》增加了一则条款，用于收购 IRT 和 BMT 公司的借款将不会纳入纽约市的城市债务限额中。

实际的收购过程很复杂，因为 IRT 和 BMT 的个人投资者和债券持有人必须将他们的证券进行出售。经过一些复杂的个别谈判后，公共交通委员会（TC）宣布 IRT 收购于 1939 年 11 月 22 日正式完成，该机构在 1937 年的选举后已经同意了轨道系统的合并。一些 BMT 的投资者坚持要求更好的和解条件，BMT 公司的收购最终于 1940 年 5 月 31 日完成。自此，纽约市统一运营的轨道交通系统正式形成，但 IRT、BMT 和 IND 系统都保留其原有外观特征。

13.5　高架铁路的衰落

轨道系统合并运营之后，市长在公共交通方面还有两个目标想要实现，那就是取消曼哈顿的高架铁路和电车系统。他认为，IND 系统建成后原有的高架铁路就没必要保留了，而且电车会阻碍地面交通，也没有必要保留。

IND 地铁提供的服务实际上与曼哈顿的第九大道和第六大道高架铁路以及布鲁克林区富尔顿街高架铁路提供的服务是重合的。取消重复线路本就是合并运营计划的一部分，因此这三条高架铁路便成为最先被取消的线路。但是，在这些高架铁路被拆除前，政府必须先将其收购。这些高架铁路并未包含在与 IRT 和 BMT 的交易中，因为政府对它们没有回购权。IRT 的高架铁路是由其子公司——曼哈顿铁路公司拥有。

第一条拆除的是第六大道高架铁路，因为新的第六大道地铁就在它的下方运行，它已经没有存在的必要性。而且，在第六大道地铁开工前将其拆除，可以大大降低建设成本，也能够加快地铁建设的进度。1938 年 4 月 27 日，纽约市政府同意以 3874475 美元的价格购买第六大道高架铁路，并免除该铁路拖欠的 8625525 美元的税款。有关拆除曼哈顿高架铁路的计划引发了大量的讨论，同时还引发了几起反对该计划的诉讼。

但政府拆除高架铁路的权利最终得到了法庭的维护，一切都尘埃落定后，拆除工作开始了。

1939 年 12 月 20 日，在公众和媒体关注下，拉瓜迪亚市长戴上施工头盔，用一名建筑工人提供的乙炔炬亲自切割了第一根横梁。曼哈顿高架铁路的衰落自此开始。

随着时间的推移，高架铁路的环境弊端也加速了其拆除进程。最终，甚至连无法被东区地铁线取代的第三大道和第二大道高架铁路也被拆除了。

1939 年底，纽约市的轨道交通系统发展迎来了鼎盛时期（图 13.5）。此时，第六大道高架铁路已经被拆除，第六大道地铁要到 1940 年才开通。除了布鲁克林区富尔顿街地铁和第六大道地铁的一条延伸线外，IND 地铁系统已基本建设完成，就连通往世界博览会的临时线路也已建设完成。布鲁克林区所有的高架铁路仍然运行，包括列克星敦大道、默特尔大道、富尔顿街和第五大道的高架铁路，而曼哈顿的第

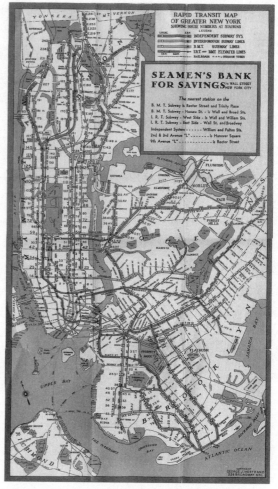

图 13.5　1939 年纽约市的快速客运系统
图片来源：Courtesy of New York Transit Museum.

九大道、第三大道和第二大道高架铁路也仍然在运行。

高架铁路推动了纽约市的向北拓展，也带动了曼哈顿上城和布朗克斯区的发展。它为成千上万的纽约人提供了一条非常重要的、每天都要往返使用的通勤线路，这样的出行距离在 19 世纪中期之前是无法想象的。如果没有它们，我们现在看到的纽约就不复存在。然而，随着时间流逝，更快的地铁取代了高架铁路的功能。而且高架铁路带来的噪声、灯光污染、钢材和油漆粉尘等环境问题实在是让人难以忍受。

在之后的岁月里，曼哈顿所有的高架铁路以及布鲁克林的部分高架铁路被逐步拆除。因为需求很小或者被其他服务替代，有一小部分高架铁路在更早之前就被拆除了：

- 1890 年 12 月 30 日，布鲁克林区列克星敦大道高架铁路的老公园大道段在电气化之前停止运营；
- 1923 年 12 月 6 日，从第三大道高架铁路到中央车站的第 42 街支线被拆除；

- 1924 年 6 月 16 日，第 53 街和第 58 街之间的第六大道延长线被拆除；
- 1938 年 12 月 4 日，第六大道高架铁路从莫里斯街至第九大道和第 53 街的主线段关闭；
- 1940 年 6 月 1 日，布鲁克林区富尔顿街高架铁路停止了从富尔顿渡口和帕克洛大街通往洛科威大街的服务；
- 1940 年 6 月 11 日，第九大道高架铁路（南渡口至第 155 街）和第二大道高架铁路（第 57 街至第 129 街）均停止运营；
- 1942 年 6 月 13 日，第二大道高架铁路的剩余部分停止运营，包括横跨皇后区大桥通往皇后区的连接线；
- 1950 年 10 月 13 日，布鲁克林区列克星敦大道的高架铁路全线停运；
- 1951 年 11 月 14 日，第三大道高架铁路南渡口至查塔姆广场段关闭；1953 年 12 月 31 日，通往查塔姆广场的市政厅直线停止运营；
- 1955 年 5 月 12 日，曼哈顿第三大道高架铁路从查塔姆广场通往第 149 街段的主线段关闭；
- 1958 年 8 月 31 日，从第 155 街到第 167 街和杰罗姆大道的第九大道高架铁路支线停运（该线路主要为波罗球场提供接驳服务，当时这里是纽约巨人棒球队的主场）；
- 1973 年 4 月 29 日，第三大道高架铁路的布朗克斯区段关闭；
- 1969 年，布鲁克林区默特尔大道高架铁路关闭了杰伊街和百老汇之间的线路，而从杰伊街跨过布鲁克林大桥通往市政厅的线路段早于 1944 年便停止运营。

曼哈顿以外的高架铁路并非全被拆除，布鲁克林、皇后区和布朗克斯区的快速交通系统中有许多高架路段仍在运行。现在仍在运行的高架铁路中"最古老"的一段位于布鲁克林的百老汇高架线，它曾是以前布鲁克林高架"主线"的一部分。多年来，它的结构得到了加强，能够满足重型车运行的荷载需求。

13.6　战争年代的交通运营

第二次世界大战为公共交通系统提供了一个短暂的经济繁荣时期。在此之前的大萧条期间，公共交通系统的乘坐人数大幅下降，因为即便是 5 美分的车费也有很多人负担不起。战争经济使得美国开始摆脱萧条，民众的就业率和工资水平都开始上升。此外，由于汽油和橡胶的定量配给政策导致民众无法使用机动车，地铁出行成为纽约人民的唯一选择。1933 年轨道交通的旅客发送量为 17 亿人次，属于历史低点；1943 年时旅客发送量反弹至 19 亿人次，并于 1947 年超过 20 亿人次，达到历史峰值。1945 年 12 月，当拉瓜迪亚市长任期结束时（他婉拒了第四届市长的竞选），纽约市公共交通系统账上有 250 万美元的盈余。或许是市长的工作掏空了拉瓜迪亚的身体，他在离任两年内便去世了。

从某种意义上说，纽约市的公共交通系统与美国的铁路系统遵循了同样的发展路径。两者在战争之前都陷入了糟糕的财政困境，在战争期间，两者都经历了乘客数量和营业收入的暴增。然而，两者的暴增都没能持续，战前的财务危机将卷土重来。

战争结束后，战后的经济繁荣真正开始了。美国经济从长达 10 年的萧条中复苏，并保持稳步前进。随着汽车成为美国人首选的交通工具，底特律开始以创纪录的数量大规模生产汽车。1945~1960 年，纽约市注册的汽车数量增加了近 140%，而纽约市公共交通系统的旅客发送量又回落至 13 亿人次。到 20 世纪 40 年代末，纽约市政府再次动用税收来填补公共交通系统不断增加的赤字；一直到 1950 年，5 美分票价政策才得以终结。

13.7 "5 美分票价政策" 取消

从轨道交通系统开通的那一刻起，5 美分的票价政策就变成了一则政治信条。没有一任市长敢提议提高票价，因为这个举措有可能会终结其政治生涯。然而，这个议题多年来不断被提出，因为只有提升票价才能解决轨道交通系统日益增加的财政负担，而海兰、沃克、麦基、奥布莱恩和拉瓜迪亚几位市长也不得不对这些不绝于耳的呼声进行回应。很明显，一旦认识到 5 美分的票价政策将进一步恶化服务以及加剧政府补贴，那么要求提升票价的呼声也就越来越高。

13.7.1 威廉·奥德怀尔市长

1945 年，随着威廉·奥德怀尔（图 13.6）当选纽约市市长，坦慕尼协会再次夺回了市政厅的控制权。奥德怀尔是一位和蔼可亲的爱尔兰人，也是坦慕尼协会的中坚分子，他曾在 1941 年的大选中败给了拉瓜迪亚。1931 年，他曾被麦基市长任命为地方法官，1939 年当选为布鲁克林地区检察官。

作为地区检察官，他因成功捣毁了臭名昭著的谋杀团伙而闻名，并以谋杀罪将该团伙头目路易斯·莱普克定罪。奥德怀尔之所以从事犯罪诉讼可能是受到了 1918 年发生的一件事情影响。当时他是一名警察，在接到家庭纠纷的报警后，奥德怀尔来到现场。一个小男孩告诉奥德怀尔，他的父亲试图杀死其母亲，最后奥德怀尔被迫杀死了向他转身拔枪的父亲。他亲自给男孩穿衣服并告诉他发生的事件，再后来，奥德怀尔成为市长，男孩则被招进了警察队伍。这次事件之后，奥德怀尔对枪支和那些使用枪支犯罪的人产生了厌恶。

在 1941 年市长竞选输给拉瓜迪亚后，奥德怀尔加入了军队，并被任命为总检察长

办公室的一名少校，专门负责调查军事合同中的贪
腐行为。1945 年，他离开军队再次参选，当时的军
衔为陆军准将。

在奥德怀尔接替拉瓜迪亚的职位后，他在地铁
方面遇到了前所未有的政治局面。自从开始拆除高
架铁路起，有关公共交通系统服务缺失和财务方面
的指责就不绝于耳。从海兰到拉瓜迪亚执政初期，
IRT 和 BMT 公司一直因其财务危机和补救措施不当
而饱受批评。随着纽约市政府全面接管轨道交通系
统，政客们自然就成为被指责的对象，市长办公室
也从批评的来源和主导转变为了被批评的对象。拉
瓜迪亚的民众基础非常好，这在一定程度上冲抵了
公众对轨道交通系统的抱怨，但奥德怀尔享受不到
这样的待遇。

图 13.6　威廉·奥德怀尔市长
图片来源：Courtesy of New York Historical
Society.

在整个 20 世纪 40 年代，合并运营后的轨道交通系统营收结余逐步减少，并于
1947 年首次出现赤字，缺口总额为 1800 万美元。如果将资产的债务负担计算在内，实
际的赤字额度要大得多；事实上，自 1944 年以来，赤字额度便开始逐步递增。

13.7.2　迈克尔·奎尔和交通运输业工人联合会

战后的劳动力成本在工会的强力支持下迅速攀升。当时的交通运输业工会由一位
激进的爱尔兰人迈克尔·奎尔领导，他在 1967 年去世之前一直领导该工会。

1926 年的圣帕特里克节当日，迈克尔·奎尔从爱尔兰来到美国。他最初找到了
一份建筑工人的工作，并参与了 IND 系统第 168 街车站的建设工作。1928 年，他
成为 IRT 公司的售票员，并在多个车站工作，在那里他接触了交通运输行业的许多
工人。

1932 年，在一次欧洲旅行归来后，他了解到公司工会已经同意减少 10% 的工资来
挽救处于破产管理中的 IRT。奎尔对此感到非常愤怒，他力劝运输工人组建一个独立的
工会，所有工作都在极度保密的情况下进行。1934 年 4 月 12 日，交通运输业工人联合
会（Transport Workers Union，简称 TWU）成立。1935 年，奎尔辞去了 IRT 的工作，成
为 TWU 的全职主席。

1948 年，经济萧条和轨道公司的财务困境使得工会的地位被严重削弱。

虽然奥德怀尔市长和迈克尔·奎尔代表着对立的利益，但他们的个人关系相当密切。
这两人在某些方面甚至是相互合作的：（1）允许纽约市提高轨道系统票价；（2）消除
工党对 TWU 的影响；（3）确保迈克尔·奎尔牢牢控制 TWU。

13.7.3　奥德怀尔、奎尔和票价上涨

奥德怀尔市长对5美分票价政策的立场并不坚定。曾作为拉瓜迪亚亲信的罗伯特·摩西被奥德怀尔留任，并被赋予了更多权力。摩西希望立即提高票价，从而停止使用政府资金来补贴公共交通，这样他就能够拥有足够的资金来推进他的高速公路项目。由拉瓜迪亚政府时期的公司法律顾问保罗·温德尔斯领导的公共交通委员会也希望提升票价。1948年2月，奥德怀尔第一次提出了将票价提升至8美分的计划，并要求州政府废除对任何票价上涨进行全民公投的法律。到3月份时，奥德怀尔改变了立场，他开始反对票价上涨。为了使自己的态度转变显得不那么突兀，奥德怀尔表示如果州政府能够增加对纽约市的援助，并且允许纽约市提升财产税，那么他将接受票价上涨计划。1948年3月16日发表于《纽约时报》的一篇文章指出了奥德怀尔和5美分票价的其他支持者的难处：

"那些无论如何都要坚持5美分票价政策的人将第一次需要因为其立场而承受一系列的苦果。他们将必须向政府雇员解释为何他们无法获得加薪，他们也必须向市民解释5美分的医疗政策是否能够实现……他们还需要向那些因为地铁劳资纠纷而陷入危险境地的人负责。"

1948年3月30日，纽约州州长托马斯·杜威签署了一项法案，允许纽约市交通运输委员会（NYC Board of Transportation）在得到市长批准的情况下，无需全民公投便可提高公共交通系统的票价。这项要求原本是奥德怀尔提出的，但他现在后悔了。

与此同时，迈克尔·奎尔则要求为交通运输行业的工人增加每小时30美分的工资。4月14日，奎尔为市长提高票价的计划做了一次政治掩护。经过多年的反对后，奎尔终于意识到如果不提升票价，他就无法为工人们争取到体面的加薪。他要求政府提升票价，这样就能支付工人们每小时30美分的工资上涨，并威胁说如果不增加工资就罢工。

1948年4月21日，市长奥德怀尔正式宣布从7月1日起上调票价。具体规定如下：

"1.地铁和高架线路，10美分；

2.巴士和电车线路，7美分；

3.地面交通和快速交通联运，12美分；

4.公立小学学生免费；

5.公立高中学生，5美分；

6.成人携带的6岁以下儿童，免费；

7.取消布鲁克林区、皇后区和斯塔滕岛的收费区；

8.BMT、IRT和IND系统在指定站点的换乘免费；

9.地面公交线路之间现有的换乘特权继续保留，而目前的 2 美分换乘费用全部取消。"

从最早的高架铁路时代到 1948 年，5 美分的票价存在了 50 多年。公共交通公有制的压力、持续上升的成本以及永无止境的补贴最终扭转了局面。

在宣布提高票价 8 天以后，市长与奎尔以及他在工会的一些对手举行了会谈。市长问奎尔需要什么条件才能阻止罢工。奎尔表示每小时增加 24 美分就足够了，这是一个连其对手都觉得离谱的高价，但奥德怀尔立马同意了。这使得奎尔在工会中的地位得到了巩固，而他的对手也慢慢从人们的视野中消失了。

10 美分的车费政策只是短暂地将轨道交通系统从财务困境中解救出来，但它确实打破了这项 50 多年来一直影响着公共交通系统的政策传统。保留 5 美分票价显然阻碍了地铁的扩张和服务水平的提升。然而，新的金融危机即将来临。尽管在 1898~1948 年的 50 年间，票价只上涨了一次，但在随后的 50 年里，票价上涨将会频繁出现。

13.8　奥德怀尔市长的离任

1949 年，奥德怀尔以绝对优势赢得连任。然而，1950 年时，他的健康状况开始恶化，而且发生了一则纽约市警察局与保护费勒索组织相勾结的丑闻。1950 年 9 月 1 日，奥德怀尔以健康状况为由辞职。不久之后，杜鲁门总统任命他为驻墨西哥大使。奥德怀尔曾短暂返回纽约作证，但很快便返回了墨西哥。即便在完成大使的工作后，奥德怀尔仍然留在墨西哥，直到 1960 年才返回美国。这是坦慕尼协会的政客再次因腐败丑闻而辞职。

13.9　纽约市公共交通管理局（NYCTA）登场

纽约市花了将近 20 年的时间才实现了公共交通系统的直接管理和统一运营，期间经历了 6 位市长，但这一状态仅持续了 13 年。

13.9.1　支持成立一家公共机构

1940 年，保罗·温德尔斯成立了一个名为"15 人委员会"的组织。该组织是由房地产开发商和其他商业人士组成的民间团体，他们开始宣扬一种观点，即纽约市高昂的不动产税不利于城市经济的发展。他们认为必须控制政府的过度支出，这样才能避免大量私营部门工作岗位的流失，从而避免税基破坏以至于危及经济从大萧条中的复苏。温德尔斯曾积极支持拉瓜迪亚的首次竞选，并在其首个任期内担任公司法律顾问一职。然而，就在拉瓜迪亚获得 1937 年的连任后，温德尔斯离开了他的团队，并成为他许多政策的公开批评者，其中包括拉瓜迪亚支持的 5 美分票价政策。此外，该委员会还对纽约市的其他决策提出批评，包括提高政府雇员工资、消防队三班制度、福利扩展计划以及在公园、医院和其他服务上的支出。当然，5 美分票价政策是该委员会攻击的首要对象。

温德尔斯和委员会认为，公共交通应当由私人企业运营，而且不应当由政府对其运营或资产购置提供补贴，这样的形式才合理。自从委员会于 1940 年成立，他们便在极力争取 10 美分的票价政策。

委员会最强劲的对手是市议员斯坦利·艾萨克斯，他是前任曼哈顿区区长。他认为，公共交通会带来房地产价值的提升，因此其成本应该从这些房地产的不动产税中支出。他还认为 10 美分票价政策的支持者不过是希望腾出资金来扩建高速公路。10 美分票价政策让公共交通系统自给自足，却又向私人小汽车提供资助，要知道当时只有三分之一的纽约市民拥有私家车。

如果公共交通补贴只是用于资产购置和债务偿还，那么高票价政策的支持者就很难取得任何进展。1947 年时，情况发生了变化，公共交通系统于当年首次出现了运营亏损。1948 年，当奥德怀尔市长最终宣布提高票价时，公众以 52∶1 的绝对优势对这项政策投出了赞成票。温德尔斯支持提高票价，但他主要是利用公众的普遍不满来争取让政客交出对公共交通的控制权。他提议把公共交通系统交由一个独立的公共机构来管理，这是在其他许多领域已经出现的成功做法。

已经成立的港口管理局在协调两个州的公路和其他交通设施方面做得很好。伦敦交通运输局也是一个公共机构，该机构自 1933 年起就开始运营地铁，在当时被认为是取得了巨大的成功。

事实证明，10 美分的票价并未能为公交系统提供长期的财务稳定，这进一步支持了温德尔斯的观点。到 1950 年，仅营业赤字一项就已攀升至 120 万美元，而这距离 10 美分政策的实施，仅仅过去了两年。1952 年，该系统亏损达到了令人震惊的 2480 万美元，到 1953 年这一数字又翻了一番多。劳动力和其他成本的上升以及客流量的下降是造成该现象的主要原因。因此，关于取消政府对公共交通系统的直接管理得到了选民的广泛支持。

13.9.2 杜威州长和纽约市公共交通管理局

1953 年 3 月 10 日，纽约州州长托马斯·杜威要求立法机关成立一个管理纽约市公共交通系统的机构。他认为，该机构能够将公共交通系统的费用从纽约市的资金预算中剔除，有利于形成独立的、商业化的管理和决策机制。尽管遭到劳工和自由团体的反对，但共和党控制的立法机构很快批准了这项决议。1953 年 3 月 20 日，州长签署了创建纽约市公共交通管理局（NYCTA）的法案，而就在 10 天前，他才刚刚向立法机关提出申请。

纽约市公共交通管理局的成立并非没有争议。在共和党州长托马斯·杜威和由共和党控制的立法机构推动下，纽约市的官员以冷静的态度接受了这一提议。但预算委员会在审核 NYCTA 的设立时，试图在法案中增加使用新的商业税种来补贴公共交通运营的内容。1952 年 3 月 10 日，州长在给立法院的回信中严厉批评了预算委员会打算删除该法案"精髓"的意图，并对纽约市自 1945 年以来实施的各项主要增税措施进行了抨击。

于是预算委员会与州政府陷入了僵持状态。尽管州政府可以在没有委员会批准的情况下设立该机构，而且委员会也必须批准将公共交通系统出租给这个新的管理机构。但是，预算委员会有权阻止这项计划的实施。市议会主席鲁道夫·哈雷和曼哈顿区主席罗伯特·瓦格纳反对这项计划，市政厅负责人约瑟夫·拉扎鲁斯也反对该计划。这三人控制了委员会中的大多数选票，能够阻止纽约市接受该方案。事实上，委员会成员几乎都不喜欢这个计划，但他们中有些人认识到，批准这项法案可以让这座城市免于金融灾难。

市长文森特·因佩利特里（图 13.7）必须处理这个僵局。1945 年，在前市长奥德怀尔和坦慕尼协会的支持下，他当选为市议会主席。当奥德怀尔辞职后，根据当时的法律，文森特·因佩利特里成为代理市长。在参与奥德怀尔剩余任期的特别选举时，坦慕尼协会拒绝支持他，但他凭借"Experience Party"路线当选。因此，文森特·因佩利特里成为有史以来第一位在没有多数党支持的情况下当选的纽约市长。当然，他的获胜并非压倒性的，在这场四人角逐的竞选中，他只获得了 44% 的选票。

1953 年 3 月 26 日，市长在广播中就当前的公共交通境况发表了演讲。尽管不是完全可取，但他认为成立纽约市公共交通管理局仍然是一项必要的措施。

图 13.7　文森特·因佩利特里市长
图片来源：Courtesy of New York Historical Society

他抨击了瓦格纳和哈雷，指责他们没有办法解决纽约市的财政问题。他宣称，如果不成立这个机构，纽约市将被迫大量削减消防和警察服务、关闭医院以及其他严厉措施。他抨击瓦格纳提出让纽约市成为美国第 49 个州的建议，他也反对哈雷提出的让纽约市采取一些没有法律依据的措施。同时，他对杜威州长也进行了猛烈的抨击，他认为州长实际上只给了纽约市一个选择，要么接受 NYCTA，要么否决提高纽约市财产税的立法。

审计长约瑟夫·拉扎鲁斯最终同意接受该计划，他认为新的管理机构能够迅速找到控制运营成本的方法并加以实施。他还建议在资产折旧的处理方式上做一些技术性的改变，从而减少它们对运营成本的影响。

预算委员会并不是唯一持反对意见的机构。纽约市公共交通委员会即将失去对公共交通系统的控制，因此对新机构的设置表示强烈反对，它认为可以通过提高运营效率来改善公共交通的财务状况。TWU 主席迈克尔·奎尔威胁道，如果新机构成立，工会将举行罢工，但他最终并没有像他威胁的那样做。

最后，在审计长的坚持下，纽约市于 1953 年 6 月 1 日同意将公共交通系统租给 NYCTA，租期为 10 年。1953 年 6 月 15 日，NYCTA 正式接管了该系统运行。

地铁历史学家克利夫顿·胡德认为，地铁系统直接摆脱政府控制注定会陷入财务危机，在整个 20 世纪 60 年代和 70 年代，这种状况只会愈来愈糟。没有征税的权利加上补贴的缺失，NYCTA 在面对运营亏损时别无选择，只能通过延期维修和缩减服务来降低成本，同时通过提高票价以获得更多收入。

NYCTA 并没有像温德尔斯或杜威所期望的那样运作。20 世纪六七十年代的金融危机要比过去几十年出现的情况都糟糕，公共交通系统也因此受损。NYCTA 无法将公共交通系统从整个城市的金融危机中抽身出来。当然，任何管理形式都做不到这一点。

参考文献

1. Municipal Scandal in New York. The Manchester Guardian，6（August 22，1930）

2. Seabury，Long Tammany's Foe，To Head Inquiry. The Christian Science Monitor，2（August 27，1930）

3. Probe of Crain's Office Launched. The Atlanta Constitution，2（March 9，1931）

4. Mayor Walker Runs Into Rumor Barrage Here. Chicago Daily Tribune，5（March 11，1931）

5. Anti-Tammany Crusade. The Manchester Guardian，9（March 16，1931）

6. To Rule on Mayor，Governor Insists. New York Times，1（March 25，1931）

7. Probe of New York City. The Washington Post，6（March 26，1931）

8. Mass Meeting Denounces Walker and His Regime；Ousting in 100 Days Seen. New York Times，1（March 31，1931）

9. Link Names of Mayor Walker，Betty Compton. Chicago Daily Tribune，5（April 7，1931）

10. Walker Will Rely Solely on Record；Reply Ready Today. New York Times，1（April 16，1931）

11. American Mayors Sail For France. The Atlanta Constitution，5（May 16，1931）

12. New York Mayor's Bank Account. The Irish Times，10（August 7，1931）

13. Mr. Rogers Holds Our Mayor Has At Least One Distinction. New York Times, 19（September 14, 1931）

14. Mayor Walker Bares $246, 692 Stock Profit With No Investment. The Washington Post, 1（May 26, 1932）

15. Review of the Testimony in Seabury's Investigation of Walker's Official Acts. New York Times, 10（May 29, 1932）

16. Mayor Walker's Defense. Los Angeles Times, A4（August 1, 1932）

17. Roosevelt to 'Try' Walker. Chicago Daily Tribune, 1（August 7, 1932）

18. Walker Pleads with Governor in Own Defense. Chicago Daily Tribune, 1（August 12, 1932）

19. Charges Hearing is Courtmartial; Prejudice Filled. The Atlanta Constitution, 1A（September 2, 1932）

20. Ex-Mayor of New York Coming to Europe. The Manchester Guardian, 13（September 12, 1932）

21. Jimmy Walker May 'Come Back'. The Irish Times, 7（October 7, 1932）

22. Mayor of New York. The Washington Post, 6（October 10, 1932）

23. Jimmy Walker and Betty Compton Sail for Europe on Same Boat. The Atlanta Constitution, 6（November 11, 1932）

24. M'Kee Promises to Slash Budget. New York Times, 1（September 3, 1932）

25. City Subway Opens To Public Saturday Without Ceremony. New York Times, 1（September 4, 1932）

26. McKee Swings Ax On Salaries of High Figure. Christian Science Monitor, 1（September 7, 1932）

27. Salary Cut Program Widened By M'Kee. New York Times, 1（September 8, 1932）

28. M'Kee Orders 80–100 Million Cuts In Budget. New York Times, 2（September 10, 1932）

29. Tammany Is Elated But Not Surprised. New York Times, 17（November 9, 1932）

30. Tammany Aldermen Defeat M'Kee Veto; Budget Cut Up Today. New York Times, 1（December 23, 1932）

31. O'Brien Due to Act For Transit Unity. New York Times, 19（January 2, 1933）

32. $19, 112, 068 Slash In City Pay Voted; Mayor Cut $10, 085. New York Times, 1（January 7, 1933）

33. Mayor O'Brien's Program. New York Times, 18（January 4, 1933）

34. O'Brien Will Name Man From Force To Head The Police. New York Times, 1（April 12, 1933）

35. Delay By O'Brien Leaves the Police Without A Head. New York Times, 1（April 13, 1933）

36. New York's New Mayor. The Manchester Guardian，4（November 9，1933）

37. Mayor Spurs War on Slot Machines. New York Times，3（February 18，1934）

38. 350 Slot Machines Seized in 3 Raids. New York Times，1（February 25，1934）

39. High Court to Hear Slot-Machine Case. New York Times，7（April 3，1934）

40. LaGuardia Wins Slot Machine Victory；Highest Court Voids Old Ban on Seizures. New York Times，1（May 22，1934）

41. $23，160，000 Grant to 8th Av Subway Won By LaGuardia. New York Times，1（December 13，1934）

42. Berle Opens Talks on Unified Transit. New York Times，2（January 9，1934）

43. $363，000，000 Set As Transit Price. New York Times，17（January 22，1934）

44. Seabury is Named Transit Councel. New York Times，2（January 27，1934）

45. City Votes Down Transit Board Pay. New York Times，5（February 3，1934）

46. Backs Board Action On Transit Salaries. New York Times，11（February 8，1934）

47. City Transit Fight Delays Unification. New York Times，17（April 30，1934）

48. Seabury to Plead City Transit Case. New York Times，19（February 26，1934）

49. City Bill to Save the 5-Cent Fare Rushed At Albany. New York Times，1（March 15，1934）

50. The Unification Bill. New York Times，18（May 6，1935）

51. $416，861，000 Net Price Set For Transit Lines in Pact；City and IRT In Accord. New York Times，1（November 2，1935）

52. Unity Plan Barred By Transit Board. New York Times，1（February 5，1936）

53. Strike Threatens on BMT System. New York Times，4（July 1，1939）

54. Unification Aided By Action on IRT. New York Times，33（November 4，1939）

55. City Agrees to Buy 6th Ave Elevated；Plans to Raze It. New York Times，1（April 27，1938）

56. Elevated Razing Started By Mayor. New York Times，21（December 21，1938）

57. Former Mayor O'Dwyer Dead；Prosecuted Murder Inc. Gang. New York Times，1（November 25，1964）

58. Democratic Bolt Looms On Fare Increase. New York Times，3（February 6，1948）

59. Mayor Holds Firm Against Fare Increase. New York Times，29（March 16，1948）

60. Who Wants 5-Cent Fare Now? New York Times，26（March 16，1948）

61. Fare Increase Bill Signed By Dewey As O'Dwyer Balks. New York Times，1（March 30，1948）

62. Mayor Seen Facing TWU Pay Pressure. New York Times，25（March 22，1948）

63. Quill Urges Rise In Fare，Threatens Tie-Up In Transit. New York Times，1（April 14，1948）

64. Text of Mayor's Address Announcing Rise In Transit Fare. New York Times，22（April 21，

1948）

　　65. TWU Bars Leaders From Posts In ALP. New York Times，12（July 30，1948）

　　66. TWU Executive Board Urges Removal of 2 Leftist Chiefs. New York Times，1（September 5，1948）

　　67. TWU Bars Offices To Reds，Backers. New York Times，29（December 10，1948）

　　68. Legislature Set to Approve Dewey Aid Program Today. New York Times，1（March 19，1953）

　　69. State Turns Down City Plea To Ease Transit Act Now. New York Times，1（May 15，1953）

　　70. Authority Leases Transit Lines；Fare Increase in Sight. New York Times，1（June 2，1953）

　　71. Hood，Clifton，722 Miles–The Building of the Subways and How They Transformed New York. The Johns Hopkins University Press，Baltimore（1993）

第 14 章

噩梦前夕：1953~1970 年的纽约市公共交通管理局（NYCTA）

纽约市公共交通管理局（NYCTA）的成立是为了在纽约市的政治家和政治决策之间设置一个缓冲区，从而对公共交通系统实施更为理性的管理。论及 NYCTA 的成就，基本上是成功一半，失败一半。纽约市市长继续参与大量有关公共交通系统的事务，特别是与合约相关的事务。当然，有的市长相比其他人会参与得更多。但不管怎样，设立一个新的公共机构并不能使公共交通系统从城市整体的经济困境中脱离出来。

14.1　引言

1953 年 3 月 20 日，杜威州长签署了创建 NYCTA 的法案，并开启了几年艰难的过渡时期。在此期间，法案中的一些基本原则将受到验证：

- 该法案原本期望将公共交通系统与城市的政治分离开来，但事实并非如此，纽约市与 NYCTA 之间的关系随着时间的推移越发复杂；
- NYCTA 和 TWU 之间的关系也将通过法庭以及许多议题方面的棘手谈判进行验证；
- NYCTA 对票价的影响机制也逐渐形成。根据法案规定，NYCTA 的运营成本必须完全由车票和其他收入覆盖。

公共交通系统时刻面临着破产或财务恶化的情况，但各种问题几乎都在持续不断的危机氛围中被解决了。

14.2　纽约市公共交通管理局（NYCTA）的成立

NYCTA 是在市长因佩利特里和预算委员会的反对下设立的。预算委员会必须同意将公共交通系统的财产租给新的管理局，他们对此表示强烈反对。然而，这项授权法案有一个致命武器：只要 NYCTA 能在 1953 年 6 月 1 日之前正式运行，州政府将批准纽约市额外获得 5000 万美元的房地产税征收权利。

1953 年 4 月 6 日，纽约市加入了一场有关该法案合宪性的诉讼。该诉讼再次指控纽约州设立 NYCTA 违背了州宪法中有关地方自治的规定。与此同时，纽约市长准备好了下一财年的预算方案，该方案中已经假定 NYCTA 正常运行，且纽约市获得了额外的5000 万美元的不动产税收入。

4 月 9 日，杜威州长在一次演讲中谴责了纽约市的财政管理能力。他声称纽约市在1952 年度的财政预算平衡是建立在 1 亿美元的借款和 4.8 亿美元的"会计伎俩"的基础上。他指出纽约市仍然有 1.4 亿美元的征税额未使用，他认为纽约市实际上并不需要那笔已经被申请和批准的 5 千万美元新增税额。随后，州长暗示纽约市或许需要一名职业的城市经理人来实施更好的管理，并威胁要启动该方案的研究。五天之后，市长先生发表了一篇演讲作为回应，他指出纽约市拥有整个州 50% 以上的人口，但该市在州政府中的代表席位却明显偏低，而且要补贴州内其他城市。他抱怨道，这座世界上最伟大的城市被视为州政府的附属品，经常会受到不公平待遇。

在这样的背景之下，法院裁定 NYCTA 的设立是符合宪法的，并没有违背地区自治的条款。根据 NYCTA 的设立法案，该机构将成立一个由五个人组成的董事会，其中，两名董事由州长指定，2 名董事由市长制定，剩余的一位由其他四位选出。州长任命了亨利·诺顿和休·凯西少校，前者为纽约萨斯奎汉纳西部铁路的受托人，后者为一名退伍的军事工程师。市长在法案规定的最后期限（4 月 20 日）确定了他的人选，其中威廉·富伦为贝尔、班纳特和富伦律师事务所的成员，也是公共交通委员会之前的成员，艾法莲·F.杰斐则是国王郡照明公司的总裁。

4 月 28 日，四名被任命的董事会面，并乐观地表示他们很快能就第五位成员的人选达成一致。然而还不到三天，他们便对外宣称该问题陷入了僵局。根据法案规定，这种情况下纽约港务局局长将成为第五名董事。然而，港务局局长霍华德·库尔曼以健康状况不佳和竞争性承诺过多为由拒绝接受该任命。根据法案规定，第五名董事必须从港务局的三位纽约州成员中进行任命。1953 年 5 月 4 日，三人中的尤金·莫兰接受任命，并辞去了港务局的职务。当时的莫兰已经 81 岁。

至此，NYCTA 的五名董事全部就位。所有的职位都没有报酬，他们即将进入一个充满争议和新鲜挑战的时期，因为他们要完成整个机构的人员配备，并处理复杂的劳工关系和车费问题。

新成立的董事会于 1953 年 5 月 7 日举行首次会议，并立即引发了激辩。凯西少校以 3：2 的投票结果成为董事会的主席，票型呈现了明显的州市对立特征。该次会议还讨论了许多其他重要议题。多数成员都赞成以提高票价的方式来解决运营赤字问题，但杰斐先生希望首先从节约运营成本和提升运营效率着手。此外，关于设备折旧是否应当纳入运营成本也引发了争议。市政厅主席拉扎勒斯·约瑟夫认为应当纳入。这个问题很关键，如果将运营成本和折旧费全部计入总成本，那票价应该定得更高。

NYCTA 意识到车费大幅上涨将导致乘客的流失，于是委托工程咨询机构就不同票价增长幅度对旅客数量和财务稳定造成的影响进行调查。这件事至关重要，因为纽约市公共交通系统在 NYCTA 接手前的 10 个月里，亏损额已达 3250 万美元，而这时距离本财年的结束只有 2 个月的时间了。

1953 年 6 月 1 日，预算委员会正式批准将所有城市公共交通系统的资产出租给 NYCTA。其实，预算委员会已经别无选择。如果拒绝，纽约市将无法获得 5000 万美元的额外不动产征税权利，而且它也没有其他的应对办法。

在预算委员会做出这项决议后，NYCTA 于 1953 年 6 月 15 日全面开展工作。随着 NYCTA 委员会的就位以及城市公共交通系统租约的批准，一个新时代即将开始。

14.3　15 美分票价政策

由于 NYCTA 必须通过票价收益来负担所有的运营支出，因此公众普遍认为公共交通系统的票价即将上涨。尽管如此，相关争议依旧不断。

许多知名的商家提出了对票价上涨的反对意见。纺织品零售业协会向市长和预算委员会提交了一份报告，声称票价从 5 美分上涨到 10 美分不仅将导致公共交通客流量的持续下降，还将对整个城市的零售业造成巨大冲击。

尽管 NYCTA 董事会中有 4 名成员赞成票价上涨，但艾法莲·F. 杰斐持相反意见。他倾向首先通过提高服务效率来解决亏损问题，而提高票价是最后的办法。

州议会中的民主党人士企图通过立法的方式来禁止纽约市的公共交通系统在下届市长竞选前提高票价。但由共和党把持的州议会最终挫败了所有打算推迟或阻止票价上涨的企图。

此外，还有一个实际的问题，那就是 NYCTA 计划在推出票价上涨政策时，同步引入代币的使用。因为票价每变动一次，闸机都需要重新设置，而代币可以解决这个问题。要采用这种方式，NYCTA 就必须在短时间内获取大量的代币。但是，寻找代币制造商是一项艰巨的任务，它制约着高票价政策的快速执行。最终，NYCTA 找到了三家制造商，并同意在 7 月 30 日之前交付 1650 万枚代币，这是该财年实施新票价的法定截止日期。

1953 年 7 月 14 日，NYCTA 董事会以 4∶1 的投票结果决定将公共交通系统的票价提升至 15 美分，其中杰斐投了反对票。NYCTA 还正式宣布采用代币系统来收取车费。这一举措遭到了政界的普遍反对：市长认为该决定"缺乏深思熟虑"；市议会主席鲁道夫·哈雷（自由党政线的市长候选人）将该决策称为"八年来政府管理不当造成的苦果"；市政厅主席扎勒斯·约瑟夫则认为票价上涨是"州政府干预纽约市事务的又一个案例"。NYCTA 的第一项公共议题很明显并没能使公共交通系统成功脱离政治因素的干扰。

在这次票价决议之后，艾法莲·F.杰斐辞去了 NYCTA 董事会的职务。在试图挽留未果之后，市长佩因利特里最终于 1953 年 7 月 21 日接受了他的辞职。之后，市长任命哈里斯·克莱恩接替该职位，他是一名律师，也是 15 美分车费政策的公开反对者。

代币系统的实现要相对顺利。在 15 美分车费刚开始实施的几周，乘客一次最多能购买两个代币。这个规定在之后逐渐放宽，乘客可以购买 10 枚装的代币套餐。

5 美分的车费维持了 50 多年，10 美分的车费仅持续了 15 年。随着时间的推移，票价上涨的时间间隔会越来越短。

14.4　服务削减——与交通运输业工人联合会（TWU）的第一次斗争

即便车费上涨至 15 美分，很显然要想完全消除运营首年预期会出现的运营亏损，削减成本是非常必要的做法。在投入运营的第一天，NYCTA 便裁掉了 7 个管理岗位，并下调了其他职位的工资，该举措共节省了 74315 美元。

交通运输业工人联合会（TWU）对任何的服务削减都非常警觉，因为这可能会导致工会职位的减少。当前的合同已接近尾期，将于 1953 年 12 月 31 日截止，TWU 需要在与 NYCTA 的谈判中表现出强势的立场。1953 年 6 月 28 日，迈克尔·奎尔打响了第一枪，声称任何企图削减操作岗位的行为都可能导致罢工。他进一步表示，NYCTA 预计将在 7 月 15 日的会议上宣布服务削减计划，TWU 将会阻止该计划实施。

基于工程咨询公司的建议和公共交通委员会之前发布的报告，NYCTA 公布了一系列的服务削减措施，包括：取消与地铁或高架线路重合的夜间巴士服务；取消那些停业码头的接驳巴士线路；将平峰时段的轨道发车间隔增加 5min，特别是午夜时分。此外，NYCTA 还打算停止曼哈顿第三大道高架铁路，并研究其他措施。

奎尔和 TWU 计划对每一项服务变更都进行抵制。1953 年 9 月 5 日，奎尔针对法拉盛线路将运营车辆调整为 11 节编组（新增一节车厢）的计划提出了抗议，因为该方案未考虑增加列车员数量。NYCTA 认为该要求属于"超额雇员"情况，因此未考虑奎尔的意见。

1953 年 9 月 18 日，奎尔威胁说如果 NYCTA 不打算与他就服务削减以及新合同签订的事项展开谈判，那 TWU 将实施"合法怠工"行动。合法怠工是 TWU 的一项传统战术，即工人在严格遵守各项规章制度的前提下提供严重延误的服务，这并不属于罢工，因为根据《康顿—瓦德林法案》，罢工是非法的。对此，NYCTA 的态度非常强硬，表示不会将任何管理权限移交给工会，也不会与工会讨论如何行使这些权力。实际上，NYCTA 表示它有权以其认为合理的方式来更改运营计划。

随着双方谈判陷入僵持，TWU 请求因佩利特里市长指派一个仲裁小组来解决争端。市长回应说，如果工会采取任何有损公众出行便捷的罢工，他将不会考虑该请求。关于市长是否有权任命仲裁小组的问题也存在争议。工会声称，根据 TWU 和前公共交通委员会（现已被 NYCTA 接管）之间的"谅解备忘录"，市长必须对该请求有所行动。但市长和 NYCTA 都不确定情况是否如此。

1953 年 9 月 25 日，NYCTA 开始实施新的运营服务计划，它并未考虑工会的意见。奎尔再次呼吁市长指派一个仲裁小组，而 NYCTA 坚持认为运营计划并不属于《谅解备忘录》的规定，不应受到市长的干预。9 月 29 日，市长任命了一个仲裁委员会。但是，NYCTA 拒绝承认该委员会的合法性，于是迈克尔·奎尔和 TWU 向纽约州最高法院提出了针对新运营计划的禁止令申请。最终，工会获得了一项"陈述理由令"，要求 NYCTA 说明为何没有停止采用新的运营计划。

或许是认为不能够应对这些持续不断的争议，尤金·莫兰于 10 月 3 日以私人原因为由从 NYCTA 辞职。1953 年 11 月 5 日，他的职位由律师道格拉斯·莫法特接替。

10 月 5 日，沃尔特·哈特法官敦促双方尽快形成妥善的解决方案，并给出了具体的建议。对此，双方的律师都表示认同，并将法官的建议提交给 NYCTA 和 TWU 的官员进行审议。双方都同意由哈特法官担任解决方案的仲裁者，其中 TWU 表示最终的解决方案对工会活动具有约束力，NYCTA 则表示愿意认真考虑法官的建议，但不认为对其具备约束力。

11 月 17 日，哈特法官同时向 TWU 和 NYCTA 提交了他的解决方案。这也是 TWU 主席迈克尔·奎尔与 NYCTA 主席休·凯西之间的首次私人会晤。这次会议非常重要，因为 NYCTA 坚持认为现有法律不允许其与工会讨价还价。1953 年 11 月 19 日，TWU 和 NYCTA 都同意接受哈特法官的建议，从而结束了这场争端。IRT 和 BMT 系统最终在这次服务削减计划中裁掉了 349 个岗位，预计能为 NYCTA 每年节省 143.44 万美元的运营支出。尽管削减幅度略低于 NYCTA 最初的计划，但这项措施在财务方面的影响在半年之后呈现出来，它为 NYCTA 的首个财年节约了 70 万美元。

14.5　第一次劳资谈判

迈克·奎尔计划以这次服务争议解决为契机，与 NYCTA 开启一份新的合约谈判。他宣布，他将提交一份价值 5000 万美元的提案，为工会的 44000 名 NYCTA 员工提供工资和福利改善。最近，他赢得了一项仲裁，帮助五家私营企业的巴士司机提高了薪资。对于即将到来的谈判，奎尔认为解决方案应该是设置"一个下限，而不是上限。"奎尔还表示工会不会帮助私营企业通过提高票价的方式来解决员工待遇问题（当时，私营公交线路的票价仍为 10 美分）。如果不能在既定日期获得加薪，他表示："我们自然有办法让他们这么做。"九家运营商之一的第三大道系统已经破产。奎尔打趣道："如果第三大道系统无法筹到资金，就干脆把线路经营权和资产转让给 NYCTA 吧。他们怎样拿到钱是他们的问题；我们一定要拿到我们的钱。"

14.5.1　新玩家：市长罗伯特·瓦格纳

随着战线的明确，一名新玩家即将进入舞台。因佩利特里市长在 1953 年的初选中遭到曼哈顿区长小罗伯特·瓦格纳（图 14.1）的阻击，后者获得了坦慕尼协会的支持。如今的坦慕尼协会早已衰败，由卡门·德萨皮奥领导，他是该组织有史以来第一位非爱尔兰裔领导人。瓦格纳在初选中轻松击败了因佩利特里，并在大选中战胜了自由党和共和党的候选人。

罗伯特·瓦格纳的当选是坦慕尼协会最后的挣扎。坦慕尼协会先后经历了特威德老板和吉米·沃克的腐败丑闻，以及对威廉·奥德怀尔的指控。在菲奥雷洛·拉瓜迪亚和富兰克林·罗斯福总统长达 12 年的统治期内，他们都曾致力于消灭坦慕尼协会的影响力，但它还是幸存了下来。在罗伯特·瓦格纳当选市长一年后，坦慕尼协会又将埃夫里尔·哈里曼选为了州长。过程中，他

图 14.1　小罗伯特·瓦格纳市长
图片来源：Courtesy of Wikimedia Commons, World Telegram Collection, Walter Alberlin, photographer.

们还击败了当时竞选州检察长的小富兰克林·罗斯福。坦慕尼协会的成功激怒了埃莉诺·罗斯福，她与两位杰出的自由派人士——前州长赫伯特·雷曼以及托马斯·芬信合作，成立了纽约民主党选民委员会，他们的首要任务便是与坦慕尼协会的影响力抗争。该组织成功揭发了一系列有关坦慕尼协会的丑闻事件，迫使卡门·德萨皮奥最终辞职。坦慕尼协会就此失去了知名度和影响力，并在几年之后销声匿迹。

14.5.2　梳理谈判流程、达成协议

关于服务削减的争端刚刚解决，另一项关于新合同的争端又将开启。现有的协议将于 12 月 31 日凌晨到期。11 月 23 日，TWU 要求尽早与 NYCTA 会面，以避免在最后期限到来前双方依旧争执不休，它声称已向 NYCTA 发送了一封包含这一请求的信件。而 NYCTA 则表示自己尚未收到该信，但将就该问题进行内部商讨。五名董事会成员拒绝亲自会见奎尔，但决定派出代表进行谈判。NYCTA 董事会认为，该机构虽然同意就工资和其他问题进行谈判，但根据有关法律，签订一份特定期限的合同是不合法的。

11 月 27 日，NYCTA 董事会成员改变了他们的立场，同意与奎尔和其他工会官员举行面对面会谈，但只是为了明确一套谈判流程。在会谈开始前，奎尔在电台节目"探照灯"中再次发出威胁。他重复了自己的要求，并表示不在乎 NYCTA 如何拿出这笔资金。他说："这应该是杜威州长操心的事情，毕竟是他成立了公共交通管理局"。他还说希

望直接与公共交通管理局的主席休·凯西谈判。尽管各种造势，但谈判还是于12月初按原计划开始了。

12月9日，迈克·奎尔声称会谈"陷入僵局"。他警告说，如果在12月31日前没有达成任何协议，这座城市将"陷入混乱"。他指责NYCTA在进行所谓的"跑步机谈判"。NYCTA主席则发表了一份声明，表示他们不会采取任何会危及15美分票价政策的行动。12月15日，奎尔退出谈判，他表示NYCTA对他们的每项要求都说"不"，而且如果谈判超过12月31日仍未达成，NYCTA拒绝对后续谈判做出任何保证。对于奎尔的上述说法，NYCTA进行了反驳，并表示他们一直在等待TWU提交详细的诉求方案。

罢工的最后期限眼看着即将来临，但谈判始终无法取得进展，于是，新当选的市长瓦格纳建议任命一个仲裁委员会来协助解决争端。工会立即对这一提议表示了赞同；几天之后，NYCTA也同意了该提议，但有一个前提条件：

"我们必须指出，根据成立时的相关法案，管理局不应该同意接受这样一个委员会提出的任何约束建议。但是，对于委员会提出的任何建议，我们都会进行及时且负责任的考虑。

另外，需要提醒各位的是，纽约市公共交通管理局并不是一个与工会争夺股东和员工利润分配的管理团体。

它是一个提供无偿服务的公共机构，它的目的是以最有效的方式指导公共交通系统的运作，从而使纽约市民受益，并确保其雇员享有适宜的工作条件和合理的劳动报酬。管理局并没有其他方面的利益考量。"

随着罢工威胁的消除，瓦格纳市长在上任后不久便任命了一个三人仲裁小组。

1954年1月11日，NYCTA董事会成员哈里斯·克莱恩在布鲁克林区议会发表了一篇演讲。在演讲中，他指责迈克尔·奎尔是NYCTA运行效率低下的最大原因，同时也是票价上涨的间接原因。他指责奎尔"明目张胆地鼓励和促进浪费、超额雇工以及低效等的发生。"克莱恩指出，NYCTA财务状况糟糕和工资不如预期都是奎尔造成的。克莱恩描述了私人公交运营商在运营检查和维护方面的工作流程，同样的任务在NYCTA需要花费5倍多的时间。

1954年1月13日，也就是上一份协议已经逾期13天后，仲裁小组开始在纷繁复杂的环境中开始了工作。但仲裁小组向各方表示，他们可能无法在规定的30天内完成工作。

随着仲裁小组工作的开展，事件的发展更为糟糕。NYCTA的代表认为同意工会的要求将导致票价上升至20美分。奎尔显然对于哈里斯·克莱恩在布鲁克林区议会的发言感到愤怒，他指控克莱尔曾用工会的工资诉求来威胁自己支持其担任特别会议法官。奎尔表示，"我已经准备在克莱恩先生和纽约市调查专员在场的情况下对该声明进行宣誓"。国王郡地方检察官爱德华·西尔弗组建了一个大陪审团来调查奎尔指控的事件是否属实。1954 年 2 月 11 日，大陪审团针对迈克·奎尔对克莱恩的恶意诽谤提出诉讼，并列出了三项刑事诽谤罪名。

仲裁小组最终于 1954 年 5 月 17 日公布了调查结果，即"不满的工人和倒霉的管理层"。他们呼吁双方在对待彼此的态度上进行根本性的改变，否则，局势将进一步恶化。仲裁小组的解决方案中包括了每小时增加 14 美分工资的内容，但需要分成两个阶段执行：（1）1954 年 1 月 1 日起增加 6.5 美分；（2）1955 年 3 月 15 日起增加 7.5 美分。仲裁方案中还包括了如下其他建议：

"管理局和工会应当于 1956 年 6 月 30 日之前签订一份具有约束力的合同。

以投票的形式决定哪个或哪些工会有权代表工人团体，但必须受法律条款约束。

在合同中采用适当而有力的语言来明确管理局对正常行使管理职能具有无可争辩的权利。

合同规定，工会必须承诺完全接受管理局的基本管理权限，并与其合作，确保公共交通系统的良好运行。

在合同有效期内任命一位具有最终裁决权的仲裁员，对所有申诉和事实纠纷进行公正审查。"

两天后，TWU 接受了仲裁小组的建议。1954 年 5 月 24 日，NYCTA 表示拒绝接受上述建议。NYCTA 提出了自己的解决方案，即从 1 月 1 日起将工人每小时的工资增加 5~12 美分，该方案成本比仲裁小组的建议增加了 6.5%。同时，NYCTA 再次抛出自己的观点，即根据授权立法，他们不受任何凌驾于当前法律体系以外的约束。

在工会发出于 6 月 14 日凌晨 12 点 01 分举行罢工的威胁后，市长分别召集双方，就当前的形势进行了单独会谈。1954 年 6 月 4 日，NYCTA 软化了立场，于是工会取消了罢工。最终，NYCTA 同意了以下条件：

"与工会讨论工资和工作环境等内容。

以接受仲裁小组的建议作为新谈判的基础。

与工会一同寻求法院对劳动合同签订事宜进行裁决。如果裁定该行为合法，NYCTA 将签署这种协定。"

《纽约时报》在 6 月 12 日的一篇社论中，总结了这场混乱谈判的实质：

"在劳资关系方面，NYCTA 有很多需要学习的东西，在迈克尔·奎尔这位不太友好的老师的带领下，NYCTA 踏上了艰难的学习道路。事实上，根据对事实调查报告和管理局回应的研究，双方立场在实质上并没有太大分歧。双方都缺乏机智和良好的举止，这是令人恼火的。如今劳资关系中的礼仪是要求双方进行磋商，并相互信任、尊重对方的观点。确实有一些限制性因素导致管理局无法做出一些让步，但谈判桌正是讨论这些限制的地方。单边法令的时代已经过去了。"

1954 年 7 月 8 日，双方终于达成协议。该方案要求 NYCTA 为工人补缴每小时 6.5~11 美分的工资增额，并于 1955 年 3 月 5 日起再次增加工资，但具体额度未明确。此外，仲裁小组提出的其他建议也被纳入。在法院明确 NYCTA 签订固定协议的合法性后，双方正式签署了该协议。

然而，迈克尔·奎尔并没有停止对 NYCTA 的考验。1954 年 8 月 12 日，他根据新签订的合约提出了 18 项申诉。9 月 16 日，仲裁员做出了裁决，除了一个关于用餐时间的次要问题以外，仲裁员对工会的其他提议都表示了反对。1954 年 11 月 18 日，奎尔呼吁新当选的州长哈里曼支持废除 NYCTA 的立法。一天后，哈里曼便表示他不会支持这样的行动。

14.6 艰难的收支平衡

随着 NYCTA 结束其第一年的运营，暴风雨也即将来临。15 美分票价政策并没有发挥预想的效果。在新票价政策实施后，客运量开始下降，NYCTA 仍然需要通过削减服务来满足其"自给自足"的要求，这样的状态将会持续往复。尽管 NYCTA 在第一年运营期结束时尚有少量盈余，但客流量的下降很可能导致来年的亏损。

与此同时，NYCTA 面临着一个强大的、习惯于为所欲为的工会。因为游离于政治和私营企业之外（形式上或许如此，但本质并非这样），NYCTA 不得不在工资和福利方面做出一些重大决策。但是，其董事会成员相对来说并不会受到其决策的影响。因为他们不受选举的限制，一旦任命便拥有 6 年的任期，中途不能被解雇，他们在整个公共交通系统中并无任何的个人经济利益存在。供求规律不容忽视，票价上涨必然将导致客流量减少。

工会和 NYCTA 之间建立的工作关系并不顺畅，但至少是在法律框架内的。在运营的第一年，NYCTA 对每况愈下的地铁系统进行了一些重要的改善，包括引进 200 辆崭新的地铁车辆，重新粉刷和修复一些地铁车辆，改进轨道和信号维护设备，并翻新许多地铁车站。

第一次劳工谈判显然破坏了人们对 NYCTA 隔离于城市政治体系的看法。市长仍然能够对其发挥巨大的影响，而工会依然能够运用一些政治手段来维持自己的立场。

在最初的几年间，NYCTA 的运营也发生了一些有意思的小波折。例如 1955 年时，NYCTA 曾一度提出采用原子能发电来节约运营成本。这个想法最终被抛弃，因为原子能发电的业务还处于初级阶段，有关它的问题比办法多。

20 世纪 50 年代末和 60 年代初，各种问题不断出现，包括乘客人数持续减少、成本不断增加、地铁犯罪率上升以及设备普遍老化。奎尔和瓦格纳市长则在劳资平等的前提下保持着良好的工作关系。

14.7　劳资谈判的第二阶段

在罗伯特·瓦格纳的三届市长任期内，没有发生过一起公共交通行业的罢工事件。事实上，迈克尔·奎尔还分别于 1956 年 6 月和 1957 年 12 月帮助纽约市避免了两次由汽车工人组织的野猫式罢工，他们正试图成立自己的工会组织。但是没有发生罢工并不代表没有用罢工进行威胁。

就像钟摆一样，每隔两年，奎尔都要组织一次运输工人罢工。而市长每次都会在罢工前的最后时刻介入，在他的建议下签订谈判合同后，罢工事件便会平息。迈克尔·奎尔去世后不久，纽约时报的一篇文章描述了工会和市长之间的关系：

"据说市政厅很愿意为迈克尔·奎尔提供资金，但这项支出必须在罢工事件的威胁下才能完成，从而向选民证明其合理性。因此，奎尔先生必须发出威胁。此外，奎尔很喜欢他在其中扮演的硬汉角色，就像经验丰富的演员一般，带着爱尔兰式的炫耀完成演出。"

这篇文章中还指出，迈克尔·奎尔在公众面前和私下里是两个截然不同的人：

"私下里，当他不再摆出他那暴躁的'邦先生'姿态时，他是一个非常理智、冷静、高效、务实且有趣的人。"

在三位市长（奥德怀尔、因佩利特里和瓦格纳）任期内，迈克尔·奎尔以非凡的能力为他的工会成员赢得了许多好处。在工会创办初期，工人每周工作 6 天，每天工作 12 小时。他一直认为自己最大的成就是为运输业工人争取到了每周 40 小时的工作制度。在他的领导下，工人们在薪酬、医疗保险、工作规则、休假时间和其他福利方面也取得了显著改善。

迈克尔·奎尔生涯的巅峰或者至暗时刻（取决于你的立场），伴随着他与第四任市长约翰·林赛之间的第一次也是仅有的一次对峙而到来，后者不愿意也没有参加这场游戏，给城市带来了毁灭性的后果。

14.8　要不要私有化

1959 年 4 月，纽约市迎来了一个有趣而又出乎意料的机遇。以纽约和华盛顿金融家罗伊·乔克为首的一批金融家提议收购纽约市公共交通系统，并将其作为私营企业运营。但城市必须遵守几项规定，包括立即将票价提高到 20 美分，并签订一份长期协议，以保证票价设定能够为该公司提供 6.5% 的投资回报。此外，纽约市需要继续偿还现有债务，而公司将承担该系统未来的支出，其中并未包含第二大道地铁，该地铁将由政府建设完成后租给该公司运营。

当时，乔克已经拥有了华盛顿特区的公共交通系统，他从华盛顿特区的公共运营部门接管了这个系统。他在管理的这套系统不仅在盈利方面略有小成，而且没有造成服务质量的显著下降。除了富有，他还因为拥有世界上最大的绿宝石而闻名，这是他从国外为妻子买的礼物。

政客们对这一提议普遍感到担忧，他们害怕票价突然上涨会引发大规模的抵制活动。除了提出计划的人，NYCTA 的主席也是该计划最主要的支持者，他认为这将简化公共交通系统的操作和管理，能够极大地减轻城市负担。

预算委员会和市长都反对这项计划，主要是因为出售将导致票价上涨。瓦格纳市长明确表示，只有保留 15 美分的票价，他才会支持这项交易。4 月 24 日，纽约市正式收到一份价值 6.15 亿美元的收购要约。市长、NYCTA、预算委员会和乔克的代表经过几天的激烈讨论后，最终拒绝了该交易。

14.9 暴风雨即将来临

瓦格纳市长试图成为公共交通的倡导者。他早期有一条竞选口号是"纽约需要的不仅仅是一位象征性的市长"。他利用每一个机会来向公众展示自己与知名友人共乘地铁的样子。

然而，瓦格纳市长并不是纽约市交通运输事务的主要参与者，真正的负责人是罗伯特·摩西。通过拉瓜迪亚市长和奥德怀尔市长的一系列相互关联的权力任命，摩西的权利在 20 世纪 50 年代达到了顶峰，交通运输对他来说只意味着一件事，那就是汽车。

刚开始的时候，摩西只是在城市外围地区修建高速公路。战后，他开始强行修建穿越城市建成区的高速公路。有一条叫作"跨布朗克斯区高速公路"的道路破坏性极大，它在持续的反对声中摧毁了几个充满活力的社区。而被它穿越的布朗克斯片区，只是留下了大量的废弃建筑物、新的贫民窟和随之而来的猖獗犯罪活动。

据说，罗伯特·摩西的战后高速公路计划使得 25 万纽约人无家可归，还造成无数人失业。战后，摩西在公路和桥梁建设上花费了 320 多亿美元，耗尽了所有联邦援助资金，并消耗了纽约市大部分的财政预算。

公路大规模建设的代价之一便是公共交通系统的急速恶化。1940~1960 年，纽约市没有铺设过一英里的新轨道（洛克威延长线不能计算在内，因为它取代了 LIRR 线路）。罗伯特·卡索在其关于摩西的著作《成为官僚》一书中指出，"人们乘坐的地铁和铁路都是在 1904~1933 年之间建设的轨道上运行的，而 1933 年是罗伯特·摩西上台前的一年。"

各种问题也开始逐渐显现。轨道火灾和脱轨事故越来越普遍，而车站和火车也变得更脏了。最重要的是，犯罪率开始上升。随着越来越多的纽约社区被高速公路建设摧毁，中产阶级逐渐逃至郊区，贫富差距愈加明显，而矛盾也愈加激化。

在那些轨道交通起起伏伏的岁月里，有关该系统的争议和丑闻事件不绝于耳，但有一件事始终没有变化：人们在列车和车站内都有安全感。伊萨克·弗莱兰德在其著名的雕刻作品《1939 年的凌晨 3 点钟》里描绘了这样一幅作品：1939 年凌晨 3 点，不同种族的男男女女乘坐在地铁里，其中大多数人都在睡觉，他们并不害怕在凌晨 3 点搭乘这座城市的公共交通系统。

20 世纪 60 年代以来，随着地铁犯罪率的增加，这个重要的堡垒也消失了。客流量持续下降，不仅是因为票价和汽车的影响，还因为人们认为乘坐纽约市公共交通系统不再安全。为了应对这种情况，瓦格纳市长在每趟列车上都安排了一名警察，将交通警察的队伍增加了三倍，达到近 3000 人的规模。然而，这些做法并不足以扭转局面。

与此同时，修理车间的零件也越来越少。修理工作往往都是使用旧的或翻新过的零件。车间的工作条件也因为污垢、泄漏和其他问题的发生而恶化。大约从 1960 年开始到 1985 年，整个公共交通系统进入了长达 25 年的衰退期。这是纽约公共交通历史上最黑暗的日子。

14.10　洛克威海滩线的延伸

尽管 20 世纪 50 年代是公共交通系统的阵痛期，但期间确实完成了一次意义重大的扩建工作。1952 年 9 月 5 日，公共交通委员会（NYCTA 当时还未控制该机构）购买了长岛铁路的洛克威海滩线和洛克威支线。多年来，铁路公司一直试图将这条铁路卖给政府，在一场大火摧毁了铁路横跨牙买加湾的木质栈桥段后，铁路公司干脆放弃了这条铁路。

购买后，纽约市采用钢结构重建了损坏的木制栈桥，并整修了高架线路段供 IND 系统的列车使用，与 IND 系统的富尔顿街线连接。1956 年 6 月 28 日，这条线路开通运营。当时，洛克威支线作为 NYCTA 的一个独立部门进行运营，并向乘客收取"双倍车费"。

最开始这条线路是作为"E"线的一部分进行运营。当时，它是世界上最长的轨道交通线路，长达 36 英里。

14.11　约翰·琳赛市长和 1966 年大罢工事件

约翰·林赛（图 14.2）于 1921 年 11 月 24 日出生于一个并不富裕的家庭。他的母亲弗洛伦斯·弗利特来自于独立战争时期的一个荷兰家庭。

在二战意大利入侵期间，他曾在一艘驱逐舰上担任炮兵军官。之后，他在耶鲁大学学习法律，并于 1948 年毕业。之后，他积极参与共和党的政治活动。1952 年，他成为"艾森豪威尔青年联盟"的创始成员之一，参加了当年的联盟大会，并引起了布朗维尔的注意。布朗维尔是艾森豪威尔总统的司法部部长。1955 年，布朗维尔任命林赛成为其行政助理。

1958 年，在布朗维尔的鼓励和支持下，林赛参与了曼哈顿第 17 区的议员竞选。纽约市主要的娱乐和高档住宅区都集中在那里，因此，该地区也被称为"丝袜区"。这是一个因共和党人辞职而空出的席位，林赛必须在初选中击败共和党提名人，然后再在正式选举中击败民主党和自由党的联合候选人。最终，林赛以微弱的优势赢得了这两场选举。

图 14.2　市长约翰·林赛（1966 年）

图片来源：Courtesy of Library of Congress，World Telegram & Sun Collection，LC USZ62–133401.

约翰·林赛在国会建立了一个非常自由的形象，他经常会支持民主党在民权、移民、住房、学校建设、对外援助等问题上的立场。到 1965 年时，尽管在自己的选区很受欢迎，但随着共和党向右翼的大力推进，他在国会中变得孤立起来。由于对城市事务的浓厚兴趣，他决定竞选纽约市市长。

当时，自菲奥雷洛·拉瓜迪亚以来，纽约市还没有出现过一位共和党市长。共和党内的提名很容易就通过了，因为几乎没人有兴趣在民主党的阵营内参加竞选。林赛的对手是民主党人亚伯拉罕·比姆和保守派作家威廉·巴克利，前者当时是纽约市的审计长，后者是著名的专栏记者和作家。他通过强调自己的自由主义观点和其在共和党中的"特立独行"形象，从而赢得了这场势均力敌的竞选。他是少数几个投票支持 1964 年民权法案的共和党人之一，曾公开反对越南战争，并拒绝在 1964 年的总统大选中支持巴里·戈德华特。

约翰·林赛在准备就任市长一职时，为自己塑造了一个充满活力的公众形象。身材高大、年轻（当选时只有 43 岁）、英俊、精力充沛，这些独有的特征使其被称为"共和党的约翰·肯尼迪"。与此同时，他还塑造了一个温文尔雅的贵族形象，更喜欢在家里思考一些当下重大的哲学问题，而不是适用于城市管理的人际交往。

他的八年市长任期至今仍存争议，许多历史学家都试图评价其功过，因为在他的任期以及之后的时光里，这座城市遭受了灾难般的巨大冲击。

14.11.1　1966 年的运输工人罢工事件

林赛最常面临的问题之一便是，这位具有贵族思想的改革派市长与市政劳工保守派领袖之间的文化冲突。随着林赛就职典礼的临近，瓦格纳市长和 TWU 就即将到期的合同再次上演例行的"双簧"。然而，即将离任的瓦格纳似乎没有打算和解；一些历史学家认为，他是故意让这件事落在林赛的头上，让其在就职时难堪。

1965 年 12 月 1 日，迈克尔·奎尔给新当选的市长林赛发了一封电报，邀请其参加陷入僵局的合同谈判。他拒绝了林赛作为潜在调解人提交的 10 人名单。林赛表示，他不会亲自参加会谈，除非有证据表明双方都愿意真诚的谈判。林赛的回答使奎尔勃然大怒，或者说奎尔的反应至少是暴躁的。他声称，林赛对于在 1965 年 12 月 31 日前达成协议不抱任何希望。他还声称：

"一切都是林赛先生的责任。我们不会退让半步。他的电报简直愚蠢至极"。

当林赛平静地回应说自己一直站在电报机旁时，奎尔再次回应：

"他可以站在电报上，也可以坐在上面，或者用电报做任何他觉得有用的事情。"

12 月 3 日，奎尔威胁要将罢工时间从 1966 年 1 月 1 日 12 点 01 分提前到 1965 年 12 月 15 日，他表示现有的合同将于该时间到期，而新当选市长中断了与 TWU 的接触。瓦格纳市长又重新加入了争论，在市长和候任市长表示他们已经说服劳工谈判代表西奥多·基尔加入三人仲裁小组后，奎尔取消了 12 月 15 日的最后期限。12 月 23 日，三人仲裁小组报告说一切进展良好。12 月 16 日，工会重申了 1 月 1 日罢工的最后期限，并声称 NYCTA 尚未提出任何要约。

1965 年 12 月 28 日，林赛首次亲自介入此事，与奎尔、仲裁小组和 NYCTA 代表分别举行了会谈。据报道，他告诉工会不得举行罢工，并希望他们通过谈判达成公平、合理的解决方案。林赛的立场进一步激怒了奎尔，因为他认为候任市长是在讲演，而不是在谈判。

12 月 29 日，NYCTA 根据《康顿—瓦德林法案》获得了一份禁止罢工的法院令。奎尔直接在公开场合撕毁了这份法院令，并表示：

"……纸面上的加特林机枪。他们将必须把 36000 名运输工人关进监狱。"

12 月 31 日，奎尔要求林赛亲自参与调解，否则将退出谈判。林赛回答说，他确实会在"今天"参加讨论，但没有说明他将在其中扮演什么角色。候任市长在最后一刻的参与并没有起到什么作用。他提出了一个 2500 万美元的方案，这还不到工会要求的一半。奎尔再次退出谈判，并将该提议称作是"微不足道的计划"。1966 年 1 月 1 日，当约翰·林赛宣誓就任市长时，奎尔开始了第一次也是唯一一次全系统范围的罢工，在凌晨 5 点 01 分，公共交通系统停运。

1966 年 1 月 2 日，每个人都急匆匆地想着下一步的行动。仲裁小组呼吁各方重新回到谈判桌。奎尔则警告说，罢工可能会持续一个月或更长时间，并将新市长称作是"懦夫"和"少年"。林赛则向通勤者发布警告，说曼哈顿只有大约 25% 的人能够到达工作岗位。最终，大规模的交通堵塞如期而至了。

1 月 4 日，迈克尔·奎尔和其他五名 TWU 的官员被判入狱。在被逮捕时，奎尔说了一段更有名的话："法官可以穿着黑色长袍死去，但我们不会取消罢工"。在被监禁两小时后，奎尔因心脏病发作被送往医院。

1月6日，林德赛市长提出，如果工人能够重返工作岗位，他将免除《康顿—瓦德林法案》对他们的处罚。工会领导人在医院与奎尔讨论后拒绝了该提议。林赛还提议将工会领导人从监狱中释放出来，认为安抚政策或许能软化对方的立场。

此外，林赛还向约翰逊总统请求援助。该事件让约翰逊认为纽约市政府没有能力处理自己的事务。他派出劳工大臣威拉德·维尔茨与双方进行协商，并就如何加快谈判进程提出建议。但威拉德·维尔茨的结论就是双方应该继续谈判。几天之后，他便返回华盛顿，除了消遣什么也没干。

1966年1月13日，工会和NYCTA同意接受仲裁小组的建议，罢工就此结束。这是一个代价昂贵的和解方案：

- 在罢工期间，该市共损失了15亿美元的商业收入；
- 和解的成本预计将达到5200万美元，比林赛最初报价的两倍还多，几乎是之前与TWU其中随意一次和解的两倍；
- TWU的工人现在可以在工作20年后退休，退休后的收入是他们最后几年工资的一半，包括加班费。

关于退休的条款带来了很多问题。运输工人的排班计划是在综合考虑工人资历和个人意愿的基础上制定的，这导致大量临近退休的人员在最后的几年内频繁加班，这样使得他们退休后的收入会高于其工作时的基本工资。这项规定还加速了工人的退休。在之后的五年内，有超过50%的运输业工人退休，使得整个系统内的"高级工人"和他们的丰富经验严重流失。

此外，该协议为其他政府雇员的劳资谈判提供了参考。警察、消防、环卫等部门也赢得了类似的解决方案，当然也遭受了类似的高级员工流失。

昂贵的解决方案迫使纽约市不得不提高居民的所得税和消费税。同时，纽约市还增加了一项新税种，向在该市工作但居住在外地的通勤者征收税。州政府批准了所有这些措施。到1970年，纽约市居民平均每年需要缴纳384美元的城市税，比排在第二位的芝加哥高出50%以上。

1月16日，迈克尔·奎尔出院，并对林赛市长表达了赞许。他表示之前的批评是在"激烈的斗争环境下"不得已提出的。他严厉批评约翰逊总统是玩弄"廉价政治"的政客，使纽约人民承受了苦难。他还要求国会对这起罢工事件展开调查，以确定谁应该为其负责。不到两周后，迈克尔·奎尔因为严重的心脏病而去世，在追随者眼中他是一位英雄，也是一位烈士。

迈克尔·奎尔确实不喜欢约翰·林赛，但他大部分时候表现出来的夸张行为只不过是表演罢了。事实上，奎尔在1966年发起他有史以来唯一一次的全系统罢工是别有的原因的。工会内部有许多反对他的力量。1966年，TWU超过一半的成员是非裔和西班牙裔美国人，而奎尔则拼命想将领导权保留在传统的爱尔兰领导层手中。所以当新成员呼吁增加工会的战斗性时，奎尔自然会按照他们的想法行事了。

14.11.2　其他麻烦和危机

在林赛市长的第一个任期内，发生了许多具有煽动性和破坏性的劳资纠纷事件。

1968 年，信奉自由主义的林赛市长回应了少数族裔家长有关纽约市学校问题的投诉。在福特基金会和纽约州议会的支持下，他实施了一项试点计划，在几个少数族裔地区分散设置学校，其中包括抗议活动开始的欧申希尔—布朗斯维尔地区。地区行政长官立即调派了 13 名教师和 6 名行政人员，他们都是白人。美国教师联合会谴责这种非自愿的调派是非法的，并呼吁教师举行罢工，这导致了纽约市 900 所学校中的 85% 停课 55 天。在工会反犹太主义和少数族裔社区反歧视的指责声中，罢工事件愈演愈烈。直到法院裁定"无故调派"与执行中的工会合同冲突，并解雇了违规的地区行政长官，整场罢工事件才得以结束。之后，州议会形成了一套折中的法案，提出将该市的学校分散至 32 个选区，并由本地选举的委员会来管理辖区内的小学和初中。该法案还对教师及其工作提供了强有力的保障。

同一年，警察和消防员都发出了罢工威胁，环卫工人则连续罢工两周，导致纽约市的人行道上一度留下了 10 英尺高的"垃圾山"。许多人开始指责市长没有对工会罢工前的提议做出让步。

1969 年 2 月 9 日，纽约遭遇了一场雪深达 15 英寸的暴风雪袭击。虽然主要干道很快被清理干净，但皇后区和其他"外围地区"的街道被大雪覆盖了将近一周。当林赛乘坐一辆敞篷卡车游览皇后区时，愤怒的居民和店主向他投掷雪球。这次事件在全国范围内进行了报道，林赛被描绘成了一个对中产阶级问题漠不关心的市长形象。

14.11.3　连任和更多的麻烦

随着 1969 年大选的临近，林赛陷入了严重的政治困境。他在共和党初选中输给了来自斯塔滕岛的保守派共和党人约翰·马奇。民主党也提名了他们最保守的候选人，审计长马里奥·普洛克奇诺。由于两人在保守派的选票上平分秋色，导致林赛最终以区区 42% 的多数票再次当选。

第二届任期的开始阶段并没有比第一届任期好多少。1970 年夏天，隶属于美国州、县、市雇员联合会（AFSCME）第 17 区议会的 8000 名城市工人举行了罢工，其中包括了吊桥操作员和污水处理厂工人。在两天的时间内，许多吊桥都卡在了"向上"的位置，大部分机械装置都被破坏了。与此同时，数十万加仑未经处理的污水直接排入城市下水道。罢工结束时，没有对任何犯有蓄意破坏罪的工人提起诉讼。

1970 年，曼哈顿闹市区发生了知名的"安全帽暴动事件"。反对越南战争的年轻人和世贸中心工地的建筑工人之间爆发了冲突。学生们在华尔街的乔治·华盛顿雕像前挥舞越共旗帜并污损美国国旗，以此抗议国民警卫队在肯特州的杀戮。随后，一群建筑工人冲进人群，升起美国国旗，并在街道上追赶逃跑的抗议者。这场混乱甚至波及了佩斯大学和市政厅。令人意外的是，纽约证券交易所的员工也加入了建筑工人的追逐行列。为了纪念肯特州死去的人士，市长已经下令全市降半旗致哀。闹事的建筑工人威胁说，如果不重新把国旗升高，他们就要摧毁市政厅。林赛投降了，市政厅的国旗重新升起。在国旗升起的过程中，建筑工人要求 15 名警察摘掉头盔以示尊重，但据报道只有大约一半的人做出了回应。后来，市长被迫为纽约市警察局（NYCPD）没有做出回应而道歉，但实际上纽约市警察局并没有试图阻止过骚乱。

林赛在第二届任期对警察局系统开展了大规模的调查，揭露了涉及"绝大多数"警察的塌方式腐败案件，并迫使警察局进行了重大的组织改革。此外，当他试图在以犹太人为主的森林山地区建造低收入住房时，引发了一个重大问题。马里奥·库莫调解了这场纠纷，最终批准在该地区实施一项修改后的公共住房计划。

14.11.4 遗产

约翰·林赛的两届市长任期是纽约市历史上最具争议的事件之一。尽管第二届任期的最后几年相对平静，但这座城市早已失控。

为了避免发生新的劳资争端，林赛在任期的最后几年内同意了许多价值不菲的劳资协议。运输工人的工资上涨了 18%，还多了一周的假期。37 区议会和其他工会组织一道，争取到了工作 20 年即可退休的权利，而且退休金为工作期间工资的一半。教师们则获得了 22%~37% 的加薪幅度。那么这些钱都从哪里来呢？

林赛被迫发行大量债务，并通过各种财务技巧来保持收支平衡。例如工资在下一个财年的 7 月 1 日支付（而不是 6 月 30 日），通过夸大财政收入来发行债券，非资本项目的资金从资本账户支付等。

1973 年，当林赛卸任时，这座城市几乎一片狼藉。犯罪成为这座城市面临的一个主要问题。1961~1965 年，纽约市的谋杀率为每 10 万人 7.6 起。从 1971~1975 年，每 10 万人中有 21.7 人被杀。此外，纽约市的种族冲突也愈演愈烈。白人中产阶级将犯罪率的上升与少数族裔联系在一起，并继续逃往郊区。

但纽约是美国唯一一个在这一动荡时期没有发生重大种族骚乱的大城市。市长试图满足城市贫民和少数族裔的需要，尽管有时并不成功，但至少在情绪上控制了他们。他大力宣传这座城市，正是在他的任期内，纽约被称为"有趣的城市"，他原以为纽约将是实施广泛自由主义政策的理想之地，结果发现这座城市远比他预期的保守。

1971 年，约翰·林赛改变了党派，成为一名民主党人。他为 1972 年的总统竞选做过短暂的努力，在 1980 年参议员的初选中失利。

到 1970 年，纽约市的财政状况彻底陷入危机。对于公共交通系统来说，这意味着维修推迟、服务削减，整个系统只会更脏、更不可靠。曾几何时，纽约人会在感受到危险时跑到距离自己最近的车站来寻求庇护。然而在 20 世纪 70 年代，他们不得不另寻出路，因为在公共交通系统内早已无法找到安全的避难所。

2000 年 12 月 20 日，纽约时报对这位最具争议的纽约市长进行了报道：

"林赛先生于本周二去世，享年 79 岁。他的去世让人回想起那个时代的许多不可磨灭的画面，包括街道上堆积如山的垃圾、学校教师愤怒的抗议队伍，以及 1966 年元旦他第一次上任时的运输工人罢工。他曾呼吁人们骑着自行车或步行回到曾经犯罪猖獗的城市公园来听音乐会、庆祝节日和参加活动，但这一切都被暴风雪之后皇后区街道上的乱象所掩盖，这场暴风雪将他的形象定格为即将垮台的政府形象。但他最令人难忘的形象一定是那位身穿风衣的市长，当时的他勇敢地走进这座城市里饱受折磨的黑人社区，并向他们保证，即便在马丁·路德·金牧师于 1968 年被谋杀后，依然有人关心他们。这一非凡的姿态使得这座城市得以在全国其他城市都陷入混乱的时候保持了团结。"

"1965 年时，林赛的市长竞选口号是：'所有人都疲惫不堪时，他依旧能保持激情。'八年后，他对这座城市的厌倦已不亚于这座城市对他的厌倦。回过头来看，很容易发现林赛先生所犯的错误，其中包括了许多失败的自由主义实践，例如推行学校分散计划，提升穷人在脱贫计划中的参与度，在中产阶级社区建设少数族裔的大型社区等。此外，他造就了庞大笨重的政府机构，而且拥有一个错误的观念，即城市可以通过征税摆脱财政困难……

但他也为人们留下了巨大的遗产。他激励了整整一代理想主义青年加入公共服务事业，其中许多是少数族裔和妇女。环顾这座城市，你还可以看到许多在他执政期间由一些天才建筑师和规划师创造的遗产，例如口袋公园、摩登城市计划和新型建筑项目。但是，最重要的遗产是人们对这座城市曾经受过严峻考验的时代记忆，当时的专家们甚至不知道纽约是否还会再度迎来美好。约翰·林赛或许是不自量力的，但他展现出了对这座城市的斗志、对公共服务的崇尚以及自我更新的能力。"

14.12　票价还是上涨了

1966 年运输工人罢工解决方案中，第一个受到影响内容的便是 15 美分的票价政策。该票价当时已经持续了 13 年，比它之前的 10 美分票价延续时间少了两年。1966 年 7 月 5 日 12 点 01 分，票价上涨至 20 美分，但是它也撑不过十年。

14.13　大都会运输署（MTA）

1959 年，一个流行民谣团体——金斯顿三重唱凭借一首有趣的歌曲跻身排行榜的前 20 名。这首歌讲述了一个名叫查理的可怜灵魂在乘坐 MTA 的列车时，由于票价上涨被永远困在列车上的故事。当然，歌曲中的 MTA 指的是波士顿的大都会运输管理署，现在被称为 MBTA，但这可能是对即将成立的纽约 MTA 的一种预示。这首歌最著名的部分是它令人难忘（也很搞笑）的前奏：

"这是考验人们灵魂的时代。在我们国家的历史进程中，每当人权受到威胁时，波士顿的市民都会勇敢地团结起来。今天，一场新的危机已经出现。沉重的税赋以地铁票提价的方式出现。市民们，听我说完！这种事可能也会发生在你身上……"

可怜的查理，因为拿不出五分钱下火车，它被困在车上了。他的妻子每天在"史卡利广场车站"和他见面，并在列车经过时递给他一块三明治。也许，她应该给他五分钱……但是，那需要另一首歌。

1965 年，州议会成立了大都会通勤交通管理局，目的是为纽约州两条最长的通勤铁路安排补贴，即长岛铁路和现在众所周知的大都会北方铁路。1968 年，由于纽约市公共交通管理局（NYCTA）的问题不断增加，纽约州通过了新的法案，将该机构的名称改为大都会运输署（Metropolitan Transportation Authority，MTA），并将 NYCTA 和三区大桥隧道管理局（Triborough Bridge and Tunnel Authority，TBTA）纳入其管辖范围。尽管成立了新的组织架构，但 NYCTA 在处理它管辖的业务时仍然有足够的自由裁量权。

MTA 成立之初，其管理委员会由九名成员组成，全部由州长任命，纽约市长可以提名两位成员。新机构最令人震惊的地方在于将 TBTA 囊括其中。该机构是当时 79 岁的罗伯特·摩西最后的权力堡垒，三区大桥和隧道的收费为该机构提供了大量的盈余。极具讽刺意味的是，MTA 计划利用 TBTA 的利润来补贴公共交通系统。罗伯特·摩西职业生涯的大部分时间都在确保公共交通尽可能少地从政府部门获得资金，但他最后一个帝国的成功将被用来支撑纽约市地铁和地面公交线路的运营。

罗伯特·摩西的权力基础在 20 世纪 60 年代中期开始削弱，在他领导的 1964~1965 年世界博览会结束之后更是加速了衰败。世博会造成巨大的亏损，被认为是一个失败的项目。与此同时，林赛市长毫不犹豫地表示想要剥夺摩西的权力，共和党州长纳尔逊·洛克菲勒也很乐意提供帮助。随着 MTA 的成立，摩西失去了最后一个管理职位，尽管 TBTA 仍为他保留了一份顾问工作，并为其提供了一辆汽车和司机。另一个具有讽刺意味的事件是，尽管修了那么多路，但罗伯特·摩西却一直没有驾照，他从未自己开过车。

随着 20 世纪 60 年代的结束，MTA 再次陷入与 TWU 的争端之中。市长林赛拒绝参与协调，实际上是把皮球踢给了 MTA。最后时刻提出的 1.2 亿美元解决方案迫使人们考虑再次提高票价。洛克菲勒州长和林赛市长虽然是当时仅存的几个自由派共和党人，但他们彼此并不喜欢。所以他们在票价问题上的决策也不会例外。林赛希望将票价的上涨限制在 25 美分以内，并提议通过提高桥梁和隧道的通行费以及增加部分税收来弥补剩余的缺口。洛克菲勒不愿与自己的党派斗争，最终支持 MTA 提出的 30 美分票价。30 美分的票价从 1970 年 1 月 1 日起正式生效，这预示今后票价会以更快的速度上涨。五美分的票价持续了 45 年，10 美分的票价持续 15 年，15 美分的票价持续了 13 年，20 美分的票价仅仅维持了 3 年半的时间就消失了。所以，30 美分的票价也不会持续太久。

洛克菲勒和林赛都曾希望竞选总统，但都没能实现，这或许是他们之间许多不和和争吵的主要原因。他们唯一一次共识是 1968 年的地铁大规模扩建计划。该计划需要发行大规模的债券才能实施，而且需要选民投票。投票没有通过，因为许多选民认为洛克菲勒和林赛达成的任何共识都是错误的！显然，这个计划最终未能实施。1974 年尼克松总统因水门事件辞职后，杰拉尔德·福特任命洛克菲勒担任参议院副主席一职。

自 1970 年起，MTA 开始扩展其管理范围，目前大都会郊区巴士管理局（拿骚郡和萨福克郡）和斯塔滕岛捷运系统管理局（SIRTOA）都归其管理。MTA 目前的管理委员会由 17 名成员构成，均由州长任命，并由纽约州参议院批准。纽约市长可以提名四位候选人，拿骚郡和萨福克郡的行政长官可各自提名一位，北方四郡（即杜契斯、奥兰治、洛克兰德和普特南）的行政长官也可以分别提名一位，但他们合计只有一张投票权。六名无投票权的轮值成员由工会和公民咨询委员会的代表担任。MTA 对其下属机构的控制主要通过在其管理委员会中安排自己的成员来实现。

14.14　糟糕的 20 世纪 70 年代

人们普遍认为，20 世纪 70 年代和 80 年代初是纽约市公共交通系统历史上最糟糕的时期。一场又一场的金融危机持续给城市带来冲击，特别是公共交通系统损失巨大。公共交通系统必将反弹，但它首先得触底。

参考文献

1. City to Join in Suit Assailing Validity of New Transit Act. New York Times，1（April 6，1953）

2. Text of Dewey's Speech Condemning City's Handling of Its Finances. New York Times，21（April 9，1953）

3. Text of the Mayor's Reply to Governor Dewey on New York City's Finances. New York Times

（April 14，1953）

4. The Transit Authority. New York Times，26（April 21，1953）

5. Dewey Fills 2 Jobs On Transit Agency；City Weighs Choice. New York Times，1（April 19，1943）

6. Transit Authority is Upheld by Court；2 Members Added. New York Times，1（April 21，1953）

7. Transit Authority Meets in Harmony. New York Times，1（April 28，1953）

8. 4 On Transit Board At Odds On Fifth. New York Times，17（May 1，1953）

9. Cullen Declines City Transit Post，3 Will Get Offers. New York Times，1（May 2，1953）

10. Moran of Port Unit Named 5th Member of Transit Board. New York Times，1（May 4，1953）

11. Transit Body Picks Casey as Chairman by a Divided Vote. New York Times，1（May 7，1953）

12. Transit Authority Orders Fare Study. New York Times，17（May 15，1953）

13. City's Transit Authority In A Race Against Time. New York Times，E9（May 17，1953）

14. Authority Leases City Transit Lines；Fare Rise in Sight. New York Times，1（June 2，1953）

15. Merchants Warn On Fare Increase. New York Times，43（June 4，1953）

16. Transit Bills Pass State Legislature By Party-Line Vote. New York Times，1（June 26，1953）

17. Transit Authority Assured of Tokens. New York Times，1（June 9，1953）

18. Fare Goes To 15c On July 25；Tokens For Subway and El；$9，000，000 Surplus Seen. New York Times，1（July 14，1953）

19. Jeffe Resignation Finally Accepted. New York Times，1（July 21，1953）

20. Foe of 15c Fare Is Appointed To Transit Agency by Mayor. New York Times，1（August 5，1953）

21. New Transit Body Cuts Costs $74，315. New York Times，43（June 16，1953）

22. Transit Authority is Warned By Quill. New York Times，44（June 28，1953）

23. Quill Protests Plan to Lengthen Trains. New York Times，17（September 5，1953）

24. Quill Threatens to Slow Subways. New York Times，1（September 18，1953）

25. Transit Board Rebuffs Quill；Will Cut Trains as It Sees Fit. New York Times，1（September 22，1953）

26. Arbitration Asked In Transit Dispute. New York Times，50（September 24，1953）

27. New Transit Runs Set，Ignoring Quill. New York Times，23（September 25，1953）

28. Mayor Intervenes In Transit Dispute. New York Times，23（September 29，1953）

29. Authority Rejects New Board to Arbitrate Transit Dispute. New York Times，1（October 2，1953）

30. Transit Body Hauled To Court By T.W.U. New York Times，1（October 3，1953）

31. Transit Authority Gets New Member. New York Times，1（November 6，1953）

32. Jurist Puts Off Transit Suit, Urges Out-of-Court Accord. New York Times, 1（October 6, 1953）

33. Dispute on Transit Is Left To Jurist For Adjudication. New York Times, 1（October 10, 1953）

34. Transit Disputants Get Hart Proposals. New York Times, 11（November 18, 1953）

35. TWU and Authority Settle Dispute Over Schedule Cuts. New York Times, 1（November 20, 1953）

36. Transit Talks Asked. New York Times, 26（November 24, 1953）

37. Authority To Meet Quill On New Pact. New York Times（November 28, 1953）

38. New Strike Threat Is Made By Quill. New York Times, B1（November 30, 1953）

39. Transit Deadlock Charged By Quill. New York Times, 58（December 10, 1953）

40. Quill Warns of Tie-Up Jan. 1 As He Quits Transit Meeting. New York Times, 1（December 15, 1953）

41. Transit Authority Accepts Fact Unit to Avert Strike. New York Times, 1（December 25, 1953）

42. 3 Named To Sift Transit Dispute. New York Times, 56（January 4, 1954）

43. Klein Calls Quill Wasteful 'Bully'. New York Times, 1（January 12, 1954）

44. Transit Fact Unit Opens Its Sessions. New York Times, 33（January 13, 1954）

45. 20-Cent Fare Seen In Union Demands. New York Times, 1（January 20, 1954）

46. Jury in Klein Case Hears 4 Newsmen. New York Times, 28（January 23, 1954）

47. Quill Is Indicted On Three Charges of Libeling Klein. New York Times, 1（February 12, 1954）

48. Fact-Finders Ask Transit Pay Rise. New York Times, 13（May 18, 1954）

49. Transit Pay Plan Accepted By Quill. New York Times, 1（May 20, 1954）

50. Transit Body Bars a Union Contract, But Sets Pay Raise. New York Times, 1（May 25, 1954）

51. Transit Parleys Called By Mayor. New York Times, 1（May 29, 1954）

52. Threat of Strike on Transit Eased. New York Times, 1（June 4, 1954）

53. No Transit Strike. New York Times, 14（June 12, 1954）

54. Quill Wins 2-Year Contract With Transit Authority. New York Times, 1（July 9, 1954）

55. Quill Union Files Set Of Grievances. New York Times, 25（August 12, 1954）

56. Transit Workers Fail In Protests. New York Times, 31（September 16, 1954）

57. Quill Spurs Fight On Transit Board. New York Times, 1（November 29, 1954）

58. Harriman Deflates Quill's Transit Idea. New York Times, 1（November 30, 1954）

59. Transit Agency Finds It Did Well In First Year, Then Deficits Began. New York Times, 1（January 10, 1955）

60. No Atoms For Subways. New York Times, 16（March 5, 1955）

61. Tough–Talking Mike Quill Was Gentle Off Stage. New York Times, 30（January 29, 1966）

62. Chalk, 51, Is Owner of Capital Transit and Air Cargo Line. New York Times, 45（April 12, 1959）

63. Investor Group Seeking To Buy All City Transit. New York Times, 1（April 12, 1959）

64. Mayor Declares Any Transit Sale Must Limit Fare. New York Times, 1（April 14, 1959）

65. Transit Proposal Revised By Chalk. New York Times, 1（April 17, 1959）

66. Chalk Bids $615 Million For Part of N.Y. Transit. New York Times, B1（April 25, 1959）

67. New York City Rejects Chalk's Proposal To Buy Its Transit System. Wall Street Journal, 3（April 30, 1959）

68. New T.W.U. Plea Made To Lindsay. New York Times, 93（December 1, 1965）

69. Quill Calls Halt To Transit Talks. New York Times, 1（December 2, 1965）

70. Quill Threatens De. 15 Walkout On Transit Lines. New York Times, 1（December 3, 1965）

71. Quill Calls Off Dec. 15 Walkout; 3 Will Mediate. New York Times, 1（December 10, 1965）

72. Talks With Quill On Right Track, 3 Mediators Say. New York Times, 1（December 23, 1966）

73. Transit Walkout Voted For Jan. 1 If Parleys Fail. New York Times, 1, December 27

74. Lindsay Demands Fair Settlement In Transit Talks. New York Times, 1（December 28, 1965）

75. Union Head Rips Up Court Order In N.Y. Chicago Tribune, 1（December 31, 1965）

76. Transit Union In N.Y. Quits Talks. Los Angeles Times, 2（December 31, 1965）

77. Quill Quits Talks. New York Times, 1（January 1, 1966）

78. New Talks Today. New York Times, 1（January 2, 1966）

79. Orders Jailing of Quill. Chicago Tribune, 1（January 4, 1966）

80. The Judge Can Drop Dead. New York Times, 30（January 5, 1966）

81. Lindsay Strike Plea Rejected. Los Angeles Times, 1（January 6, 1966）

82. Mayor Lindsay Gets Weak Knees. Chicago Tribune, 8（January 8, 1966）

83. Wirtz's Finding: Keep Bargaining. New York Times, 10（January 8, 1966）

84. Union Sees Gains. New York Times, 1（January 13, 1966）

85. Quill Praises Lindsay's Role In Ending Strike. Los Angeles Times, 20（January 26, 1966）

86. The Lindsay Legacy. New York Times, A38（December 21, 2000）

87. M.T.A. Takes Over Transit Network. New York Times, 36（May 2, 1968）

第 15 章

黎明前总会有黑暗：1970 年之后的纽约公共交通系统

20 世纪 70 年代是纽约公共交通系统最糟糕的时期。由于金融危机对城市的冲击，资金不足和维修缺失的影响让整个系统处境极其艰难。幸好，公共交通系统经受住了危机的考验，并在 20 世纪的最后十年开始得到改善。

15.1 引言

1970 年 1 月 4 日，就在 20 世纪 70 年代刚开始的时候，公共交通的票价从 20 美分涨到了 30 美分。昂贵的劳资协议和递减的客流导致了票价上升，这使得公共交通系统的财务状况愈加糟糕。

20 世纪 70 年代初的纽约市深陷金融危机的泥潭。为了避免劳资冲突，林赛市长一再批准价值不菲的劳资协议，在税收不变的情况下不断增加财政预算。结果，纽约市只能不断压缩城市公共服务，持续减少警察和消防部门的队伍规模。于是，街道越来越脏，犯罪率不断上升。

纽约公共交通系统也变得相当糟糕。长期以来实施的延缓维修政策导致整个系统出现了大量问题。运营车队中有许多车辆存在车门无法操作或其他轻微的机械故障，它们在彻底坏掉之前得不到任何维修。据统计，地铁车辆的平均故障间隔里程（MDBF）大约为 24000 英里，这已经是非常低的标准了，但到 20 世纪 70 年代结束时，这个指标又进一步的恶化了。轨道线路方面出现问题时也不能及时修理，只要不是太严重，就只是将受影响的区域进行"红色标记"，如果很严重，那就将经过该区域时的车速降低至 10 英里 / 小时以下，从而保证行驶安全。和城市里的其他地方一样，地铁车站和列车越来越脏，涂鸦文化也已经开始入侵公共交通领域。

约翰·林赛于 1973 年卸任市长，尽管他依然具备那些早期受人欢迎的特质，但舆论普遍认为他是一位失败的市长。林赛最终带着无法实现的总统抱负离任。他的继任者是亚伯拉罕·比姆，纽约市的前任审计长。在一场相对温和的竞选活动中，比姆击败了共和党人约翰·马奇。但不幸的是，比姆市长即将迎来沉重的打击。

15.2 亚伯拉罕·比姆市长和 1975 年的经济危机

没有哪两个人或者哪两位市长能像约翰·林赛和他的继任者亚伯拉罕·比姆（图 15.1）一样，他们彼此是如此的不同。林赛身材高挑，英俊潇洒，拥有贵族般的气质和非凡的魅力，是一位崇尚自由主义的改革派。与林赛张扬的性格不同，亚伯拉罕·比姆是低调的。他的身材矮小，只有 5 英尺 2 英寸高。比姆是典型的布鲁克林民主党派人士，总的来说属于自由主义者，但不属于党内的改革派。他低调而务实，不喜欢与媒体打交道。他也是纽约市第一位犹太裔市长。

图 15.1 亚伯拉罕·比姆市长
图片来源：Courtesy of New York Historical Society.

比姆只在市长职位上工作了 4 年，但这段时期却属于整座城市历史上最为阴暗的时刻。2001 年 2 月，《纽约时报》在宣布其去世消息时，对他所处的艰难时代进行了描述：

"市长上任时 67 岁，当时的他必须面对发生在办公楼和百货公司里的恐怖炸弹袭击事件；当年还发生了导致纵火和 3000 人被捕的全城大停电；还有一个名为山姆之子的变态杀手枪杀了 6 人，并打伤了 7 人，整个城市都人心惶惶。"

在这个动荡的时代，比姆遭遇了一场空前严重的金融危机。到 1975 年时，这座城市已经濒临破产。

《纽约时报》在 2001 年 12 月的一篇文章对这一时期进行了回顾，并提出这样一个问题："1975 年的纽约市距离破产有多近？"文章中给出了这样的答案：

"距离非常之近。当时，纽约市的律师已经向州最高法院递交了破产申请；甚至动用警车将文件送至银行；市长亚伯拉罕·比姆的助手已经为他拟好了一份宣布破产的声明，根据该声明，政府将无法避免债券违约，作为应急预案，仅有的现金流将优先运用于警察和消防等重要服务方面。"

我们需要知道的是，在这个必须修改联邦破产法以避免个人和企业破产失控增长的时代，为什么纽约的违约会如此可怕？一旦违约，纽约将再也无法从银行获得资金借贷，也无法发行低利率债券。此外，纽约并不是唯一陷入财政危机的城市，一旦纽约违约，将带动全国其他主要城市的连锁反应。政府借款通常出于两个目的：（1）为长期资本项目提供资金；（2）支付同一财年税款到账前的账单（称为"税收预期"借款）。1975 年，该市总的负债额为 140 亿美元。纽约市一旦违约，投资者预计将损失约 60 亿美元，并对地方、州和联邦税收造成重大影响。之后，城市的支出将全部由破产法庭控制。

为应对破产危机，比姆市长大幅削减财政预算，包括大幅削减警察、消防和环卫部门的人力，以及其他市长原本认为对城市安全和安保至关重要的服务部门。8 月中旬，纽约市被迫发布通告，市政援助公司（Municipal Assistance Corporation，MAC）筹集的资金没有达到它预期的 9 亿美元的半数，可能不足以支付纽约市 9 月的债务支出。比姆的老盟友州长休·凯里发表了对市长的猛烈抨击，声称他在赢得投资者信心方面做得还远远不够。对于来自老友的激烈批评，比姆感到非常震惊，并愤怒地回应道：

"州长应该以我们为榜样，而不是批评这座城市。今年，我们的预算几乎是零增长，而州政府的预算增加了 9% 以上。"

到 8 月 22 日时，州长的立场有所缓和，并表示将召开一次特别立法会议来讨论向纽约市提供巨额贷款的方案，以解决其当前的现金流需求。同时，与几个市政工会在最后一刻达成的协议，允许将养老金投资于纽约市债券，从而避免了 9 月初的违约发生。

1975 年 9 月 9 日，州议会通过了一项"资助"计划，并于当天晚些时候由州长休·凯里签署。这项措施能为纽约市提供 23 亿美元的资助，以避免其在未来一个月内遭遇财务危机，在此期间，纽约市必须平衡其预算，并重整其金融秩序。这项资助计划提出了一些独特而困难的要求：

- 纽约市的财政管理权将移交给一个新成立并由州政府直管的机构，即紧急财政管理局（Emergency Financial Control Board，EFCB）。该机构的董事会成员由州长、州审计长、市长，以及三名由州长任命并经州参议院批准的成员构成。
- 州政府将通过市政援助公司，分两期向纽约市提供一笔价值 75000 万美元的直接援助。23 亿美元资助计划中的剩余部分则必须通过动用政府雇员退休基金购买纽约市债券的方式来筹集。

州政府的措施中包括了一项工资冻结计划，已于一个月之前开始实施。该计划规定冻结期至少为一年，并赋予紧急财政管理局在财政危机期间延长冻结期的权力。

此外，法律上还制定了严格的程序，纽约市必须严格遵守，从而避免发生城市违约事件。

这项措施使得纽约市失去了对其资金的控制，而且需要依赖工会批准将其被冻结的退休基金用于购买纽约市债券。由于对裁减人员和服务不满，教师工会在资助计划宣布时举行了罢工。更糟的是，在不到一个月之后，穆迪投资者服务有限公司将纽约市和纽约州的债券评级下调至"Ba 级"，这项史无前例的变动将迫使纽约市和州政府的融资成本进一步提升。

纽约市的大多数工会都支持这一计划，并对纽约市债券进行了大量投资。然而，美国教师联合会拒绝投资。由于缺乏教师工会的投资，1975 年 10 月 17 日，纽约市再次面临破产。第二天，在与凯里州长进行了一次激烈会谈后，工会做出了让步，并在银行关门前两小时购买了价值 1.5 亿美元的政府债券。

另一方面，比姆曾向联邦政府申请贷款，但被财政部长威廉·西蒙拒绝。随后，他开始游说福特总统为贷款提供担保。福特起初拒绝了他，并在《每日新闻》上打出了著名的标题："福特对纽约说：破产吧。"

尽管曾建议纽约市破产，但福特最终还是妥协了，联邦政府为纽约市提供了贷款担保。

与此同时，纽约市还出台了一系列严厉的措施来应对这场危机，包括：

- 削减该市 3 万个公共部门职位，并在 1975~1978 年的未来三年内再削减 7 万个职位；
- 冻结所有政府雇员的工资；
- 削减 6 亿美元的财政支出，包括暂停所有住房项目；
- 上涨纽约市公共交通系统票价。1972 年，公共交通的票价已经提高到 35 美分，1975 年 9 月 1 日，票价提升至 50 美分。

尽管大幅缩减开支，但州长和市长之间依然会经常性的爆发冲突，而紧急财政管理局也常常以削减成本措施不充足为由否决纽约市的预算。1976 年 3 月 10 日，凯里州长任命该州民政部长斯蒂芬·伯杰担任紧急财政管理局的负责人，目的是加强对纽约市财政事务的监督，并向该市和市长施加更大压力，从而使其进一步削减开支。

1977 年，在市长初选中，比姆遭到了五位著名民主党人士的反对。除了之前面临的问题之外，比姆还必须处理 1977 年的大停电事件，该事件在几个月之前发生，并导致了大范围的抢劫和违法行为。

比姆在初选中名列第三，美国第 18 选区的众议员爱德华·科赫赢得了胜利。事实上，爱德华·科赫最初是由林赛所在的第 17 选区选举进入众议院的。后来的选区重划让他进入了第 18 选区，该选区保留了前第 17 选区的部分区域。未来的州长马里奥·科莫位居第二。

历史上没有哪位市长能够应对这一系列的困难，这些困境是由过去几十年来几届政府在财政管理方面的失误造成的。《纽约时报》在一篇关于比姆市长去世的社论中总结了他的贡献：

"比姆先生是一位正直而谦逊的公务员，但他任职的时代对他（也许大多数市长）有更高的要求。他削减预算，赢得工会让步，并推出一项非同寻常的紧缩计划，但结果是市场、州政府和联邦政府都觉得他做得还不够。25 年过去了，纽约市因为比姆担任市长期间的惨痛教训而变得更好。如果没有大家共同的支持，包括纳税人、政府雇员、银行以及比姆这样的政客，财政危机不可能得到解决。市长先生平静地面对着一切。在这一过程中，他最大的贡献是让人们对政府的局限性、不负责任的财政政策危险性以及纽约市的自我更新能力有了全新的认识。"

15.3　地铁扩张计划失败

1968 年，林赛市长和洛克菲勒州长骄傲地提出了一项庞大的地铁服务升级计划，包括一直被规划但从未建成的第二大道地铁。该计划被称为"新线路"规划。令人意外的是，林赛和洛克菲勒都没有意识到严重的金融危机即将来袭。这项耗资 29 亿美元的庞大计划将分两个阶段实施，包括：

第一阶段：10 年，耗资 16 亿美元：

- 皇后区"超级快车"，将在皇后区大道地铁的长岛铁路干线上行驶；
- 皇后区大道地铁线延伸，服务皇后区的东北部和东南部地区；
- 全新的第二大道地铁线，从曼哈顿第 34 街通往布朗克斯区，并在第 63 街与通往皇后区和西区的线路连接；
- 全新的第 63 街跨区线路；
- 布朗克斯区新建一条快速线路，将新的第二大道地铁与代里大道线和上佩勒姆湾线连接起来；
- 诺斯特兰德大道地铁延伸至 U 大道；
- 新地段大道线延伸；
- 为新线路购买 500 辆高速空调地铁列车，并对商铺进行升级；
- 恢复斯塔滕岛捷运系统线路。

第二阶段：不确定时间，耗资 13 亿美元：

- 完成第 34 街到曼哈顿下城的第二大道地铁；
- 延伸新的皇后区东北部地铁线和东牙买加捷运系统，并拆除牙买加中心城区的高架铁路（阿切尔大道线）；
- 新建一条沿公园大道并临近宾州中央铁路公司铁路的地铁线来取代布朗克斯区的第三大道高架；
- 延伸布朗克斯区的佩勒姆湾和大广场线；
- 额外购买 500 辆地铁列车，并对商店进行改造；
- 将弗拉特布什大道的 LIRR 线路延伸至曼哈顿下城。

"新线路"计划获得了政界和民间组织的普遍支持，其中就包括了知名的区域规划协会。之后关于个别线路的合理性引发了一些讨论，特别是关于新的第二大道地铁线究竟应该采用双轨制还是四轨制，以及地铁在中心城区的具体线位等问题。另外关于是否应该由第一大道地铁线取代第二大道地铁线的问题也引发了一些争论。

尽管纽约即将面临各种各样的财务问题，但仍然启动了计划中的一些项目：

- 1972 年 10 月 27 日，第二大道地铁在东 103 街破土动工。与此同时，位于第 110 街和第 120 街之间的一个线路段以及唐人街车站附近一个 700 英尺长的线路段也开始动工，不过这些地方没有举行正式的动工仪式。

- 1969 年 11 月 24 日，第 63 街隧道正式动工，洛克菲勒州长和林赛市长都出席了仪式。

《纽约时报》注意到了洛克菲勒和林赛这次非同寻常的共同露面，因为他们过往的相处并不友好：

"洛克菲勒州长和林赛市长都戴着安全帽，以一种不自然的姿势并排站着……"

这条隧道实际上在 1972 年 10 月 10 日才开始穿洞工程。位于中央公园地下的第 63 街隧道连接工程于 1971 年 7 月动工，并于 1973 年 1 月 20 日竣工。第 63 街隧道连接第五大道和公园大道的部分于 1974 年 8 月 30 日开工。阿切尔大道的地铁工程于 1972 年 8 月 15 日启动。

1971 年 3 月 21 日，洛克菲勒州长宣布发行 25 亿美元的债券，为"新线路"计划的第一阶段和纽约州北部的高速公路项目提供资金。1971 年 11 月 6 日，尽管拥有洛克菲勒州长、林赛市长、共和党、民主党、区域规划协会及其他民间团体的全力支持，但债券发行仍然以压倒性的劣势被击败。据权威人士推测，选民们无法信任洛克菲勒和林赛达成的任何协议。洛克菲勒声称失败是由于公众对新债务和新税收的谨慎，林赛则将失败归咎于计划为高速公路提供了过多资金。然而，不管是什么原因，这次失败给"新线路"计划带来了厄运。似乎是为了强调这一困境，3 年后提出的一项价值 35 亿美元的债券提案，最终以更大的差距被否决。

1975 年的财务危机以及被否决的债券发行计划，共同扼杀了第二大道地铁项目，该项目在留下几个建设完成的车站和隧道后被放弃。该项目共花费 6300 万美元，并于 1975 年 4 月正式停工。值得注意的是，第 63 街隧道和阿切尔大道工程都挺过了这场危机，尽管进度有所放缓。直到 1988 年，地铁列车才开始在第 63 街隧道运行，而阿切尔大道线路作为曾经被规划为服务皇后区东南部的长距离线路，则被限制在两英里以内。

15.4 1970 年的公共交通系统困境

15.4.1 线路里程减少

20 世纪 70 年代是公共交通系统历史上唯一一个运营里程减少的十年。60 年代运营里程没有减少是因为从长岛铁路公司接管了洛克威线和远洛克威线。以下是这十年间停止服务的线路：

- 1973 年 4 月 29 日，布朗克斯区第三大道高架铁路停止服务；
- 1975 年 5 月 11 日，卡尔弗接驳线停止服务；
- 1977 年 2 月 13 日，鲍灵格林—南轮渡码头接驳线停止服务；

- 1977 年 9 月 10 日，位于皇后区大道和第 168 街之间的牙买加高架线路停止服务。

15.4.2　延迟维修的影响升级

地铁的状况继续恶化，普遍的延迟维修导致了灾难性的后果。20 世纪 70 年代初，地铁的平均故障间隔里程（MDBF）大约为 24000 英里，这个数字本身就难以接受了。1980 年 7 月，MDBF 下降到 5937 英里，是有记录以来的最低值，从任何角度看这都是一场灾难了。工作时间以外的地铁运营时段大幅压缩，并进一步减少投入运营的列车数量，即使是在最拥挤的线路上。地铁内的犯罪和破坏行为急剧增加。仅 1977 年，就发生了 11 起故意破坏公共财产的事件，人们向行驶在布鲁克林露天轨道上的列车抛掷杂物，其中两起导致司机严重受伤。

15.4.3　地铁犯罪

1978 年，纽约市地铁上发生了 9 起谋杀案。列克星敦大道快线通常被称为"强盗专列"。到 1979 年 9 月，纽约市公共交通系统的重罪发生率为每周 250 起，远远高于世界上任何交通系统。

治安形势的异常严峻促使柯蒂斯·斯莱瓦成立了后来被称为"守护天使"的"壮丽 13 号"。斯莱瓦和他的团队开始在地铁和高架线路上逮捕犯罪嫌疑人，从而保护乘客免遭抢劫。尽管最初遭到警方的反对，但这个民间组织最终与警察部门建立了稳定的关系，并扩大了规模，在地铁系统最危险的线路和车站进行巡逻。在公众看来，他们比公共交通管理局的警察更有效率。

15.4.4　涂鸦战争

没人能确定涂鸦最早是什么时候出现在纽约市公共交通系统中的。1966~1967 年，地铁站的墙壁开始出现涂鸦。1968 年初，关于这个问题的新闻报道和文章开始出现，其中一些观点将其看作是一种"城市艺术"形式。在《纽约时报》1971 年 5 月 1 日的一篇文章中，基思·马诺提到车站的"涂鸦"从过去一两行猥琐文字变成了精致的彩绘"艺术"作品。到 1972 年时，涂鸦问题已成为公认的影响地铁车站和车辆的流行病。

涂鸦问题就像滚雪球般越来越严重，成为这座城市及其公共交通系统失控的象征。最开始是一些小规模的涂画，随着破坏者开始在地铁车厢的整面车身绘制巨幅图片，整个系统的涂鸦越来越多。到 1972 年年底，NYCTA 的 7000 辆列车几乎都被涂鸦。仅在那一年，就有 1562 名青年被捕，并被指控犯有与公共交通系涂鸦有关的破坏公物罪。

随着时间的推移，涂鸦"艺术家"变得越来越大胆，他们在停放列车的车场内，花一晚上的时间来完成覆盖整个车身的"艺术作品"。他们都有"笔名"，并在每件作品上进行标记。渐渐地，车身涂鸦演变成了一场竞赛，看谁能创作出最大、最离谱的

图 15.2　20 世纪 70 年代和 80 年代初期，运营车辆内外经常被涂鸦覆盖

图片来源：Courtesy of New York Transit Museum.

作品。由于财政拮据，车辆保养的速度远远无法跟上破坏的速度，于是纽约市运行的地铁车辆都充满了涂鸦（图 15.2）。造成该现象的原因主要是车场的松散管理，因为很多画作显然花了很长时间才完成。

1971 年，纽约市花费了 80 万美元来清除地铁车厢上的涂鸦。1972 年，该项预算跃升至 130 万美元。1973 年 3 月，林赛市长估计，每年需要花费 2400 万美元才能有效减少涂鸦。每次 NYCTA 和市政府想出新的方法来对抗涂鸦，涂鸦"艺术家"都能找到新的应对方法。到 20 世纪 70 年代中期，这个城市在消灭涂鸦方面的花费越来越多，但涂鸦的情况却越来越糟。几乎每条线路上的每一列车辆都被涂鸦覆盖，看起来似乎没有办法根除这一顽疾。

另外，涂鸦正逐渐成为一种反文化的艺术形式，并受到一些媒体的热烈追捧。安迪·沃霍尔喜欢涂鸦，在接受采访时，他曾多次对涂鸦的艺术价值进行赞赏。诺曼·梅勒写了一本关于涂鸦的书《涂鸦的信仰》，这本书也在一定程度上促进了人们对涂鸦文化的认可。MTA 则想尽一切办法来阻止这一潮流，甚至在车场内引入巡逻犬进行夜间巡视。然而，一切似乎都没有效果。1975 年 8 月，NYCTA 的高级执行官约翰·德鲁斯正式宣布，当局将放弃解决这个问题的努力。

唯一偶尔能盖住涂鸦的东西是污渍。列车清洁是财务危机中另一项被削减的服务。列车不再定期清洗，而是按需清洁，尽管很难定义怎样才算是需要清洁的情况。

15.5　糟糕的 R–44 和 R–46 列车

在 20 世纪 70 年代，即使好的事情也会变坏。出于对 1968 年新线路计划的预期，NYCTA 订购了两批新车，打算投入新线路的服务。这两批车辆都采用了新技术，在新线路中的运行时速预计可以达到 75 英里 / 小时，但这些线路却最终未能建成。这些车辆采用了复杂的电子元件，且许多部件都使用了轻质材料制造。为了打造更加安静的乘坐体验，车辆使用了大量的减噪材料，而采用柔性材料制作的车辆悬架系统也能使列车的行驶更加平滑。

　　第一批新车订单采用 R-44 车型，由圣路易斯汽车公司生产。1973 年年底，NYCTA 订购了 300 辆列车并投入使用。这批 R-44 列车在运营过程中遇到了各种各样的问题，以至于整个车队的三分之一始终处于维修状态，故障率是 NYCTA 平均水平的三倍。由于问题的数量和种类异常庞杂，以至于圣路易斯汽车公司难以提出有效的解决方案。所以，当 NYCTA 提出订购数量更为庞大的 R-46 车型时，尽管与 R-44 车型差别不大，但圣路易斯汽车公司却没有参与竞标。R-44 车型是该公司生产的最后一批地铁车辆，之后该公司便倒闭了。

　　尽管这批车辆的表现很糟糕，但 NYCTA 认为问题的症结主要在于新技术的融合。在 NYCTA 提供的一份运行数据咨询报告中，能够对这批新车存在的一些问题窥探一二。纽约理工学院的马丁·胡斯博士特别指出，R-44 列车的电路设计存在缺陷，即便停放在车场时也可能诱发火灾。但 NYCTA 表示，胡斯对大部分数据的解读是错误的，该机构将继续支持 R-44 车辆的新技术引入。

　　除了车身开裂问题外，R-46 车型明显优于 R-44 车型。1972 年 4 月，铂尔曼—标准公司以每辆车 27.3 万美元的低价参与竞标。其他竞标公司还包括通用电气、罗尔工业和西屋电气公司。在 1972 年 9 月，NYCTA 向铂尔曼—标准公司订购了 752 辆列车。迫于更新老旧车队的压力，NYCTA 像往常一样在车辆大规模生产前订购了几辆样车进行试运行。R-46 是铂尔曼—标准公司自 1938 年成立以来建造的第一款地铁列车，也是他们建造的最后一款客运列车。

　　1977 年 3 月，一辆 R-46 列车上发现了第一条裂缝。尽管一些公共报道指出裂缝导致一台发动机坠落轨道，但据内部报告显示，发动机坠落只是可能在某些特定条件下发生，但实际并未发生。

　　1978 年 1 月，又有 264 辆机车被发现存在结构性裂缝。到 2 月份时，547 辆列车上的结构性裂缝已增至 889 条，导致整个车队必须停止服务来进行维修。车身裂缝是 R-46 车型最明显的缺陷，但并不是唯一的缺陷。1979 年 7 月，R-46 车型的手动刹车装置被宣布存在缺陷，机车最终从曼哈顿桥以及其他几条可能需要使用手动刹车的线路上移除。

　　与铂尔曼—标准公司以及制造这批列车的分包商罗克韦尔公司之间的谈判持续了数月。由于焊接的修理效果不佳，NYCTA 拒绝了所有修理列车的建议，并起诉了铂尔曼—标准公司和罗克韦尔公司，要求其支付更换所有列车的费用。1979 年 7 月，两家公司对 NYCTA 提起反诉。他们将这些裂缝的产生归咎于纽约地铁轨道和路基的恶劣状况。使事件更加复杂的是，至少有一名 NYCTA 的员工被指控接受了铂尔曼—标准公司的贿赂，从而接受了不合格设备的交付。

　　1979 年 9 月，MTA 决定更换整个 R-46 车队，预计花费约 5000 万美元。1980 年 4

月，考虑到使用该车辆将付出更大代价，NYCTA 将 R-46 的使用量削减了 47%。

1980 年 12 月 24 日，纽约市赢得了对铂尔曼—标准公司和罗克韦尔公司的诉讼，并获得 7200 万美元的赔偿。

由于 R-44 和 R-46 列车订单，两家美国轨道列车制造商被迫退出该行业，一家彻底退出，另一家退出客运列车制造行业。铂尔曼—标准公司的分包商罗克韦尔公司直接破产了。在这种情况下，美国就只剩一家轨道车辆制造商还在运营，即巴德公司。之后的新车订单都再没有考虑过新技术的应用，而是坚持采用最基本的技术。直到 20 世纪 90 年代末，NYCTA 才再次在其列车上引入新技术。

15.6　一项债券提案通过

1979 年 11 月，选民们最终通过了一项经过大幅削减的交通债券发行议案，总价值 5 亿美元，其中大部分将用于纽约市公共交通系统。该议案以微弱的优势获得通过，将为地铁和高架线路的修缮提供资金，并为改善纽约州北部和南部地区的高速公路提供资金。当然，到 1979 年时，林赛市长和洛克菲勒州长已经去世很久了，这项议案多少还是考虑了诸多的合理性，而不是一个假想的政治阴谋。

15.7　爱德华·科赫市长和 1980 年的运输业大罢工

20 世纪 80 年代是纽约市公共交通系统的动荡时期。随着 20 世纪 80 年代的开启，NYCTA 面对的问题继续恶化。到 1981 年 1 月，整个地铁车队中约三分之一的车辆始终处于停运状态，MDBF 指标已经滑落至 6639 英里。1980 年时，每天有超过 500 列车次的运行计划被取消，共发生了 30 次脱轨事件。车辆只有发生故障才会进行维修，运营中的 2637 辆 IRT 车辆从未进行过大修，尽管其中的大多数车辆已经远远超过了原定的服务期限。

1977 年，爱德华·科赫（图 15.3）当选为纽约市第 105 任市长。他的当选形成了从林赛到比姆再到科赫的独特继承路线。爱德华·科赫曾是美国国会众议院议员，与约翰·林赛同样来自"丝袜"区——第 17 区。科赫属于民主党中的自由主义者，尽管他的职业生涯中曾多次跨越党派界限。1963~1965 年，他曾在格林威治村担任民主党的地区领导人。在此期间，

图 15.3　爱德华·科赫市长戴着水手帽参加美国尚普兰湖号导弹巡洋舰的试航（1988 年）

图片来源：Courtesy of Wikimedia Commons.

他坚持走前所未有的跨越党派路线，并支持约翰·林赛竞选市长。1969~1977 年，他一直在众议院任职。爱德华·科赫将连任三届市长，而且在 1981 年，他同时以民主党人和共和党人的身份参与了竞选。

科赫与马里奥·库莫之间的政治斗争非常传奇。1977 年的市长初选中，科赫必须面对有关他性取向的问题。由于长期单身的缘故，科赫被对手攻击为同性恋。尽管库莫的竞选团队否认与此事有关，但几乎没人相信。1982 年，科赫在州长初选中挑战库莫，但这次失败了。很多人认为，其实是科赫在《花花公子》的采访中对纽约州北部地区生活方式的贬低言论导致了其失败。从 1982 年开始，科赫（担任市长）和库莫（担任州长）处于工作需求必须来往，但彼此间关系一直很冷淡。

科赫对纽约市的热爱也引发了一些有趣的事件。1984 年，他反对为纽约市创建第二个区号，因为这可能会"分裂纽约人"。1987 年，当巨人队赢得超级碗冠军时，他拒绝在纽约市举行胜利游行，并调侃道："如果他们想要游行，就让他们在穆纳奇的油桶前游行吧。"穆纳奇是新泽西州的一个小镇，与巨人队的主场毗邻。

恢复纽约市的财政稳定是科赫在任期间的主要政绩，他使纽约市实现了广义标准的预算平衡。此外，他还设立了刑事和民事法官的择优选拔制度，启动了大规模的住房建设项目。他是同性恋权利的拥护者，并发布了几项禁止歧视同性恋的行政命令。当艾滋病流行时，他下令关闭同性恋澡堂。由于异性恋俱乐部仍在继续营业，一些人走上法庭声称受到歧视，于是科赫下令将这些俱乐部关闭。

爱德华·科赫在某些方面与约翰·林赛风格相似。他与媒体关系融洽，但不屑于利用媒体来提升自己的地位。虽然缺乏林赛的贵族风范，但他本身（现在依旧）很有魅力。和比姆一样，他也开始着手处理纽约市的难题。但与两者不同的是，他拥有真正的幽默感，而且经常利用幽默来达到自己的目的。

1980 年，纽约市终于实现了预算平衡，不再处于紧急财政管理局的监督之下。然而，倒霉事件随之而来。随着 TWU 的劳务合同即将于 1980 年 4 月 1 日到期，其与 MTA 的争议性谈判于 2 月启动。为弥补财政危机期间的损失，TWU 提出了一份为期 21 个月的合同，并提出 30% 的加薪以及设立新假期以纪念 TWU 前主席迈克尔·奎尔等要求。他们认为，自上一份合同签订以来，通货膨胀导致生活成本上升了 53%。

随着 4 月 1 日罢工期限的迅速临近，MTA 依据《泰勒法》从法院获得了一项限制令，该法律规定公职人员罢工是非法的。TWU 与 MTA 之间的谈判极具对抗性，一直到罢工最后期限的前夜（3 月 31 日），MTA 才提出了回应方案。一份为期 34 个月的合同，工资每年递增 3.5%，在谈判的最后几个小时被增加到 5%。但是 TWU 认为该方案无法满足其要求，于是在 1980 年 4 月 1 日举行了罢工。

《纽约时报》在 1980 年 4 月 7 日的一篇文章中指出，在解决罢工事件中有一个重要问题是工会内部自身存在严重的分裂，主要是种族之间。多年来，TWU 的种族构成发生了巨大变化。1980 年时，白人占 50.8%，非裔占 40.3%，西班牙裔占 6.5%。工会内部纪律听证会经常会引发大量的争议，导致白人主管与少数族裔工人之间发生对立。少数族裔工人指责工会没有像对待白人员工一样，以同样的决心和奉献精神为他们的案件辩护。在这种氛围下，很难弄清楚工会会接受怎样的提议。

尽管在罢工前的谈判中采取不干涉的态度，但科赫市长在罢工后发挥了积极和重要的作用。纽约市实际上对这次罢工准备得很充分。由于恰逢复活节 / 逾越节假期，所有的学校都已关闭，常规通勤交通量有所减少。出于对罢工的预期，曼哈顿的大多数企业已经预订了数周的酒店房间，以供约 50 万名员工暂时居住在曼哈顿。据估计，约有 20 万人通过自行车上下班。同时，曼哈顿区域对机动车出行进行了严格的限定，高峰时段仅允许搭乘 3 名及以上乘客的车辆在该区域通行。

期间，成群结队的上班族通过步行穿过布鲁克林大桥的方式来上班。每天他们都会遇到同样步行穿越大桥的市长先生，并彼此交谈。正是在这些早晨的散步途中，科赫发出了那句标志性的灵魂拷问，即"我要怎么做？"他还劝通勤者在晚上回家前可以花点时间在曼哈顿喝一杯马天尼，从而避开高峰时间。

这次罢工也是纽约州《政府雇员公平就业法》（简称《泰勒法》）颁布后的第一次罢工。《泰勒法》因 1966 年的运输业罢工事件而制定，并于 1967 年颁布。根据该法律，公职人员禁止参与罢工。针对罢工的处罚包括对每名罢工人员处以每天两倍工资的罚款，对工会领导人处以监禁，对工会处以高额罚款，并取消一段时间内的工会会费"退税"等。罢工发生后，市长和 MTA 一起向法院请愿，要求执行所有这些规定。

11 天后，罢工取消，双方的争端交由仲裁解决。最终的和解协议是一份为期两年的合同，约定第一年工资增长 9%，第二年工资增长 8%，同时给予一次性物价补贴，总成本合计增长了 20%。

尽管同意重返工作岗位，但工会中有部分人士强烈反对该和解协议，并极力阻止协议获得批准。然而，在邮寄投票中，该和解方案最终以 2∶1 的差额获得通过。市长和市政府认为这份和解协议代价太过昂贵，对其提出了严厉的批评。

法院依照《泰勒法》对相关人员和机构实施了相应的惩罚。工人们抱怨道，他们第一年收入增额的一半以上都用来缴纳罚款了。工会也被处以罚款，并损失了几年的会费退税。老实说，考虑到和解协议的总金额，即便 MTA 和纽约市政府未对《泰勒法》的相关处罚松口，但工会其实仍然"打赢了"这场争端。和解协议之后，地铁票价于 1980 年 6 月 29 日上涨到 60 美分。但这一票价甚至没能坚持到和解协议的结束，1981 年 7 月 3 日，地铁票价被提高到 75 美分。

纽约市公共交通系统的状况在 20 世纪 80 年代初开始有所改善，但明显的改观要到 20 世纪 80 年代中期才能看到。科赫市长并没有在公共交通事业上投入太多，但他让纽约市实现了稳定的收支平衡，这为公共交通发展提供了一个令人鼓舞的环境。

爱德华·科赫曾任三届市长。在第三个任期内，他的几名内阁成员被指控参与腐败事件，其中一些被判短期监禁。最广为人知的是违法停车管理局（PVB）的一起丑闻事件，该管理局的几位主要管理人员被发现从私人停车场运营商的合同中获取不当利益。有关该丑闻的各方面信息都指向了皇后区区长唐纳德·马恩斯。马恩斯属于科赫阵营，被认为是最有可能成为下一任市长的人选，而且很明显他正在为民主党的竞选做准备。马恩斯可能是唯一一个自杀过两次的人。随着丑闻的曝光，马恩斯被发现在法拉盛草地公园的一辆废弃车辆上割腕自杀。幸好被及时送往医院，他最终获得康复。但几个月后，在与一名亲戚通电话时，他用一把大刀刺穿了自己的腹部，当场死亡。第二次自杀的方式让许多人开始怀疑他或许是违规行为的受害者，也许 PVB 丑闻中还有不知名的参与者。

由于丑闻缠身，爱德华·科赫在 1989 年的初选中败给了戴维·丁金斯，后者险胜鲁道夫·朱利安尼，并成为该市首位黑人市长。

卸任市长的爱德华·科赫仍然是一位活跃的评论员，也是脱口秀节目的常客。他写了 14 本书，并在 1997~1999 年期间担任民事法庭法官。他经常对共和党候选人表示支持，包括竞选纽约市长的鲁道夫·朱利安尼和迈克尔·布隆伯格，竞选参议员的阿尔·达马托，竞选州长的乔治·帕塔基，以及竞选总统的乔治·布什（小布什）。近年来，他也支持了一些民主党候选人，包括竞选州长的艾略特·斯皮策和竞选参议员和总统的希拉里·克林顿。

15.8 格鲁曼 / 福莱西宝公司的惨败

1980 年，在 R-46 诉讼解决之前，NYCTA 从格鲁曼 / 福莱西宝公司购买了 837 辆公交车（图 15.4）。多年来，福莱西宝公司一直是一家独立的制造商。20 世纪 70 年代末，该公司被格鲁曼公司收购。当时美国只有通用汽车和格鲁曼 / 福莱西宝公司生产公交车，因为需要使用联邦公共交通援助资金来购买车辆，根据联邦法律，NYCTA 必须选择低价竞标者，因此格鲁曼公司中标。

但是，这批公交车在交付之前就引发了争议。NYCTA 和美国公共交通协会都指出，格鲁曼 / 福莱西宝公司的公交车在燃油效率方面明显不及要被替换的旧公交车，而且新车配置的空调系统既不高效也不可靠。这批车辆的窗户采用封闭式设计，一旦空调系统在夏天发生

图 15.4 在纽约和其他地方经历过许多运营缺陷的格鲁曼 / 福莱西宝公交车

图片来源：Courtesy of New York Transit Museum.

故障，那车辆基本就无法工作了。休斯敦、华盛顿和旧金山的交通官员均表示，50%的空调车在夏季无法正常工作。

格鲁曼／福莱西宝公司的第一批公交车于1980年6月13日运抵纽约，并立即投入使用。到8月时，217辆巴士中有57辆因各种故障而停运，包括空调、刹车、转向、电力或燃油系统、车身面板以及变速箱等问题。其中，1980年11月22日例行检查中发现的问题最为严重。检查中，131辆巴士中有13辆的底盘出现裂缝。对于该问题，格鲁曼／福莱西宝公司指出可能是由于设计缺陷导致。

纽约并不是唯一遭遇以上问题的城市。南加州快速交通区、休斯敦、亚特兰大和圣莫尼卡等采用的福莱西宝公交车也都在其底盘发现了裂缝，而且都是在投入使用后不久出现的。

1980年12月13日，一辆满载乘客的格鲁曼／福莱西宝公交车因结构裂缝而发生底盘散架事故。MTA立即停运了所有福莱西宝牌公交车，这导致纽约市的公交正常运转出现问题。洛杉矶也采取了同样的行动，停止了所有福莱西宝公交车的服务。

格鲁曼／福莱西宝公司声称，纽约市公交车架的裂缝属于偶然事件，是由道路不平整和车辆超载直接导致的。但同时，格鲁曼公司对其在纽约、洛杉矶、亚特兰大、休斯敦、圣莫尼卡和哈特福德售出的全部2600辆巴士进行了裂缝修复工作。到1980年12月底，芝加哥的福莱西宝巴士在出现过一系列故障之后，也开始出现结构裂缝。

由于格鲁曼／福莱西宝公交车队停运，纽约市不得不从其他城市购买或租赁旧的公交车来维持其运营计划。其中，第一批公交车包含了110辆来自华盛顿特区的富余车辆。

1981年1月5日，MTA和格鲁曼公司达成协议。MTA将继续支付新公交车的剩余费用（当纽约市停运该批次车辆后，MTA已经暂停付款），格鲁曼同意对所有受影响的公交车进行维修。1月24日，该车型又发现一个新的结构性问题。车辆底盘上一个被称作"耳轴"的部位发现了金属疲劳现象。因此，对之前205辆车的维修工作即刻停止，转而开始对新问题进行检查。7月中旬，格鲁曼公司将修理好的公交车运回纽约市。但8月时，这批车辆又出现了新问题，发动机的橡胶绝缘底座老化。于是，福莱西宝公交车队再次停运。

1984年1月，五辆格鲁曼／福莱西宝公交车被发现存在转向轴故障。由于担心另外182辆巴士存在同样问题，NYCTA再次停止了整个车队的服务。2月，一辆福莱西宝公交车在市中心的街道上突然起火。这起火灾成为压倒福莱西宝公交车的最后一根稻草，MYCTA决定永久停运所有福莱西宝公司出产的公共汽车。该举措导致纽约市公交车队的数量损失了五分之一。3月，MTA向通用汽车订购了400辆新巴士，用来取代大约一半的福莱西宝牌公交车。

之后，MTA起诉了格鲁曼公司，但由于无法证实福莱西宝公交车的故障是否是由设计缺陷导致，MTA未获得法庭支持。最具讽刺的是，MTA还必须向联邦政府偿还

5600 万美元的援助资金，这笔资金的 80% 都用来购买福莱西宝公交车。MTA 最终将这些公交车转手卖给了通用汽车公司，后者在几年前以 450 万美元的价格收购了福莱西宝公司。这批车辆经过翻新后又被卖给其他运输机构，包括新泽西公共交通公司。这些翻新后的公交车并没有在之后的运行中出现重大问题。

15.9　理查德·拉维奇和大都会运输署（MTA）：系统开始复苏

20 世纪 80 年代初，MTA 采取了一系列措施来改善公共交通系统。在主席理查德·拉维奇的领导下，MTA 宣布了一项价值 81 亿美元的公共交通系统基础设施改善计划。到 1982 年底，MTA 已经签署了总额达 30 亿美元的一系列升级改造项目合约，比整个 20 世纪 70 年代的花费还多。合约中包括了以下内容：

- 重建科尼岛和第 207 街的养护设施；
- 轨道、信号和道岔设施的更换和升级；
- 车站翻修。

这些项目都需要时间来完成。1984 年理查德·拉维奇退休时，计划中的大部分工作还没有完全落实。

而且，并不是所有的计划都能成功。1982 年，一项根除涂鸦的计划开始实施。许多地铁车厢被涂上了一种特殊的白色油漆，据说可以更轻易清除涂鸦。这项计划只能说部分成功。那些涂鸦者仍然可以进入车场，而且这种"特制"油漆并不像宣称的那样容易清洗。

犯罪率上升仍然是公共交通面临的主要问题。1982 年，地铁犯罪比上一年增加了60%。在一次演讲中，拉维奇说他将禁止儿童在夜间乘坐地铁，而且他个人也不觉得在非工作时间乘坐地铁是一件舒服的事。拉维奇应对犯罪率上升的措施是，在晚上 8 点到凌晨 4 点之间的每列地铁上安排了一名警察。

15.10　伯恩哈德·戈茨——地铁义警

1984 年 12 月 22 日，就在拉维奇退休后不久，纽约市地铁上发生了一起极其轰动的犯罪事件。四名年轻的黑人男子在纽约的一辆地铁列车上接近戈茨，当时车上大约有 20 名乘客。他们接近戈茨的方式让他感觉到了威胁，其中一人还拿着螺丝刀，向戈茨索要 5 美元。之后戈茨拔出枪，朝每个人开了一枪，然后走到其中一个人（达雷尔·卡比）面前，又开了一枪。这一事件引发了巨大的社会争议，并加深了纽约市的种族分裂。

枪击案发生后的最初几天，戈茨并没有被立即认定为凶手，也没有指认。很难想象当今社会人们对这一事件的反应。但在当时，公共交通系统经历了十多年随处可见的犯罪事件，在这样的背景下，人们的反应迟钝就更容易理解了。种族平等大会提出为枪手的法庭辩护买单，其领导人罗伊·因尼斯指出：

"我想不出任何理由可以允许地铁上的任何一位乘客被一些年轻人包围，不管这些年轻人说话方式有多温柔，他们的存在已经清楚地表明，一旦有人敢拒绝其5美元的要求，暴力威胁马上就会发生。"

包括库莫州长和科赫市长在内的政府官员都对这种"暴力私刑"进行了谴责，并谈到了该事件的危险性在于处理结果将成为今后类似事件的参照。但公众的反应令几位受伤青年的朋友和家人感到震惊。

1月1日，事发后逃到新罕布什尔州康科德的伯恩·戈茨向警方自首。他声称自己在三年前就遭到了抢劫，但在申请持枪许可时却遭到了拒绝。在大陪审团只对其非法持有武器的一项指控做出回应后，地区检察官又向第二个大陪审团提交了四项谋杀未遂指控。

事发时，4名受伤青年均曾被捕或被判至少一项暴力罪行，而且每人都还面临着其他犯罪活动的听讯或审判。1985年6月，其中一名青年因在布朗克斯住房发展区强奸一名年轻女士而被捕。

戈茨在某些人眼里是英雄，在另一些人眼里则是恶棍。在接下来的几年里，这起案件经历了来自社会各界的全方位检视，而新闻界的审判要早于法院的审判。针对戈茨的审判最终继续进行。1987年6月，他被判非法持有武器的罪名成立，但有关谋杀未遂的罪名均不成立。庭审中，专栏作家吉米·布雷斯林作证说，四名袭击者之一的达雷尔·卡比告曾告诉他，之所以打算抢劫戈茨是因为戈茨看上去好欺负。庭审后的反应不出所料，有人支持，有人抗议。戈茨最终因非法持有枪支罪被判处6个月监禁。

因第二枪射击而瘫痪的达雷尔·卡比成功起诉了戈茨，但后者随即申请破产。整个事件给大多数纽约人留下了深刻的印象，并使人们重新关注地铁犯罪问题。

《华尔街日报》在1987年6月18日的社论中评论了市长和州长将该事件谴责为"暴力私刑"的说法：

"或许有人会问市长为何要用'暴力私刑'这个词。陪审团并不认为戈茨是一名义务警员。1984年地铁枪击案中的四名年轻受害者找到戈茨，很可能是要抢劫他，而戈茨并没有找他们。在陪审团看来，他唯一的罪行便是非法持有武器，他也会因此面临审判。

我们怀疑，市长和其他政府官员并不会对于陪审团的裁决结果感到惋惜，他们对暴力私刑有一个明确的认知。他们和我们都清楚，如果市民开始私自执法，就像纽约市在某种程度上正在发生这样的一样，那么不是市民应该反思，而是政府应该反思。戈茨因为其自卫行为而广受赞誉，这是因为这座城市没有保护好自己的市民。"

15.11　新的地铁车辆

在 R–44 和 R–46 车型出现问题后，MTA 开始逐步替换旧的车辆。1982 年 3 月，MTA 向川崎重工订购了 325 辆 R–62 列车（图 15.5）用于 IRT 系统的运营。这是 MTA 首次向外国制造商订购地铁车辆。根据新的州法律，MTA 不必按照低价中标的原则选择供货商。尽管有人质疑为何没有将合同交由美国最后一家轨道列车制造商巴德公司。R–62 的设计并

图 15.5　川崎重工生产的 R–62 地铁车辆（1983 年）

图片来源：Courtesy of MTA New York City Transit.

没有使用 R–44 和 R–46 车型的高科技技术，但它的不锈钢车身给之后的列车设计树立了典范。1983 年 11 月 29 日，R–62 车型正式投入使用。

MTA 对 R–62 车型采取了谨慎的态度，在批量生产之前订购了测试列车，并在合同中约定了性能保证条款。

当 MTA 提出再次订购 825 辆列车时，川崎公司表示了拒绝，因为其 R–62 车型的生产设备税费过高。这一订单最后交给了加拿大的庞巴迪公司，因为他们同意使用川崎公司的设计。这批列车被称为 R–62A，在首次运营时曾经历了许多电气故障。不过电气故障最后得到了解决，车辆的性能也得到了认可。

1982 年 10 月，美国西屋公司获得了一份 225 辆列车的订购合同，这些列车将用于 BMT 和 IND 系统。这批列车被称为 R–68 车型，直到 1986 年才问世。

当理查德·拉维奇于 1984 年退休时，整个公共交通系统已经出现了明显好转的迹象：（1）车辆更新的计划正在顺利进行；（2）主要的维修场站都在重建之中；（3）车站、轨道和信号设施的改造升级工作正在进行。到 1984 年时，脱轨事故已减少到 15 起。

当然，一些明显的问题仍然存在，例如犯罪率持续上升，涂鸦依然有增无减。这些问题将在 20 世纪 80 年代的晚些时候得到解决。

15.12　罗伯特·基利和大卫·冈恩时期：公共交通系统的反弹

1984 年，罗伯特·基利接替理查德·拉维奇成为 MTA 的主席。他的第一个任务是为 NYCTA 寻找一个新的负责人。大卫·冈恩是费城公共交通系统的负责人，在参观了科尼岛的车场后，他认为那里的条件"极其恶劣"。当被媒体问及 NYCTA 的主席职位时，他回答道："这将是一次自杀式的任务。"援引罗伯特·基利自己的话："纽约公共交通存在系统性问题。"1984 年 1 月 11 日，当大卫·冈恩接受罗伯特·基利的邀请并开始

他的"自杀式任务"时，媒体和公众都感到非常惊讶。

大卫·冈恩是一位亲力亲为的管理人员，他参与了 NYCTA 方方面面的工作。他制定了一些非常有争议的措施，但危机条件使他占了上风。

到目前为止，最富有争议的举措便是冈恩剔除了最高监管层中对工会以及政府雇员的保护力量。当时，NYCTA 内几乎每一级的监管机构都有自己的工会组织，而且大多数管理人员都是政府雇员。冈恩声称，这个系统极大地削弱了 NYCTA 局长的权利。在《我们脚下的城市》一书中，薇薇安·海勒对这种权力结构发生巨变后的影响进行了评价：

"有些人丢了工作，有些人升职了；有些人被迫离开了这个体系，有些人则得到了职业发展的机会；有些人声称他们是基利—冈恩政权的受害者，但另一些人则认为，混乱的组织架构终于被一个合理的管理系统所取代。

正是在基利的支持下，冈恩确保工人们得到了他们工作时所需的一切——零件、工具和材料——最重要的是，他们获得了体面的工作环境。"

理查德·拉维奇任期内开始的商店和车场重建工程即将投入使用，这在一定程度上也对冈恩的就任大有益处。冈恩建立了一套严格的定期维修系统（SMS），车辆及其部件将根据该系统在故障前进行更换或维修。车辆的清洁、检查以及重新组装都将严格按照计划表定期进行。

大卫·冈恩也认识到，要改进地铁系统还有许多事情要做，而且要让公众注意到这些改进还需要一段时间。他认为有必要实施一项能让公众切实感受到的计划。于是，他发起了一场针对涂鸦的全面战争。在意识到涂鸦艺术家最兴奋的事是看到他们的作品在城市中穿梭后，他于 1984 年 5 月制定了"清洁车辆计划"。根据该计划，任何有涂鸦的车辆都不允许离开车场。如果运行中的列车被发现有涂鸦，将在 24h 内停止使用。这项计划需要逐步实现，政策落实也需要时间，但到 1989 年 5 月时，地铁已经很干净了，涂鸦也消失了。该政策在如今的整个公共交通系统中依然有效。

这场反对涂鸦的战争向公众证明了即使是最糟糕的情况，也可以通过有效的管理手段来处理。它让公共交通系统看起来更加可控。

除了定期保养和清洁车辆，冈恩还制定了大规模的地铁车辆重建和翻修计划，其中很多是在 NYCTA 的车间内进行的。1984 年，他指出，整个系统的 6400 辆列车中有 4000 辆需要进行大修。他认为多年来的延迟维修是造成这种情况的罪魁祸首，而不是车辆的生产年代。他还推出了一项每年更新 200 辆列车的计划，随着时间的推移，这个数字也增加了。该计划最先从年代久远的 IRT 车队中的 R-36 车型开始。所有更新的车辆都会采用新的配色方案对车身内外进行涂刷，这些车辆后来因其暗红色的外观被称为"红雀"（图 15.6）。另外，那些因为太旧而无法更新的列车只要还在服役，都会做一些装饰上的改造。

冈恩对维保系统的全面改革深受工人们的欢迎，这让他们重新找回了保持公交系统最佳状态的自豪感。他们的工作环境也获得了显著的改善，车间非常干净，工人们也不缺工具和零件。对工人来说，更新计划既是奖励，又是激励。几十年来，地铁车辆的更新工作主要外包给私人承包商。但是冈恩却把这项工作带回了 NYCTA 内部，这给其工作人员提出了挑战。现在主要的车辆更新工作都在 NYCTA 内部完

图 15.6 重建的 R-36 列车，因其深红色外观被称为"红雀"

图片来源：Courtesy of MTA New York City Transit.

成，这样工会也能维持更大规模的劳动力。冈恩对工人的信任得到了回报，更新计划也取得了巨大成功。这样做与外包形式相比花费更少，而且 NYCTA 的工作人员加快了每年整修车辆的速度。

冈恩的维保项目很显然是成功的。到 1986 年时，脱轨事故已降至每年 3 起，是 20 世纪 80 年代初的十分之一，之后也很少再发生。到 1988 年时，车队中 94% 的车辆已经找不到涂鸦；到 1989 年底时，涂鸦事实上已经从整个系统中消失。到 1988 年时，纽约市 86% 的地铁车辆都安装了空调。

15.13 曼哈顿大桥和威廉斯堡大桥的问题

虽然布鲁克林大桥上的轨道运输服务已经随着高架铁路的消亡而停止，但是横跨曼哈顿大桥和威廉斯堡大桥的运输服务是（现在仍然是）纽约市公共交通系统的关键部分。因此，当两座桥梁出现结构问题时，会导致大规模的公共交通服务中断。

曼哈顿大桥的问题实际上是由轨道系统引起的。这座桥共设置了四条轨道，两侧各有两条轨道。这种外侧的布局形式引发了严重的问题。外侧轨道上笨重的列车给桥梁增加了极大的扭转荷载。到 1982 年，这些荷载导致桥梁发生了 8 英尺的结构位移。

1982 年 5 月的一次例行检查中，曼哈顿大桥的横梁上发现了一条大裂缝。这导致原本穿越桥梁的 D 线必须暂停服务，在重新安排路线后，线路运行的总时间增加了 20min。1985 年夏天，桥梁北侧的铁轨因紧急维修而中断服务。1985 年秋天，在北侧轨道重新开放后，南侧轨道关停。南侧轨道的维修工作一直持续到 2001 年，这导致大量原本使用曼哈顿大桥的地铁线路被迫改道。之后曼哈顿大桥的轨道服务定期出现中断，直到 2005 年大修后才恢复正常。

威廉斯堡大桥的情况则有所不同。地铁轨道布置于桥梁内侧，与布鲁克林大桥类

似。所以，桥梁结构的损坏不是由轨道车辆引起，而是因为延迟维修导致了巨大损失。鸽子粪便、铁锈以及盐分堆积在电缆上，导致轨道的电缆严重损坏。1988年4月时，桥梁的电缆结构等级为1.6（等级范围为1~7），几乎无法继续运行。4月11日，大桥关闭进行紧急维修，导致地铁J线和M线的服务只能延伸到布鲁克林的梅西大道。同时，一项通往曼哈顿的专用轮渡服务推出，用以弥补相应服务的缺失。威廉斯堡大桥于1988年6月12日恢复通车，但是桥梁的改造工程持续了很多年。

15.14 其他服务中断事件

1985年4月13日，牙买加高架线路服务进一步缩减，终点站从第121街调整至皇后大道。这项服务变更是为高架线路与阿切尔大道地铁的连通做准备。然而，在新服务投入使用之前，原有的服务将中断三年。

1985年5月13日，由于一项重大的轨道更换工程，法拉盛7号线的快线服务停运，为期4年半。7号线是该系统中最繁忙的线路之一，这项服务调整导致用户的出行时间大大增加。这项耗资6000万美元的项目于1989年8月21日完结，并恢复了服务。最初的计划是要拆除第61街的快线车站，因为穿越站台从普线换乘至快线会导致严重延误。但是由于当地民众的反对，快线车站最终得以保留。

尽管这两项工程给通勤列车带来了很长一段时间的不便，但这也显示出了整个系统复苏的信号。牙买加高架线路的停运段最终由一条新的地铁线取代，而7号线的轨道更换工程也将为通勤者带来更快、更顺畅的乘坐体验。

15.15 第63街隧道的奇特故事

1968年的"新线路"计划中仅有两个项目挺过了1975年的财政危机，而第63街隧道便是其中之一。它是一项大规模地铁扩建计划的组成部分，能够与曼哈顿第二大道的新地铁线连通。这条位于水下的隧道分为两层，上层轨道为长岛铁路服务，能够通往长岛铁路在东岸新建的一座终点站，下层轨道则为地铁服务。

隧道本身的建设过程也很有意思。隧道的构件在马里兰州的迪波西特港进行预制，然后通过驳船运送至施工现场，最后沉入已疏浚好的基槽内。在被放置到位后，则由潜水员将构件进行连接，而构件本身则是采用水压法来与河流进行隔离。这条隧道于1969年开工建设，于1972年10月2日实现"贯通"，即所有的预制构件全部连接完成。然而，隧道还不能投入使用，因为要与第六大道地铁连通，就必须建设下穿中央公园和部分街道的隧道。在皇后区的那一侧，隧道将连接到一条为皇后区北部服务的新地铁线，但这条地铁一直都没启动建设。

到 20 世纪 80 年代中期时，隧道和曼哈顿一侧的连接工程已经完工十多年。整个工程已经停止，而且在定期检查中发现隧道因为疏忽管理出现了渗漏等问题。MTA 曾一度打算放弃该隧道，但是在收到评估报告对其结构的良好反馈后，MTA 又制定了继续完成该隧道的规划，并打算提供新的线路服务。

要启动这项服务就必须在皇后区一侧建设一座新车站。第 63 街隧道的建设规划中已经包含了在罗斯福岛上修建车站的内容。皇后区一侧的车站将建在皇后大桥与第 21 街交口。它不会与皇后区的任何一条地铁相连，它只是一个终点站。如果乘客愿意，他们可以下车后步行几个街区去换乘 IND、BMT 或者 IRT 系统。车站建成后，将成为皇后区大桥在皇后区一侧的一个独特存在。

整个区域包含三座没有连通的车站：（1）皇后区广场站，服务于法拉盛线（IRT）和阿斯托里亚线（BMT）的高架车站；（2）IND 系统的皇后广场站；（3）新的第 63 街线路上的皇后桥 / 第 21 街站（图 15.7）。这些线路都是单独修建的，并没有打算建设一座多线换乘枢纽站。

1989 年 10 月 29 日，皇后桥 / 第 21 街站投入使用，同时使用第 63 街隧道的首列地铁开始运行。从隧道竣工到第一次使用，整整花费了 17 年的时间。由于换乘不便，皇后桥 / 第 21 街车站的使用率很低，第 63 街隧道线路也被戏称为"哪儿都去不了的列车"。

在这条线路启用后不久，MTA 意识到有必要修建一条线路将皇后桥 / 第 21 街站与现有的皇后区地铁连通。2001 年，一条连接 IND 系统的隧道最终建成并投入使用。第 63 街隧道目前是地铁 F 线的一部分。

第 63 街隧道用于长岛铁路（LIRR）的轨道层一直未曾使用。但是，一个在中央车站为长岛铁路提供东部终点站的项目已经获得批准，目前正在建设中。而这条隧道将成为一条联络线。

（a）第 21 街 / 皇后桥站　　　　　　　　　（b）罗斯福岛站

图 15.7　第 63 街隧道线路上的车站

图片来源：Courtesy of Wikimedia Commons.（a）Photo by David Shankbone，used under Creative Commons Attribution 2.5 Generic license，（b）Photo by Daniel Schwen，used under Creative Commons Share-Alike 2.5 Generic license.

15.16　阿切尔大街地铁

第 63 街隧道并不是 20 世纪 40 年代以后新建的第一条新地铁。这一殊荣属于 1988 年 12 月 11 日开通的阿切尔大道地铁。阿切尔大道地铁的终点站位于帕森斯大道，距离牙买加的长岛铁路车站不到一个街区，这条线路原本计划为皇后区的南部地区服务。这条地铁在第 121 街附近与牙买加高架铁路的保留段相连，并在范威克高速公路附近的皇后大道与 IND 地铁连通。

完工时，阿切尔大道地铁只有 2 英里长，共设置了 3 座车站。这条线路的建设成本是最初预算的 5 倍。不管怎么样，这是纽约自 20 世纪 40 年代 IND 系统建成以来的第一条新地铁。如今，位于帕森斯大道和阿切尔大道交口的牙买加中心车站是 J 线和 E 线列车的终点站（图 15.8）。

（a）阿切尔大道地铁牙买加中心站的上层站台　　　（b）阿切尔大道地铁上的范怀克大道站

图 15.8　阿切大道地铁线上的车站

图片来源：Courtesy of Wikimedia Commons.（a）Photo by Pacific Coast Highway，（b）Photo by David Shankbone，used under Creative Commons Attribution 2.5 Generic license.

15.17　"西路计划"和其他资助计划

20 世纪 70 年代和 80 年代初，地铁系统的恶化并不是纽约市唯一紧迫的交通问题。1973 年，西区公路一段 4 英里长的老旧高架路发生自然坍塌，导致炮台公园与第 42 街之间的公路关闭，该结构最终被拆除。这被认为是延期维修造成的另一后果。

随着西区公路的消亡，曼哈顿西区的交通设施变得越来越少。最终，一项被称为"西路"的宏大计划被提出。严格意义上说，"西路"并不是一个高速公路项目。它其实是一项大规模的城市更新计划，整个区域恰好被一条高速公路所环绕，因而成为有资格获得联邦政府资助的高速公路项目。

该计划将建设 4.2 英里长的高速公路，其中一半以隧道的形式下穿 169 英亩从哈德逊河吹填而来的土地。整个计划包括了吹填用地的完整开发，如住房、娱乐设施、新码头和商业等开发。该项目立即引发了巨大的争议，争议焦点聚集在联邦政府要求的建设项目环境影响报告上。根据联邦法律，"环境影响报评价"必须明确项目对环境的影响，并提出适当的补救措施。从过去到现在，没有任何法律提出禁止建设对环境产生影响的项目，哪怕是负面影响。但是，法律明确提出要对项目有可能产生的环境影响进行全面描述和量化，以供公众监督。

这个项目几乎从开始时就遭到大量批评。有关法律方面的质疑严重影响了项目的推进，大多数的指控都认为环境影响评价报告没有完全按照法律规定来描述对环境的影响。

此外，这个项目还涉及一些非常现实的问题。首先，由于这条公路由联邦政府出资建设，必须允许货车通行。但西路属于景观性干道，而且禁止货车通行。另外，这个项目会给曼哈顿市中心增加额外的交通负担，因为新建的高速公路会将更多的交通引入原本已非常拥挤的地区。许多人担心，一旦西路建成，那些被搁置许久的跨曼哈顿高速公路计划可能会复活。有关该项目对经济的影响经历了长时间的讨论。最终，有两个问题引发了多起诉讼：

- 空气质量——基于令人眼花缭乱的交通预测而得出空气污染预测值受到了质疑；有人声称，新增交通量涉嫌严重违反《清洁空气法》。
- 条纹鲈鱼——环保人士声称，填河造地以及西路建设将使以哈德逊河为栖息地的条纹鲈鱼消失。

1981 年 3 月，里根政府批准了西路项目，联邦政府将为其拨款 14 亿美元，占到整条州级公路拨款总额的 90%。援助金额高得惊人，史无前例。4.2 英里的项目获得了超过 3.3 亿美元 / 英里的联邦资助资金，可以称得上有史以来最昂贵的高速公路！

尽管获得了联邦政府的资金支持，但该项目依旧无法摆脱大量的诉讼困扰。随着时间推移和物价上涨，规划人员开始担心该项目可能永远无法扫清所有的法律障碍，于是开始考虑利用《联邦援助高速公路法案》中的新条款，即"州际折价"（Interstate Trade-In）。该条款允许城市政府将已批准的州际公路项目中的一部分进行折价转让，从而换取联邦政府对其他项目的援助，包括公共交通系统援助。

经过几年的讨价还价，以及市长和州长都在这个问题上的摇摆不定，1985 年 9 月，各方终于达成共识。西路项目将被放弃，取而代之的是一个 5 亿美元的地面道路工程，即西区大道，同时纽约市还将获得 9 亿美元的公共交通援助资金。西路项目的折价转让在 1981~1982 年间为纽约市提供了 81 亿美元的资金，1986 年时又提供了一笔 84 亿美元的资金，极大加速了纽约市地铁列车和巴士车辆的更新以及轨道、信号和维护设施的修缮。

　　至于是否真的有人关心哈德逊河中的条纹鲈鱼其实是令人怀疑的。条纹鲈鱼并不属于濒临灭绝的物种，而且哈德逊河的污染早已令该水域捕获的所有海产品都无法食用。对空气质量的担忧似乎更加合理，但它很快就得到了解决，也不再是项目建设过程中的障碍。

　　但是，条纹鲈鱼的问题似乎更加棘手。有关的法律质疑主要集中在环境影响评价报告中未能说明该项目对条纹鲈鱼交配习惯的影响。当法官在 1985 年下令让环境影响评价报告进行更新并纳入上述内容时，从技术层面看该项目就已经失败了。因为条纹鲈鱼的下一个交配季节在联邦政府为该项目制定的最后启动期限之后，这也意味着纽约市将无法拿到援助资金。最终，纽约市放弃了该工程，也放弃了填海工程，以及随之而来的住房、娱乐和商业开发，而所有这些项目 90% 的开发费用原本都由联邦政府支付。目前，我们对哈德逊河中条纹鲈鱼种群的交配习性仍然知之甚少，但没有人因此抱怨。

15.18　戴维·丁金斯市长和又一次的财政紧缩

　　问题永远不会得到解决。爱德华·科赫引领纽约市从 1975 年的财政危机中复苏过来，但他离任时也给纽约市留下了 18 亿美元的财政亏空。在民主党初选中击败科赫后，1990 年 1 月 1 日，戴维·丁金斯（图 15.9）以微弱优势击败鲁道夫·朱利安尼，成为纽约历史上第一位黑人市长。

　　丁金斯就任时面临着许多棘手的问题，不仅仅是财务困境。由于可卡因泛滥以及由此导致的毒品战争，整座城市的犯罪率急速飙升，纽约市再次失控。

　　丁金斯试图通过增税来填补预算缺口，然而事与愿违。经济大环境的糟糕导致纽约市约 30 万名私营企业雇员失业。尽管税率上升，但依然无法阻止政府税收总额的下降。1991 年，为了平衡纽约市的财政预算，丁金斯出台了一系列严格的财政削减措施，包括削减 27000 个政府工作岗位，减少 5.79 亿美元的教育经费，关闭 10 个收容所。尽管预算削减和增税的措施遭到了广大既得利益者的反对，但却非常有效，这使纽约市的税收新增了 10 亿美元。到 1992 年时，纽约市财政已经实现了 2 亿美元的盈余。

　　具有讽刺意味的是，丁金斯作为纽约市首位黑人市长，在种族关系事务方面的表现很明显是失败的。

图 15.9　戴维·丁金斯市长在颁奖典礼上（2007 年）

图片来源：Courtesy of Wikimedia Commons.

爱德华·科赫之前被认为对纽约市少数族裔的问题关注不够。丁金斯在竞选时曾承诺致力于种族融合，并将纽约打造成一个绚丽多彩的多元化城市。然而，他统治期间发生了几起重大的极端种族事件。1991 年，一名 7 岁的黑人儿童被一名哈西德派犹太人驾驶汽车撞死，从而引发了皇冠高地骚乱，而骚乱事件又导致一名哈西德犹太学生被杀。在骚乱发生的最初几天，市长因拒绝提供警察保护而受到严厉批评。弗拉特布什发生的抵制韩国杂货店事件进一步加剧了种族局势的紧张，因为丁金斯公开支持被杂货店控告的扒手。后来，一名黑人毒贩被警察杀害，并引发了华盛顿高地的骚乱事件，最终市长动用政府资金为这名黑人毒贩举行了葬礼。

　　公共交通系统也不能幸免于财政困难和犯罪日益猖獗的影响。为了平衡 1991 年的预算（预测赤字为 2.72 亿美元），非高峰时段的公共交通服务被大量削减。1990 年 12 月，NYCTA 局长宣布计划取消 7 条快速公交线路和 24~27 条普通公交线路。午夜到凌晨 5 点之间的轨道运营范围也被压缩，转而用公交线路进行替代。此外，多达 127 个售票点将被关闭或大幅缩短营业时间。虽然有一些削减措施最后被取消，但大多数都得到了执行。在丁金斯任职期间，地铁车费一直保持在 75 美分，但等到 1994 年 1 月 1 日，当鲁道夫·朱利安尼继任时，地铁车费立刻提高到了 90 美分。

　　1993 年，戴维·丁金斯在市长选举中再次与鲁道夫·朱利安尼对决。双方依旧势均力敌，但这次胜利的天平偏向了朱利安尼，最终朱利安尼赢得了这场选举。

　　从政治角度看，丁金斯的失败让纽约进入了一个讽刺的新时代。在 20 世纪，只有两位共和党人担任过市长，分别是菲奥雷洛·拉瓜迪亚（他的第一次当选得益于联合竞选）和约翰·林赛（他的第二次选举以自由主义者的身份参与，后来成为一位民主党人）。然而，至少在未来 20 年里，一位共和党人（或者更确切地说，至少是一位共和党候选人）将在这个拥有压倒性多数民主党人士的城市中担任市长。

15.19　朱利安尼执政时期

　　在纽约历史上，或许没有哪位市长像鲁道夫·朱利安尼（图 15.10）这样备受争议。他因城市的巨大进步而广受赞誉，并带领这座城市度过了最黑暗的时刻，尽管他的个性并不能让很多人感受到温暖。8 年来，他用自己的方式，让这座城市的财政、吸引力和宜居性都有了显著的提升，这些都是毫无争议的。

图 15.10　鲁道夫·朱利安尼市长
图片来源：Courtesy of Wikimedia Commons，Jason Bedrick，photographer.

15.19.1　新市长，新挑战

2001 年 12 月 31 日，《纽约时报》对他担任市长期间的表现进行了回顾，并对其就职时纽约的当下状况进行了如下描述：

"1994 年 1 月，这是一个明快的清晨，朱利安尼即将就任纽约市第 107 任市长，他接手的这座大都市拥有 100 万名需要救助的贫民、11% 的失业率以及平均每天五起的谋杀案犯罪率，人们普遍认为这是一座正在衰败的城市。"

朱利安尼的主导政策便是减少犯罪。1993 年，纽约市共发生 1927 起谋杀案，记录在册的犯罪案件达到 430460 起。到 2001 年时，这一数字已降至 671 起谋杀案和 184111 起在案案件。他制定了一项对违法者几乎零容忍的政策。他认为，纽约的街道不仅要安全，还要让人感受到安全。他将注意力集中在影响生活质量的犯罪上，这正是之前政府忽略的地方。街道上的"刮板工"、乞丐以及非法的手推车小商贩等人纷纷被逮捕或者被赶走。他创立了一个名为"Comstat"的犯罪追踪系统，它可以根据犯罪类型和辖区来追踪犯罪。各分局指挥官负责降低其管辖范围内的犯罪率，警力配置也必须满足"Comstat"系统对区域犯罪形势的判断。在这套系统中，哈林区或贝德福德—斯图维森区发生的犯罪事件将与公园大道发生的犯罪事件按照相同的程序进行处理。后来，朱利安尼还将"Comstat"系统应该用到纽约市的其他管理事务中。朱利安尼声称，在严谨的大数据分析支持下，市长一职事实上已经由一个政治职位转变成了政府的首席执行官。在八年多的时间里，这座城市变得更安全，更干净，也更有吸引力。

朱利安尼的另一项举措便是将城市、住房和交通警察等部门合并为一个机构，此举被认为提高了打击犯罪的效率。

此外，朱利安尼还做了许多事情来帮助纽约市扭转局面。在他就职后，纽约市根据戴维·丁金斯之前提出的"安全的街道，安全的城市"计划，新增了数千名警察。同时，根据"纽约，纽约"发展计划（由库莫州长和丁金斯市长发起）而建造的住房，为 9000 名无家可归的精神病患者提供了住房和医疗服务。科赫市长发起的 10 万套公寓重建计划也在朱利安尼任期内完工，阻止了布朗克斯南部地区和布鲁克林大片区域的衰败。朱利安尼上任时面临 24 亿美元的预算赤字，但他将会从整个国家的经济繁荣中受益，当时整个美国都处于格林斯潘所谓的"非理性繁荣"中。朱利安尼上任当天的道琼斯平均指数为 3754 点，而其离开时，指数已飙升至 10137 点。朱利安尼在上任的第一年内没有实施财政紧缩，而是进行了一系列的基础设施投资，这与他的几位前任市长有所不同。

在他的任期内，公共交通系统没有发生太严重的问题。朱利安尼市长把公共交通系统事务全权交由 NYCTA 和 MTA 管理。虽然有几次劳资合同谈判被拖到了最后一刻，但并没有发生罢工或服务中断事件。按照惯常做法，每当 MTA 需要增加营收时，票价都会被提高。1986 年 1 月 1 日，票价涨至 1 美元；1990 年 1 月 1 日，票价涨至 1.15 美元；1992 年 1 月 1 日，票价涨至 1.25 美元。TWU 的劳务合同每两年签订一次，而票价也毫无意外的进行相应提升。

朱利安尼还取得了许多其他值得称赞的成就。纽约市接受社会救济的人数从 100 多万减少到 50 万，这是自 1964 年以来的最低水平。在他执政期间，纽约市共新建了 60 所学校。事实上，朱利安尼曾与州议会就撤销纽约市教育委员会的问题进行了长期的争论，他希望能够直接管理学校系统，但最终还是失败了。法律规定由校长来指派地区监督员，而校长的任期也更改为绩效考核制。然而，他与许多学校校长之间频繁而激烈的斗争，严重限制了朱利安尼在教育领域的影响力。

鲁道夫·朱利安尼是第一位因为市议会制定的新任期限制规定而离职的纽约市长。他被禁止参与第三次连任的竞选。在第二届任期的最后几个月里，朱利安尼的市长光环开始逐渐褪去。纽约市的再次繁荣已成定局，而且大部分在其第一届任期内已实现。朱利安尼与其第二任妻子闹得很不愉快，他在未告知对方的前提下直接在新闻发布会上宣布了离婚的消息。在此之前，他们已经分居好几个月了，很显然他们过去也发生过不和。唐娜·汉诺威缺席了朱利安尼 1997 年的连任竞选活动，而且很少在纽约市的正式场合中露面。离婚的过程很糟糕，双方律师几乎每天都会发表攻击对方的言论，而媒体也对此大肆渲染。在一次奇怪的法庭判决中，朱利安尼被迫离开市长官邸瑰西园，并借住他朋友公寓的空闲卧室内，而他的妻子则留在了瑰西园。当时的朱利安尼正在接受前列腺癌的治疗。

朱利安尼市长最明显的失败在于种族问题的处理。由于贫困社区的犯罪率大幅降低，朱利安尼获得了大量少数族裔的支持，尤其是其第二届任期间。但由于缺乏与少数族裔领导人之间的互动，彼此之间的关系尤其冷淡。朱利安尼首次当选市长时经历了一场与丁金斯的激烈竞选活动，当时，丁金斯因为几起争议性种族事件的处理而成为众矢之的。在朱利安尼任期内，也发生了几起广为人知的涉及少数族裔的警方行动事件。1997 年，一名警官在警察局的卫生间里虐待海地移民艾布纳·路易玛。经过漫长的刑事审判，一名警察被判有罪并监禁 30 年，另有一名警察被判共谋罪，并入狱服刑 5 年。1999 年，四名街头罪案组的警员在追捕一名强奸犯时，误杀了手无寸铁的非洲移民阿马杜·迪亚洛。死者在其公寓的门厅内被击毙，而四名警官却被宣告无罪。2000 年，一名便衣警察杀死了手无寸铁的保安帕特里克·多瑞斯蒙德。据称警察询问购买毒品的事情，导致多瑞斯蒙德感觉被冒犯并进行了反抗。事情发生后，朱利安尼公布了多瑞斯蒙德在青少年时期所犯的一些不太严重的罪行，这无疑是火上浇油。

许多纽约人对朱利安尼为扭转纽约局势所做的努力表示认可。但是，大多数人都期待一个新的政府出现，用更温和的方式来代替朱利安尼强硬的执政方式，尤其是在种族关系方面。然而，在他任职的最后几天，纽约将经历其有史以来最糟糕的一天，朱利安尼市长的形象将得到重塑。

15.19.2 2001 年 9 月 11 日

2001 年 9 月 11 日是纽约人永远不会忘记的日子。上午 8 点 46 分，一架波音 767 客机袭击了世界贸易中心的北塔。17 分钟后，即上午 9 点 03 分，另一架喷气式飞机袭击了南塔。很显然，这是一起有组织的恐怖袭击，还有第三架飞机袭击了五角大楼，第四架飞机在飞往白宫的过程中被一群勇敢的宾夕法尼亚州乘客击落。

袭击的消息传到市长那里时，他正在第 50 街和第五大道交界处。他立即前往新落成两年的紧急指挥中心，该中心位于世贸中心 7 号楼。上午 9 点 59 分，意想不到的事情发生了，南塔倒塌了。10 点 28 分，北塔也随即倒塌。很显然 7 号楼也处于危险之中，所有人均需撤离。市长和应急指挥中心的其余人员不得不逃到巴克莱街 75 号的一个临时地点。当天下午 5 点 20 分，世贸中心双子塔的碎片坠落，导致 7 号楼倒塌。

当时，所有的地铁、铁路和空中交通全部停止运行，曼哈顿第 14 街以南的所有地区都下令疏散。这次袭击最终造成近 3000 人死亡，其中数百人是参与救援行动的消防员和警察，他们在建筑物倒塌时被困在里面。许多关于这一事件及其影响的书籍已经或即将出版。这场袭击最终导致了出兵阿富汗和伊拉克的战争、一个新的联邦国土安全部、新的国内外机场安全措施以及一些据说可能会威胁公民自由权利的反恐措施。

正是在这场危机中，鲁道夫·朱利安尼赢得了"美国市长"的称号。2001 年 12 月 31 日，《纽约时报》进行了如下报道：

"过去的几周中，朱利安尼先生已经不仅仅是一位市长了。每天他都要对复杂而可怕的消息做出冷静应对，从而帮助这座饱受创伤的城市恢复信心。他让人们相信纽约市会挺过来，因为有人在管它。他参加葬礼，安慰幸存者，鼓励市民外出就餐，呼吁游客来纽约游玩，整个人时刻散发着坚毅和怜悯的气息，即便在新的炭疽病毒威胁面前也没有退缩。这个几周前看起来完败的人，现在无论走到哪里都能听到欢呼声：鲁道夫！鲁道夫！鲁道夫！"

这场灾难使鲁道夫·朱利安尼变得更有人情味，他以前不是这样的。他去到城市的各个角落，与各个种族的市民接触，安慰他们，给他们信心。他以重燃的热情辛勤工作，尽管几周后就要离开市长的职位。有一段时间，他曾试图通过州立法将他的任期延长几个月，但很快就放弃了。在 911 事件之后的几周里，鲁道夫·朱利安尼成为这个国家最黑暗时刻领导和力量的象征。他后来被《时代》杂志评为 2001 年度"年度人物"。朱利安尼曾参与了 2008 年总统竞选初选，但只针对大州的策略使他处于劣势，早早便退出了竞选。

15.19.3　9·11 事件对地铁的影响

"9·11"恐怖袭击对地铁系统产生了直接影响。IRT 系统 1 号和 9 号隧道位于世贸中心附近的部分因无法承受塔楼坠落物的重量而坍塌，科特兰街车站附近的隧道（N 和 R 线路）也受到损坏。经检查，科特兰街站周围只有两处隧道完全坍塌。受影响的 IRT 隧道段是整个系统中年代最久远的一段，可追溯到 1904 年 IRT 建设之初。这条隧道顶部由一个钢制拱形框架支撑，钢拱间距为 5 英尺，包裹在砖混结构中，整条隧道位于地表以下不超过 5 英尺的位置。这一设计被认为能防止更大的破坏，新的替换隧道也将采用该设计。

重建工程的工作量异常浩大。尽管只有 575 英尺的隧道完全坍塌，但有 6200 英尺由于受损需重建。此外，隧道中到处是坍塌物，在重建前必须移除。到 2002 年 9 月中旬，1 号和 9 号线列车实际上已经开始穿过世贸中心遗址运营。服务于 N 线和 R 线的科特兰街站重新开放，2 号和 3 号列车线路重新回到曼哈顿下城的快速轨道上。恢复交通系统的工作和纽约市许多其他重建项目一样快速，它比原本的计划提前数月完成，花费比预算少了 5000 万美元！

15.20　迈克尔·布隆伯格市长和 2005 年奇怪的大罢工事件

很少有人在如此关键的时刻进入公共服务领域，也很少有人拥有像迈克尔·布隆伯格（图 15.11）一样的背景。2001 年，他当选市长，这是他第一次当选市长。此前，他一直从事投资工作。从哈佛商学院 MBA 毕业后，他通过努力工作成为所罗门兄弟公司的一名普通合伙人。不过，他真正发家是在创立自己的公司——彭博公司之后，他向华尔街的公司出售金融信息终端设备，并推出了一个致力于投资和商业新闻报道的广播网络。于是他成为世界上最富有的人之一，现在仍是。据《福布斯》估计，他最初上榜时的净资产约为 55 亿美元。

迈克尔·布隆伯格实际上是一名登记在册的民主党人，他在竞选市长之前不久才转换了党派。在因 9·11 悲剧而推迟的共和党初选中，他击败了另一位前民主党人赫尔曼·巴蒂略。在与马克·格林的竞选对决中，布隆伯格有两个关键优势：（1）他得到了鲁道夫·朱利安尼的支持；（2）他使用自己的钱作为竞选经费，

图 15.11　2007 年纽约市长
迈克尔·布隆伯格

图片来源：Courtesy of Wikimedia Commons，Rubenstein，photographer.

因此不受竞选费用的限制。最终，他以 5 倍于马克·格林的竞选费用以及 50%∶48% 的选票险胜马克·格林。2005 年，他以超过 20% 的优势击败费雷尔，再次当选纽约市市长，这是纽约市市长选举史上胜负差距最大的一次。

多年来，布隆伯格一直是任期限制政策的坚决支持者。然而，当其市长任期即将结束时，他通过市议会的决议推翻了任期限制立法，而且没有举行公投。2009 年，布隆伯格以微弱优势赢得第三个任期，许多选民对他在任期限制问题上的"转变"开始感到不安。

遏制犯罪是鲁道夫·朱利安尼执政时期的主要工作，而布隆伯格在这方面的任务就是将那些好的做法维持下去。他延续了朱利安尼的大部分管理制度，犯罪率在他的任期内持续下降。

布隆伯格执政期间的主要工作是教育问题。鲁道夫·朱利安尼曾试图让州议会取消教育委员会，但以失败告终，而迈克尔·布隆伯格却成功了。2002 年底，教育委员会和地方学校委员会被废除，取而代之的是一个新的市政府机构——教育局。新机构的总部设在经过翻新的（臭名昭著的）特威德法院大楼里，位于市政厅附近。他任命乔尔·克莱因为教育局长，并携手推动了许多重大变革。取消"自动升级"政策，加强对课后学习和暑期学校的资助，从而帮助纽约市的教育水平重回正轨。在新的政策加持下，学生的考试成绩普遍提升，而纽约市从州政府获得的教育援助比例也高于以往。尽管有许多家长反对，但布隆伯格还是发布了一项在纽约市学校内使用手机的禁令，因为他认为手机会让孩子分心。在乔尔·克莱因离职后，布隆伯格在一年内更换了两名教育局长。事实证明，要找一个能代替克莱因的人并非易事。

"9·11"恐怖袭击引发了纽约市的财政危机，布隆伯格在 2003 年推出了一项价值 30 亿美元的增税措施。虽然这一措施并不特别受欢迎，但的确恢复了纽约市的预算平衡，随着经济逐渐复苏，纽约市在 2004 年和 2005 年实现了创纪录的财政盈余。

2005 年 12 月 20 日，在一次匪夷所思的谈判之后，TWU 发动了罢工。当时的 TWU 由一位相对较新的主席——罗杰·图森特领导。当时的 MTA 拥有 10 亿美元的预算盈余，他们认为这是由大量与基建项目和债券相关的一次性事件造成的。

12 月 19 日，就在全面罢工事件之前，两家私营公交公司的工人发动了一场小规模的罢工，这两家公司是牙买加巴士公司和三区客运公司。这样做是因为他们不受《泰勒法》的约束。目前尚不清楚的是，这些工人当时是否参与了与 MTA 的谈判。2006 年 1 月 9 日，该市将上述公交公司全部纳入了 MTA 的公交部门管理，所有的工人都将受到《泰勒法》的约束。

谈判的主要症结在于养老金问题。最初 MTA 试图将退休年龄从 55 岁延迟到 62 岁，并通过建立一个新的工人"等级"来减少福利支出。但后来，MTA 放弃了这一要求，转而提出新员工在工作的前 10 年增加 6% 的养老金支出。问题的主要症结就在于，MTA 坚持将养老金谈判作为合同谈判的一部分，这明显违反了《泰勒法》中关于该内容协商的禁令。

MTA 最终将养老金缴款转换为医疗福利费用缴款。12 月 8 日，MTA 提出了一份为期两年的合同，第一年加薪 3%，第二年加薪 2%，而且工人必须将其收入的 2% 用于医疗保险。

在工资问题上，TWU 希望得到一份为期三年的合同，每年的工资增幅为 6%，并将退休年龄提前到 50 岁。在罢工的最后期限之前，MTA 提出工资连续两年增长 3% 的方案，但要求工会在医疗费用、养老金费用或生产效率方面做出让步。最终，TWU 拒绝了这项提议，并发动了全系统的罢工，从而违反了《泰勒法》。更为复杂的是，国际运输工人联合会表示不对此次罢工事件负责，并声称已取得的谈判进展足以避免罢工。而 TWU 工会本身正处于动荡之中，大量的工会工人陷入了纪律诉讼中。

12 月 22 日，即罢工的第三天，在一名州政府调解员的协助下，罢工在没有达成协议的情况下结束了。双方同意在重返工作岗位后继续谈判。协议于 2005 年 12 月 27 日暂时达成。根据协议，工人工资将在三年内分别增加 3%、4% 和 3.5%；MTA 取消了对增加养老金缴款的坚持；工人们同意将工资的 1.5% 用于医疗保险；马丁·路德·金纪念日新增为休假日；工会获得了部分早期员工缴纳的养老金一次性退款。

工会成员间针对该协议的争论影响了事件解决的进程。一些成员指责图森特没有及时告知工人合同条款，还有人认为图森特已经向 MTA "屈服"了。2006 年 1 月 20 日，TWU 中代表超过 22000 名工人的七位代表投出反对票，拒绝了该协议。在经过多次的内部讨论后，工会于 2006 年 4 月再次举行投票，并以 3：1 的多数票通过了该协议。但此时，MTA 宣布不再提出合同要约，双方开始陷入僵局。同时，MTA 呼吁根据《泰勒法》对罢工事件进行制裁。

2006 年 6 月，法院下令根据《泰勒法》从罢工工人工资中扣除罚金，即三天日工资的两倍。TWU 还处以每月超过 30 万美元的罢工罚款，因为该次罢工事件给纽约市带来了每日约 100 万美元的损失。TWU 的罚款将从工会会费中自动扣除，直至 2009 年初。

经过近一年的法庭博弈，仲裁小组授权达成一项解决方案，该方案与最初被 TWU 驳回但随后又接受的方案几乎相同。

仲裁结果公布后不久，罗杰·图森特以微弱优势击败其他四名挑战者，再次当选工会主席。他只获得了 45% 的选票，尽管依然领导工会，但由于在 2005 年谈判和罢工事件中处理不当，此时的工会早已四分五裂。2009 年，图森特拒绝再次参选，他精心挑选的继任者也以微弱劣势落败，而他以前的盟友约翰·萨缪尔森当选。

15.21　补贴越来越多

如今五美分的票价已经过去 60 多年了。从 1948 年 5 美分政策取消以来，地铁票

图 15.12 纽约市地铁票价变化趋势

图片来源：Courtesy of Wikimedia Commons.

价就开始以前所未有的幅度和越发频繁的速率增加，如图 15.12 所示。

票价上涨是有规律可循的，通常是由新的劳资协议引发。每次涨价都会遭到公众的反对，人们纷纷质疑和指责 MTA 用于支持涨价的财务数据是否准确。

多年来，地铁的收费方式发生了根本性的变化。最初，乘客在售票点购买车票后进入地铁和高架铁路站台。20 世纪 20 年代和 30 年代，成本上升和营收减少迫使私人运营商安装自动闸机，并开始采用硬币来支付车费。当车费增加到 15 美分时，NYCTA 开始使用代币，可以从车站或闸机旁的售票点购买。他们认为，代币的使用不受票价变化的影响。当票价上涨时，代币的价值会相应提升，但闸机并不需要进行重新设置。这种做法理论上可行，但在实践中从未真正奏效。尽管有段时期曾在涨价前后使用相同的代币，但多数情况下 NYCTA 会铸造不同的代币，以避免乘客在票价上涨前囤积低价代币的行为。当然，制造新的代币就必然要求所有的闸机进行改装。

2003 年，随着代币的淘汰和电子编码的"地铁卡"出现，纽约市公共交通系统进入了电子时代。这种卡在其他城市的公共交通系统中应用多年，包括旧金山湾区捷运系统（BART）和华盛顿地铁。

地铁卡的使用为地铁服务提供了许多新的票价模式。有很少人使用的单程票，也有受多数人欢迎的多次往返票，地铁卡能够提供了各种各样的面额。根据购票行程的差异，票价会提供不同的优惠。此外，纽约地铁还提供一天、一周或一个月的不限次数乘车券，老年人乘车也有折扣。票价上涨也没有问题，因为车票是对金额进行编码，而不是对旅行次数。通过电子闸机时，车费会按照即时票价进行扣除。2003 年 5 月 4 日，地铁票价由 1.5 美元增至 2 美元，随后又增至 2.25 美元。这是纽约市公共交通系统有史以来幅度最大的单次涨价，也是涨价金额最高的一次。2010 年 12 月，单程票价上调至 2.5 美元，但基础票价仍维持在 2.25 美元。

地铁卡使得票价政策在未来能做出更多、更灵活的变化。票价可以根据距离而变化，就像华盛顿地铁一样。票价可能因时间而异，通过提供较低的票价来鼓励非高峰时段的使用。换乘的票价可以是免费的，也可以是打折的，这取决于离开一项服务到进入另一项服务之间的时间差。可能性是无限的，但其中任何一个想法所牵扯的政治因素其实都非常复杂。

城市轨道交通从来没有真正突破过其根源于私营企业的壁垒，也就是认为它应该是一套自给自足的系统。必要的补贴都会让人感到恐慌和沮丧，这样的状况无疑将会持续，这也反映出整个国家对公共交通系统的看法。大多数欧洲国家和许多亚洲国家都建立了重要的国家铁路和航空网络，其中许多都会给予定期补贴。美国的客运铁路系统非常艰难，它由一家叫作美国铁路公司的国有企业运营，而国会常常会威胁取消这家公司。在我们的城市内部，公共交通从未像警察、消防、卫生、教育、医院或其他系统一般，它无法获得一般税收的直接支持。在纽约市，为保持低票价而进行的永无休止的斗争严重损害了该系统满足市民需求的能力，而且在很大程度上导致了几次地铁大规模扩建计划的失败。

毫无疑问，将来票价还会进一步上涨。希望在将来的某个时候，能够真正立法来讨论公共交通系统的补贴金额及来源问题。不幸的是，每当 MTA 或 NYCTA 面临潜在的赤字时，同样的争论就会一遍又一遍地发生，从未达成过全面的解决方案。每一次罢工，即使是一次短暂的罢工，都证明了公共交通对纽约市的重要性。没有公共交通系统，这个城市的商业就无法维持。进出曼哈顿以及纽约市其他区域的交通显然无法全部经由该区域的公路系统来解决。如果公共交通系统成为政府提供的一项必要公共服务，那么直接的财政补贴就不会被看作是运营不善导致的后果，而是将其看作是公共服务成本买单的一种方式，如果没有这个系统，纽约市将无法运转。

15.22　地铁系统的艺术设计项目

纽约地铁最成功的持续项目之一便是"地铁艺术项目"。该项目于 1985 年启动，明确将地铁公共艺术作为车站重建项目中不可或缺的一部分，并制定了尊重地铁系统历史的设计标准。IRT 线路车站的重建将遵循 1904 年 IRT 系统的原始设计风格。BMT 线路的翻新也将秉持 20 世纪初 BMT 车站的风格。IND 线路车站将采用现代主义风格，这是该系统 1932 年至 1940 年建设时期的主导风格。这个项目为公众展示了纽约地铁的历史，旨在创建一个能够反映地铁系统独特且多样化历史的地下博物馆。

艺术项目也希望通过车站与周边环境的一体化设计来体现其服务片区的特点。这个项目直到今天仍在继续，并且已经成为这座城市最有趣的艺术存在。

2005 年，该项目迎来了 20 周年纪念庆典。自该项目启动以来，许多新艺术作品和艺术展览不断涌现。

15.23 还会建设新的地铁吗?

2007年4月12日,第二大道地铁举行了开工仪式。4月23日,该工程正式开工。目前,经过最新调整的第二大道地铁正在建设中。联邦政府将为这项四期工程提供第一阶段的资金援助,施工合同也已经签订。

该项目的一期工程包括了从第105街到第96街的隧道以及与现状百老汇线在第63街和第三大道的连接线。该段工程将在第72街、第86街和第96街建设三座车站。一期工程预计在2016年12月投入使用,将作为现状服务于百老汇地铁的Q线延伸线。剩余几期工程则计划沿第二大道向南延伸至汉诺威广场,并在查塔姆广场设立一座新车站,查塔姆广场曾是第二大道高架铁路和第三大道高架铁路的交汇点。根据规划,北部的延长线将在第125街终止。

整个项目最初计划于2020年完成,但第二、三和四期的工程资金最终没有落实。尽管最终的建成时间还未确定,新的建设计划也未提出,但二期工程(至第125街的北延线)被认为是相对可行的,因为可以利用20世纪70年代建成的15条隧道为第二大道地铁服务。这些隧道被废弃后,MTA一直对其进行维护。

作为曼哈顿西区(包括哈德逊广场)重建计划的一部分,法拉盛7号线将延伸至第11大道和第34街交叉口的一个车站。最初重建计划的核心是一座位于哈德逊广场的足球场,但当地居民的反对以及法律问题导致该项目成本过高而被迫放弃。尽管如此,7号线扩建工程仍在建设中,因为它还计划为扩建的贾维茨会展中心服务。2006年11月,纽约市开始为该扩建项目发行债券来筹集资金。2007年9月,市政府和MTA签署协议,由MTA负责线路的设计和建设,同时市政府将提供21亿美元的支持。最初的计划还包括了延伸至第23街的轨道,与存放列车的车场进行连通。

目前也有一些想法,考虑将7号线穿过哈德逊河进一步延伸至新泽西州。

15.24 展望

纽约市和它的公共交通系统有着两个多世纪的纠缠历史。从公共马车时代到最新的地铁计划,这个城市的形态在很大程度上是沿其快速交通系统的通道形成的。

当我们展望未来时,整个系统进行了新的扩展规划,其中一些看起来是可行的,而有一些则值得怀疑。这些项目的命运将取决于它们的融资方式以及整体的经济环境,因为它会对纽约市的财政支付能力产生重大影响。

纽约市拥有世界上最庞大的公共交通系统。希望它能继续发展,像过去一样为这座城市的居民服务。一个人不用开车，只是依靠公共交通系统，他依然能够实现居住在皇后区，工作在布鲁克林，中午在百老汇看场演出，晚上前往布朗克斯区看洋基队的比赛（或去皇后区看大都会队的比赛）。纽约市在 20 世纪初的公共交通系统就已经能达成这样的效果，这种能力是异常非凡的，这也使得纽约成长为整个国家乃至世界的文化中心。如今的我们把这一切都看作理所当然，但它确实让纽约人的流动性和可达性达到了其他任何地方都无法比拟的地步。尽管五分钱的车费早已不复存在，但从科尼岛到洋基体育场 2.5 美元的车费仍然很便宜。

参考文献

1. Abraham Beame is Dead at 94； Mayor During 70's Fiscal Crisis. New York Times，1（February 11，2001）

2. Recalling New York at the Brink of Bankruptcy. New York Times，B3（December 5，2002）

3. Beame Angrily Vows No More Cuts in Service. Chicago Tribune，5（August 22，1975）

4. Carey：State Loan to City Possibility. The Washington Post，D7（August 22，1975）

5. Unions Funds Enable N.Y. to Meet Its Payroll. Los Angeles Times，B1（September 5，1975）

6. Teachers Strike as City Gets Reprieve. The Irish Times，7（September 10，1975）

7. New York City and State Downgraded by Moody's. Los Angeles Times，A6（October 3，1975）

8. N .Y. on the Brink of Default. Los Angeles Times，A1（October 17，1975）

9. N.Y. Avoids Default as Teachers Pledge Funds. Los Angeles Times，A1（October 18，1975）

10. Ford's $2.3 Billion New York Aid Plan Is Strict but May Face Legislative Hurdles.Wall Street Journal，3（November 28，1975）

11. $724 Million to Be Cut From N.Y. Budget in 3 Years. Los Angeles Times，B1（October 21，1975）

12. The Mayoralty of Abraham Beame. New York Times，A22（February 12，2001）

13. Routes Outlined for New Subways. New York Times，1（January 2，1968）

14. $2.9 Billion Transit Plan For New York Subways，Rails，Airports. New York Times，1（February 29，1968）

15. Highlights of Program For Subway，Rail，and Air. New York Times，26（February 29，1968）

16. Subway Expansion is Backed in Report. New York Times，35（July 31，1968）

17. Rockefeller and Lindsay Break Ground for 2nd Avenue Subway. New York Times，35（October 28，1972）

18. Mayor and Governor Unite to Start Transit Tube. New York Times，49（November 25，1969）

19. Rockefeller Asks $2.5–Billion Bonds to Aid Transport. New York Times，1（March 21，1971）

20. The Vote. New York Times，E1（November 7，1971）

21. Third Ave. El Reaches the End of Its Long, Noisy, Blighted, Nostalgic Line. New York Times, 24 (April 29, 1973)

22. Brooklyn's Culver Shuttle Makes Festive Final Run. New York Times, 20 (May 12, 1975)

23. M.T.A. Expected to Save Franklin Avenue Shuttle, Once an Austerity Target. New York Times, 27 (February 10, 1977)

24. Tips on Trains. New York Times, 61 (September 9, 1977)

25. Feinman, M.: New York City Transit Authority in the '70's (2002), on-line manuscript available at http: //www.nycsubway.org

26. Patrolling the Muggers Express. New York Amsterdam News, 45 (April 28, 1979)

27. Guardian Angels Fighting Against Crime. New York Amsterdam News, 26 (September 29, 1979)

28. In New York, Good Guys Wear Red Hats. Chicago Tribune, 3 (March 23, 1980)

29. American Graffiti Today. The Irish Times, 10 (January 12, 1968)

30. New Graffiti on the Old IRT. New York Times, 33 (May 1, 1971)

31. Subway Graffiti Here Called Epidemic. New York Times, 39 (February 11, 1972)

32. Graffiti Epidemic Strikes 7, 000 Cars In Subway System. New York Times, 37 (October 21, 1972)

33. 1, 562 Youths Seized in '72 For Their Graffiti Work. New York Times, 14 (January 14, 1973)

34. Fight Against Subway Graffiti Progresses From the Frying Pan to Fire. New York Times, 39 (January 26, 1973)

35. At $10-Million, City Calls It a Losing Graffiti Fight. New York Times, 51 (March 28, 1973)

36. Graffiti Goes Legit – But the 'Show-Off' Ebullience' Remains. New York Times, 147(September 16, 1973)

37. Norman Mailer on the Urban Scrawl. Los Angeles Times, D14 (March 7, 1974)

38. M.T.A. to Use Dogs in Its Battle on Graffiti. New York Times, 35 (July 30, 1974)

39. Subway Graffiti Campaign Given Lower Priority. New York Times, 24 (August 7, 1975)

40. New Subway Cars Decried by Levitt. New York Times, 126 (April 21, 1974)

41. Head of Council's Transit Panel Calls New Subway Cars Unsafe. New York Times,43(December 5, 1975)

42. Pullman Bids Lowest on 900 Subway Cars. New York Times, 31 (April 8, 1972)

43. 752 Air-Conditioned Cars Ordered for City Subways. New York Times, 1 (September 6, 1972)

44. Finding of Flaw Said to Predate Subway Mishap. New York Times, 131 (June 20, 1979)

45. Subway Cars Cracked，NY Sues for New Fleet. Chicago Tribune，E1（June 24，1979）

46. New York Is Countersued By Makers of 754 Subway Cars. New York Times，19（July 7，1979）

47. Replacement Voted for Undercarriages on 754 Subway Cars. New York Times，1（September 15，1979）

48. U.S. Cites Flaws in R–46 Cars；Transit Authority to Cut Their Use 47%. New York Times，B1（April 14，1980）

49. $72 Million Is Won By City On Defects In New Subway Cars. New York Times，A1（December 24，1980）

50. Transportation Bonds Pass；Job and Tax Plan Lose. New York Times，B4（November 7，1979）

51. Feinman，M.：New York City Transit Authority in the '80's，online manuscript（2005），http：//www.nycsubway.org

52. Transit Union Explains Its Case for 30% Pay Increase. New York Times，B3（March 19，1980）

53. Prospects 'Very Grim' For Averting Transit Walkout in New York. Wall Street Journal，46（March 19，1980）

54. N.Y. Judge Bars Transit Workers From a Walkout. The Washington Post，A8（March 29，1980）

55. New York is Hit by Transit Strike. Chicago Tribune，1（April 1，1980）

56. Discord in Union Is Seen as Posing Problem in Talks. New York Times，B1（April 7，1980）

57. New York's Transit Strike Ends in Disputed Settlement. Chicago Tribune，W3（April 12，1980）

58. City's Transit Pact Is Backed Strongly in Vote By 2 Unions. New York Times，A1（May 13，1980）

59. Judge Fines Striking N.Y. Transit Unions $1 Million. Los Angeles Times，A2（April 8，1980）

60. City to Buy 837 Buses With Low Fuel Efficiency. New York Times，23（February 9，1980）

61. First Eight Buses Of a Fleet of 837 Arrive in the City. New York Times，28（June 14，1980）

62. Defect Puts 57 of 217 New City Buses Out of Service. New York Times，B14（August 14，1980）

63. Cracks Are Found in 13 City Buses；Grumman Accepts Responsibility. New York Times，27（November 22，1980）

64. Cracks Found in Frames of RTD and OCTD Buses. Los Angeles Times，OC–B9（December 6，1980）

65. All Grumman Buses Out Pending Repair. New York Times，1（December 14，1980）

66. Grumman–Made Buses Removed From Service In 2 Metropolitan Areas. Wall Street Journal，21

（December 15，1980）

67. Builder of Buses Says City Roads Cracked Frames. New York Times，A1（December 16，1980）

68. Grumman to Fix Cracks in Flxible Buses Removed From Service in Several Cities.Wall Street Journal，18（December 16，1980）

69. Chicago Finds Cracks In Some of Its Flxibles. New York Times，B4（December 26，1980）

70. New York Getting Washington Buses. New York Times，A1（December 18，1980）

71. M.T.A. Will Pay Grumman in Full For 837 Buses In Return for Repair. New York Times，A1（January 6，1981）

72. New Defect to Delay Flxible Buses' Return. Chicago Tribune，3（January 25，1981）

73. Grumman Is Returning Fixed Buses to New York. Wall Street Journal，15（July 17，1981）

74. Engine Problem Sidelines N.Y. Buses. Los Angeles Times，OC2（August 9，1981）

75. New Problem Idles All of City's 850 Grumman Buses. New York Times，27（January 7，1984）

76. All Grumman Buses To Be Put Off Streets In City Permanently. New York Times，A1（February 8，1984）

77. M.T.A. to Buy 400 New Buses For $68 Million. New York Times，B4（March 30，1984）

78. U.S. Says City Owes $56 Million For Discarding Grumman Buses. New York Times，A1（June 1，1984）

79. City Is To Sell Flxible Buses，Some to Go to N.J. Transit. New York Times，B3（March 21，1986）

80. Subway Shooting Splits N.Y. Chicago Tribune，5（December 27，1984）

81. Man Tells Police He Shot Youths In Subway Train. New York Times，1（January 1，1985）

82. 2nd Grand Jury Indicts Goetz in 4 Subway Shootings. Los Angeles Times，A1（March 27，1985）

83. 4 Youths Shot By Goetz Faced Criminal Counts. New York Times，B3（January 10，1985）

84. Goetz Shooting Victim Seized in Bronx Rape. New York Times，30（June 29，1985）

85. Jury Exonerates Goetz in 4 Subway Shootings. The Washington Post，A1（June 17，1987）

86. Goetz Receives 6-Month Jail Term，$5，000 Fine. Los Angeles Times，C19（October 20，1987）

87. Goetz ad the Common Man. Wall Street Journal，30（June 18，1987）

88. Kiley Appoints Philadelphian to Transit Post. New York Times，A1（June 12，1984）

89. City Transit：Gunn Looks，Leaps Away. New York Times，E7（January 15，1984）

90. Heller，V.：The City Beneath Us，New York City Transit Museum. W. W. Norton and Company，New York（2004）

91. New York Buried Its White Elephant. The Washington Post，F6（August 25，1985）

92. A Man Who Became More Than a Mayor. New York Times，A1（December 31，2001）

93. Trying to Command An Emergency When the Emergency Command Center Is Gone.New York Times，A7（September 12，2001）

94. Part of Subway Tunnel May Have Collapsed Under Weight of Debris，Officials Fear.New York Times，A13（September 13，2001）

95. With Station's Reopening，Even Commuters Smile. New York Times，B3（September 17，2002）

96. M.T.A. Offers 2-Year Pact；Union Balks. New York Times，B1（December 8，2005）

97. Transit Talks Pass Deadline For a Strike. New York Times，B1（December 16，2005）

98. A Transit Local Riven With Dissent，and Lacking Support of its Parent Union. New York Times，B8（December 21，2005）

99. Transit Strike Ends On 3rd Day；Framework For a Deal Reached. New York Times，A1（December 23，2005）

100. Transit Workers Reject Contract By 7-Vote Margin. New York Times，A1（January 21，2006）

101. Transit Union Approves Contract That It Rejected Before. New York Times，B1（April 19，2006）

102. Arbitrators Rule on Deal for Transit. New York Times，B1（December 16，2006）

103. A Transit Union Vote So Close They Counted It Five Times. New York Times，B3（December 27，2006）

104. Was There a Ghost，or Just a Tunnel At the Latest Subway Groundbreaking? New York Times，B3（April 13，2007）

第 16 章

地铁车辆

现代快速轨道交通系统是多种复杂技术的综合应用，它包括了隧道和高架结构、轨道和道岔、复杂的维护设施、车站、安全系统、收费系统、列车控制系统和机车车辆。

地铁车辆的发展史和地铁系统的发展史一样有趣。从最初的缆车牵引，到后来的蒸汽机牵引，再到当下最新一代的地铁技术，地铁车厢都是乘客花费大部分时间的地方。这是他们与地铁系统的主要接口。因此，地铁车辆的设计和运行对用户的乘坐体验以及系统的正常运行同样重要。

16.1 引言

本章对纽约市地铁系统车辆的发展历程进行简要概述，重点介绍影响系统运行的一些关键技术和特点。本章中的大部分信息来自《纽约地铁：纽约市公共交通工具图解历史（百年纪念版）》一书，作者为吉恩·桑索内，1997 年出版。最近退休的桑索内先生曾是 MTA 的首席机械官，现在是纽约大学理工学院的兼职教授，教授与公共交通管理相关的研究生课程。他的作品中对 NYCTA 的机车车辆及其相关技术进行了全面的介绍，是历经三十多年综合研究和文献汇编的成果。

16.2 为什么车辆的型号不一样

纽约市轨道交通系统分为两个部分：A 系统和 B 系统。两者的主要区别在于，两个系统的列车虽然都在标准轨距的轨道上运行，但列车的尺寸明显不同。

这种系统差异产生于地铁建设初期，它源于 IRT 系统和 BRT 系统的最初决策。令人意外的是，IRT 和 BRT 早期运营的高架列车尺寸几乎没有差别。两者都采用了尺寸相对较小的列车，宽度约 9 英尺，长度在 47~48 英尺。这样的尺寸能够适应纽约市相对紧凑的城市街道布局，尤其是曼哈顿区，其急弯道和狭窄空间决定了必须使用更小、更易操作的车辆。

　　IRT 公司在 1902 年建造第一条地铁时，他们制定了一项基本原则，即购买可以同时在地铁和高架线路上运行的车辆。这导致其使用的列车非常类似于原来在曼哈顿和布朗克斯运行的高架列车，能够使 IRT 修建的地铁线路采用急弯线形，尤其是在用地紧张的曼哈顿市中心。

　　当 BRT 公司（后来的 BMT 公司）开始按照双重合同修建地铁时，他们做出了与 IRT 完全不同的决定。他们希望用更少的列车来提供更大的载客量，这就意味着列车尺寸要大一些。大部分的 BRT 高架线路经过简单改造后能够适应大尺寸列车的需求，因为 BRT 的转弯半径问题（真正的关键因素）没有 IRT 高架线路那么严重。为了适应大尺寸的列车，BRT 所有的站台都必须进行改造（削掉一块），但这样做的代价并不大、也不难。

　　到 IND 地铁建设的时候，BRT 或 BMT 系统采用大尺寸列车的好处已经被广泛认可，所有 IND 系统也选择了类似的尺寸。此外，IND 系统在建设中尽量避免出现小半径曲线，从而使整套系统的运行速度最大化。

　　如今的纽约地铁中，B 系统的列车通常宽约 10 英尺，长约 60 英尺。因此，IRT 的列车可以在整个地铁系统的任何线路上运行，而 BMT 和 IND 的列车在大多数 A 系统的线路上都不能运行，因为 A 系统的车站过于狭窄，且转弯半径过小。

典型车辆尺寸比较　　　　　　　　　　　　　　　　　　　　　　表 16.1

车辆类型	宽度	长度	高度
IRT 列车			
曼哈顿高架列车	8 英尺 $10\frac{7}{8}$ 英寸	47 英尺 4 英寸	12 英尺 20.5 英寸
初代混合动力列车	8 英尺 $11\frac{3}{8}$ 英寸	51.5 英尺	12 英尺 0.75 英寸
初代全钢制列车	8 英尺 8 英寸	51.5 英尺	12 英尺
典型现代列车	8 英尺 $10\frac{7}{16}$ 英寸	51.5 英尺	12 英尺 10 英寸
BRT 或 BMT 列车			
BU 高架列车	8 英尺 $9\frac{7}{8}$ 英寸	48 英尺 11 英寸	12 英尺 10 英寸
QX 列车	9 英尺 10 英寸	49.3 英尺	12 英尺 5 英寸
BMT 标准列车	10 英尺	67.3 英尺	12 英尺 $1\frac{11}{16}$ 英寸
IND 列车			
R–1 至 R–9	10 英尺	60 英尺 2.5 英寸	12 英尺 $1\frac{15}{16}$ 英寸
典型 B 系统列车			
典型列车	9 英尺 $9\frac{7}{16}$ 英寸	60 英尺 2.5 英寸	12 英尺 $1\frac{3}{4}$ 英寸

　　表 16.1 总结了纽约市地铁系统中有关车辆尺寸的一些关键参数。从最初建成到如今，整个地铁系统尝试过许多不同尺寸的列车。但是，列车的标准宽度其实是由地铁

轨距决定的，A 系统的轨距约 9 英尺，B 系统的轨距约 10 英尺。

16.3 蒸汽机车时代的地铁车辆

除了哈维的第九大道高架铁路曾短暂采用固定式蒸汽机驱动的电缆来牵引列车外，1900 年之前的高架铁路都使用蒸汽机车来牵引无动力列车。高架铁路上使用的第一批蒸汽机车被称为"伪装车"，因为它们伪装后与普通车辆没有两样。伪装车基本都采用 0-4-0 配置，即没有导向轮，四个驱动轮固定在两根轴上，也没有转向架。生产伪装车的公司很多，第九大道高架铁路上最早使用的伪装车叫作先锋号，由汉德伦 & 里普利公司制造（图 16.1）。

（a）汉德伦 & 里普利公司建造的先锋号   （b）Spuyten Duvvel

图 16.1　早期第九大道高架上使用的伪装车

图片来源：Courtesy of MTA New York City Transit，from Sansone，G.，New York Subways：An Illustrated history of New York City's Transit Cars，Johns Hopkins University Press，Baltimore MD，2000，pg 15 and 17.

最早的一批蒸汽机车在纽约市及其周边地区进行了大规模的应用，一直到 1877 年以后，随着更多种类蒸汽机车的使用，伪装车才逐渐停止服务。

随着时间的推移，伪装机车被各种更为典型的蒸汽机车所取代。总的来说，对于工程师来说，新的蒸汽机车具有更好的性能，包括更大的燃料存储空间、更大的马力和更高的效率。

1881 年后，使用最为广泛的蒸汽机车被称"福尼车"（图 16.2）。这种机车由马修·福尼研发，具备以下特征：首先，机车采用

图 16.2　典型的福尼蒸汽机车（1881~1894 年）

图片来源：Courtesy of MTA New York City Transit，from Sansone，G.，New York Subways：An Illustrated history of New York City's Transit Cars，Johns Hopkins University Press，Baltimore MD，2000，pg 18.

0-4-4 的车轮配置，能够在小半径弯道上行驶；其次，锅炉的重量直接压在驱动轮上，有利于为机车提供卓越的牵引力和良好的加速度；第三，由于煤水车内置在机车中，因此车辆可以从任何方向进行轻松操作。

第九大道高架铁路采用蒸汽机车牵引后的第一批客运列车车厢是由电车改造而成的。从 1872 年起，这些列车车厢开始被称为"鲱鱼肚"或"凹槽"的车厢取代（图 16.3）。新车厢车轮之间的地板较低，能够使车辆的行驶更加平稳，也能让乘客更有安全感。当后来的列车车厢开始采用平地板设计时，为了符合标准，鲱鱼肚车厢的地板也进行了提升。这种车厢上下客需要经由两端的开放平台完成。

图 16.3　纽约早期高架铁路使用的"鲱鱼肚"车厢

图片来源：Courtesy of MTA New York City Transit，from Sansone，G.，New York Subways：An Illustrated history of New York City's Transit Cars，Johns Hopkins University Press，Baltimore MD，2000，pg 32.

随着时间的推移，列车车厢的设计不断优化。除了在两端平台设置出入口外，一些车厢增加了中央门，从而实现更快速的上下客。大多数车厢都采用了"14 窗"的设计，不设置中间门，车身两侧各设置 14 扇窗户（图 16.4）。根据制造商的不同，窗户的形状和布局也会有所不同。

通过开放平台进出车厢要求在每两节车厢之间安排一名列车员，主要负责手动开启车站站台与列车平台之间的分隔门。后来，需要这种分隔门的列车被统称为"盖特列车"。

图 16.4　福尼机车牵引着 14 窗车厢在第三大道高架铁路上运行（1885 年）

图片来源：Courtesy of MTA New York City Transit，from Sansone，G.，New York Subways：An Illustrated history of New York City's Transit Cars，Johns Hopkins University Press，Baltimore MD，2000，pg 36.

16.4　高架铁路上的电气化列车

1898 年，布鲁克林的高架铁路最早开始采用电气化列车。1901 年，曼哈顿的高架铁路开始电气化改造。由于曼哈顿的高架线路被 IRT 公司租赁，所以印

图 16.5 "曼哈顿标准号"高架列车的外观和内部

图片来源：Courtesy of MTA New York City Transit，from Sansone，G.，New York Subways：An Illustrated history of New York City's Transit Cars，Johns Hopkins University Press，Baltimore MD，2000，pg 45 and 47.

在第一批电气化列车上的"曼哈顿"字样很快便被"IRT"取代。然而，在多单元门控系统（MUDC）被引入之前，所有为该系统生产的盖特列车一直都被称为"曼哈顿标准号"（图 16.5）。

布鲁克林共有三条高架线路，包括布鲁克林高架铁路、联合高架铁路以及海滨和布鲁克林大桥铁路，它们都已经被 BRT 公司收购，当时该公司还同时运营着布鲁克林的街道铁路和电车业务。收购之后的布鲁克林高架铁路由布鲁克林联合高架铁路公司运营。为布鲁克林高架线路制造的盖特列车被统称为"BU"列车（图 16.6）。多年来，在这个笼统的分类下包含了许多不同的车型。

开启电气化运营时，列车由动力车厢（动车）和无驱动装置的拖车车厢共同编组而成。动车拥有驾驶舱，起初设在车厢的两端，而拖车则不设驾驶舱。盖特列车的驾驶舱位于车厢内部，也就是说，盖特列车的上下客平台位于驾驶舱的前端。曼哈顿典型的六节编组列车通常包含 4 节动车和 2 节拖车，并以交替变换的形式进行连接，即 A∶B∶A∶A∶B∶A（A 代表动车，B 代表拖车）。三节编组的列车按照 A∶B∶A 的顺序连接，四节编组的列车则按照 A∶B∶B∶A 的顺序连接。每节动车通常会安装一台发动机。

"曼哈顿标准"列车由多家公司生产，包括美国汽车铸造公司（ACF）、巴尼和史密斯公司、辛辛那提汽车公司、杰威特汽车公司、圣路易斯汽车公司和沃森公司。

在 BRT 运营的线路上进行电气化运营转换会更加困难。大量蒸汽机车时代的列车需要被改造为电力驱动，同时还要订购一批新的列车。由于 BRT 运营的一部分轨道位于街道上，无法使用第三轨，所以车辆会配置集电靴和受电弓。当车辆在地面运行时，受电弓将与空中的电缆连接，为列车提供动力。

布鲁克林高架列车的另外一个特征便是铰链式平台。除了与车站站台之间的隔离门外，列车末端平台还设置了一个铰链装置，它能够降到车站站台的高度，这样任何人都可以方便的上下车。由于 BRT 线路还要为一些低站台服务，所以列车会在每个末

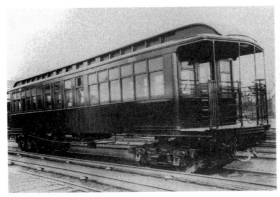 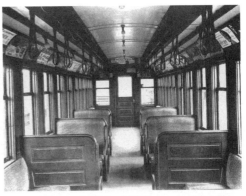

（a）早期由铂尔曼公司制造的"BU"列车外观　　（b）早期由铂尔曼公司制造的"BU"列车内景

（c）为布鲁克林高架线路制造的第一批电动机车，带有为布鲁克林大桥服务的中间门　　（d）第一批电动列车的内部，中间车门在不使用时用座椅挡上

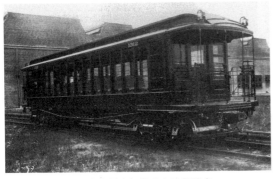 

（e）布鲁克林高架线路上的敞篷车，带有可拆卸的侧板，供夏季使用　　（f）敞篷列车内部

图 16.6　一些"BU"列车

图片来源：Courtesy of MTA New York City Transit, from Sansone, G., New York Subways: An Illustrated history of New York City's Transit Cars, Johns Hopkins University Press, Baltimore MD, 2000, pg 135, 138, and 139.

端平台设置一组台阶，当列车运行时，台阶收拢至平台下方。当然，所有这些设备在正常运行期间都是由人力操作的。

　　1908 年以前，"BU"列车也是由多家制造商生产。1893~1908 年，布鲁克林高架铁路上使用了一些被称为"C 型车"的列车（图 16.7）。这批列车最初采用了盖特列车的设

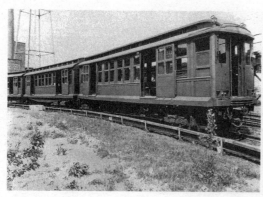

图 16.7　布鲁克林高架铁路 "C 型车" 的外观和内部

图片来源：Courtesy of MTA New York City Transit，from Sansone，G.，New York Subways：An Illustrated history of New York City's Transit Cars，Johns Hopkins University Press，Baltimore MD，2000，pg 148.

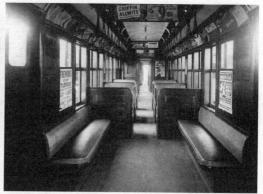

图 16.8　改造后的 "Q 型车" 的外观和内部

图片来源：Courtesy of New York Transit Museum.

计，按照 A：B：A 的形式进行编组，并对一些新技术进行了测试，例如多单元门控系统。这批列车在最初的设计中曾考虑采用铰接式拖车，但并没有真正实现。最终，所有 C 型车都将其末端平台进行了封闭，这些车辆中的一部分一直运营到 20 世纪 50 年代。

　　为了迎接 1939 年的世界博览会，一些早期的 BU 列车被改装成了 "Q 型车"（图 16.8）。列车末端的露天平台采用钢板进行封闭，司机的驾驶室挪到前部。世博会结束后，这些车辆被用于阿斯托里亚和法拉盛高架铁路，后来又在默特尔大道高架线路上运行，直到 1969 年该线路关闭。这是纽约市运营的最后一批木制列车。

16.5　区间快速交通系统（IRT）的早期列车

　　随着双合同中 IRT 地铁线路的建设，第一批电力牵引地铁列车的设计和建造工作如火如荼地开始了。新建的 IRT 地铁是纽约市第一条在地下运行的重轨铁路，之前的地铁只能说是位于地下的电车。为了将隧道内发生火灾后的影响降到最低，工程师们提出建造全钢制列车的想法。然而，这个想法在当时非常激进。因为只有宾夕法尼亚铁路公司在阿尔托纳的工厂可以生产全钢制列车，而且只能生产无驱动装置的车厢。

当全钢制列车的订购需求发布时，几乎所有的制造商都表示了拒绝。他们中的大多数忙着签订轨道的订单，没有人愿意为了建造全钢制列车而将自己的工厂进行改造。

于是 IRT 公司重新考虑了对全钢制列车的需求，并设计出一种采用复合材料的列车，即在木制列车中增加足够的金属和防火材料，从而保护其免于事故和火灾的伤害。为了获得足够数量的列车来保证地铁的准时开通，IRT 公司共向四家制造商发出订单，分别为杰维特、圣路易斯、沃森和约翰·斯蒂芬森四家公司。这批车辆采用金属镀层技术来提升强度，并使用大量的石棉绝热材料来强化防火保护，它们被认为是当时最坚固、最安全的电气化列车。订单中的列车有三分之二为动车，三分之一为拖车。还有一个独特的安排是，生产商只负责提供车身和转向架，所有车辆下部设备的安装工作都在 IRT 的车间内完成。由于 IRT 的工程师决定将动车和拖车的配置比由订购初期的 2：1 调整为 3：1，许多拖车在 IRT 车间内被改造成了动车。1903 年和 1904 年，复合材料列车分别在第二大道和第三大道高架铁路上进行了试运行。

复合材料的动车起初都采用了高压供电设计，600V 的直流电先从第三轨直接传导至主控器，再传导至驱动发动机的继电器。后来，IRT 公司将这些车辆改造为更加高效的低压供电系统，其中主控器单元使用电池电源，而高压直流电直接给牵引发动机供电。

最先交付并进行测试的两辆复合材料列车分别是奥古斯特·贝尔蒙特号（1 号车）和约翰·麦克唐纳号（2 号车）。贝尔蒙特号的装饰和装备非常豪华，号称未来地铁"顶级"车厢的样板，但它从未投入使用。奥古斯特·贝尔蒙特列车拥有专用的牵引机车——"迈尼奥拉"（Mineola），据说其价格比其他牵引机车的订单价格的总和还高。

第一辆全钢样车由乔治·吉布斯设计，由宾夕法尼亚铁路公司在其阿尔托纳的工厂生产。这辆客运列车在测试中被认为自重过大，为了减轻重量，后来在设计上进行了一些调整。这辆车被改装成一辆"付费车"，并以这种方式一直运行至 1956 年。

美国汽车铸造公司（ACF）分别于 1904 年和 1905 年生产了第一批经过设计改良的钢制列车，为纪念最初的设计者，这种车型被称为"吉布斯车"。这批列车装配了高压主控装置。最初的 63 辆"吉布斯车"采用手动控制门设计，之后的列车则配备了多单元车门控制系统（MUDC）。和复合材料车一样，这批列车的车门设在车身两端，中部没有门。但由于两个门无法满足高峰时段的上下客需求，从 1912 年开始，"吉布斯车"被加装了一个中部车门，而所有后续的车辆订单也将配备 3 个车门。

1908 年，少量被称作"改良版吉布斯车"的列车出现，他们拥有 4 个车门，即在几英尺的车辆内部分别设置 2 个独立的入口和 2 个独立的出口（图 16.9）。

之后的 IRT 列车保持了统一的外观设计，直到专用于 1939 年世界博览会的新车型

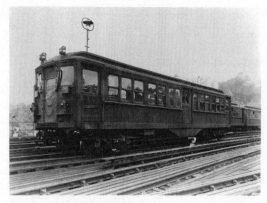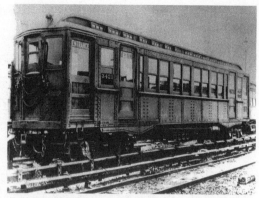

（a）带中间门的吉布斯车　　　　　（b）带有独立出入口的吉布斯实验车

图 16.9　早期 IRT 系统采用吉布斯列车

图片来源：（a）Courtesy of New York Transit Museum.（b）Courtesy of MTA New York City Transit，from Sansone，G.，New York Subways：An Illustrated history of New York City's Transit Cars，Johns Hopkins University Press，Baltimore MD，2000，pg 67.

出现。有关车辆技术上的转变是逐步发生的。最终，所有的主控器都开始采用低压电源，所有的车辆都配备了 MUDC 系统。三门式设计也得以继续保留，即车厢两端和中部分别设置出入口。

最早采购的低压车是"施坦威"车，这批车辆于 1915 年 IRT 公司接管施坦威隧道后投入使用。由于施坦威隧道的坡度在整个系统中最为陡峭，原有的车辆被认为不适合在该隧道上运行。"施坦威"列车则采用了更加轻盈的设计，传动比更高，能够适应施坦威隧道内的运行。

20 年代起，IRT 公司开始进入财务困难时期。在此期间，IRT 没有购买新车，而是对一些现有的列车进行了改造。列车改造的主要目的是淘汰系统中的复合材料列车，或者至少将其限制在高架线路的运营中。随着复合材料列车的停用，这些车辆的发动机和传动架被用来将其他类型的拖车改装成动车。1925 年，IRT 订购了最后一批传统的低压列车（图 16.10）。

（a）1916 年由铂尔曼公司生产的低　（b）1925 年 AFC 公司生产的低压列车　（c）典型的 IRT 低压列车内景
　　　压列车

图 16.10　典型的 IRT 低压列车

图片来源：Courtesy of New York Transit Museum.

1938 年，就在 1939 年世界博览会来临前夕，IRT 公司从圣路易斯车辆公司订购了 50 辆改良版的施坦威列车（图 16.11）。这些列车由 IRT 和交通运输委员会联合设计，将 IRT 和 IND 的车辆设计元素融为一体。第一，取消车厢中的末端前厅，并采用了新的三门式设计。第二，所有的车厢都是动车，每节车厢只设置一个驾驶舱。第三，车厢采用成对布置，将车厢无驾驶舱的一端直接相连。因此，每一个两节编组的车辆单元在前后两端各有一间驾驶舱。这批车辆是 IRT 系统在被纽约市统一接管前订购的最后一批列车。

图 16.11　用于 1939 年世博会的 IRT 列车

图片来源：Courtesy of New York Transit Museum.

16.6　布鲁克林曼哈顿地铁（BMT）标准列车

1913 年签订双合同之后，BRT 公司才开始运营地铁。当时 BRT 的线路要么是高架线路，要么是地面线路或者路堑式。早在 1910 年时，地铁扩建就已经成为热议的话题，而 BRT 公司也开始设计一种专门用于地铁的新型列车。考虑到客运量的快速增长以及 IRT 系统的拥挤，BRT 设计的车辆采用了更长、更宽的尺寸，能够容纳比标准 IRT 列车更多的乘客。这款车长 67 英尺，宽 10 英尺，后来被称为 BMT 标准列车。BRT 公司在 39 街的车间内建造了一辆全尺寸的模型车，而第一批的 500 辆 BMT 标准列车由 ACF 制造，这些车在 1915 年 1 月 ~1918 年陆续交付。第一批车辆没有配备吊扇，车厢顶部中间设置了一排顶灯。后续批次的车辆采用了 20 盏交错排列的顶灯加 4 台吊扇的设计，并在座椅背部增加把手来帮助大量站立的乘客保持稳定。后来，最早的 500 辆列车也进行了类似改造。

BMT 标准列车（图 16.12）采用了多项新技术。第一，该车型采用钢材制造，配备有大尺寸的窗户，提升车厢通风条件的同时为乘客提供了良好的能见度。第二，该车型配备了 MUDC 系统，列车员站在车内就可以完成所有车门的操作控制，控制装置位于分隔两扇中门的宽柱上。第三，车厢内设置了 78 个横向和纵向布置的座位。由于车身长度限制，运行期间车辆末端的车门必须保持关闭。弯道行驶时，相邻车厢之间的空隙过大，乘客无法在车厢之间穿梭。此外，列车的每节车在最初都设计为动车，每节车厢都拥有一个驾驶舱。后来，为了提高运行效率，列车编组更改为 A∶B∶A 的形式，中间车厢的车辆控制功能被取消。尽管所有的车辆都配置为三节编组单元，但 BMT 依然需要订购一些独立的动力车辆，从而保证车辆维保时的运营灵活性，并提供运行七节或八节编组列车的能力。

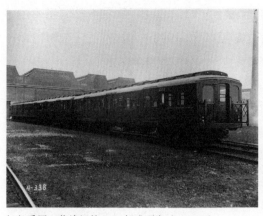

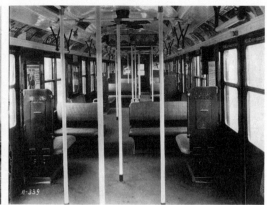

（a）采用三节编组的 BMT 标准列车（A–B–A）　　　　（b）典型 BMT 标准列车内景

图 16.12　BMT 标准列车的外观和内景

图片来源：Courtesy of New York Transit Museum.

　　大多数的"BMT 标准列车"都是由 BRT 公司订购的。只有 1924 年的最后一笔订单，是由 BRT 改组后的 BMT 公司订购。出于节省成本的考虑，这批订单的 50 辆车都是拖车。

16.7　布鲁克林曼哈顿地铁（BMT）试验车队

　　20 世纪 20 年代末到 30 年代，BMT 是在车辆方面最具创新性的地铁运营公司。在此期间，该公司投入了大量资金来研发新材料、新技术和新方法在地铁车辆上的应用，试图创造一个更加高效、舒适、快捷的地铁车辆。

　　这些车辆有一个共同特征，即都采用了铰接式设计（图 16.13）。每个铰接单元中，一个传动架需要同时承载前车和后车。因此，三节编组的铰接式列车通常由三节车厢和四台转向架构成，也就是前车和尾车的端部各设置一台转向架，中间车厢与前后车的连接处各设置一台转向架。同理，五节编组的铰接式列车由五节车厢和六台转向架构成。铰接式列车允许乘客在封闭的车厢之间来回穿梭，即便是列车在弯道上行驶时，车厢之间的空隙也不会变大。这也使得安装发动机和其他车载设备的效率大大提高。铰接式连接在某种程度上也可以看作是永久性连接。

图 16.13　一台铰接式传动架支撑两节车厢

图片来源：Courtesy of New York Transit Museum.

16.7.1　三厢式铰接列车

BMT 设计的第一款新车型被称作 D 型车或三厢式列车（图 16.14），订购于 1925~1929 年间。三厢式列车以三节铰接式车厢为单元进行编组。尽管这批车辆减少了转向架的数量，但依然是当时自重最大的列车。同时，它们也是迄今为止运行速度最快的列车，在海滩线上的运行时速能够超过 50 英里。由于重量过大，这些车辆不能在旧的高架线路上行驶。

（a）1946 年布莱顿线上的两个三厢式列车组　　　　（b）三厢式列车内景

图 16.14　BMT 公司的三厢式列车组

图片来源：Courtesy of New York Transit Museum.

16.7.2　"青蜂号"与"和风号"列车

BRT 开启地铁线路运营后，它将高架线路上的老式木质列车投入到地铁运营中。1918 年 11 月 1 日的马波恩街事故后，地铁线路中的木制列车全部停止使用。由于依然运营着许多高架线路，BMT 公司开始尝试开发一种新的车辆，既具备地铁运营要求的坚固特点，又能满足老旧高架线路的低重量需求。因为对于系统中的老旧高架线路来说，BMT 标准列车和三厢式列车的重量都太大了。

1934 年，BMT 公司推出了两款多厢式铰接式列车。这两款车型采用了五节铰接式车厢为单元进行编组，每个单元长 179 英尺，是纽约市地铁系统中运行的最长列车。与三厢式列车相比，多厢式列车重量较轻，拥有更快的加速能力和 55 英里的时速。

其中，铂尔曼标准公司生产的"青蜂号"列车（图 16.15）采用铝质车身。该列车以当时流行的电台角色命名，车身外部采用绿色涂装，每节车厢中部设置一个侧门。该车型还增加了许多新功能，例如车门关闭时会发出蜂鸣警告声，车辆能够在隧道内或光线变暗后自动开启车灯，以及统一控制的线路和目的地指示标志。此外，青

图 16.15 "青蜂号"的外观和内景

图片来源：Courtesy of New York Transit Museum.

蜂号列车只需要一位驾驶员操作。BMT 公司一共从铂尔曼标准公司购买了 16 台该型号列车。

由于饱受诸多故障的困扰，"青蜂号"列车在 1938 年后便几乎停止服务。1942 年，美国战争废料管理局为获取铝制材料而下令拆除该列车。

"和风号"（图 16.16）是另一款多厢式列车，最初由巴德公司建造。该车型也采用了 5 节铰接式车厢的编组单元，它是纽约市地铁系统中第一款不锈钢车型，在重量、加速性能、运行速度（达到 55 英里 / 小时）等方面与"青蜂号"旗鼓相当。"和风号"的每节车厢均设置两个车门，并且配置了与"青峰号"类似的大多数高科技功能。BMT 公司最终购买了 11 台"和风号"列车。

事实证明，"和风号"比"青蜂号"可靠得多，它一直在富兰克林接驳线上运行至 1954 年。

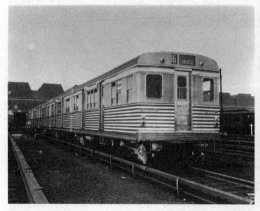

图 16.16 "和风号"的外观和内景

图片来源：Courtesy of New York Transit Museum.

16.7.3　多厢式铰接列车

由于"青蜂号"和"和风号"的反响较好，BMT 公司又从圣路易斯汽车公司和铂尔曼标准公司订购了 25 辆轻型五厢式铰接列车。这批列车保留了"青蜂号"和"和风号"两款实验车型的主要特征，被称作"多厢式铰接列车"（图 16.17）。该列车车身不含铝材，但重量较轻，而且加速快，最高时速可达 58 英里。这批机车于 1936 年交付，但由于改进转向架的缘故很快便停止使用。1937 年，这批列车恢复正常运营，并使用至 1961 年。

图 16.17　BMT 多厢式铰接列车的外部和内景

图片来源：Courtesy of New York Transit Museum.

16.7.4　"蓝鸟号"列车

最后一款采用铰接式设计的列车是所有产品中最具创新性的。这款列车也采用三厢式铰接编组单元设计，被称作"厢式车"或"蓝鸟号"（图 16.18），由克拉克设备公司分别于 1938 年和 1940 年制造。与"青蜂号"一样，"蓝鸟号"每节车厢的中部都设置了一扇供乘客使用的车门。每三节编组的车厢单元重量很轻，只有 38 吨。该车型加速非常快，但它的最高时速只有 39 英里。

克拉克设备公司其实是一家电车和卡车制造商。当时，在有轨电车客流量受到公交服务严重冲击的背景下，电车行业成立了一个全国性的组织——轨道公司总裁委员会（PCC），并计划设计一种通用的、制式化的、先进的有轨电车。"总裁"指的是全国各家电车运营商的负责人。而这款统一设计的电车被称作"PCC"。

"蓝鸟号"基本上是按照 PCC 的标准制造，并且使用了电车通用的转向架装置。"蓝鸟号"还采用了 PCC 设计中的豪华内饰，包括淡蓝色的马海毛座椅、PCC 的照明设备以及一个西屋公司出品的空气制动控制器，该控制器通过一个单独的驾驶员手柄就

图 16.18　蓝鸟的外观和内景

图片来源：Courtesy of New York Transit Museum.

能实现列车的加速和制动功能。当时，BMT 公司一共订购了 6 辆 "蓝鸟号" 列车。地铁系统合并后，BMT 打算再订购 40 辆，但订单被市政府取消了。这 6 辆 "蓝鸟号" 列车一直在卡纳西线服役到 1956 年。

16.8　独立地铁系统（IND）最早的车辆：R1–R9

随着 IND 地铁系统的建设启动，纽约市政府首次拥有了对地铁全过程业务的掌控权。而且，IND 系统在设计和布局方面也能够参考 IRT 和 BMT 过往的经验。

与 IRT 和 BMT 相比，IND 在外观上更加简单和朴素，而且它在线路设计中也避免出现小半径曲线元素（这曾严重限制了 IRT 和 BMT 列车的车速）。IND 系统根据需求布局车站的方式更加合理，平均站间距比另外两个系统更大。它还采用了高速道岔装置，能使列车以更快的速度完成轨道转换。

IND 系统每条线路的额定载客量为 90000 人 / 小时，而 BMT 约为 74000/ 小时，IRT 约为 60000/ 小时。需要指出的是，IND 系统的旅客发送量从未达到其额定容量，但迄今为止，其每小时的旅客发送量确实要比 BMT 或 IRT 更大。

为了给纽约市第一条由政府运营的地铁线路设计车辆，交通运输委员会专门成立了一个专家组，其中包括了 IRT 和 BMT 公司的代表。同时，该委员会还向国内的地铁车辆制造商征求相关意见。随着有关地铁系统合并的传言尘嚣而上，专家组曾试图为整个系统（高架和地铁）中的车辆制定统一的标准，包括车厢长度、宽度以及配置等。由于 IRT 列车的车身较窄，其站台无法容纳车身较宽的 BMT 车辆。经过大量讨论后，专家组最终放弃了统一车辆设计的想法。因为如果要使 IRT 系统满足需求，就必须实施大量的改造工程。最终，专家组开始为 IND 系统设计一款能够兼容 BRT 系统的列车。这也就意味着 IND 列车的车身宽度为 10 英尺。

此外，专家组还引入了一种新的命名规则来区别地铁车辆的型号。每批订购的列车都以 "R-#" 的形式进行编码，"R" 代表列车，"#" 则按照合同顺序进行编码。1940 年，纽约地铁系统合并运营后，所有采购的列车都开始按照这种方式命名，当然其中一些列车也有 "绰号"。

专家组最初设想了多种车辆设计方案，包括：（1）车身长 54 英尺，每侧各设置三扇门；（2）车身长 54 英尺 6 英寸，两侧各设四扇门；（3）车身长 67 英尺，类似于 BMT 标准列车；（4）类似于 BMT 三厢铰接式列车。最终，专家组采纳了一个折中的设计方案：（1）车身长 60 英尺 6 英寸，两侧各设四扇门；（2）车门由原来的 32 英寸扩大到 48 英寸，这样能加快乘客上下车的速度；（3）采用横向和纵向混合布置的座位设计；（4）每个动车编组只在其端部设置一间驾驶舱。

最初的 9 份车辆订购合同基本都采用了相同的设计，只有一些细微的改动。这些车辆被命名为 R1~R9 车队，从技术上看，它们或许没有 BMT 标准列车或三厢式铰接列车先进，但其稳定性极好，共计运营了 40 多年。

图 6.19 中编号为 100 的车厢，是 1930 年投入 IND 地铁系统的第一批 R-1 车型。

图 16.19　R-1 型列车的外观和内景

图片来源：Courtesy of New York Transit Museum.

16.9　1948~1970 年的 R 系列车辆

16.9.1　R-10 列车

R-10（图 16.20）是第一款区别于 R1~R9 基本外观的 IND 车型。1948 年首次亮相时，这款列车被发现存在噪声大、光线不足（尽管首次引入了荧光灯设计）以及夏季过热等问题。这也是第一款安装小型杆式旋转风扇而非吊扇的列车。

R-10 列车设计中引入了几项重大的技术变革。首先，它是每秒加速度最早达到 2.5 英里 / 小时的列车，R1~R9 以及早期列车的每秒加速度仅有 1.75 英里 / 小时。这种

图 16.20　R-10 列车的外观和内景

图片来源：Courtesy of New York Transit Museum.

车型的四根车轴上都安装了 100 马力的牵引发动机，而以往的车型只有两个大型牵引发动机，要么安装在一个传动架上，要么分别安装在两个传动架的某一个车轴上。第二，R-10 车型的刹车系统较之前的设计有了很大的改进。这批车辆同时采用了气动刹车和动态制动（电力制动）技术，并配有一个更好使用的刹车阀。动态制动是指列车制动时，牵引电机会将列车的前进动能转化为电能，再经由电阻器消散，而不是通过车轮与闸瓦之间的摩擦进行制动。该技术的应用大大减少了制动磨损，也减少了整个系统中的闸瓦制动灰尘。

R-10 系列列车辆由 ACF 公司生产，其性能非常稳定，但并不受乘客欢迎。许多车辆在 1984 年进行了大修，并一直服务到 1989 年。

16.9.2　R-11 列车

1949 年，巴德公司建造了一辆 10 节车厢编组的原型车，称为 R-11（图 16.21）。实际上，它原本是为新的第二大道地铁设计的原型车，但是这条地铁线并未建成。这

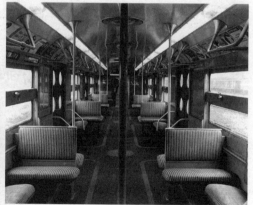

图 16.21　R-11 列车的外观和内景

图片来源：Courtesy of New York Transit Museum.

款列车具备不锈钢结构、圆屋顶、PA 系统、杀菌灯、机械通风和曲柄摇杆车窗等特征。它的车门由电动开门器控制，而不是气动装置，同时该车还配备了盘式制动器。然而，这款车型从未正式下单生产，而这辆原型车的车厢也只是临时性的投入运营，后来还成为 R-16 车型的一部分。这些车厢在 1964 年进行了翻新，并一直运行到 1976 年。翻新后的车型定名为 R-34，侧门和前后门都漆成了蓝色，它是 R 系列唯一的翻新车型。

16.9.3　R-12 和 R-14 列车

R-12 和 R-14 系列其实是一样的（图 16.22），它们都是 IND 系统 R-10 系列的 IRT 版本。它们拥有与 R-10 系列相同的外观和配置，只是尺寸更小（即更短和更窄），每节车厢有三扇门而不是四扇。这两款车型也由 ACF 制造，并在 1948 年投入使用。R-10 是 IND 系统上第一辆外观不同以往的列车，IRT 系统中的 R-12 也是如此。早期高压和低压车队采用的外形和配色在 R-12 中都未使用。列车员仍然需要站在车厢之间的台阶上操纵车门，但这将是最后一款需要这样做的 IRT 列车。

此外，IRT 引入了用数字编码区别线路的方法，而 R-12/14 型是该系统中第一款标有前方目的地和路线的列车。

图 16.22　典型 R-12 和 R-14 列车的外观和内景

图片来源：Courtesy of New York Transit Museum.

16.9.4　R-15 列车

R-15 列车（图 16.23）于 1950 年 3 月投入了法拉盛线的运营服务。与 BMT 的 R-11 列车一样，R-15 列车的外观也做出了巨大改变。与 R-11 一样，R-15 以车门上的圆形窗户为特征，但车身未采用不锈钢材料。R-15 的车顶采用半圆形设计，车身外部涂装采用深栗色，车窗上下各涂有一条鲜艳的棕褐色条纹。此外，列车的制动系统进行了升级，列车员的平台也挪到了车厢内部。与这个时代的所有列车一样，R-15 列车的每

图 16.23 R-15 列车的外观和内景

图片来源：Courtesy of New York Transit Museum.

节车厢都属于动车，车厢的两端都设有驾驶舱。因此，每节车厢都可以独立操控，而且列车编组的长度也没有限制。1955 年，R-15 成为第一批改装为空调车的现有车型。起初，所有的 R-15 车型都在法拉盛线上运行，翻新之后则开始在整个系统中使用，并与其他车型进行混合编组。这批列车最早用于法拉盛线的"特快线路"服务，提供法拉盛和时代广场之间的直达服务。

16.9.5　R-16 列车

R-16（图 16.24）是专为 BMT 和 IND 系统建造的，它是 R 系列中第一辆采用统一外观的车型。除了之后的"75-footers"，R-16 是整个系列中自重最大的车型。除了BMT 标准列车外，之前所有的 BMT 和 IND 车型都需要列车员在车厢之间安装外置台阶

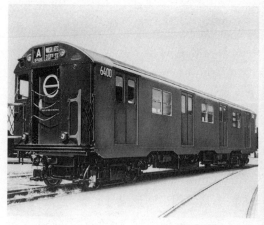

图 16.24 R-16 列车的外观和内景

图片来源：Courtesy of New York Transit Museum.

来操纵车门。R-16 是第一款将车门操作装置设置于车厢内部的 BMT 和 IND 车型。由于通用电气的动态制动系统会在列车和站台之间产生大量的热空气，进而聚集大量会引发火灾的灰尘和杂物，这导致 R-16 车型经常发生故障。通用电气公司后来重新设计了该车型的推进和刹车组件，事实证明效果很好。

R-16 系列中有一批深红色外观的列车。后来，这批列车以及使用相同配色的翻新车辆都被统称为"红鸟号"。这种称呼常用于 IRT 列车，而 BMT/IND 列车在之前并未使用过。R-16 也是 R1-R9 以来第一款在车身内侧滚动显示目的地标识的列车。R-16 前后两端的车门采用了舷窗设计，侧门上部则采用了传统的矩形窗。1955，该车型开始在牙买加线上运行。

16.9.6　R-17、R-21 和 R-22 列车

R-17、R-21（图 16.25）和 R-22 列车很相似，它们都是 R-16 车型的 IRT 版本。这三款列车共计 1100 辆，均由圣路易斯汽车公司生产。R-14 和 R-15 车型仅在法拉盛线上运行。从 1955 年开始，R-17、R-21 和 R-22 列车被引入曼哈顿干线（列克星敦大道线和第七大道线）以及其布鲁克林和布朗克斯区的支线上运行，用来取代这些线路中的最后一批吉布斯高压列车。这些列车是曼哈顿干线自 1925 年以来引入的第一批新车。R-17 采用栗色涂装，前后门都设有舷窗。R-21 和 R-22 则采用黄绿色涂装，前后门均设置方形推拉窗。交付的 10 辆 R-17 列车装有空调，但性能不佳，后来又加装了轴流风扇。R-22 是第一款配备密闭式前灯的列车。

除了为法拉盛线路特别订购的 40 辆 R-33 外（法拉盛线列车的第 11 节车厢采用 R-33 车型），R-22 系列是 IRT 公司 26 年来订购的最后一批单节列车。其中，有三辆 R-22 列车用于测试自动列车操作系统（ATO）。1960 年 10 月，NYCTA 在海滩线的一段线路

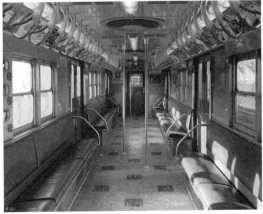

图 16.25　R-21 列车的外观和内景

图片来源：Courtesy of New York Transit Museum.

上展示了全自动、无人驾驶列车的可行性。1961 年，这辆三节编组的列车开始在中央车站和时代广场之间提供接驳服务，并使用自动化操控。然而，一场不明缘由的火灾摧毁了列车上的设备，而这项没有发生过重大事故的实验就此结束。

16.9.7 R-26 和 R-28 列车

1959 年至 1961 年间，ACF 公司为 IRT 系统生产了 110 辆 R-26 列车和 100 辆 R-28 列车，这两款车型几乎一模一样。这也是 ACF 公司为纽约市地铁系统制造的最后一批列车。这两款车型自重较轻，并且以成对的方式进行生产。其中偶数轿厢装有电动发电机和用于电气设备的电池组，而奇数轿厢则装有用于制动的空气压缩机。这种成对生产的车辆可以采用相对容易的方式分开，所以被称作半永久性配对。在外形上，这种车型恢复了 R-17 系列的"红鸟号"配色——栗色，但其前后端的车门采用了密闭的矩形窗户。1975~1982 年，NYCTA 为这批车辆加装了空调。

16.9.8 R-27、R-30 和 R-30A 列车

R-26、R-28 列车的 BMT/IND 版本被命名为 R-27（图 16.26）、R-30 和 R-30A 列车，由圣路易斯汽车公司制造，共交付了 550 辆。这些列车看起来和它们的 IRT 版本一样，只是更宽、更长，有四个侧门而不是三个。这些车型也是成对交付，可以相对容易地分离。

地铁爱好者为这批列车创造了一些有趣的名字。由于车厢成对布置，但又可以轻易地分开，于是被称为"新教婚姻"。而之后的车厢配对相对永久，被称为"天主教婚姻"。即使是维护期间，IRT 系统也没有将它们的新教车厢分离，而 BMT 和 IND 系统则会定期进行分离，并频繁地进行改组配对。铁路爱好者们将 BMT 的做法称为"重婚"。

图 16.26 R-27 列车的外观和内景

图片来源：Courtesy of New York Transit Museum.

16.9.9　R–29 列车

1962 年，圣路易斯汽车公司为 IRT 部门制造了 236 辆 R–29 列车，但它们实际上是 R–26 和 R–28 车型的复制品。R–29 系列的主要不同之处在于，配对的车厢通过连杆固定，属于"天主教婚姻"。此外，这款车型外部采用的红色涂装比过往车型的配色更亮。

NYCTA 的 R–29 以及后续车型的订单使圣路易斯汽车公司成为世界上最大的客运车辆制造商。不幸的是，仅仅几年之后，也是 NYCTA 的一笔订单让这家公司退出了客运车辆制造行业。

16.9.10　R–32 和 R–32A 列车

R–32/R–32A 系列标志着 NYCTA 正式进入不锈钢机车时代。虽然不锈钢结构造价更高，但它生产的车辆与传统钢结构车辆相比要轻得多（每辆车的重量优势约为 4200 磅）。这反过来又会节省电力需求，而且不锈钢不必重新上漆，这也能节省维修费用。该系列的 533 辆列车由巴德公司为 IND/BMT 系统制造，其不锈钢车身以独特的"凹槽"设计为特征，且所有的车辆都是以永久配对的形式交付。至于为何会出现两个型号，是因为这批车辆分两个合同购买，其中 R–32 是使用发行债券的收益购买的，而 R–32A 则是使用纽约市 1963~1964 财年的预算经费购买的。

这些列车最初经历了一些麻烦，例如车厢原本的尺寸设计过高，无法安全通过一些地铁隧道。不过，所有的问题最后都解决了，而这批列车也被证明极为可靠。操作人员都喜欢这批列车，因为它们具有极高的加速度和速度。当然，这是因为它们与之前的车型拥有同样的发动机，但比钢质列车（按照通常的编组方式）轻 1 万磅。经过翻新后，一些 R–32 列车的车门被涂成了蓝色（图 16.27）。

图 16.27　R–32 列车的外观和内景（翻新后）

图片来源：Courtesy of New York Transit Museum.

虽然这两款车型中的多数已被 R-160 或 R-160A 列车取代，但截至 2011 年 11 月，仍有 222 辆在运营。R-44 列车因为故障原因提早退役，导致 R-32 和 R-32A 被迫延迟退休。

16.9.11 R-36 列车

如前所述，法拉盛 7 号线是唯一一条运行 11 节车厢编组列车的线路。随着 1964 年世界博览会的临近，该线路的整个车队都换成了外观独特的新车。这些车是由成对的 R-36 列车（图 16.28）和专门订购的 R-33 列车编组而成，其中 R-33 列车位于整辆列车的第 11 节车厢。这些车辆是由圣路易斯汽车公司制造，除了 40 辆在夏天停止服务的 R-33 外，其余的列车都配置了空调。随着这个特殊车队的到来，IRT 系统中所有在二战前制造的列车全部退役，但当时在布朗克斯区第三大道高架线路上运行的少量低压列车除外。

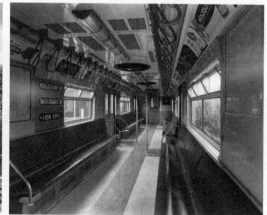

图 16.28 R-36 列车的外观和内景

图片来源：Courtesy of New York Transit Museum.

这批列车在科罗娜的车间进行维修，该车间只为提供法拉盛线路的列车服务，而且非常可靠。1982 年，这些车第一次纳入了 NYCTA 的全面检修计划，并在那里被改造成了"红鸟号"的造型。

16.9.12 R-38 列车

R-38 列车由圣路易斯汽车公司为 BMT/IND 系统制造。它们与 R-32s 非常相似，都采用了不锈钢车身。与 R-32s 不同的是，R-38（图 16.29）的不锈钢车身只在车窗以下的部分采用了凹槽设计，而其他部分采用抛光处理。最后交付的 10 辆列车都配备了空调系统，经验证效果很好，这直接催生了一项决定，即未来所有的新车都要加装空调，并适时对旧车进行改造。R-38 车队直到最近才刚刚退役。

图 16.29　R-38 列车的外观和内景

图片来源：Courtesy of New York Transit Museum.

16.9.13　R-40 和 R-42 列车

用于 IND 和 BMT 系统的 R-40 和 R-42 列车（图 16.30）于 20 世纪 60 年代停产。这些列车都是由圣路易斯汽车公司制造，并且因其独特的造型而闻名。最初的 R-40 列车都采用不锈钢车身，且每辆车的第一节车厢都会采用倾斜的前端设计。有传言称，这种倾斜的前端设计获得了市长约翰·林赛先生的支持，他希望地铁车辆更加时尚。最初的 200 辆 R-40 列车没有配置空调系统，但最后交付的 100 辆 R-40 列车装配了空调系统。

倾斜的端部设计导致车厢之间的空隙过大，必须增加一些硬件设施来保护穿行的乘客。但新增的硬件破坏了这些列车的美感。于是，之后交付的 R-40 都改用了垂直端部设计，并加装了空调。这批改进版的 R-40 列车在外观上与之后的 R-42 列车几乎一模一样，后者全部都配置了空调。

R-40 列车还引入了半自动门控系统。在以前的车型中，每节车厢都要在单独的区域设置车门控制开关。在 R-40 列车中，一个控制装置能够操控整列车上所有的车门。他们通过一系列按钮继电器进行分区，使列车员能够及时对整列车的车门进行操作。

R-40 车型中有 32 辆装备了含有复合闸瓦的组合式制动器，这后来成为地铁列车的标准配置。复合闸瓦产生的热量和铁屑都较少，能够在紧急制动模式下更快地停车，从而减少"平轮"现象的发生。

R-42 是第一款全部配备空调系统的车型，它使用固态转换器来提供低压电源，并使用固态逆变器来提供车厢内部照明。目前大部分 R-40 和 R-42 列车已经退役。截至 2011 年 11 月，仅有 48 辆 R-42 列车仍在服役。

R-40/R-42 系列在 20 世纪 60 年代停产。在接下来的十年里，NYCTA 将首次尝试"高科技"地铁列车，结果也是喜忧参半。

（a）R-40"斜屋顶"列车的外观

（b）R-40列车的内景

（c）R-42列车的外观

（d）R-42列车的内景

图16.30   R-40和R-42地铁列车

图片来源：Courtesy of MTA New York City Transit，from Sansone，G.，New York Subways：An Illustrated history of New York City's Transit Cars，Johns Hopkins University Press，Baltimore MD，2000，pg 242，243，250，and 251.

16.10   1970~1980 年的 R 系列车辆

16.10.1   R-44 和 R-46 列车

R-44 列车创造了 NYCTA 历史上一系列的第一记录。这款列车外形圆润，车身采用经抛光处理的不锈钢制造，腰部有一条深蓝色的装饰带，车厢内部的配色较为柔和。此外，该车型是第一款带有 MTA 标志的地铁列车。

这些漂亮的空调车最初是专门为 1968 年规划的"新线路"设计的，包括第二大道地铁线和沿长岛铁路干线运行的皇后区特快线路。由于新线路的站间距较大，所以这款列车的运行时速设计为 70 英里 / 小时。为了验证这一新型高速设备（NYCTA 的现有轨道只能安全运行速度不超过 55 英里 / 小时的列车），NYCTA 将一列八节编组的 R-44 列车运送到长岛铁路，并在牙买加和皇后区伍德赛德之间一段 5.9 英里长的轨道上进行测试。1972 年 1 月 31 日，在第一次运行时，这款列车便以 87.75 英里 / 小时的速度创造了世界纪录。第二次运行时，NYCTA 将其中两节车厢的发动机拆掉来模拟列车在全负荷状态下的运行，结果速度达到 77 英里 / 小时。R-44 列车的测试结果令人欣喜，但几天后的设备检查却显示，32 台直流牵引电动机中有 8 台因动态制动过程中的极高动态电流而烧坏。随后 R-44 列车的设计进行了修改，并在之后成功进行了第二次高速测试，这一次没有发生任何故障。

R-44 列车的车身长 75 英尺，比标准的 BMT/IND 车辆（60 英尺）整整长了 15 英尺，但仍然比长岛铁路的通勤列车（85 英尺）短了 10 英尺。当时的工程师认为，与同样长度的 10 节 60 英尺标准车厢编组的列车相比，8 节编组的 R-44 列车所需的车辆和零部件更少，投入成本和维护成本都较低。但是，一辆 8 节编组的 R-44 列车共有 32 个车门，比一辆 10 节 60 英尺车厢编组的列车少了 8 个，这导致乘客上下车的速度减慢，而列车在车站的停留时间增加。NYCTA 的工程师们曾打算在 R-44 列车的两侧各增加一扇门，但这会导致轨道无法支撑车身的重量。

R-44 列车是按照 A-B-B-A 的编组形式进行交付的，每组列车在前后两端各设一间驾驶舱。这些编组可以拆分，但这样做既费时又费力，实际上很少有人会这么干。R-44 列车还配置了信号系统和 ATO 系统（自动驾驶系统），但从来没有使用过。这款列车的制动系统由一个虚拟的电子传动杆控制。这批车辆受到一系列电气故障的困扰，维保记录表现糟糕。如果配合焊接式轨道使用，这批列车能够提供更加舒适的乘坐体验，但很遗憾新规划的线路没有任何一条建成。而在标准长度的轨道上运行，则会对车辆的悬挂系统造成过度磨损。

这批车辆由圣路易斯汽车公司制造，而车辆产生的严重问题直接导致了这家公司的倒闭。R-44 系列是该公司生产的最后一批列车，共 352 辆，其中 300 辆由 NYCTA 订购，而 52 辆则是由斯塔滕岛捷运系统购买。为了满足符合国际商会 / 联邦铁路管理局的规定，这 52 辆车做了轻微改动。在全面检修之后，NYCTA 又将另外的 12 辆 R-44 投入到了 SIRT 的运营中。

R-46（图 16.31）看起来和 R-44 几乎一样，但它们是由铂尔曼标准公司生产的，因为圣路易斯汽车公司已经退出了该领域。R-46 在 R-44 运营经验的基础上进行了许多方面的改进，除了"一个重要的裂缝缺陷"外，它在其他各方面的性能都要优于 R-44 列车。

"一个重要的裂缝缺陷"是一种保守的说法。R-46 列车采用了罗克韦尔公司生产的铰接式车架，这款车架之前并未在 NYCTA 的任何列车上使用过。1977 年 3 月 27 日，罗克韦尔车架上首次发现了裂缝，并导致 R-46 车队停止运营。到 1983 年时，所有的罗克韦尔车架都替换成了采用传统设计的新车架。最终，法庭判罗克韦尔公司向 NYCTA 支付财务补偿。R-46 的问题虽然没有让铂尔曼标准公司破产，但 R-46 成为该公司生产的最后一款客运列车，之后该公司的业务便仅局限于货运车辆。但罗克韦尔公司确实是破产了。截至 2011 年 11 月，所有的 R-46 列车仍在使用中。

图 16.31　R-46 车列车的外观

图片来源：Courtesy of MTA New York City Transit, from Sansone, G., New York Subways: An Illustrated history of New York City's Transit Cars, Johns Hopkins University Press, Baltimore MD, 2000, pg 163.

NYCTA 从 R-44 和 R-46 的经验中学到了两件事：（1）不要批量购买没有经过系统测试的新技术车辆；（2）不要投资在车辆使用寿命内难以用到的新技术。

从 1964 年到 20 世纪 80 年代之间，IRT 系统没有够买过任何新车。当时整个地铁车队的状况相当糟糕，平均故障间隔里程不足 1 万英里，在任何时间段内都有约三分之一的地铁车辆停运。

16.10.2　R-62 和 R-62A 列车

R-62（图 16.32）是第一款采用不锈钢材质的 IRT 列车。由于 R-44 和 R-46 列车的糟糕表现，R-62 几乎没有采用这两款列车中的任何"高新技术"，反而是依靠 R-36 机车已经使用了 20 年的成熟技术进行设计。NYCTA 也放弃了长期以来成对定购列车的做法，R-62 以单节车厢的形式交付，每辆车都设有两个司机室。1989 年，在地铁车辆整体性能大幅改善以及新的维保设施上线后，这款列车按照五节编组的形式投入运营，整列车的首尾部分别设置一间全尺寸驾驶室。五节车厢之间采用连杆进行连接。

R-62 是第一款由外国公司生产的列车，由日本川崎公司制造。在圣路易斯汽车公司倒闭而铂尔曼标准公司停止生产客运列车后，美国就只剩下了巴德一家铁路客车制

图 16.32　R-62 列车的外观和内景

图片来源：Courtesy of New York Transit Museum.

造商。NYCTA 之所以选择川崎，是因为它的付款方式与巴德公司相比更加灵活。但由于巴德在不锈钢列车制造方面拥有多项专利，川崎重工必须向巴德公司购买专利使用许可权。

当 NYCTA 再次发布 R-62 列车的采购招标公告时，川崎公司没有参与竞标。这笔订单（后来被称作 R-62A）最终由加拿大的庞巴迪公司获得，该公司同意使用川崎重工的设计。R-62 和 R-62A 之间的唯一区别是，所有 R-62 列车都以 5 节编组的形式存在，而 R-62A 列车共有约 250 辆的单节列车存在。截至 2011 年 11 月，所有 R-62 列车都处于服务中。

16.10.3　R-68 和 R-68A 列车

R-68（图 16.33）基本上相当于 R-62 的 IND/BMT 版本。不锈钢车身、全车空调、舒适的座椅和明亮的车厢内部配色都是它的特征，但是 R-68 车队的表现并不尽如人意。这款车型保留了其前辈 R-44 和 R-46 的车身长度（75 英尺），而且重量很大，由法国庞巴迪公司领衔的一个法国公司联合体制造。在经过一些改造并采用四节编组形式后，这批列车的维保记录获得了显著提升。这款列车的后续订单（R-68A）由川崎重工建造。截至 2011 年 11 月，所有 R-68 列车都处于服务中。

图 16.33　R-68 列车的外观和内景

图片来源：Courtesy of MTA New York City Transit, from Sansone, G., New York Subways: An Illustrated history of New York City's Transit Cars, Johns Hopkins University Press, Baltimore MD, 2000, pg 271, 272.

16.11　1990 年之后的 R 系列车辆

在过去十年中，NYCTA 一直在采用旧车型的成熟技术来制造新车，但从 1990 年起，NYCTA 打算再次挑战"高科技"。

16.11.1 R-110A 和 R-110B 列车

1992 年，NYCTA 专门定制了两款试验车在干线上进行全方位的测试。这两款列车属于"未来新技术列车"计划（NTTT）的一部分。其中 R-110A 由 IRT 系统（现在称作 A 系统）订购，R-110B 由 IND/BMT 系统（现在称为 B 系统）订购。这两款列车主要用于测试和验证未来的新技术，各自都获得了 NYCTA 提供的 2000 万美元资助以及来自不同供应商的另外 2000 万美元。这两款列车拥有的新功能如下所示：

- 新一代的交流发动机；
- 微处理器操纵的门控和制动系统；
- 安装于屋顶的封闭式空调装置；
- 拥有气囊悬挂装置的装配式车架；
- 当有东西卡在门之间时，门会自动打开；
- 乘客紧急对讲机；
- 乘客报警按钮；
- 改进的车内照明；
- 计算机控制的列车播报。

R-110A 由川崎重工生产，对司机驾驶室进行了许多高科技改造，包括用于录入预告信息的小键盘，内置收音机，微处理器屏幕，单手控制器和手持通话器。此外，驾驶员的座椅也可调节，更符合人体工程学设计。

为了加快上下客速度，R-110A 的车门从 50 英寸增加到 64 英寸，并首次在 IRT 列车中采用横向布置座椅。这种导致座位减少的做法（但站立乘客的空间更大了）在之后的生产过程中进行了修改。

R-110B 由加拿大庞巴迪公司制造。这款九节编组的列车由三厢式铰接车组构成，其中每节车厢的长度为 67 英尺，这是自 BMT 标准列车以来从未使用过的长度。R-110B 型车中配置了带状电子地图，更能够显示 A 线上的每个车站以及车辆所处的位置。

16.11.2 R-142 和 R-142B 列车

R-142（图 16.34）是 IRT 系统 R-110A 的量产版本，其主要改动在于将车门的宽度减少到 54 英寸，并取消了横向布置座椅，从而使车厢内的座椅数量提升。印象中这是第一次，由于供应商之间的激烈竞争使得 R-142 的采购价格降低，并使得 NYCTA 能够采购更多的车辆。这款列车最终由两家制造商提供，他们同意生产能够相互兼容且外观相同的列车。加拿大庞巴迪公司最终获得了生产 1030 辆列车的合同，而川崎公司则生产 600 辆列车。事实上，所有在 R-110A 上测试过的新技术都已经应用到了 R-142 列车的生产和运营中。除了在最开始存在一些稳定性方面的问题外，这批列车的表现

图 16.34　R-142 列车的外观和内景

图片来源：Courtesy of MTA New York City Transit.

非常出色，并正在创造新的 MDBF 指标记录。

这款列车按照"A–B–B–B–A"的编组形式生产并交付。其中，"A 车厢"（动车）在一端设置一间驾驶舱，并拥有两组动力车架；"B 车厢"（拖车）不设驾驶舱，只有一组动力车架。R–142 列车的编组形式相对灵活，能够以各种不同长度的列车形式运行。

16.11.3　R–143 和 R–160 列车

IND/BMT 系统 R–110B 列车的量产版本是 R–143 列车（图 16.35）。它同样包含了 R–110B 所具备的所有高科技，但还附加了一项重要的功能，即最早装备了基于通信的列车控制系统（CBCS）。这项新技术的使用需要依靠列车上的微处理器和轨道旁边的感应线环装置。该技术也被称作"移动模块控制系统"，它允许信号模块随着列车移动，而不是像传统的轨侧信号机那样以固定间距布设。这种技术能够缩短列车之间的安全间距，从而提升轨道的通行能力。这项技术目前正在卡纳西 L 线上进行测试。R–143

图 16.35　R-143 列车的外观和内景

图片来源：Courtesy of MTA New York City Transit.

列车最初由川崎重工制造，但随后的大笔订单分别交由川崎重工和法国阿尔斯通财团公司。首批订单分别于 1998 年和 1999 年下达。2002 年，NYCTA 又发布了 R-160（基本上是同一车型）的采购订单。

R-143/R-160 列车和 R-110B 列车之间的另一个重要区别是，车厢长度恢复到了 IND/BMT 系统大多数车厢采用的标准尺寸——60 英尺。

随着 R-160 列车陆续交付，纽约市地铁车况较过去几年明显改善；引入的各项新技术也被证明是高效且可靠的；MDBF 指标记录持续刷新；新引入并处于测试中的半自动控制也将提高整个地铁系统的运输能力。

16.12　展望

在撰写本书时，NYCTA 发布了一些新的地铁车辆采购订单。几百辆 R-179 列车将被采购，并用来取代仍在服役的最后一批 R-44 列车。但由于 R-44 列车出现了新的结构问题，并在 R-179 交付之前便提前退役。因此，新采购的 R-179 列车将用来替换 BMT/IND 系统中的 R32 和 R42 列车。

新采购的 R-188 列车将用来替换服务于法拉盛线的 R-62 和 R-62A 列车，而 R-62 列车将被调整至干线继续运营。R-188 列车将配置基于通信的列车控制系统（CBTC），该技术目前正在卡纳西线上进行测试。R-188 车队将采用新购车辆和现有的 R-142 列车进行混合编组，而 R-142 也将按照 R-188 的标准进行改装。

新采购的 R-211 列车计划于 2015 年取代 R-46 列车。具体的交付时间尚未确定，预计将在 3~5 年内交付。

MTA 的所有资产投资项目（包括购买新的车辆），都受到了近期美国和纽约市经济形势的影响，这严重限制了 MTA 的预算灵活性。尽管如此，列车定期更新计划仍将向前推进，但是速度会有所放缓。

100 多年来，纽约市的地铁列车将数不清的乘客运送到了这座城市的各个角落。地铁车辆已经成为纽约市的一部分，它反映了各项复杂技术的发展历程。从手动控制的车门一直到基于通信的列车控制系统，它们才是真正驱动纽约市发展的车轮。

参考文献

1. Sansone，G.：New York Subways：An Illustrated History of New York City City's Transit Cars. Centennial Edition. The Johns Hopkins University Press，Baltimore（1997）

第 17 章
一切都是最好的安排

即便是像纽约如此庞大规模的地铁系统，在它的历史中也或多或少会有一些规划或者设计未能实现，其中有许多在前面的章节中已经提到。本章，我们将回顾一些很重要但未能实施的项目，并思考若能实施纽约市将会发生哪些变化。同时在展望纽约的未来时，也应当适时对现有的以及可能会拓展的轨道交通系统将在其中扮演的角色进行预判。

17.1 引言

实际上，纽约市地铁系统的发展可以分为四个主要阶段：
- 1868~1890 年，高架铁路的发展期；
- 1900~1904 年，IRT 系统（1 号合同和 2 号合同）建设期；
- 1913~1920 年，双合同（3 号合同和 4 号合同）下的快速扩张期；
- 1932~1940 年，IND 系统建设期。

在高架铁路之前的那个时代，涌现出了大量的想法和概念，包括各种有趣、特别的技术（气动地铁、帆动力列车等），更大规模的高架铁路（高架桥计划）以及地铁（拱廊铁路）。在 IRT 以及双合同系统建设时，也有人支持别的建设计划。事实上，一直在 IND 系统建设之前，纽约的地铁系统从未进行过大规模的扩建。本章将讨论三个重要的扩建计划：
- IND 地铁系统的"二期"和"三期"工程；
- "行动计划"或"新线路"计划；
- 第二大道地铁。

当然，后者是前两个计划中的一部分，同时也包含了在这两项计划之间出现的一些小的方案。从 20 世纪 20 年代后期到现在，受经济因素的影响，交通规划师的宏伟计划一直未能实现。地铁扩建计划的成本太高，很难为其建设和运营筹措到资金。

17.2 独立地铁系统（IND）的二期和三期工程

IND 地铁系统的想法诞生于 1920 年纽约公共服务事业委员会（PSC）发布的一份报告。它由首席工程师丹尼尔·特纳提出，提议对当时由 IRT 和 BRT（不久便重组为 BMT）构成的地铁系统进行大规模扩建。

特纳制定了一项规划，它将斯塔滕岛捷运系统与纽约市的地铁线网进行连通，并将地铁线网延伸至各个行政区的边界，以保证每个纽约人与地铁站的距离控制在合理的步行范围内。该规划将分两期建设完成：一期工程是围绕曼哈顿第六大道和第八大道两条地铁干线建设一套地铁系统；二期工程则包括一系列围绕第二大道地铁主线的线路。而部分通往城市行政边界的延伸线路仍然处于概念规划阶段，它们将被纳入三期工程。

特纳的规划直接推动了之后 20 年的地铁规划建设，同时它也是后来几乎所有地铁线网优化的指引。海兰市长在推动 IND 系统的形成中便采纳了该规划中的许多内容，而 IND 系统之后也将与 IRT 和 BMT 展开竞争。

1929 年启动的 IND 系统建设属于三个阶段中的一期工程。1929 年 9 月，二期工程的详细方案出台。三期工程一直没有明确的方案。二期和三期工程的规划目标是实现纽约市所有居住区大约 1.5 英里的范围内均有一处地铁站。整个规划将使系统新增 100 英里的运营线路和 294 英里的轨道里程。

二期工程的目的是提升外围行政区的可达性，特别是皇后区，预计那里会增加大量的住宅区。与 IND 系统一期工程不同，二期工程将主要服务那些没有现状地铁或高架线路服务的区域。

图 17.1 显示了 IND 系统的二期工程规划图。该规划由交通运输委员会制定，并作为 1929 年地铁／高架扩建计划的一部分发布。下面将对这项扩建计划的主要内容进行详细描述，并在图中用不同的颜色进行表示，方便与文字描述对应。

IND 系统的二期工程主要包括以下内容：

- 第二大道地铁（①红色），从第八大道地铁的钱伯斯街终点站开始形成一条环线。这条环路会从钱伯斯街开始，经过沃特街和珍珠街，再到包厘街和基丝汀街，然后沿着第二大道一直延伸到哈莱姆河。该线路规划为四轨干线，局部段采用双轨或六轨形式。

- 两条从曼哈顿下城到布鲁克林的过河隧道（②蓝色），都与规划中的布鲁克林南四街车站相连。其中一条隧道为规划窝扶街线路（沿教堂街布置）服务，另一条则为从埃塞克斯街到东河的规划休斯敦街线路服务。

- 第二大道地铁延伸线（③绿色），沿波士顿路地下敷设并通往布朗克斯区，其中在第 163 街之前采用四轨形式，之后采用两轨形式通往第 177 街，然后通过

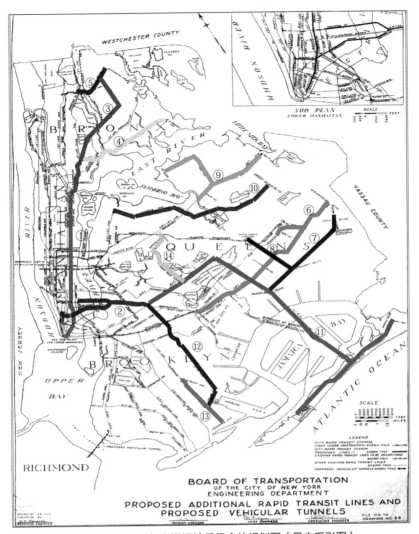

图 17.1 1929 年交通运输委员会的规划图（见文后彩图）

图片来源：Base map originally published by the New York City Board of Transportation，1929.
Highlights added by authors.

一小段高架线路与怀特普莱恩斯线路连接。按照规划，怀特普莱恩斯线路将由
IND 系统运营，不过目前仍然属于 IRT 线路。

- 一条两轨支线（④ 黄色），从波士顿线开始，沿第 163 街地下通往亨兹点和塞
  内卡大道，然后沿布朗克斯河和拉斐特大道通往东特雷蒙特大道。
- 广场线延伸线（⑤ 紫色），从第 205 街延伸至贝切斯特大道。
- 富尔顿街线路延伸线（也被称为"自由大道线"，⑥ 橙色）从百老汇路口延伸
  至皇后区南部的斯普林菲尔德大道。这条线路将使用一段自由大道高架线路，
  然后在第 168 街处建设一条支线与牙买加高架线路连接。

- 一条沿皇后区第 120 街和斯普林菲尔德大道敷设的高架线路（⑦ 深蓝色）。起点站位于康杜伊大道和霍特瑞街交口，能够与洛克威线换乘。终点站位于福煦大道和斯普林菲尔德大道交口。

- 一条采用双轨形式的范威克大道线路（⑧ 黑色），该线路在第 166 街之前采用地铁形式，之后以高架形式敷设，并在洛克威与 120 街线路连接。

- 法拉盛线从缅因街开始的两条延伸线（⑨ 柠檬绿）：（1）沿罗斯福大道地下敷设并通往第 155 街，然后以高架形式上跨长岛铁路华盛顿港支线（LIRR Port Washington ROW），并通往第 221 街和第 38 大道；（2）从第 147 街和罗斯福大道出发并通往第 11 大道，然后沿第 11 大道通往大学点的第 122 街。

- 阿斯托里亚线沿迪特马斯大道敷设的延伸线（⑩ 棕色），依次经过阿斯托里亚大道和第 112 街，然后斜穿过当地街道通往拿骚大道（现在是长岛高速公路）。这条线路在偏远地区可能采取高架或者地堑形式。

- 一条通往洛克威的新线路（被称作默特尔、中央大街和洛克威线，⑪ 紫罗兰色）。该线路将沿长岛铁路的蒙托克支线和洛克威支线进行敷设，从斯图维桑特大道（即尤蒂卡大道线向南转弯的位置）开始。该线路将提供直通霍华德海滩的服务，并可以穿过牙买加湾到达洛克威半岛上位于哈梅尔斯大道和海滩第 83 街交口附近的一个地点，然后向北前往莫特大道。

- 一条从布鲁克林南四街通往尤蒂卡大道的线路（⑫ 深绿色），并在东河处与休斯敦街线相连。这条线路将蜿蜒地穿过布鲁克林，服务威廉斯堡的一些地区，并最终在沃里斯大道结束。

- IRT 诺斯特兰德大道线路延伸线（⑬ 浅蓝色），采用两轨地铁的形式通往国王公路，然后以高架线路的形式与在 S 大道与尤蒂卡大道线路交汇。

- IND 皇后大道 / 希尔塞得大道线路和默特尔 / 中央大道线之间的连接线（⑭ 茶色 / 肉色）。

1929 年的规划非常庞大，新增了 100 英里的新线路，其中 52 英里位于皇后区。交通运输委员会的这项规划舍弃了特纳规划中的一个主要项目，即与斯塔滕岛捷运系统的连接线路。此外，该规划中有些内容是存在争议的。

特纳最初的规划重点在于提升曼哈顿干线的通行能力。1924 年，约翰·德莱尼掌管交通运输委员会，他将规划重点调整为提升外围行政区的轨道运输能力，并加强外围地区与核心区的联系服务。1929 年的规划方案仅包括一条曼哈顿的干线项目，即第二大道地铁。其实，德莱尼也意识到了曼哈顿干线系统的局限性，因此他提出新建一批接驳线路。根据三期工程的大概设想，德莱尼计划在第二大道地铁建设完成后沿麦迪逊大道地下修建另一条干线轨道，那样除了第一大道和第十大道外，曼哈顿每条南北向的干路下都将有地铁线路敷设。

在曼哈顿，第二大道地铁得到了广泛的支持。据了解，这条地铁线将取代第二大道和第三大道的高架线路。高架线路拆除后，商业地产的价值预计将飙升，而有关下东区人口翻倍的预测也将对住宅地产产生巨大影响。

在布鲁克林，默特尔大道 / 中央大道线路将与百老汇高架平行布置，并直接在默特尔大道高架线路下运行。当地居民则希望这些高架线路，甚至牙买加大街的高架线路，都能被新的地铁线路取代。

尽管得到了许多政府官员的支持，但针对规划中布鲁克林部分的反对依然很重要。那些未能获得新地铁服务地区的居民表达了他们的反对意见。许多布鲁克林居民希望该规划将第二大道地铁延伸至布鲁克林，并沿着大西洋大道一直通往牙买加。之所以会有这样的想法是因为长岛铁路公司曾沿着大西洋大道修建了一条双轨隧道，并在50年前废弃了它。目前，这条隧道处于使用状态，能够将长岛铁路的乘客从牙买加运送至位于弗拉特布什大道和大西洋大道交口的终点站。

对于布鲁克林规划方案的最大反对意见是，该区域内的许多线路将采用高架形式，而不是地铁。尽管该规划计划拆除一些现有的高架线路，但同样会建设一些新的高架线路。市议员约瑟夫·麦基是坚决反对建造新高架线路的人士之一。在吉米·沃克去世后，他曾短暂的担任过纽约市长。

皇后区是从 1929 年规划方案中获益最多的行政区，有超过一半以上的线路都在该行政区内。法拉盛线将延伸至第 221 街，接近城市边界，但它将主要以高架的形式沿车站大道敷设，紧邻或穿越长岛铁路曼哈塞特线路。另一条延伸线路将沿着第 149 街和第 11 大道通往大学站点，这是皇后区相对独立的一个区域。这条线路也会部分采用高架形式建设。

阿斯托利亚高架线路将沿着迪特马尔斯大道、第 112 街和拿骚大道（当时规划为霍勒斯哈丁大道，现在是长岛高速公路）延伸。根据规划，当 1939 年拉瓜迪亚机场的商用航线开启服务时，这条线路将提供一条连接机场的短驳线。

皇后区规模最大的一条线路主要为洛克威地区提供服务。之前的规划一直打算收购长岛铁路通往洛克威的线路来提供该项服务，但由于双方谈判停滞，1929 年的规划方案提出新建一条类似的线路。不过，几十年后，MTA 最终接管了长岛铁路。

尽管皇后区将从这项规划中受益，但仍有一些人对此持反对意见，主要是针对规划路线的具体线位。大学点的居民希望能有一条比规划中的高架线路更加直接的线路通往法拉盛，而且他们不希望采用高架形式。还有许多人认为，该规划中的皇后大道 / 希尔塞得大道线路应该延伸至纽约的行政边界，但该方案中并没有体现。

布朗克斯区有很多人都支持这项规划，特别对于将大广场线延伸到贝切斯特非常支持。这条延伸线被称为"伯克大道线"，因为它有一段将沿着伯克大道敷设，一直到波士顿邮政路。最终，这条线路没有建设，而是由纽约、韦斯特切斯特和波士顿铁路的一条废弃支线取代，从而在东 180 街和戴尔大道之间提供接驳服务。16 年后，这条接驳线将被整合到 IRT 系统的怀特普莱恩斯线中。

所有的讨论和争论都是徒劳的。二期工程的规划方案发布几个月之后，股票市场崩盘引发了经济大萧条，所有地铁扩建计划都被无限期推迟。事实上，如果不是工程项目管理局的一项联邦特别拨款，IND 系统的一期工程也无法完成。

尽管经历了大萧条时期的财务困难，交通运输委员会仍继续定期提出扩建地铁系统的投资计划。

1932 年的投资计划与 1929 年的规划蓝图相差无几，只是添加了一条第 34 街的跨区线路和皇后大道 / 希尔塞得大道线的延伸线路。

1938 年的投资计划以收购长岛铁路洛克威线并延伸法拉盛线、皇后大道 / 希尔塞得大道线和富尔顿大街线为特色。希尔塞得大道延长线被进一步向东推进至小颈公园路，富尔顿线则被延伸至第 229 街。通往斯塔滕岛的隧道重新纳入规划，并与一条新规划的 IND 线路连接，该线路从教堂大道 / 展望公园线开始，沿着第十大道通往汉密尔顿堡的第 86 街。

1939 年和 1940 年，交通运输委员会以规划修编的形式再次提出二期工程的规划方案。该方案本质上与过去没有差别，只是将地铁系统合并之后发生的一些变化纳入了方案，IRT、BMT 以及 IND 系统被视为一个整体的地铁系统。

该规划恢复了通往斯塔滕岛的地铁隧道，该隧道将直接连接斯塔滕岛捷运系统，并包括希尔塞得大道线通往小颈公园路的延伸线。图 17.2 是该计划的规划图。

1939/1940 年规划的命运与 1929 年规划相似：整体的经济环境不利于大规模公共交通设施投资，且第二次世界大战已迫在眉睫。规划方案中大广场线延伸至第 205 街的工程原本已筹集到了资金，但是由于布朗克斯区的居民主张恢复老 NYW&B 铁路（纽约、韦斯特切斯特和波士顿铁路）的迪尔大道线，导致新线路的建设资金被用于改造第二大道线，并于 1941 年作为接驳线开始运营。后来，这条线路划归到 IRT 部门管理。

虽然无法对二期工程或其重要部分实施后的影响进行精确评估，但是可以做出一些

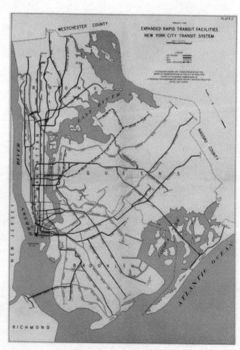

图 17.2　1939/1940 年交通运输委员会地铁扩建计划

图片来源：Originally published by New York City Board of Transportation, 1939.

合理的判断。显然，皇后区的城市化进程会更快，而皇后区东部的低密度住区可能会变得更像市区。斯塔滕岛与布鲁克林之间的快速交通连接也会在那里产生相同的效果。不过加快皇后区和斯塔滕岛的城市化进程是否是一件好事还有待讨论。

17.3　1968 年大都会运输署（MTA）"行动计划"

1967 年，在纳尔逊·洛克菲勒州长和约翰·林赛市长的全力支持下，MTA 宣布了一项激进的两阶段"行动计划"，也被称为"新线路"计划。从历史发展的时间脉络来看，该计划是在 1966 年的大罢工过后一年多的时间内发布的，也就是在纽约市意识到其财政状况变得糟糕之前。第一阶段的计划包括一些应即刻实施并在 10 年内完成的项目，第二阶段则从第一阶段完成之时开始。

第一阶段计划包括：

- 完成第 63 街隧道，并与曼哈顿第六大道线和百老汇线连接（第 63 街隧道早已规划，但一直未实施）。
- 皇后区特快线，即一条与 LIRR 干线并行的旁路轨道，它允许 IND 希尔塞得大道 / 皇后大道线的列车在第 41 大道处驶入，然后沿旁路轨道运行，中间不设停靠站，最终在森林山返回 IND 轨道。该线路最初设计为单轨，仅为客流高峰方向服务，但在 1973 年被扩建为双轨旁路。
- 一条双轨地铁，能够在埃尔姆赫斯特与 IND 皇后大道线实现换乘，该线路沿长岛高速公路敷设并通往绿草原社区。
- 一条双轨地铁，能在范怀可大街与 IND 皇后大道线实现换乘，该线路沿长岛铁路大西洋支线运行，并通往斯普林菲尔德大道。
- 第二大道地铁，从第 34 街通往布朗克斯区，并与第 63 街隧道相连。该线路将按照双轨规模进行建设，并预留未来拓宽为四轨的条件。
- IRT 诺斯特兰德大道线路的延伸线，沿着弗拉特布什大道布设并通往 U 大道。
- IRT 新地段大道线延伸线，通往平地大道和林伍德街。这条线计划沿着一条废弃的长岛铁路轨道运行。

第二阶段计划包括：

- 完成第二大道地铁从第 34 街到金融区白厅街的部分。
- 沿第 57、48、42 和 33 街道设置的市中心运输系统，采用自动驾驶技术连接车站、办公楼和其他关键节点。
- 牙买加大道高架线路将向东延伸，但不再采用高架形式。
- 新建一条地铁线来取代布朗克斯区的第三大道高架，该线路将与纽黑文线平行布置。

（a）曼哈顿和布朗克斯区的线路规划 （b）曼哈顿 CBD 的线路规划 （c）皇后区和布鲁克林区的线路规划

图 17.3 1968 年《行动计划》规划

图片来源：Courtesy of Joe Korman，Originally published in "A Program for Action," Metropolitan Transportation Administration，New York，NY，1968.

- 将佩勒姆湾线延伸至布朗克斯区的合作市（Co-op City）。
- 将 IND 广场线延伸至怀特普莱恩斯路。
- 在长岛高速公路下新建一条通往基塞纳大道和皇后学院的双轨地铁。

图 17.3 对该规划进行了详细说明。

有趣的是，该规划包括一条从长岛铁路直达肯尼迪机场的线路。尽管这条线路从未被实施，但后来建设了一条从牙买加长岛铁路终点站到肯尼迪机场的高架轻轨，从而提供城市航站楼的服务功能。

与以往规划的不同点在于，新线路计划的一部分项目确实启动了建设，尽管已经大大压缩了规模，但实际上只有一小部分最终建成。1972 年 10 月 27 日，市长和州长参加了第二大道地铁在东 103 街和第二大道交口的动工仪式。而第 63 街隧道工程已于 1969 年 11 月 25 日启动建设。

对新线路的期待也推动了新型高速、高科技地铁车辆的发展，如 R-44 和 R-46 列车。这两款列车都发生了严重的技术故障，包括有名的 R-46 车辆裂缝事件。生产该型号列车的两家公司，即圣路易斯汽车公司和铂尔曼公司，从此再也没有制造过地铁车辆。由于稍微长距离的地铁扩建项目均未实施，导致那些采用高新技术和高速性能的车辆找不到用武之地。

纽约市的财政危机再一次使雄心勃勃的地铁扩展计划流产。为这项地铁改进计划筹措资金的两项债券发行提案分别于 1971 年和 1973 年相继失败。1975 年，随着纽约市濒临破产边缘，该项计划全面搁置。第二大道地铁的建设随即停止，留下了一条穿越 15 个街区的隧道。

这项计划最终为纽约市地铁系统增加了两条线路：

- 第 63 街隧道，该项目于 20 世纪 70 年代初竣工，于 1989 年投入运营，在罗斯福岛设有一个车站，并在皇后大桥 / 第 21 街交口处设有一个终点站。2001 年，这条"哪儿都去不了的线路"才与皇后区的 IND 线路连通。如今，F 线列车使用第 63 街隧道与曼哈顿第六大道线进行连通。
- 阿切尔大道地铁于 1988 年开通，该线路在范维克大道与 IND 皇后大道线以及牙买加高架线的剩余部分相连。该线路原本打算沿长岛铁路主线运行，并通往纽约市的行政边界。如今，这条地铁线只有两英里长，终点设在阿切尔大道，靠近长岛铁路牙买加站。

总体而言，与这些庞大的扩张计划相比，纽约市地铁系统实际发生的变化很小。除了上面提到的两条新地铁外，该系统还接管了过去布朗克斯区迪尔大道上的铁路服务，并延伸至皇后区的洛克威。后者是自 1940 年 IND 系统一期工程完成后对整个系统最为重要的补充。在整个过程中，曼哈顿和布朗克斯区的第三大道以及布鲁克林的默特尔大道上拆除了数英里长的高架线路。

17.4　第二大道地铁

在整个纽约市公共交通的历史中，没有一条线路能与第二大道地铁漫长而痛苦的历史相提并论。它的历史如此坎坷，以至于当这条线路于 2007 年 4 月 12 日再次破土动工时，没有人能确定这是该线路的第三次还是第四次动工。

丹尼尔·特纳在 1919 年的《综合快速运输系统提议》中首次正式提出第二大道地铁的概念。他写的这篇报告被当成了纽约公共服务事业委员会的正式提案，当时他在该委员会担任总工程师。特纳的报告建议在纽约新建一个庞大的地铁系统，这比之后的任何方案都要宏大。特纳认为，保持纽约经济增长的唯一办法便是在五个行政区的每个角落不断修建新的地铁。根据他的设想，几乎曼哈顿的每一条大道下都有新的地铁线路，而且许多都会延伸到其他行政区。当然，他的计划中也包括了贯穿全岛的六轨制第二大道地铁。

1929 年，作为 IND 系统二期规划的一部分，交通运输委员会提出建设一条四轨制的第二大道地铁，并与布朗克斯区的线路连通。由于大萧条导致二期工程被迫中断，第二大道地铁项目直到 1939 年规划中才再次被提出。但与之前的情况一样，这项规划再次由于第二次世界大战的影响而流产。

1945 年，第二大道地铁的规划方案再次修改，这次取消了线路的南段。1947 年的规划方案将第二大道地铁重新与曼哈顿下城连通，但这次是通过曼哈顿和威廉斯堡大桥上的 BMT 轨道。

1947 年，交通运输委员会接收了 10 辆原本打算用于第二大道地铁的新型地铁车辆。这些车辆是整个系统采购的第一批不锈钢车辆，后来被称为 R-11 列车。这款车只订购了几辆，但他们永远都等不到第二大道地铁了。

20 世纪 50 年代初，纽约市批准了一项价值 5 亿美元的债券，目的是为建设第二大道地铁筹集资金。在这个有点怪异的筹资方式中，纽约市提议按照 1951 年的《联邦民防法案》，在现有和规划地铁中增加深岩车站作为防空洞。还有人提议在曼哈顿上城华盛顿高地使用 IRT 和 IND 中的五个现有深岩车站作为"防爆"避难所，第二大道地铁的几个规划车站也包括在内。但是，将防空洞规划与地铁结合的尝试最后以失败告终。

最终，这笔 5 亿美元债券的发行资金悄然转移到了现有系统的更新和改造中，包括加长 IRT 车站以适应更长的列车。选民们对此非常生气，但第二大道地铁依旧无法实现。

规划方案中曼哈顿下城的一段线路确实于 20 世纪 60 年代初建成了。与克里斯蒂街的连接优化了穿越迪卡尔布大道的线路，从而缓解了整个地铁系统的瓶颈压力。这条连接线同时也提升了布鲁克林和曼哈顿之间的 BMT/IND 系统的容量。

1968 年，第二大道地铁作为之前"新路线"计划的一部分，再次出现在规划图中。1972 年，州长纳尔逊·洛克菲勒、市长约翰·林赛、MTA 主席威廉·罗南和国会议员埃德·科赫共同出席了这次正式的动工仪式。纽约杂志报道了当时的情况：

"在记者们记录过程中，林赛淡淡地说道，'早在 20 世纪 20 年代，就有人提出沿着第二大道建设一项运输设施。这是一个好主意，所以我决定立即跟进。'政客们以一种不可思议的手法挥舞着铁锹，没有人真正砸开了人行道。最后，一名携带电钻的工人被叫来打碎混凝土。"

如前所述，在整个工程由于 1975 年的财政危机而暂停前，第二大道地铁线实际上已经完成了 15 条隧道工程。后来，科赫市长曾认真考虑将这些隧道以其他适当的用途出租。然而，没有人对此感兴趣。这一次，第二大道地铁终于开工建设，但依然没有逃脱被中断的魔咒。

17.5　当前的规划和项目

截至 2011 年 11 月，MTA 基建公司仍在努力推进四个对地铁系统至关重要的建设项目：

- 第二大道地铁；
- 长岛铁路东区通道工程；
- 7 号线延长线；
- 富尔顿街交通中心。

17.5.1　第二大道地铁（又一次）

东区地铁通道的问题与过去一样令人烦恼。第二大道高架和第三大道高架线路在20世纪40、50年代拆除后，曼哈顿东区只有一条地铁线路服务，即IRT列克星敦大道线，它是全美最为拥挤的一条地铁线路。每天早上，这条线路上的每一节车厢内都会涌入180名以上的乘客。列克星敦大道线每天的载客量约130万人次，比旧金山、芝加哥和波士顿整个轨道交通系统的载客量还多。相比之下，曼哈顿西区则有四条干线地铁，分别为IND第六大道和第八大道线、IRT第七大道线路和BMT百老汇线路。

经过1995年对备选方案的全面研究，一项关于第二大道地铁的新计划应运而生。2005年11月8日，纽约州选民批准了《交通运输债券法案》，该法案将帮助纽约州和纽约市对该项目筹集资金。两年后，交通部宣布，联邦政府将在7年内为该项目的一期工程提供13亿美元的资助，第二大道地铁项目再次提上日程。

第二大道地铁项目计划分四个阶段完成。第一阶段，在第63街建设一条连接线与百老汇线的Q线相连，并分别在第二大道与第72街、第86街和第96街交口建设3座车站。第二阶段，将第二大道地铁上城区段延伸至第125街的终点站。第二阶段将利用20世纪70年代完成的一条隧道，当时第二大道属于"新线路"计划的一部分。第三阶段，将下城的第二大道地铁延伸至休斯敦街，并在整条线路中引入T型车。第四阶段，将下城线路继续延伸至汉诺威广场，从而完成整个规划。整条线路的规划方案如图17.4所示。

目前第一阶段的工程正在建设中。第二到第四阶段的工程正处于设计阶段，还没有得到来自联邦、州或地方政府提供的任何资金支持。除此之外，还有人认为汉诺威广场终点站可以使用现有设施或新建隧道的方式与布鲁克林区进行连通。

2007年4月12日，一期工程的奠基仪式在第99街举行。2007年4月23日，正式的施工作业在第二大道（第91街和第95街之间）的路面上开始。2009年5月28日，MTA授予克鲁兹公司和塔利建设公司一份价值3.038亿美元的合同，用于建造第96街车站。2009年6月，第86街车站项目签订了第一份合同，用于完成前期公共设施工程和通风井的挖填工程。

2010年5月14日，盾构机在第96街启动第二大道隧道的挖掘。盾构机预计每天挖掘约50英尺的隧道。当挖到第63街时，机器被"撤出"，并开始挖掘第二条平行布置的隧道。

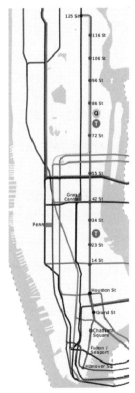

图 17.4　第二大道地铁工程示意图

图片来源：Courtesy of Wikimedia Commons.

东部隧道的掘进工作于 2011 年 10 月完成。

第二大道地铁全线采用双轨制。隧道的施工使用盾构机在不同的深度进行挖掘，而车站和盾构井则需要采用明挖法。

该项目遭遇了中心城区建设大型项目的常见问题。首先，市政管线切改花费了比预期更久的时间。其次，沿线的两栋建筑地基在 2009 年 6 月受到破坏，必须进行紧急疏散，导致该区域的爆破工作延误。一期工程原计划于 2014 年开放，现在已被推迟到 2016 年 12 月。

这条新地铁将尝试采用一些纽约以前未使用过的技术。首先，MTA 正在调研站台玻璃屏蔽门的使用。这项设施能够将站台与轨道上发生的火灾隔离开来，但要求列车车门必须与屏蔽门对齐，这可能减慢地铁进出站的速度。其次，车站设置了大量的玻璃窗，尽量将自然光引入站点内部。第三，车站采用了新式通风系统来控制气流，还拥有冷气设备。

该项目的资金筹集目前正处于关键阶段。由于 2008 年开始出现经济衰退，预计联邦政府的援助资金将被削减。不过，2011 年 11 月 7 日，众议院交通委员会主席、众议员约翰·米卡表示，联邦政府不会削减第二大道地铁项目的资金。这一点至关重要，按照计划，联邦政府要在 2012 年和 2013 年合计提供 3.09 亿美元，以完成对该项目 13 亿美元的援助承诺。更令人鼓舞的是，他声明第 2 阶段的资金将列入下一个六年的交通基础设施支出授权中。

17.5.2 东区通道工程

通往长岛铁路的东区通道规划已经完成了很多年。最初的方案中，打算在东区为长岛铁路建造一座新的车站，但在之后的规划又将车站调整至中央车站地下。1972 年竣工的第 63 街隧道中有一层空间专门为长岛铁路预留。

该工程包括连接皇后区和曼哈顿的隧道，从而实现牙买加和中央车站的连通。皇后区的连接线路将在皇后大道和阳光大道斯基尔曼大道的桑尼赛德建设一座新车站。该连接线在高峰时段能够满足每小时 24 趟列车的运行需求，预计工作日平均服务 162000 人次 / 日。

长岛铁路的车站将在现状中央火车站的下方建设。车站共有八条轨道，分两层设置。乘客需要乘坐大高度自动扶梯从长岛铁路的站台前往车站的其他部分。

2006 年 12 月，联邦政府批准了一项为州政府提供资金的债券发行计划，承诺为该项目提供 26 亿美元。2006 年 7 月 13 日，美国和西班牙联合公司德拉多斯—朱德劳公司获得了曼哈顿 1 英里长隧道的施工合同。2007 年 9 月，一台隧道掘进机从第 63 街隧道启动挖掘工程，并于 2008 年 7 月掘进至中央车站。另一台隧道掘进机于 2008 年 7 月开始平行隧道施工。皇后区这一侧的建设工程包括软土隧道、轨道和道岔设施以及新车站的施工。曼哈顿的隧道工程于 2011 年 11 月竣工。

该项目原定的开通日期为 2013 年，但一系列的延误已经导致开通日期推迟到 2018 年。不过，MTA 最近（截至 2012 年 3 月）加快了建设进度，目标是将完成日期拉回到 2013 年。直达东区的长岛铁路通道预计将缓解佩恩站和中城东部之间的 E 线压力。另一方面，它将把更多的乘客运送到已经接近饱和的列克星敦大道线上。第二大道地铁预计将于 2016 年 12 月（一期）竣工，它将为长岛铁路接入中央车站而产生的东区额外需求提供地铁服务。

东区通道工程预计耗资 73 亿美元。联邦交通管理局已经承诺为该项目提供 26 亿美元。2011 年 9 月，MTA 从联邦交通管理局获得了 2011 财年和 2012 财年的 2.46 亿美元，使得该项目得以继续推进。

17.5.3　7 号线延长线

将 7 号线（法拉盛线）从目前的时代广场站延伸至第 34 街与第 11 人道交口的新车站，目的是为计划中的哈德逊车场重建项目提供服务。哈德逊车场由宾夕法尼亚车站西侧的轨道车场（图 17.5）组成。很早之前人们就意识到，车场上部的空间是曼哈顿最具吸引力的开发场所之一。哈德逊车场及周边的可开发范围，南至西 28 街，北至西 43 街，东至第八大道，西至哈德逊河公园。

最初的重建计划以一座为纽约喷气机队建造的西区体育场为中心展开。稍早一点的规划曾考虑在该场址上建造一座洋基队球场，后来该项目转移到了布朗克斯区，紧邻"老"洋基体育场。这座拟建的体育场还是纽约市申办 2012 年夏季奥运会的主体育场。

由于公众的强烈反对，纽约市申办 2012 年奥运会失败，建设体育场的计划被搁置，转而采取更加混合的方式来开发有价值的房地产。不管西区车场进行何种开发，都需要改善该地区的公共交通服务，因此 7 号线的延伸工程一直都在积极推进。

价值 20 亿美元的建设资金将由税收增额融资债券（TIF）提供。债券出售后将利用线路延伸后所服务地区的土地增值税进行偿还。

2008 年 6 月，该工程沿着曼哈顿第 11 大道开工建设。2009 年 2 月，一台盾构机从第 25 街和第 11 大道交口的盾构井进入地下；第二台盾构机随后也开始工作。钻孔机沿着第 11 大道挖了两条 7100 英尺长的平行隧道，一直通往 7 号线的时

图 17.5　西区车场鸟瞰图

图片来源：Courtesy of Wikimedia Commons，photograph by Arturoramos，used under the Creative Commons Attribution-Share Alike 3.0 unported license..

代广场站。2009 年 12 月 21 日，一条隧道冲破时代广场车站的墙体。2010 年 7 月 15 日，第二条隧道完工。

这条延伸线最初的规划还包括在第十大道和 41 街交口建设第二座车站。由于最初的建设合同中并没有包含相应的资金，故这座车站建设的可能性仍在讨论中。它可能会完全建设，也可能只建设一个结构，留待以后完成。

7 号线延伸后的线路将通往第 23 街和第 11 大道，这为线路进一步向市中心扩展提供了可能性，未来有望为切尔西地区和切尔西码头（一个受欢迎的娱乐设施）提供服务。2011 年 11 月，关于将7 号线穿过哈德逊河延伸至新泽西州的想法也纳入了讨论范围。

图 17.6 为 7 号线延伸工程的规划图，计划于2013 年完工。

图 17.6　7 号线延伸段示意图

图片来源：Courtesy of Wikimedia Commons, photograph by Chris Ruvolo.

17.5.4　富尔顿街交通中心

富尔顿街交通中心是目前正在进行的比较有趣的项目之一。它不涉及新的地铁线路建设，主要是为富尔顿街附近的 10 条地铁线、PATH 服务和曼哈顿下城的世贸中心站建设一系列新的站台、连廊和出入口。

涉及的 10 条地铁线路包括 A 系统的 2、3、4、5 线和 B 系统的 A、C、E、J、Z、R 线。

该项目于 2005 年启动，一部分工程已经完成并投入使用，包括列克星敦大道线和第七大道线的新站台以及几条连廊。

由于 MTA 发现其无法负担该项目的成本超支，于是项目资金被中断。2009 年，在收到《美国复苏与再投资法案》的援助资金后，该项目重新启动。尽管有些内容已被简化或取消，该项目预计仍要到 2014 年才能完成。

最初方案的核心是一座位于百老汇和富尔顿街拐角处的引人注目的车站入口建筑。但是这个建筑方案在整个工程的建设过程中一再修改。2008 年 1 月 28 日，MTA 宣布修订后的方案可能不会有太多的地上构筑物。2008 年 3 月，MTA 又改变了主意，表示将在场地内建造一个地上建筑，并认为可以把场地租给一个私人开发商，让车站入口与一个更大的建筑融为一体。

2009 年 1 月，在收到援助资金后，MTA 做出了如下表述，目前依然没有变化：

"地上建筑的最终细节正在敲定中。这座位于百老汇和约翰街拐角处、有着 115 年历史的科尔宾大厦将被修复，并考虑将交通中心的入口纳入其设计。交通中心将成为一个充满设计感的焦点，它将成为通往市中心和地下交通系统的门户。"（我们之后的未来：富尔顿街交通中心，http//：www.transitmuseumeducation.org 2009）

17.6　再展望

正如一首老歌唱的那样，我们都希望"别再被愚弄了"。新建的第二大道地铁一期工程正在施工中。二期工程也被认为是板上钉钉的事情，因为它的大部分工程将使用以前建造的隧道，但它的资金还没到位。三期和四期工程则完全不确定。

关于第二大道地铁建成后将对纽约产生什么影响的确存在一定的分歧。另一个大型交通项目，即通往中央车站的长岛铁路通道，实际上也取决于第二大道地铁的建设。列克星敦大道地铁线已经饱和，无法解决更多从东区前往下城的通勤交通需求。一些房地产专家预计，这条线路将带动第二大道以东的豪华公寓和沿街商业的开发。

地铁系统向外围行政区的延伸能否在短期内实现是一件值得怀疑的事情。首先，这些地区的居民非常乐于保护当地繁荣的低密度住区环境。其次，皇后区提出了一些独特的想法，即地铁可以共享长岛铁路的轨道或者在其上方运行。

牙买加以外的长岛铁路主线可以在其上方建设一条高架线路，为皇后区南部的一些地区提供服务，这基本能实现阿切尔大道地铁的最初规划意图。

华盛顿港支线也可以满足法拉盛线的延伸需求，要么在该支线上方建设高架线路，要么直接收购该线路。这是一个有吸引力的想法，但是因为马萨佩夸支线在城市中没有地面交叉，如何利用这条线路来服务拿骚郡的乘客就成为必须考虑的问题。或者考虑增加一项接驳服务，或者将地铁线路直接延伸到拿骚郡。

第二大道地铁将分段建造。MTA 和纽约市都意识到，要为大规模的地铁扩建筹集到资金几乎是不可能的。除非城市公共交通成为国家层面的重点优先项目，否则联邦政府不会轻易对大规模扩建或新建系统提供支持。我们也许已经错过了联邦刺激资金的大好机会。虽然在拯救富尔顿中心的项目上获得了一些支持，但在为第二大道地铁和其他重大项目争取资金方面，我们做得还远远不够。

纽约是一个很难做成事情的城市。西路计划（Westway）就是由于受到各种诉讼的困扰，导致在项目规定的最后期限到来时不得已放弃了联邦援助资金。尽管进行了不计其数的开发尝试，但西区车场上部的空间仍未得到开发，而车场本身也非常影响该地区的发展。但不管如何，该地区依然是这座城市乃至全世界最有价值的未开发地块之一。

从哈维古怪的电缆高架铁路出现在纽约市的第九大道上开始，我们已经走过了很长的一段路。其他城市已经建设或扩建了大规模的地铁系统，而纽约人则继续使用着为其祖父母和曾祖父母设计的系统。这套系统目前仍然运行良好，这是对该系统最初建设者送上的最好礼物，也是对维持整套系统持续运转的人们送上的最好礼物。

不幸的是（或者也许是幸运的），我们没有机会回到过去改变历史。没有人知道，如果 IND 系统的二期和三期工程完工，纽约会发生什么变化？也没有人知道，如果斯塔滕岛的捷运系统与纽约市的其他区域连通后，斯塔滕岛会如何发展？

当纽约市还在为满足其城内 800 万居民和城外数十万通勤人员的需求而苦苦挣扎时，其他一些城市已经在现代交通系统的帮助下摆脱了这些看似无法改变的负担。

旧金山和华盛顿特区都修建了重轨系统。这两个系统都包括高架部分，但都拥有专用路权，而不是位于城市街道之上。许多城市也开通了轻轨服务，而费城和波士顿则继续运营其更具历史意义的交通系统。还有一些大城市开始使用纯电动巴士来提供零污染的公交服务。

曼哈顿的高架线路包含了我们能想象到的所有问题，它遮挡光线、散落金属粉尘、制造噪声，还会在离人们卧室几英尺的地方发出嘎嘎声。不过，皇后大道上的法拉盛线高架段则避免了上述问题。由于采用了坚固的钢筋混凝土结构，列车在上面运行时的噪声要小一些，而且不会产生大量灰尘。整个高架结构的两侧各有四条轨道，人行道和建筑物的光线不会被高架遮挡，也没有出现高架距离住宅窗户过近的问题。这种做法也可以用在其他地方，尤其是外围行政区，那里许多高架都是先于片区发展建成的。

历史给纽约留下了一套全世界规模最大、效率最高的公共交通系统。它不是完美的，但它也不必是完美的。如果没有它，纽约市，尤其是曼哈顿地区，不可能是现在的模样。最早的公共交通服务把人们从曼哈顿下城搬到了第 14 街以外的"郊区"。如今，上班族从新泽西、长岛和外围行政区等更远的地方都能相对容易的解决其出行问题。公共交通系统塑造了我们的城市，甚至塑造了我们。我们以及我们的城市，都会因此变得更好。

引用

1. Ronan, T.: Subway Shelters to Cost $104, 000, 000 Proposed for City, December 29.New York Times, New York（1950）

2. Ferming, J.: 2nd Avenue Subway won't lose fed funding, November 8. New York Post, New York（2011）

3. Pentchoukov, I.: East Side Access Project Receives $246 Million, September 21. The Epoch Times, New York（2011）（available on-line）

参考文献

1. Feinman, M.: History of the Independent Subway, online manuscript, http: //www.nycsubway.org

2. Sargent, G.: The Line That Time Forgot, online at \http: //www.nymag.com/nymetro/news/features/n_10109/

3. MTA Signs Second Avenue Subway Contract. The New York Sun（March 14, 2007）

英制单位换算

1 英寸 =25.4mm   1 英尺 =0.3048m   1 英里 =1.6093km   1 英亩 =4046.8564m^2

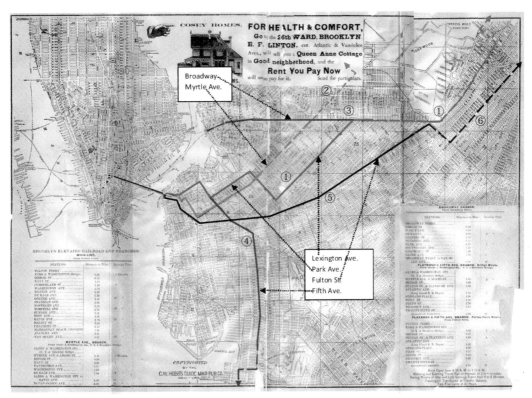

①红线—旧干线（列克星敦大道 EL）；②绿线—默特尔大道高架铁路；③蓝线—百老汇高架铁路；
④紫线—第五大道高架铁路；⑤黑线—富尔顿街高架铁路；⑥黑色点画线—布鲁克林大桥电缆铁路；
实线—初始线路；虚线—延伸线路。

图 6.47　布鲁克林高架系统图（约 1910 年）

图片来源：Base map prepared for E. F. Linton，a realtor，in 1888. Elevated lines drawn by the authors.

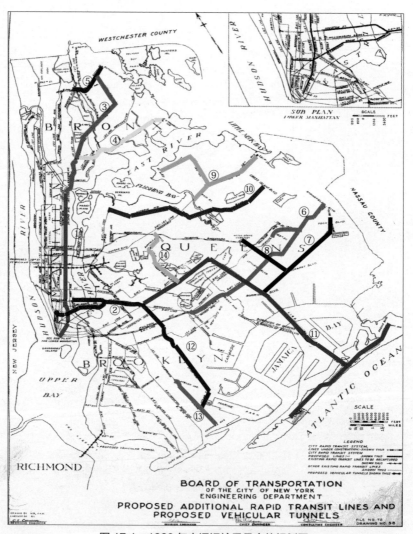

图 17.1　1929 年交通运输委员会的规划图

图片来源：Base map originally published by the New York City Board of Transportation，1929.
Highlights added by authors.